# 四川简史

BRIEF HISTORY

OF

SICHUAN

段渝 主编

四川人民出版社

图书在版编目（CIP）数据

四川简史 / 段渝主编. -- 成都：四川人民出版社，2019.8（2023.8重印）
ISBN 978-7-220-10976-8

Ⅰ.①四… Ⅱ.①段… Ⅲ.①四川—地方史 Ⅳ.①K297.1

中国版本图书馆CIP数据核字(2018)第205801号

## SICHUAN JIANSHI
## 四川简史

段 渝 主编

| | |
|---|---|
| 策划组稿 | 周 颖 吴焕姣 |
| 责任编辑 | 吴焕姣 王 莹 杨雨霏 蒋科兰 |
| 封面设计 | 陆红强 |
| 版式设计 | 戴雨虹 |
| 责任校对 | 袁晓红 王 璐 |
| 责任印制 | 周 奇 |
| 出版发行 | 四川人民出版社（成都三色路238号） |
| 网　　址 | http://www.scpph.com |
| E-mail | scrmcbs@sina.com |
| 新浪微博 | @四川人民出版社 |
| 微信公众号 | 四川人民出版社 |
| 发行部业务电话 | （028）86361653　86361656 |
| 防盗版举报电话 | （028）86361661 |
| 照　　排 | 四川胜翔数码印务设计有限公司 |
| 印　　刷 | 四川机投印务有限公司 |
| 成品尺寸 | 170mm×240mm |
| 印　　张 | 23.25 |
| 字　　数 | 360千 |
| 版　　次 | 2019年8月第1版 |
| 印　　次 | 2023年8月第4次印刷 |
| 书　　号 | ISBN 978-7-220-10976-8 |
| 定　　价 | 58.00元 |

■版权所有·侵权必究

本书若出现印装质量问题，请与我社发行部联系调换
电话：（028）86361653

于是蜀沃野千里,号为陆海,旱则引水浸润,雨则杜塞水门,故记曰:"水旱从人,不知饥馑",时无荒年,天下谓之天府也。

——《华阳国志·蜀志》

# [目录]

绪　言 / 001

## 第一章　先秦时期的四川 / 025

第一节　导言 ............................................................. 025

第二节　史前时期的四川 ............................................ 026
　　一、自然环境与古文化 ......................................... 026
　　二、原始人类的踪迹 ............................................ 027
　　三、旧石器时代的狩猎采集经济 ............................ 028
　　四、新石器时代的生产性经济 ............................... 029

第三节　巴的历史与文明 ............................................ 032
　　一、巴的来源 ..................................................... 032
　　二、古史传说与文明起源 ..................................... 035
　　三、巴国的兴亡 .................................................. 038
　　四、巴的社会经济 ............................................... 043
　　五、巴文化 ........................................................ 048

第四节　古蜀的历史与文明 ......................................... 052
　　一、古史传说与文明起源 ..................................... 052
　　二、古蜀王国的兴起 ............................................ 054

三、杜宇王朝的建立和发展 ............................................. 058
　　四、开明王朝的盛衰 ..................................................... 059
　　五、古蜀的社会经济 ..................................................... 062
　　六、古蜀文化 ............................................................. 072

## 第二章　秦汉三国时期的四川 / 079

第一节　导言 ................................................................. 079
第二节　秦汉三国时期的四川政局 ....................................... 080
　　一、中央王朝统治下的四川政局 ..................................... 080
　　二、三足鼎立时期的巴蜀政局 ........................................ 086
第三节　经济的逐步恢复与发展 .......................................... 089
　　一、农业技术的改进与经济的发展 .................................. 089
　　二、商贸交通与城市的发展 ........................................... 094
第四节　融合多元文化的巴蜀文化 ....................................... 099
　　一、巴蜀文化和中原文化的融合 ..................................... 099
　　二、巴蜀教育 ............................................................ 101
　　三、巴蜀学术 ............................................................ 105
　　四、巴蜀艺术 ............................................................ 111
　　五、宗教 .................................................................. 116

## 第三章　两晋南北朝隋唐时期的四川 / 121

第一节　导言 ................................................................. 121
　　一、两晋南北朝时期的四川 ........................................... 121
　　二、隋唐时期的四川 .................................................... 122
第二节　两晋南北朝隋唐时期四川的政局 ............................... 124
　　一、西晋对四川地区的短暂统治 ..................................... 124

二、成汉政权在四川的统治 ........................................ 126
　　三、东晋南北朝时期四川的政局 .................................... 129
　　四、隋唐时期四川的政局 .......................................... 131

第三节　从凋敝走向繁荣的四川经济 ........................................ 133
　　一、农业 ...................................................... 134
　　二、生产技术的更新与手工业的发展 ................................ 140
　　三、城市与工商业的发展 .......................................... 143
　　四、交通网络与物贸流通 .......................................... 147

第四节　多元文化交融的巴蜀文学与艺术 .................................... 150
　　一、从凋敝走向繁荣的巴蜀文学 .................................... 150
　　二、多文化因素影响下的巴蜀艺术 .................................. 154

第五节　巴蜀地区的史家与史学 ............................................ 161
　　一、开疑古先河的谯周及其《古史考》 .............................. 161
　　二、良史陈寿及其《三国志》 ...................................... 161
　　三、蜀史常璩及其《华阳国志》 .................................... 163
　　四、硕果累累的巴蜀史学 .......................................... 164

第六节　巴蜀科技文化 .................................................... 165
　　一、制造技术 .................................................. 165
　　二、科技史著作 ................................................ 166
　　三、医学成果 .................................................. 166

第七节　道教、佛教在四川的传播与影响 .................................... 166
　　一、道教在四川的发展 ............................................ 167
　　二、佛教在四川地区的传播与影响 .................................. 168
　　三、景教 ...................................................... 170

# 第四章　五代两宋时期的四川 / 171

第一节　导言 ............................................................ 171

　　　　一、五代时期的四川 ........................................ 172
　　　　二、两宋时期的四川 ........................................ 174
　第二节　五代两宋时期四川的政治 .................................. 178
　　　　一、前后蜀割据政权的兴亡 .................................. 179
　　　　二、北宋前期的乱与治 ...................................... 182
　　　　三、宋金、宋元战争的最前沿 ................................ 185
　第三节　五代两宋时期的四川经济 .................................. 188
　　　　一、农业 .................................................. 188
　　　　二、手工业 ................................................ 189
　　　　三、交通建设 .............................................. 195
　　　　四、商业 .................................................. 196
　第四节　五代两宋时期的四川文化 .................................. 198
　　　　一、文化教育 .............................................. 198
　　　　二、经学 .................................................. 200
　　　　三、文学 .................................................. 201
　　　　四、史学 .................................................. 204
　　　　五、理学 .................................................. 207
　　　　六、艺术 .................................................. 208
　　　　七、科技 .................................................. 213
　　　　八、宗教 .................................................. 218

## 第五章　元明时期的四川 / 221

　第一节　导言 .................................................... 221
　　　　一、元代的四川 ............................................ 222
　　　　二、明代的四川 ............................................ 226
　第二节　元明时期的四川政治 ...................................... 230
　　　　一、建立行省制 ............................................ 231

二、土官、土司制度的兴衰 ............................................................. 231

　　三、推行屯田制 ................................................................................. 233

　　四、明玉珍与大夏政权 ..................................................................... 234

　　五、张献忠与大西政权 ..................................................................... 236

第三节　元明时期的四川经济 ............................................................. 237

　　一、农业 ............................................................................................. 238

　　二、工矿业 ......................................................................................... 239

　　三、商业 ............................................................................................. 242

第四节　元明时期的四川文化 ............................................................. 243

　　一、教育 ............................................................................................. 243

　　二、哲学 ............................................................................................. 245

　　三、文学 ............................................................................................. 247

　　四、史学 ............................................................................................. 248

　　五、艺术 ............................................................................................. 250

　　六、宗教 ............................................................................................. 251

# 第六章　清代的四川 / 255

第一节　导言 ........................................................................................... 255

第二节　清代四川的政治 ....................................................................... 257

　　一、明清之际战争对四川社会的破坏 ............................................. 257

　　二、从土司制度到改土归流 ............................................................. 259

　　三、清末四川的新政 ......................................................................... 262

　　四、保路运动与辛亥革命 ................................................................. 264

第三节　经济的曲折发展 ....................................................................... 266

　　一、清廷的四川移民政策 ................................................................. 266

　　二、移民与经济的多样化发展 ......................................................... 268

　　三、晚清工业的初步发展 ................................................................. 270

第四节 清代四川的文化 ............................................................. 272
  一、教育 ....................................................................... 272
  二、哲学思想和经学 ............................................................. 276
  三、活动家、思想家、革命家 ..................................................... 282
  四、文学与艺术 ................................................................. 285
  五、新闻报刊的产生与发展 ....................................................... 288
  六、科技与史志 ................................................................. 290
  七、宗教 ....................................................................... 293
第五节 清代大移民与巴蜀文化的流变 ................................................... 295
  一、四川方言的形成 ............................................................. 296
  二、建筑风格的流变 ............................................................. 297
  三、川剧的发展 ................................................................. 299
  四、风俗时尚的流变 ............................................................. 301

## 第七章　民国时期的四川 / 303

第一节 导言 ......................................................................... 303
第二节 民国时期四川的政治 ........................................................... 305
  一、民国初期四川的政局 ......................................................... 305
  二、军阀之战与四川统一 ......................................................... 306
  三、五四运动及中共四川党组织的建立 ............................................. 308
  四、西康建省 ................................................................... 309
  五、川陕革命根据地的建立 ....................................................... 311
  六、红军长征过四川 ............................................................. 312
  七、抗战大后方 ................................................................. 313
  八、中共中央南方局和八路军重庆办事处 ........................................... 316
  九、抗战胜利后的四川 ........................................................... 318
第三节 民国时期四川的经济 ........................................................... 321

一、农业..................................321
　　二、工业..................................323
　　三、交通运输..............................324
　　四、商业和金融............................326
第四节　民国时期四川的文化......................328
　　一、教育..................................328
　　二、新闻事业..............................330
　　三、文学艺术..............................334
　　四、思想与文化............................338
　　五、史学和考古学..........................341
　　六、地方志纂修............................348
　　七、巴蜀文化研究..........................350
　　八、宗教..................................354

参考文献........................................357
后　记..........................................364

# 绪言

四川古称巴蜀，简称蜀。四川位于中国西南腹地，居于长江上游枢纽，幅员辽阔，民族众多，自古被称为"物华天宝，人杰地灵"。它虽然远离中原，但它的历史演进步伐却和中原大体一致。在大多数历史时期中，四川政治清明、经济发展、文化繁荣，历来被视为祖国的战略大后方[①]。

## 一、四川历史的发展阶段和主要特点

从先秦至民国四川历史经历了八个发展阶段：

1. 新石器时代晚期为四川历史的萌芽阶段。

中国文化是由各大区系文化多元整合、一体发展而成的，巴蜀是其中一个重要的区系。在距今5000—4000年前的中华文明起源时代，全中国的文化呈现为几个大

---

[①] 本书所述四川历史，时间范围从先秦到民国，空间范围包括今四川省和重庆市以及相邻地区。

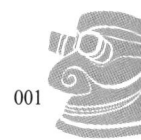

板块，形成六大文化区系，各有渊源，自成体系，交流互动，构成中国远古文化的主干。

在长江上游地区，以成都平原三星堆文化早期（宝墩文化）为主体所形成的古蜀文化区是其中的一大板块。经过连续发展演变，巴蜀地区成为长江上游的古代文明中心。四川广汉三星堆遗址和成都金沙遗址等重大考古发现的深刻内涵，确切表明古代巴蜀在中国文明的缔造尤其是中国西部的开发史上发挥了非常积极和重要的作用，是中国文明的重要起源地；巴蜀文明是中国古代文明的主要组成部分之一。

2. 夏商周时期为巴蜀古代文明起源、形成并达到第一次鼎盛阶段。

在夏商周时代，以成都平原为中心的三星堆文化、十二桥文化（含金沙遗址文化）达到古蜀文明的繁荣与全盛阶段，它与中原文明平行发展，同步演进，取得了巨大的文明进步。春秋战国时代，古蜀文明高度发展了礼乐文化，它巨大的文明辐射力对于西南地区青铜文化的进步产生了重要影响和作用，同时还将其影响扩展到东南亚和南亚地区。

3. 秦汉时期为巴蜀经济文化转型，全面融入华夏文化并达到第二次鼎盛阶段。

战国末叶秦统一巴蜀后，随着秦汉王朝对巴蜀地区的政治经济改造和文化变革，巴蜀文化逐步转型，成为秦汉文化的一支重要地域亚文化，同时后来居上，迅速攀上汉文化的高峰。西汉时成都为仅次于京师长安的全国第二大城市，东汉时成都为全国六大都市之一，是长江流域和西部地区唯一的中心都市，长期发挥着组织区域经济的重要作用。汉魏之际，西蜀地区在传统文化的基础上，创立了道教，成都平原成为中国道教的重要发祥地，天师道成为全国道教的主干，形成中古时期四川文化的一个突出特色，在全国产生了重大影响。

4. 魏晋南北朝时期为四川历史发展的第一个低谷阶段。

魏晋六朝之际，不少割据政权统治过四川，导致四川政区建置变动频繁，难以组织生产，经济文化大幅度后退，但民族交流与融合却成为这一历史阶段的大潮流，这给四川的多元文化注入了新内容。

5. 唐宋时期为四川历史第三次鼎盛并达到高峰阶段。

隋唐五代时期，四川地区长期相对安定。随着全国大批文化名人入蜀，四川成为唐代全国文学最繁荣的地区之一，而四川的经济文化在这个时期长期走在全国的前列，时人称为"扬一益二"，在中国经济文化史上占有十分显要的地位。宋代四川经济高度繁荣，达到古代的高峰，文化上文学、史学、哲学名家辈出，经济上出现了全世界最早的纸币"交子"，不论在中国经济史还是中国文化史上都占有非常重要的地位，特别是由于南宋四川抗蒙（元）的英勇斗争，延缓了蒙古大军西侵欧洲的步伐，对世界历史产生了不可忽视的影响。

6. 元明时期为四川历史的第二个低谷阶段。

宋元之际四川遭战争蹂躏，急剧衰落，文物菁华毁灭殆尽。明代四川在恢复的基础上有所发展。明末全国战乱，四川大受摧残，人口锐减，土地大量荒芜，赤地千里，经济文化一落千丈。

7. 清代为四川历史重新走向鼎盛并逐步开始向近代化转化的阶段。

清初，全国十多个省的大批移民来到四川，给四川的经济文化注入了新的活力。清代四川文化丰富多彩，文史哲名家颇多，在海内外享有极高声誉。而四川保路运动，打响了辛亥革命第一枪，"引起中华革命先"（朱德：《辛亥革命杂咏》，《人民日报》1961年10月10日），在全国产生了巨大影响。

8. 民国时期为四川历史发展的重要转折阶段。

民国时期，四川不论在政治、经济还是文化方面都发生了重要变化，在新文化运动、二次革命、护国战争、护法战争尤其是红军长征和抗日战争中，四川人民都做出了极其重要的贡献。特别是马克思主义传入中国后，四川产生了一大批革命家，在中国共产党领导下，对中国革命和建设做出了巨大贡献，四川历史也从此进入了一个崭新的时期。

如同中国所有的区域史一样，四川历史也不是呈线性发展，而是在曲折中发展演变的。

从历史的长时段视角看，四川历史发展的主要特点表现为"四盛三衰":先秦、秦汉、唐宋、清代是四个高峰,魏晋六朝之际、元明之际和明清之际是三个低谷。但高峰和低谷是相对而言的,高峰期的四川也并不总是直线上升,其中充满了跌宕起伏,同时它的盛衰局面也必然受到全国政治经济大局变化的影响。

四川历史上四个高峰期的出现取决于几个必要条件:首先是政治相对清明,社会相对稳定,在这个基础上经济文化得以持续发展。其次是周边政治环境和社会环境的相对安定。当然,全国大局的安定是最重要的。先秦、秦汉、唐宋、清代四川的发展和繁荣,都离不开这几个条件。

同样,四川历史上三个低谷的出现,在很大程度上与周边关系的不稳定有着密切的关系,或是直接由全国战乱的局面造成。魏晋六朝之际、元明之际、明清之际,都是因为长期战乱,四川的经济秩序遭到严重破坏,民生凋敝,社会破败不堪。铁的事实说明,分裂、割据、战乱是社会进步的大敌,而统一、和平、安定是社会进步的基本条件。

考察历史,不难知道,在中国历史发展的长河中,四川在大多数历史时段处于相对安宁因而经济文化繁荣发展的时期,历史上四川之所以能够以物华天宝、地灵人杰闻名于世,其根本原因在此。

## 二、四川历史上的政区建置

先秦时期,巴国、蜀国是西南地区的泱泱大国,据有较为广阔的疆土。

《华阳国志·巴志》记述巴地的范围是:东起今重庆奉节,西至今四川宜宾,北接今陕西汉中,南达今渝东南、黔东北以及湘西部分地区。这其实是将巴国在不同时期所先后占有的版图与巴地的范围合在一起加以总述的。按照巴国历史的发展,巴国疆域的历时性变迁大体上可以归纳为:商周时代,据有汉中东部;春秋时代,向大巴山东缘发展;春秋末叶,举国南迁至长江干流鄂西、渝东之间;春秋战国之际,渐次进入长江、嘉陵江、渠江、乌江之间的渝东地区和四川盆地东部,并兼有与鄂、湘、黔相邻之地。

《华阳国志·蜀志》对于蜀国疆土的记载是:西周到春秋时期,蜀疆北达今陕西汉中,南抵今四川青神县,西到今四川芦山、天全,东至嘉陵江,而以岷山和南中(今凉山州、宜宾以及云南、贵州)为附庸。到战国时代,蜀王国疆域"东接于巴,南接于越,北与秦分,西奄峨嶓",成为中国西南首屈一指的泱泱大国。

公元前316年,秦并巴蜀后,将巴、蜀分别置为巴郡和蜀郡,不久分巴、蜀置汉中郡,在巴、蜀、汉中三郡之下,共置四十一县(此据《汉书·高帝纪》。据《华阳国志》,则为三十一县)。汉高祖六年(公元前201年)分蜀郡东部置广汉郡。汉武帝建元六年(公元前135年)分蜀郡、巴郡及夜郎地区置犍为郡。两汉之际,原巴蜀境内共置有巴、蜀、汉中、广汉、犍为、越嶲六个郡,除汉中郡在今陕西省境,以及广汉郡、犍为郡和越嶲郡中有八县分属甘肃、云南、贵州等省外,其余五郡全部在今四川省和重庆市境内,再加上属于南郡的巫县,总计有五十九县。至东汉中晚期,由于政区的一些变化,中央政府在上述五郡内共置六十二县,加上南郡之巫县,总计六十三县。

汉武帝元封五年(公元前106年)分全国为十三州部,巴蜀地区属于益州。曹魏景元四年(263年)分益州的巴汉七郡置梁州。西晋武帝泰始七年(271年),分南中四郡置宁州,宁州不在今四川境内。成汉割据巴蜀时期,置司隶、益、梁、荆、宁、交、安、汉等八州,至东晋稍有变化。从420年到553年,益州属于南朝版图,先后历刘宋、南齐、南梁三个朝代。553—557年,益州为西魏攻占。557年,北周取代西魏,益州转入北周版图。581年,杨坚取代北周,建立隋朝,益州成为隋朝疆土。

隋王朝在巴蜀地区共置四十州,辖一百七十县,又在益州、遂州(今四川遂宁)、泸州(今四川泸州)、利州(今四川广元)、信州(今重庆奉节)、会州(今四川茂县)等冲要之地设置总管府。隋炀帝大业三年(607年),隋王朝改州为郡,罢置各总管府,以郡统县,地方行政制度改为郡、县两级。在巴蜀地区,亦将旧有州、县予以省并,设为二十四郡,辖一百七十四县。

唐太宗贞观元年(627年),分全国为十道,巴蜀地区分属剑南道、山南道和江南道。剑南道包括剑门关以南、嘉陵江中下游以西的地区，山南道包括嘉陵江以东、长江以北的地区，江南道包括山南道以南的地区。剑南道领二十四州，山南道领十六州，江南道在川境领黔、南两州。玄宗开元二十五年（737年），调整全国为十五道。剑南道所辖区域未变，领州增为三十三个；山南道分为山南东道和山南西道，山南西道领嘉陵江以东的四川东部诸州，山南东道领长江一带的涪、忠、万、夔四州；江南道则归黔中道，在川境领黔、南、溱三州。肃宗至德二年（757年），又分剑南道为剑南东道和剑南西道。代宗广德二年（764年），将此两道合为一道。大历元年（766年），分剑南道为东、西两川，成为剑南东川节度使和剑南西川节度使两个节度使辖区。这样，剑南东川节度使领十二州，剑南西川节度使领二十五州，山南西道领十州，山南东道领四州，黔中道领三州。其中以剑南东川、剑南西川和山南西道最为紧要，号为"剑南三川"。

唐王朝在归附的少数民族聚居地设置羁縻州县，进行间接统治，以少数民族首领为刺史或县令，分属设在边州的各都督府。自太宗时始，以都督府统领羁縻州县的制度便成为定制。在四川境内各个边州，置有松州都督府、茂州都督府、雅州都督府、黎州都督府、嶲州都督府、戎州都督府、泸州都督府、黔州都督府等，统督各个少数民族。

宋廷平蜀后，按宋王朝的路、州（府、军、监）、县（监）三级地方行政制度对巴蜀地区进行统治。宋真宗咸平四年（1001年），改川峡路为益州路（后改为成都府路）、梓州路（后改为潼川府路）、利州路、夔州路，合称"川峡四路"，基本未再改动。川峡四路，就是后来"四川"名称的由来。川峡四路还辖有陕西、甘肃、湖北和贵州的部分地区，按照《宋史·地理志》的记述，南宋川峡四路在今四川地区设州四十九个，县一百一十七个，羁縻州二百一十四个。

宋王朝在四川还设置有：都大提举茶马司，掌榷茶买马；宣抚司，掌宣布威灵、抚绥边境、统护将帅、督视军旅；四川制置司，掌节制四川御前军马、官员升改放散、类省试举人、铨量郡守、举辟边县守贰；四川总领所，掌措置移运，应办诸军钱粮。

元朝分全国为十一个行省，四川行省是其中之一。1286年，设置四川等处行中书省，治所成都。行省制之下，政区分别为路、府、州、县。四川等处行中书省设九路，另有属州三十六个、军一个、属县八十一个。元朝在今四川辖境内还设置了四川行省南道宣慰司管辖的宣抚司、安抚司、招讨司、长官司等。在沿边少数民族地区，设置蛮夷宣慰司，下辖宣抚司；宣抚司下设长官司，下辖千户、百户，任命当地少数民族首领为土官。

明王朝建立后，为在政治上强化中央集权体制，于洪武九年（1376年）六月废除元代和明初设置的作为地方最高行政机关的行中书省，改置承宣布政使司，只掌民事，又置都指挥使司统率卫所，置提刑按察使司主管刑狱。地方行政机关的分权性结构，避免了因地方权力过于集中而形成的对中央集权的干扰，但同时也限制了地方行政机关对突发事件的处理能力。

明代四川行政机构，有府（省以下的第二级行政机构）十三个，直隶州（与府同级）六个，府辖州十六个，县一百一十一个，宣抚司一个，安抚司一个，长官司十六个。军事机构，都司以下，省卫七个，招讨司一个，宣慰司两个，安抚司五个，长官司二十二个。

清代四川行政制度，省之下有道，道之下有府（直隶州、直隶厅），府之下有县（散州、散厅）。据嘉庆《四川通志》的记载，四川省有府十二个，直隶州八个，直隶厅六个，属州十一个，厅四个，县一百一十一个。

## 三、四川历史上的民族关系

### （一）先秦秦汉时期

先秦秦汉时期，巴蜀地区族类众多，除以四川盆地为重心的巴、蜀两族外，在巴蜀文化区内外以及与其他文化区的边际交流地带，还广泛分布着大量其他族类。根据《华阳国志》及《后汉书》等的记载，川东鄂西主要有"濮、賨、苴、共、奴、獽、夷、蜑之蛮"，以及清江流域的廪君蛮，川西及川南主要有氐、羌系各族以及"滇、僚、賨、僰"等族类，川西北地区则有

《史记·西南夷列传》所记的"冉、駹"和其他族类。

（二）三国两晋南北朝时期

三国两晋南北朝时期，民族关系发生了重大变化，大规模的民族迁徙又带来了民族间经济文化的大交流，导致了民族的大融合，形成了民族文化大交流和民族大融合的高潮。

1. 僚人入蜀

成汉后期，李寿为充实蜀中郡县户口，于是"引僚入蜀"。僚人是古代西南夷中濮人的后裔，原居今贵州西部和云南东部的牂牁地区。从成汉晚期到东晋，中央政府对于入蜀的僚人均力不能制；直到萧梁、北魏时，才逐步在僚人聚居之区开置州、郡；西魏、北周时，继续设置州、郡，统治僚人。至此，入蜀的僚人多被编制在封建王朝的州、郡、县之中，成为国家的编户。

入蜀的僚人在长期与汉族的接触、交流中，许多逐步汉化。僚人与汉族的融合进程，川东地区进展较为迅速，川西地区进展颇为缓慢。除与汉族相融合外，还有少数僚人融合于其他民族。

2. 川东地区诸蛮

秦汉和魏晋南北朝时期，一般把居住在川峡地区和长江中游地区的少数民族称为蛮。活动在川东、川东南和黔西北的是古代巴人的后裔冉氏，在清江流域活动的是先世为先秦时期廪君蛮的向（相）氏，也有学者认为属于盘瓠蛮。盘瓠蛮是魏晋南北朝时沅江上游武陵山区五溪蛮的一支，以田氏为大姓。

东晋南北朝时，田氏集中分布在黔阳，多次入据三峡地区。北周武帝保定四年（564年），涪陵蛮帅田恩鹤以地内附，因置奉州，建德三年（574年）改为黔州，即今川东南、黔东北地区。

南北朝时，向氏也多次大举进入峡川地区。至北周武帝天和元年（566年），基本上平定了向氏在峡川的势力，向氏退回清江流域活动。建德三年（574年），向邹四兄弟率众内附，置施州（今湖北长阳）。

冉氏长期在长江三峡奉节、云阳一带活动。北周天和元年（566年），冉氏又在峡江地区大举起事，后遭镇压，其民众仍多分布在川东、川东南和黔西北地区。至唐，冉氏入居酉阳。

3. 川西南的叟人

叟人是古代羌族的一支。汉代，旄牛羌的一部分南下至越嶲，称为越嶲羌，又称为叟人。汉晋时，叟人广泛分布在今川西南大小凉山和云南滇池、昭通地区。至唐代，叟人与从云南东北部徙入的东爨乌蛮等部逐步融合，发展为今凉山彝族的先民。

（三）隋唐五代时期

隋唐时期，巴蜀地区由于特殊的地理位置，同吐蕃、南诏等少数民族政权发生了复杂的关系，构成巴蜀地区民族关系史的主要发展线索，并对唐代巴蜀政治经济的发展产生了直接而重要的影响。

1. 巴蜀与吐蕃的关系

唐太宗贞观八年（634年），松赞干布遣使入朝，拉开了唐、蕃交往的序幕。贞观十五年（641年），唐太宗以宗室女为文成公主，嫁于吐蕃。文成公主进吐蕃时，曾途经四川康地、青海玉树，她的这些活动保存在藏文资料中，至今川西北巴塘还存有文成公主的塑像。

松赞干布病故后，吐蕃多次进攻松州和茂州等地。安史之乱爆发后，唐王朝边防空虚，吐蕃则趁虚而入，并与南诏联兵，进攻剑南之地。唐代宗大历十四年（779年），吐蕃与南诏联兵，分三路大举进攻蜀之西川，被唐军击退。此后，唐王朝改变战略方针，争取到嶲州一带的乌蛮部落归顺，又利用南诏与吐蕃的矛盾，致书南诏王异牟寻，使南诏转而归唐，瓦解了吐蕃与南诏的联盟。801年，吐蕃北攻灵、朔之地，剑南西川节度使韦皋兵分九路，转战千里，大获全胜。唐文宗时，维州又为吐蕃所重据。

此后，吐蕃发生内乱，唐王朝遂派兵收复失地。849年，西川节度使杜惊取维州，山南西道节度使郑涯取扶州。但岷江上游今阿坝州一带仍为吐蕃所占据，直至前后蜀时仍未收复。

2. 巴蜀与南诏的和战

南诏为"乌蛮别种"，兴起于云南洱海地区，因有六部，渠帅称

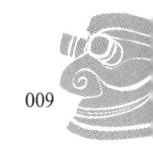

"诏"，诏的意思是王，所以称为六诏，因其中的蒙舍诏位于其他五诏之南，所以又称为南诏。唐高宗时，为了抵御吐蕃，中央政府扶持蒙舍诏，使其统一六诏。开元二十六年（738年），唐玄宗册封六诏首领皮逻阁为云南王。739年，皮逻阁迁都太和城，建立南诏国。

天宝七年（748年），皮逻阁死，子阁罗凤继立为王，从此开始了与唐王朝百余年的和战。

唐王朝与南诏间和战不定，在双方友好期间，经济文化交流仍很密切。如西川节度使韦皋为了结好南诏，曾在成都办了一所学校，吸收群蛮子弟入学，还派工匠教南诏制造坚甲利弩，使南诏兵器制作精良。

（四）宋元时期

宋代，四川边地少数民族社会已有进步，宋王朝对少数民族仍然实行羁縻制。元代开始在四川一些少数民族地区实行土司制度。

1. 僚人

北宋时，集中分布在今重庆綦江、南川和贵州桐梓等地的僚人称为南平僚。1075年，宋朝设置南平军（今綦江县东南），以南川、涪州归隶。此后，僚人与汉人和睦相处，加速了僚人居住地区经济的开发，加快了僚、汉以及僚人与其他少数民族的融合。

2. 羌族

宋朝时，对岷江上游的羌人"威州蛮""茂州蛮"仍实行羁縻制度，颇为优待。熙宁年间，成都府官冯京对茂州羌人给以生产工具，饷以粮食，使当地耕作者日多。政和年间，知成都府庞恭孙议置官吏，开拓保、霸二州（隶威州），以当地大姓为观察使、节度使，并在成都给以居第良田，年拨经费。

元朝实行土司制度，在岷江上游设松潘宕叠威茂州等处军民安抚司，使当地羌族与中央王朝的关系更为密切。

3. 藏族

吐蕃王朝崩溃后，种族分散于各地，有的归附中央王朝统治，当时被称为"熟户"，其余的则被称为"生户"。

宋时，茂、威、黎、雅等地分布有不少藏族，分隶宋王朝的各州统领。松州（后改潘州）为吐蕃潘罗支部占据，大渡河以南则未纳入宋朝版图。

北宋在益、文、黎、雅、成、茂、夔州及永康军设置市马场，以银钱、布帛、茶叶同藏区换马。熙宁年间，又招徕大渡河以南诸部交易马匹，黎、雅二州一时成为茶马互市的中心。及至南宋，四川地区与吐蕃的茶马互市更为重要。

蒙古忽必烈南征大理时，其西路沿今阿坝、壤塘、炉霍、新龙、理塘入云南，东、中二路经今茂县、小金、泸定，越大渡河，经石棉、冕宁、西昌、盐源，渡金沙江入云南。蒙古军所过之地，悉纳入其统治。

元朝建立后，今川境内的松、茂、雅、黎诸州及碉门、鱼通、黎、雅、长河西、宁远等六个宣抚司，隶于吐蕃等处宣慰司元帅府（今甘肃临夏）。在今甘孜州北部、南部及昌都地区则设置朵甘思宣慰司都元帅府。

4. 彝族

四川西南地区的彝族，宋代称为"黎州诸蛮"。黎州（今汉源县北清溪乡），宋时隶属成都府路，领五十四个羁縻州。而大渡河以南的诸部，则受大理国控制，但屡受宋廷封号。

黎州是宋代四川畜牧业最发达的地区之一，"邛部川蛮"和"两林蛮"到京师朝贡，都携去大量马匹、牛羊，并带至黎州卖马，有时一年市马达4000匹以上，元符二年（1099年）更达5280匹，是宋廷在四川买马最多之地。宋王朝在黎州设互市之法，主要内容便是茶马贸易，给予黎州诸蛮许多优惠政策。

元朝在建昌等路设置罗罗斯宣慰司都元帅府，统辖今凉山州和攀枝花的一部分。"罗罗"，据李京《云南志略》，即"乌蛮"。元以后，"罗罗"即被用以指称彝族先民。

5. 泸州部

今泸州和宜宾南部及滇、黔边境一带的少数民族，宋代称为"泸州部"，种类复杂，有"乌蛮""僚""僰""蛮""夷""夷僚""蛮僚"等

多种族属。其中的乌蛮是彝族的先民，其余各种的族属，学术界迄无定论。

乌蛮在北宋中期成为泸南地区最强的族群。1042年，应乌蛮王子得盖之请，宋朝在其地复建姚州羁縻州。元初，元朝在阿永蛮部基础上设永宁路，属四川等处行中书省。

6. "叙州三路蛮"

宋代的"叙州三路蛮"，是指"马湖蛮""南广蛮"和"石门部"。

"马湖蛮"在今屏山、雷波、马边一带。宋初，首领黄春惜贡马，宋朝在马湖地区设置四个羁縻州实行统治。元初，"马湖蛮"归顺元朝，元朝设置马湖路总管府。

"南广蛮"在叙州庆符县以西，相当于今四川高县、筠连至云南盐津、镇雄一带。1109年，宋朝在此设滋、纯、祥三州，后废置，于1121年置庆符县。

"石门部"，在"南广蛮"之西，在今云南昭通、会泽、巧家一带，为"乌蛮"族群。宋朝置羁縻州实行统治。

元朝在"叙州三路蛮"地区设置"叙南等处蛮夷宣抚司"，领叙州路、马湖路。

（五）明清时期

明清时期四川的民族关系主要变化是改革土司制度，即改土归流。

土司制度创设于元朝，它是封建中央王朝对少数民族实行羁縻统治的一种制度。在这种制度下，归附的少数民族首领为土官，拥有过去的权力、地位，有其土地、人民。但在政治关系上，土官被纳入中央集权的号令之下，不仅对中央有朝贡，而且朝廷在少数民族地区设置宣慰司，戍守军兵；土官是否世袭，也必须经由中央王朝认可。在当时的历史条件下，土司制度对于加强少数民族地区同中央王朝的政治经济联系，以及巩固多民族国家的统一，有着重要的意义。

明代，中央政府不但继续推行土司制度，而且使土司制度趋于完善。这个过程从明朝初年就已开始，到明中叶，四川地区已有土司五十七个。这些土司，多设在彝族聚居区、藏族聚居区和羌族聚居区。如在彝族地区的建州（今四川德昌）、威龙（今四川德昌境）、普济（今四川米易境）等地设有长官司；在藏族聚居的今阿坝州地区设有五个安抚司、十六个长官司，康定地区有明正土司；在羌族聚居的岷江上游地区设有五个长官司等。土司制度的普遍推行，迈开了把少数民族地区纳入中央集权的郡县制轨道的第一步。

及至清代，土司制度的弊端已暴露得越来越充分。首先是土司制度下，土司实际上仍是一方之长，它的发展日益与中央王朝高度集权的专制主义政治体制发生冲突；其次是土司在其管辖地区为所欲为，严重干扰了封建统一王朝的政治秩序和社会安宁，并引起阶级矛盾尖锐化，使土司制度本身发生动摇。在这种形势下，改变土司制度已经是势有必致。清王朝在四川的改土归流（即变土官为流官，变土司为郡县）始于雍正初期，经过剧烈的大规模的武力征讨和政治攻势，到乾隆时期，在重要地区基本上完成并巩固了改土归流这一重大变革。不过，这一过程直到清末仍在继续进行。

### 四、巴蜀文化的重要成就

巴蜀文化以其卓越的成就，为中国文明做出了杰出贡献，其中一些重要成就还走出国门，产生了世界级影响。

（一）古蜀文明

技术文明、艺术文明、中外古文明交流互鉴，是古蜀文明的三面旗帜。三星堆文化独步天下的青铜合金及青铜器制作技术，凸显其独创的技术文明，在若干方面处于商代冶金工业的先进行列。而三星堆文化独特的青铜雕像艺术，更是在商代中国范围内绝无仅有，具有极高的历史、科学和艺术价值，堪称旷世珍品。三星堆青铜雕像、金面罩和金杖等文化形式，以及大批海贝和象牙，则是中外古文明交流互鉴的重要成果，证实三星堆古蜀文明是中国最早的世界文明窗口之一。

（二）巴蜀教育

巴蜀教育以其四个亮点闻名于世。

1. 文翁兴学

汉景帝、武帝年间，文翁在蜀兴学，蜀地风气为之大变，史书称誉说："蜀地学于京师者比齐、鲁焉。"文翁在蜀兴办学校，开全国地方官办学校的风气之先。到汉武帝时，朝廷在全国推广文翁的做法，下令天下各郡国建立官办学校。

2. 蜀石经

后蜀时期刊刻的石经，用石数千块，先后刻成《孝经》《论语》《尔雅》《毛诗》《礼记》《仪礼》《周易》《尚书》《周礼》《左传》，立于益州州学（文翁石室故址），史称"孟蜀石经"。石经不但镌刻经文，而且用双行小字镌刻注文，比之汉、魏、唐石经，内容要丰富得多，价值也要大得多。至北宋，又补刻《春秋经传集解》《公羊传》《穀梁传》《古文尚书》《孟子》等"五经"，以及《石经考异》，同样置于石室旧址。这样，石室内的石经共有15部，统称为"蜀石经"。这是我国古代规模最大和唯一有注文的儒家经典石经，对于经学的保存、传播和弘扬，起到重要作用。

3. 宋代书院

宋代四川的书院有了很大发展，盛极一时。四川各个书院中，鹤山书院是最负盛名者之一，由著名理学家蒲江人魏了翁在蒲江城北大鹤山创办，"开门授徒，士争负笈从之，由是蜀人尽知义理之学"，宋理宗钦赐御书"鹤山书院"四个大字，以表其功。宋代巴蜀学者张栻、魏了翁等到湖南讲学，对开创湖湘学派起到了重要作用。

4. 高等教育

光绪二十八年（1902年），尊经书院与锦江书院合并为四川省城高等学堂，这是四川高等教育的起点，也是后来四川大学的前身。高等学堂除学习中国传统文化典籍外，还学习声光电化格致之学，开始了由书院向新学的转化。

20世纪初，英、法、美等国传教士也在四川各地开办教会学校，授以西语、宗教、科技等。宣统二年（1910年），由美国等国传教士创办的华西协合大学在成都华西坝成立。

（三）哲学思想

1. 汉代儒学和道学

扬雄的哲学代表作是《太玄》。他认为"玄"是一种超自然、超感觉的变幻莫测的存在，是天道、地道、人道三道的合一，由于"玄"的运动，才产生了自然和社会，因此"玄"既是宇宙的本体，又是万物的原动力。扬雄的哲学思想，在中国古代思想史上占有重要地位。

汉代成都人严君平著有《老子注》两卷，《老子指归》十四卷，后者被称为"道书之宗"。严君平是将老子之道与方术结合起来的第一人，对道家的发展和巴蜀道教的形成产生了很大影响。

2. 宋代理学

宋代经学发达，在前代研究的基础上发展成为一种新儒学，即理学。四川涌现出不少理学大师，撰写了大量理学著作，影响所及，遍于全国，在中国哲学史上占有相当地位。四川理学家的代表人物主要有张行成、张栻、魏了翁等人，而陈抟则堪称其先驱。

3. 明清之际反道统、反专制哲学思想

在明末清初社会的急剧变动中，全国知识界形成了一股批判现实社会的强劲学术思潮，产生了一大批思想家。清初思想家以顾炎武、黄宗羲、王夫之为代表，在四川则有费密和唐甄。

费密（1623—1699年）在哲学上批判宋明理学所谓"存天理，灭人欲"的禁欲主义，反对空谈道德。唐甄（1630—1704年）是清初激烈批判君主专制的健将，是与黄宗羲齐名的杰出的思想家。他大胆反传统，激烈反专制，所著《潜书》一出，"四方争购之"。梁启超读过《潜书》后，认为此书对封建专制的批判，"皆惊心动魄之言"，给予极高评价。

4. 近代变易哲学

鸦片战争以后，中国遭受西方列强侵略，一步步沦为半殖民地半封建社会。在救亡图存、复兴中华的社会思潮下，学术界涌现出一批强调变易哲学的学者，其中最知名的是四川井研人廖平。廖平著有《辟刘篇》和《知圣篇》，其中的托古改制思想被康有为吸取后而作《新学伪经考》《孔子改制考》，将之作为维新变法的理论基础。张之洞称康有为是廖平的嫡传弟子，梁启超是再传弟子。廖平经学二变对于维新思想体系的建立卓有贡献，并开创了近世古史辨伪的先河。

（四）科技

巴蜀在科技方面取得的多方面成就，是中华科技文明的瑰宝。

1. 都江堰水利工程技术

李冰治蜀时（公元前3世纪后期），为了解决成都平原的防洪和农业灌溉，在开明王朝治水的基础上，兴建了都江堰渠首系统工程，极大地促进了成都平原的经济进步和交通发展。《华阳国志·蜀志》盛赞道："于是蜀沃野千里，号为陆海，旱则引水浸润，雨则杜塞水门，故记曰：'水旱从人，不知饥馑'，时无荒年，天下谓之天府也。"

2. 盐井钻井技术

历史记载中，中国最早的盐井开凿于巴蜀。据《华阳国志·蜀志》记载，李冰为蜀守时，"穿广都盐井"，首创了开凿盐井取卤制盐的工业。

道光十五年（1835年）自贡钻出深度为1001.42米的燊海井，是当时世界上第一口超千米的深井。与同时期的西方相比，燊海井的技术走在了世界前列。燊海井开凿成功11年以后，1846年俄国的谢苗诺夫才钻成了一口浅油井。又过了13年，1859年美国人狄拉克才钻出了一口不到22米的油井。

3. 蜀锦和蜀茶

四川是中国丝绸的主要起源地之一。早在公元前2000年代中晚期，四川的丝绸织造已达到成熟的水平，到战国秦汉时期更是得到巨大发展，尤其以色彩鲜艳、独产于四川的织锦驰名中外，称为"蜀锦"。蜀锦品质优良，工艺极佳，名列中国四大名锦之首。战国以及汉唐时期，蜀锦充任了中国与西方和海外文化交流的友好使者，对中国文明的对外传播发挥了积极而重要的作用。

四川是中国茶叶栽培的发源地，公元前316年秦并巴蜀以后，茶叶栽培和饮茶习俗才传播到中国各地，以后又向国外传播。

4. 天然气的发现和使用

巴蜀是史籍所载中国最早发现和使用天然气的地区。至迟在西汉，巴蜀地区就已经发现并使用天然气。扬雄《蜀都赋》、左思《蜀都赋》、张华《博物志》、常璩《华阳国志》等文献均记载了临邛（今四川邛崃）取用"火井"即天然气的情况，为中国天然气的发现和使用历史留下了宝贵的资料。

5. 天文学

历史文献说"天数在蜀"，盛赞巴蜀天文学成果丰富，天文学家众多。文献记载的巴蜀天文学家及其贡献主要有：

落下闳，字长公，巴郡阆中人。汉武帝时，由太史令司马迁主持改革历法，延请落下闳参加改历工作，并由他负责新历的运算。《太初历》是我国历史上第一部较完整、成系统的历法，也是当时世界上最先进的历法，在天文学史上具有划时代的意义。《太初历》首次记录了五星运行的周期，比古罗马《儒略历》早了58年。《太初历》首次使用落下闳首创的连分数推算历法，较之西方早1600多年。落下闳在创制《太初历》的过程中，为了观测天体，还造浑天仪，又作天球仪，对中国天文历法学的发展做出了重要贡献。

唐代巴蜀杰出的制造家梁令瓒，在玄宗开元九年（721年）创制出黄道游仪，通过对日月五星的观测，正确推算出日月的运行。僧一行就是利用这台仪器，确定了一系列重要的天文数据，为《开元大衍历经》的编撰打下了科学的基础。梁令瓒还同僧一行合作，研制出水运浑天仪。该仪器能够准确地测定朔望，报告时辰，堪称精妙的天文钟。

宋代最著名的天文学家是四川巴中人张思训。张思训设计了浑天仪图，对浑天仪进行了重大革新，在动力、机械计时器两方面大加创新，不但保证了浑天仪在一年四季都能正常运转，为报时、定节气、制历的准确性提供了科学保障，还为我国古代最先进的"苏颂浑仪"的制造提供了条件，奠定了基础，对古代天文学的发展做出了重要贡献。

在天文绘图方面，隆庆府普城（今四川广元剑阁）人黄裳于1010年绘制的《天文图》，是北宋第四次观测恒星的结果。1247年，《天文图》被摹刻在苏州文庙的石碑上。《天文图》是现已发现的最准确的古星图,受到世界众多科学家的高度重视,已被译成英、法、德、俄、日等国文字。

6. 数学

我国宋元时期数学进展十分迅速,在传统数学领域取得重大成就。在宋元四大数学家中,普州(今四川安岳)人秦九韶最为杰出。秦九韶于1247年完成数学名著《数书九章》18卷,其中的"大衍求一术"(即一次联立同余式解法)和高次方程的数值解法,是他最杰出的贡献。欧美的整数论者十分推崇他的"大衍求一术",称之为"中国的剩余定理",这个定理比欧洲早500年。他的任意高次方程的数值解法,比欧洲的相同发明早600年。有的学者认为,欧洲的鲁斐尼–霍纳方法,理应改称"秦九韶方法"。秦九韶以他卓越的数学成就,成为中国古代数学史以至世界中世纪数学史上最杰出的人物之一。

7. 医药学

在医药学方面,巴蜀人才辈出,以昝殷、韩保贞、陈士良、李珣等人成就最大。

成都人昝殷是唐末有名的医生,所著《经效产宝》,是我国最早的产科专著,其中的《产后血晕闷绝方论》"醋铁熏法",历来在临床上普遍应用。

后蜀梓州(今四川三台)人李珣,祖籍波斯,撰有《海药本草》。书中记载的药品来自欧、亚、非20多个国家和地区,丰富了中国药物学内容,对我国医药学的发展有重要影响。

宋代蜀州(今四川崇州)人唐慎微编写的巨著《经史证类备急本草》,集宋以前药物之大成,由官版刊印颁行全国,使我国本草学从此具有药物学的规模。此书历朝重修刊印的版本多达50种以上,并东传日本、朝鲜。李时珍高度评价说:"使诸家本草及药单方,垂之千古不致没者,皆其功也。"英国科技史专家李约瑟评论道:"十二三世纪的《大观经史证类本草》的某些版本,要比十五和十六世纪早期欧洲植物学著作高明得多。"

北宋眉州青神(今四川青神)人杨子建的《十产论》,重点对异常分娩作了详细论述，还记载了胎产式和胎位转正的各种手法，讨论了正产、伤产、催产、冻产、热产、横产、倒产、偏产、碍产、坐产、盘肠产等11个问题，是我国第一部较详细的助产学专著。

（五）文学、艺术、史学

1. 文学

汉代文学，有辞赋、诗歌、散文等各种形式，其中辞赋是最为杰出的代表。巴蜀文学最大的成就就是辞赋，而以司马相如、王褒、扬雄为典型代表，"文章冠天下"，是西汉著名的辞赋四大家当中的三位大家。

唐代巴蜀文学之风兴盛，陈子昂力驳初唐绮丽的唯美文风，主张恢复"汉魏风骨"，对唐诗发展产生了引领方向的重要影响，杜甫称誉他为"有才继离骚"，"名与日月悬"。成就最大的是李白、杜甫，以及女诗人薛涛。前蜀花间派词人韦庄是当时名扬海内的大词人，与花间派创始人温庭筠齐名。

宋代，四川文坛兴盛非凡，"文学之士，彬彬辈出焉"。据《四库全书》统计，清代所存两宋蜀人文集有30多家，《宋代蜀文辑存》则辑录散见于群书的452家蜀人遗文2000多篇，从一个侧面反映了宋代巴蜀文学的兴盛。其中最著名的是苏洵、苏轼、苏辙，父子三人号为"眉山三苏"，俱被列入唐宋散文八大家之中，在中国文学史上有着崇高的地位。

明清时期，四川涌现出不少知名的文学家。在诗歌方面，嘉州（今四川乐山）人杨基与祖籍四川的徐贲均为明初"吴中四杰"之一，杨慎的诗更是独树一帜，杨慎的夫人黄峨也是富于才华的诗人。清代四川诗人辈出，最有名的有张问陶、李调元等人。在散文方面，杨慎、唐甄都是出色的散文家，另有彭端淑、彭肇洙、彭遵泗，号称"丹棱三彭"，享誉蜀中。

2. 艺术

巴蜀绘画、雕刻、音乐、舞蹈、戏剧、书法等，均在全国产生过重要影响。成都前蜀王建墓棺床的东、南、西三面，雕刻有一组24幅乐伎图，再现了前蜀宫廷宴乐的生动情景。这24幅乐伎图所刻的，大多是器乐演奏者，乐器有正鼓、齐鼓、和鼓、笛、大筚篥、拍板、羯鼓、毦鼓、篪、排箫、筝、吹叶、笙等20种23件,属于中国化了的龟兹乐系统,而掺杂有清乐系统的乐器。

3. 史学

汉晋时期,巴蜀史学硕果累累,涌现出一大批史学家和历史著述,其中最著名的是谯周和他的《古史考》,陈寿和他的《三国志》,以及常璩和他的《华阳国志》。

宋代史学极为发达,史家辈出,史著宏富。当时史学大家多出蜀中,史学名著多出蜀人之手,在宋代文化史上占有极为重要的地位。其中最著名的是李焘、李心传。眉州丹棱(今四川丹棱)人李焘,著有史学著作《续资治通鉴长编》1063卷(今存520卷)。隆州井研(今四川井研)人李心传的《建炎以来系年要录》和《建炎以来朝野杂记》两部史著均为中国史学名著。《四库提要辨证》评论说:"有宋一代史学之精,自司马光外,无如二李者。"

(六)道教的创立

道家思想自先秦以来就在巴蜀地区长期传播,它与巴蜀的原始宗教、巫术相结合,在巴蜀民众中产生了广泛影响,形成了相当深厚的社会基础。到东汉时,本土最重要的宗教——道教终于在巴蜀地区诞生了。道教创始人张陵,曾任巴郡江州(今重庆)县令,顺帝时率家人弟子学道于鹤鸣山(在今四川大邑西北),获得巴蜀"符书",以《老子》为经典,创立"天师道",又被称为"五斗米道",其影响遍及全国,成为道教中最重要的教派。

## 五、四川在中国历史上的地位

四川的地理位置决定了它处于中国西部和长江上游地区的枢纽地位。由这一地理上的枢纽区位所决定,四川在政治、经济、文化、民族、国防、资源、对外贸易等方面,历史上都处于中国西部和长江上游地区的中心位置,由此决定了四川战略地位的重要性。

(一)政治

四川在地理上位于祖国三大阶梯的第二级台阶,向西迎接青藏高原地势的东下,向东控临长江上游,直逼长江三峡以东,向南面对云贵高原,逼临横断山区，又北穿秦岭，交通中原，战略地位十分重要。它在东南西北四个方向上，都处于多边联系的枢纽位置，具有非常突出的区位优势。

"江出其腹，其源可以滥觞也。"在先秦时期，以四川盆地为中心的古蜀文明曾以其强劲的辐射力和凝聚力，凝聚了中国西南地区尤其是长江上游的各个民族，整合了四川盆地内外各个民族的政治力量，进而实现了区域一体化的发展，形成了四川地区经济开发的良好环境和发展空间，推动了区域经济的发展和社会进步。其最重要的历史价值在于，这样一种稳定的社会结构，不仅促进了四川古代文明的持续发展，而且对西南地区中国文明基本空间范围的奠定产生了极其重要的历史作用。自秦汉到明清，统一的中央政府无一不以四川作为开发建设西南地区的战略基地和处理中央与西部各民族关系的前哨和堡垒，四川具有相当重要的战略地位。在统一的多民族的中华国家历史上，四川长期发挥着这种政治上的区位优势。

秦朝：公元前316年秦并巴蜀后，获得蜀的粮食、布、帛、金、银等资源优势和巴之劲卒，极大地增强了秦对东方六国的战略优势。秦以巴蜀为东出长江三峡伐楚，统一长江中下游地区的战略基地，进而统一全中国。

汉朝：巴蜀为汉王刘邦发迹之地，汉王朝的"王业之基"。刘邦以蜀汉为战略基地，出蜀汉定三秦，最终灭掉西楚霸王项羽，建立起汉王朝，开发西南夷。

三国：巴蜀为蜀汉立国的根基所在。

两晋：巴蜀为西晋扫平东吴、统一全国的基地。

隋朝：隋凭借巴蜀的资源，荡平陈朝。

唐朝：巴蜀是处理中央王朝与吐蕃、南诏关系的前沿。

宋朝：宋先取四川，而后略定江南。南宋时四川长期作为抗击金、蒙古的战略大后方和中坚地区，同时又是处理中央王朝与藏区关系的根据地，是茶马贸易的内地商品集散地。

明、清：四川为处理中央王朝与西南地区各民族和西藏关系的重要枢纽。

近代：四川是辛亥秋保路运动的战场，"引起中华革命先"（朱德语）。抗日战争时期,四川是中国全民抗战的战略大后方。

(二)经济

四川处于内地与西南边疆各省区（云南省、贵州省、西藏自治区）经济联系的中心,历来是长江上游和西南地区最重要的经济枢纽。

由经济区位所决定,古代四川在长江流域农业经济圈与云贵高原和青藏高原畜牧经济圈、半农半牧经济圈的互动和贸易中处于媒介和枢纽位置,在中国西部具有非常突出的、极为优越的不同经济部类之间多向贸易的中心地位。

历史上四川经济的空间形态具有外向型（辐射型）和内聚型的双重特征,同时具有枢纽型的特征。外向,是指四川经济向西南各省和长江流域辐射；内聚,是吸引并凝聚西南各省和长江流域经济向四川集散。在经济发展的外向型和内聚型相互交织的复杂过程中,四川向来是以外向为主,如四川的盐、铁、茶叶、布匹、丝绸等,除大量输往全国各地外,还通过南、北丝绸之路和海上丝绸之路远销东南亚、南亚以至中亚、西亚和欧洲,并经东北亚和草原丝绸之路传播到朝鲜、蒙古、西伯利亚等地区和国家,经济上的外向辐射力十分强劲,辐射面也十分广阔。枢纽,是指四川位于中央政府和内地经济向西南各省传播过程的转接地带,其经济枢纽地位之重要十分明显。

早在2200多年前,秦蜀守李冰率领蜀人修建都江堰,成都平原成为全中国最富庶的地区之一。《华阳国志》记载说四川"水旱从人,不知饥馑",而"天下谓之天府也",成为驰誉全中国的"天府之国"。汉代四川农业兴盛,刘邦曾下令饥民"就食蜀汉",对稳定汉初经济形势起到了重要作用。手工业也是盛极一时,蜀锦、蜀绣、蜀布、蜀刀、漆器、盐、铁等产品名闻天下。古代四川的井盐开发更是在海内独占鳌头,钻井技术和工艺大踏步地走在世界前列。

四川以成都为首位城市,其辐射力在历史上一直是北越秦岭,东出三峡,南至滇、黔,长期充当着不同区位间不同经济类型产品的贸易桥梁和枢纽。近代以来四川城市的发展格局,基本上缘此而定,具有空间组织形态上的结构性和层级性,城市体系的优势十分明显,中心城市的领导作用十分突出。

### （三）资源

地理区位决定了四川本身的资源十分丰富。除自然资源外，在生产性资源、生活资源、人力资源等最重要的基本资源上，四川居于举国瞩目的领先地位，在历史上曾为国家做出了重要贡献。

### （四）文化

四川是中国文明的重要起源地之一。以三星堆文化等为表征的巴蜀文化是中国文明多元一体结构中的重要一元，在夏商时代是长江流域青铜文明和城市文明的典型代表，在中国文明史上占有十分显赫的地位。

四川处于西南少数民族与汉民族的多民族互动交流地区，民族文化资源丰富多彩。它既是民族文化的交汇区，又是民族融合的交融区，同时还是介于内地与西南民族之间文化、科技的汇聚区和通道区。历史上，四川文化对于西南地区和长江中上游地区文化产生过极大的带动作用。中原地区的优秀文化也经由四川向云贵高原和青藏高原传播辐射，这使四川聚集了多种文化精华，汇聚了大批高文化人才，聚合、积累并生成四川文化上和科技上的极大优势。

四川的高文化往往表现出"水库"特征，不断向外输出高文化人才，又不断从外引进高文化人才。历史上四川的人才走出夔门后，常常是大展才华，"文章冠天下"，如古代的司马相如、扬雄、三苏等，近代的郭沫若、巴金等。而外省文豪入川后，更加成就了其"语不惊人死不休"，最典型的代表人物当推杜甫。这种相辅相成的"水库"效应，恰应了"流水不腐"这句古话。它构成了历史上四川与外省文化在经常性的互动中互补的交流特点，使四川文化在保持自己基本形态的同时，不断更新其表层结构，从而得以随时站在中国文化主潮流的前沿。

由地理条件作为基本因素所造成的四川文化的区位优势，使四川文化表现出极为明显的凝聚与辐射相交织的二重性，这就决定了四川精神文化的几个重要特点：一是开放和兼容的气度，二是渴求开放和走向世界的意识，以及海纳百川和勇于创新的精神。由这几个特点所决定，吃苦耐劳、不畏艰险便成为千百年来四川最鲜明、最突出的人文性格特征，而"追风""趋潮""赶时髦"也随之成为四川文化最显著的外在表现方式之一。

毋庸讳言，在四川有史以来的精神生活当中，也存在闭塞、保守、贪图安逸、小富即安、不能居安思危甚至"贵慕权势"等消极思想和行为方式。这种不良心理素质和生活方式，是从历史上千百年来所逐步积淀下来并凝成传统的，它与四川的区位优势和富饶的自然条件所带来的优越的生存环境有着密切关系。认识到这一点，对于我们在优化生活环境的同时，优化我们自身的价值观念，是十分必要的。

（五）国防

历史上四川向来是中原、华北、华南和华中的大后方，深处"天然形胜"的西南腹地，战略地位十分重要，为历代兵家必争之地。唐朝四川曾成功地抵御了吐蕃南侵和南诏北进，保卫了灿烂的华夏文明。南宋四川长期坚持抗金、抗蒙古战争，为南宋王朝的延续做出了重要贡献。在伟大的中国人民抗日战争中，四川更是为全面抗战的胜利做出了特殊的贡献。

（六）外贸

四川虽然位于内陆盆地，不沿海，不沿边，但历史上四川的对外贸易却十分发达。北方丝绸之路的大宗丝绸主要出自四川，而以成都为起点，经云南至南亚、东南亚、中亚、西亚和欧洲的南方丝绸之路，则是古代中国最重要的国际交通线之一；它与从四川经贵州、两广至南海的贸易线路一道，构成南中国的对外贸易网络，对繁荣中国的经济文化有着重要作用。历史上四川人民以大无畏的气概和惊人的毅力，突破了为高山所环绕的半封闭地理状态，变地理劣势为外贸优势，如此历史经验实应总结和记取。

# 第一章 先秦时期的四川

从中国历史的角度看，先秦史是指从远古到公元前221年秦始皇统一全国、建立统一的多民族的封建王朝之间的这段历史。从四川历史的角度看，由于巴、蜀在公元前316年就已成为秦的版图，因此四川先秦史的下限是在公元前316年，这是由四川历史发展的特殊性所决定的。

## 第一节 导言

从远古到公元前316年，其间的数千年时间，是四川历史上的先秦时期。先秦时期的四川，经历了旧石器时代和新石器时代的漫长时期，约在距今4000多年前的宝墩文化时期进入文明起源的时代，在距今3000多年前的三星堆文化时期逐步进入文明时代，并在四川盆地东部和西部分别形成了巴、蜀两个文明古国，开创了灿烂的巴蜀古代文明。公元前316年，巴、蜀归秦，巴蜀从此成为中央王朝的郡县，融入中华文明之中。

## 第二节　史前时期的四川

史前时代指人类经历的第一个历史时代。四川的史前时代发端于200万年以前，从那时到新石器时代之末的200多万年间，勤劳、勇敢、智慧的原始人类就在四川这块古老的土地上劳动、生息和繁衍，用自己的双手所创造出来的伟大而不朽的石器文化，记下了四川历史永不磨灭的第一章。

### 一、自然环境与古文化

四川位于我国西南内陆腹地，西临青藏高原，东据长江三峡，北拥秦巴山地，南依云贵高原。地势西高东低，大致以岷山、邛崃山和峨眉山为界，形成东部和西部两个截然不同的自然地理区划。西部是平均海拔2000米以上的高原，东部是著名的四川盆地。四川盆地边缘由一系列中山和低山组成，地势由四周边缘山地向盆地底部逐渐下降，盆地底部由西向东依次分布着盆西平原（成都平原）、盆中丘陵和盆东平行岭谷。地形的这一特点，造成了所有的河流都呈从盆地南北两侧沿着下趋的山势流向盆地底部、汇入川江的态势。川江以摧枯拉朽之势切开盆中丘陵和盆东平行岭谷，从盆地东南边缘流过。岷江、沱江、涪江、嘉陵江、渠江、乌江、赤水河等分别从南北方向注入长江，浩浩荡荡，东出三峡。

四川东西两部气候迥异。川西高原气温低，霜期长，降水量少，湿度小，日照长，属于寒温带以至亚寒带气候。东部盆地气温高，无霜期长，降水量多，湿度大，日照少，属于较典型的亚热带湿润季风气候。

在四川盆地东部巫山县204万年前早更新世早期人类化石的同一层位，铜梁县城西张二塘旧石器晚期的文化层，资阳县黄鳝溪资阳人头骨化石的发

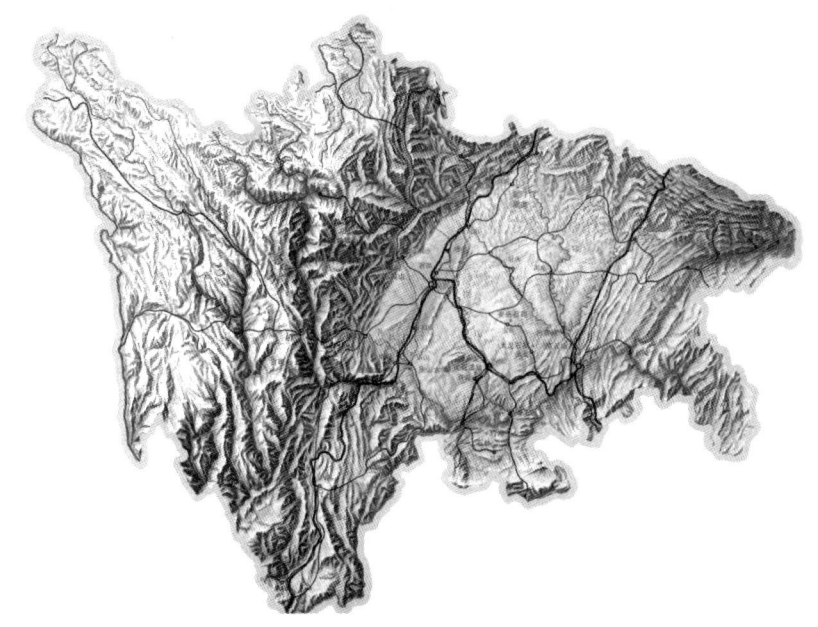

巴蜀地区地貌图

现地点,资阳县鲤鱼桥不晚于更新世晚期的地层中,以及在汉源县富林镇旧石器时代晚期文化层中,均发现了我国南方第四纪通常所见的热带或亚热带条件下的哺乳动物群"大熊猫-剑齿象动物群",说明当时的自然环境比较优越,气候温暖潮湿,森林茂密,草木繁盛,各种动物出没于长林丰草和群山岭谷之间,是原始人类生存和古文化发生、发展的良好环境。

二、原始人类的踪迹

四川境内有三处发现了原始人类化石,为我们提供了开启四川史前历史之门的钥匙。

1986年10月在巫山县大庙龙坪村龙骨坡发现了距今204万年早更新世早期人类的上内侧门齿和下颌骨,学术界称之为"巫山人",在人类化石同一层位的有数件石制工具和骨器。

1951年在资阳黄鳝溪发现人头骨化石1件、骨椎1件和大量共生的化石动物群。这件人头骨化石,就是学术上所正式命名的"资阳人"。资阳人是一中年以上的女性个体，已具有新人（晚期智人）的特征，在形态上已较多地显示出蒙古人种的特征，其生存时代为更新世晚期。

1980年在筠连县镇舟镇拱猪洞发现的筠连人化石，为一枚右上第一臼齿，属于一名约30岁的个体。据研究，筠连人化石的年代为更新世晚期，体质上处于智人发展阶段。

资阳人头骨化石

### 三、旧石器时代的狩猎采集经济

旧石器时代在今四川地区生活、繁衍着无论其活动范围、经济生活还是文化面貌都不尽相同的原始的狩猎采集游群，这些游群规模不大，以临时营地为聚落，居住在简陋的、临时性的建筑里，以季节性游动获取食物资源。

四川盆地发现几处旧石器时代文化遗存，主要有重庆铜梁县城西张二塘遗址、资阳鲤鱼桥遗址，以及盆地西部边缘的汉源县富林遗址。在成都羊子山遗址基址以下的地层、资阳人B地点、黔江县红土湾老屋基洞遗址和地点也发现或采集到这一时期的文化遗物，在攀枝花市仁和区回龙湾还发现旧石器时代晚期洞穴遗址。

在渝东三峡地区发现不少旧石器时代遗址和地点，考古新收获十分丰富，主要有丰都县冉家路口遗址、高家镇遗址、烟墩堡遗址、井水湾遗址和奉节县鱼复浦遗址、横路遗址，等等。

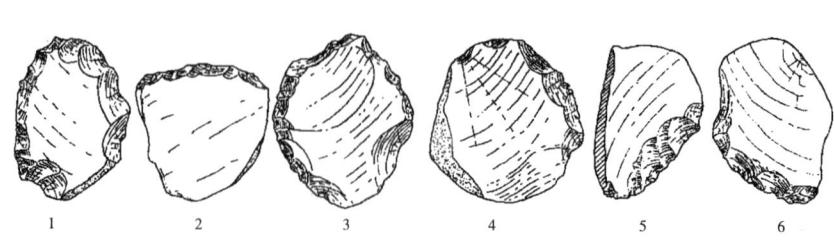

奉节县鱼复浦遗址出土的石器

从历史的黎明时代起，四川的古文化就具有开放性特征。富林文化与华北小石器文化的联系，铜梁文化与贵州黔西观音洞文化的相近，三峡诸多遗址所出石制品对华南、华北工业传统的兼具，不过是其中的典型例子而已。

四、新石器时代的生产性经济

新石器时代在四川历史的发展中占有重要地位，为四川古代文明的产生奠定了经济、文化、知识、技能以至社会结构和政治组织等方面广阔而坚实的基础。

（一）经济生活方式的变革

四川新石器时代文化分布相当广泛，西起川西北高原，东至长江三峡，北达秦巴山地，南及川西南山区，文化遗址和地点星罗棋布。比之旧石器时代，新石器革命的浪潮不仅把人们推向四面八方，而且在浪潮波及的每一个角落普遍都取得了进步。

四川盆地北部山地的广元市中子铺营盘梁遗址，是迄今已知四川地区最早的新石器时代文化遗址，年代距今六七千年。四川盆地北部新石器文化的另一重要遗址是绵阳边堆山遗址，出土了大量石质生产工具和陶器，并发现居址遗存，遗址年代距今5000—4500年。

峡江流域新石器文化的典型代表之一是巫山大溪文化，这里发现了重叠排列的密集墓葬，盛行单人葬。出土极为丰富的生产工具，绝对年代距今6000—5300年。

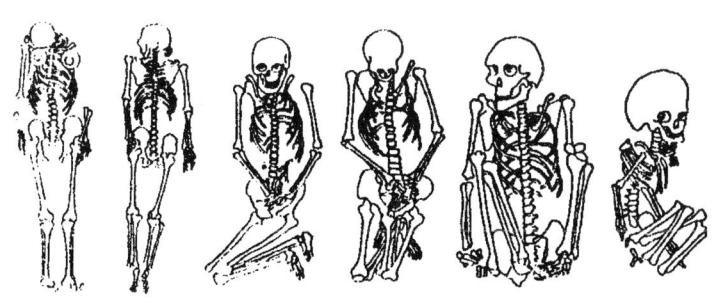

巫山大溪遗址墓葬葬式

分布在峡江沿岸的瀞井沟遗址群主要有哨棚嘴遗址、中坝遗址、老关庙遗址、魏家梁子遗址等。各遗址都发现大量陶器，这些陶器显示出相互之间既有一定的关系，又有相当的区别，且与长江三峡内外的新石器时代文化有着某种联系。

四川盆地东北部米仓山东段南麓的通江擂鼓寨遗址，出土大量陶器，出土的石器有细石器、打制石器和磨制石器三类。

川西北地区主要是岷江上游，新石器文化广泛分布在阿坝州的汶（川）、理、茂等县，有数十个新石器出土地点，以茂县营盘山遗址、汶川姜维城遗址为代表，发掘清理的遗迹主要有灰坑和房屋居住面，出土大量陶器和石器。有的遗址发现了来自滨海地区的海贝，表明该地区与外部已初步发生了交换行为。

位于川西北高原小金河半山上的丹巴县中路乡罕额依遗址，是大渡河上游一处重要的新石器时代文化遗址，文化内涵十分丰富，出土不少建筑遗迹、大量陶器和石器。

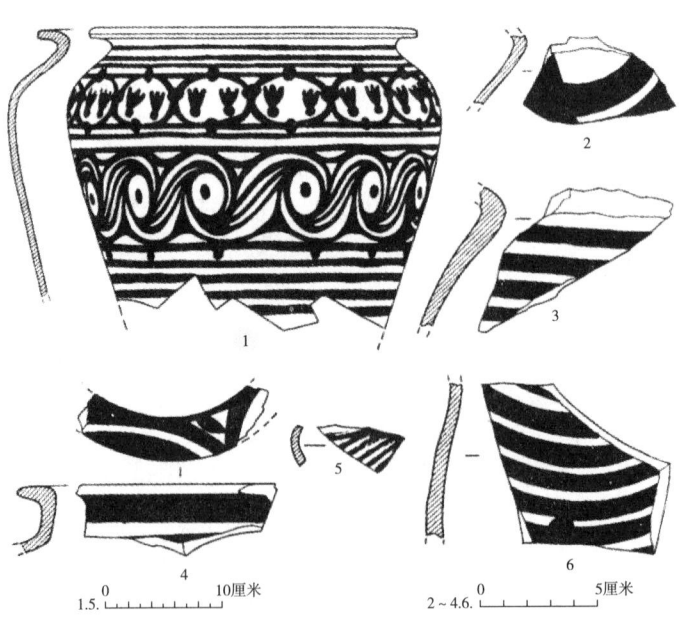

茂县营盘山遗址出土的彩陶

川西南新石器文化以凉山州西昌市横栏山遗址和西昌礼州遗址最为重要。横栏山遗址发现大量陶片和打制的石斧。礼州遗址发现的石器大多经过磨制，以双孔半月形弧刃直背石刀最具特色。

川西大渡河流域下游新石器文化以汉源最为集中，发现古遗址十多处，重要代表是汉源狮子山遗址，出土石器以斧为多，陶器以夹砂红陶和棕红陶为主，时代距今4000—3500年。

青衣江流域新石器文化分布也很广泛，在雅安等地发现三十多处石器地点，大致有河坝与山坡两种类型。

四川新石器文化最为重要的是成都平原新石器末叶文化，包括宝墩文化和三星堆遗址第一期文化。宝墩文化得名于新津县宝墩遗址，以它为代表的成都平原史前古城遗址群，包括新津宝墩古城址、都江堰芒城古城址、温江鱼凫村古城址、郫县古城村古城址、崇州双河古城址和紫竹村古城址、大邑盐店古城址和高山古城址等数座古城遗址，均属同一文化，距今4500—3700年。

广汉三星堆遗址分为四期，第一期属新石器末叶文化，第二期至四期属古蜀文明发展阶段。第一期文化面貌同宝墩文化有若干共同之处，距今4800—4000年，生产工具小型化，有石斧、锛、凿等，通体磨光，加工精整。陶器以泥质灰陶为主，器型以宽沿平底器为主。

（二）生产性经济的发展

四川的新石器时代不同类型的生产性经济的发生和发展，主要有盆地原始农业经济和高原原始畜牧业经济两大类型，而间以渔猎经济这一更为古老的经济形式。商品交换关系在各种生产性经济区域之间也开始发展起来，各地文化交流日益频繁，这成为推动社会前进的动力之一。

四川新石器革命所取得的重要成果之一是早期定居的农耕聚落的建立，永久性定居和定居农业已经产生。在技术方面，四川新石器时代已经出现生产工具的专门化发展，工具组合各具特点，与各地的经济生活相适应，意味着劳动分工呈现出新的发展趋势。建筑主要有干栏式和地面木构式两种，反映了人们更能适应生态环境，生存能力得到了增强。技术的进步还表现为人们对艺术品、装饰品质料及工艺形式的不断追求，不仅选料严谨，而且精琢细磨，在工艺上出现了许许多多新鲜的发明创造。

精神生活中最重要的特征之一是宗教信仰的形成，这对于人们的精神世界乃至现实生活都具有一定支配作用，地地道道的自由世界已经一去不复返。

四川新石器时代还没有形成凌驾于社会之上的国家机器，不过贫富不均、等级划分已经产生并有所发展，阶级分化开始出现，甚至出现了酋邦一类的政治组织。而它的质变，即阶级社会的诞生和国家的形成，则是进入文明时代的最重要标志。

## 第三节　巴的历史与文明

巴是一个历史悠久的文明古国，早在商代甲骨文中，就有关于巴方活动的历史记载。商代末叶，武王伐纣，巴人充当前锋。西周建立，巴国成为最早受到周王室分封的南方大国。春秋时期，巴国与楚国结盟，扫荡江汉间小国。春秋末战国初，巴国从汉中南迁，进入长江三峡和四川盆地东部。公元前316年，秦灭巴国。

一、巴的来源

巴是一个地域的名称，居住在巴地的各个古族，被称为巴人。

（一）巴的含义

关于巴的含义问题，自古以来有不同的解说，主要有蛇称、草名、因水为名等不同说法。

巴为蛇称说，是有关巴义解释的诸种说法中流传最为广泛的一种。这种说法源于《山海经·海内南经》有关"巴蛇食象"的记载。巴蛇的故事其实来源于洞庭湖东岳州地区的巴人，在南北朝时才广泛流传开来。

另一种说法认为，巴是指一种被称为"巴苴"的植物。巴苴是荆棘楚木一类植物，古代巴地普遍生长着苴这种植物，所以把这个区域称为苴，也就是巴。

还有一种说法认为，巴来源于河流走向的形状，因从汉中到涪陵，嘉陵江、渠江流水蜿蜒曲折，其形状有如巴字，所以称这个地区为巴。

另外，还有学者认为巴的本义是"坝"，巴人即居住在坝子中间的人。也有学者认为巴的含义是鱼、虎、石、白色等。

缕析各种传说的来源，"巴为蛇称"说来源于六朝时期居于洞庭湖东岳州一带的巴人，"巴为草名"说来源于先秦秦汉时期居于今四川广元市以西、剑门关之北、嘉陵江西岸老昭化一带的苴（巴）人，"因水为名"说来源于先秦秦汉时期居于从陕南到黔中几乎整个巴地的巴人。可见，由于巴人的各个组成部分来源不同，所以巴人的各个族群对于巴义的解说也就不尽相同。

巴是一个地域名称，它的内涵十分广泛。古代北达陕南，中经嘉陵江和汉水上游西部，南及黔东和湘西，这一大片地域被称为巴。在广阔的巴地上，分布有"濮、賨、苴、共、奴、獽、夷、蜑之蛮"，以及廪君蛮，都被称为巴人。虽然都是巴人，但他们当中，既有属于濮系的族群，又有属于越系的族群，还有属于华夏后裔的族群，族系不同，来源有别，不但本源文化有所差异，而且始居于巴地的年代也各不相同，各自对于巴的含义自然会有不同的理解，以致产生出不同的传说流传于世。

（二）巴人的来源

在广阔的巴地上，居息活动着濮、賨、苴、共、奴、獽、夷、蜑、廪君蛮以及其他族群，他们都被称为巴人。

濮人主要分布在今涪江下游，中心在今重庆市以北之涪江、嘉陵江和渠江相汇的合川一带，这支濮人是春秋时期从江汉迁徙而来。

賨人是板楯蛮的别称，为四川盆地东部的土著族群之一。板楯蛮之名，来源于使用木板为盾牌，后来演化成为族称。板楯蛮古居嘉陵江和渠江两岸，因盾又称为渠，所以有了渠江的名称。板楯蛮称为賨人，则是因为他们向朝廷缴纳的赋税称为賨钱，所以把他们叫作"賨民"，秦汉时演化为族称。

苴人是分布在今四川广元市以西、剑门关之北、嘉陵江西岸老昭化一带的土著族群。苴古音读为巴，属于土著百濮的一支。

共人原为东方滨海地区的越系族群，约在春秋战国时沿江西上进入四川盆地东部，主要分布在今重庆酉阳地区。

奴即卢，卢人来源于今山西境内，为舜的后裔。卢人曾参加武王伐纣，西周春秋时活动在汉水中游地区，其中的一支在春秋中叶以后辗转西迁于渠江流域。

獽人主要分布在今重庆奉节长江干流和峡区，但獽人的史迹不详。

夷原为中原华夏对周边少数民族的通称，巴地之夷主要分布在长江干流和峡区一带。

蜑字又作蜒、诞、蛋，巴地的蜑人主要分布在峡区以至清江流域。

廪君蛮属于百濮中的蜑人支系，因其先世出于巫山，所以称为"巫蜑"。首领廪君原为"巴氏子"，与其他四族共同居住在武落钟离山（今湖北长阳佷山）。后来"巴氏子"统一了其他四族，并战胜了清江流域的"盐水女神"，于是建城称君，称为廪君，这支族群也就被称为廪君蛮。

巴地还居住着一支被称为"丹山之巴"的族群，他们是长江三峡丹阳一带信奉"孟涂"之神的土著部落。此外，源于太昊后代的一支族群也在巴地活动，称为"太昊之巴"，他们可能是从甘肃、陕西迁徙而来。

（三）巴国王族的来源

巴国王族，即学术界所盛称的"宗姬之巴"。《华阳国志·巴志》记载："周武王伐纣，实得巴、蜀之师，著乎《尚书》。巴师勇锐，歌舞以凌殷人，前徒倒戈，故世称之曰'武王伐纣，前歌后舞'也。武王既克殷，以其宗姬封于巴，爵之以子。"巴师参加武王伐纣之战，载歌载舞，充当前锋，迫使殷商军队阵前倒戈，战线崩溃，为西周王朝的建立立下汗马功劳。西周建立之初，周武王便把巴师的首领"宗姬"分封到巴地，建立了巴国。巴国与西周王朝分封在汉水以南的"汉阳诸姬"一道，为周王朝镇抚南方疆土的土地人民，构成捍卫西周王朝南方疆土的坚强屏障。

巴子称为宗姬，宗姬之姬为姓，宗是同宗的意思，表示与周人为同宗之后。宗姬与周同宗，在班辈上低于武王，在周人同宗关系的庞大血缘纽带中居于子辈。对武王来说，宗姬属于子族之列，因其分封于巴地，所以称为巴子。巴是国名，子是周人的子族，同时也是周王朝的子爵。

## 二、古史传说与文明起源

在相当于中原的夏商时代之时，古代文明的一些要素开始在巴地出现，成为巴地古代文明的曙光。到商周时代，早期青铜文化开始在渝东长江干流地区萌芽，昭示着早期文明的起源。

### （一）廪君传说与文明起源

廪君原名务相，为巴氏之子，与樊氏、瞫氏、相氏、郑氏共同居住在武落钟离山。武落钟离山有赤、黑二穴，巴氏居赤穴，其他四姓居黑穴。当时，是没有君长的蒙昧时代，社会成员之间处于平等地位，巴氏子务相只是氏族部落中的一名普通成员。

起初，五姓进行竞赛，约定共同掷剑，掷中石穴者当为首领，结果被务相掷中。继而又约定乘土船，能浮起者当为君，结果又只有务相的土船浮起。务相于是得到五姓的拥戴，立以为君，自此称为廪君。但这个时候所谓的君，还只是一个普通的部落酋长。

廪君部落形成后，随即乘船从夷水至清江的盐阳，争夺那里的食盐资源。当时，清江的食盐资源为当地的母系部落女首领"盐水神女"所控制。廪君集团来到盐阳后，随即与盐水神女展开大战。经过十多天的惨烈战争，廪君射杀了盐神，将盐源据为己有。战争的胜利，大大加强了廪君的军事、政治和经济权力，于是五姓把廪君推上了部落最高领袖的地位，建立"夷城"为都，廪君成为五姓的君主，平等社会的部落从此转变成分层社会的酋邦。

廪君酋邦形成后，又进一步在意识形态领域神化君权。史书说"廪君死，魂魄世为白虎。巴氏以虎饮人血，遂以人祠焉"。廪君集团原先并无以人祭祀的习俗，只是当廪君成为政治领袖以后，出于神化廪君的需要才产生的，表明他同时又成为宗教领袖，集政治、经济、宗教大权于一身，俨然成为酋邦的最高领袖。以人祭祀的实质，是对受害者人权的剥夺，意味着廪君对于族众有着生杀予夺之权，这种权力又是通过神权的形式反映出来的，表明了君权与神权合一的事实。

廪君集团社会复杂化的进程，导致了文明因素的出现和政治权威的兴起，最终导致了与平等社会不同的分层社会这样一种新型政治组织——酋邦的诞生。

(二)峡江流域文明的起源

在峡江流域发掘的考古地层中，重庆三峡库区万州唐房坪、秭归长府沱、宜昌杨家嘴等属于夏商时代的遗址中都发现了不少小件青铜器，主要有箭镞、刀、凿、鱼钩、圈、锥、针、铜渣块等。青铜器形态原始，制作粗糙，器型均为常见的生产工具，有个别器型与人体装饰有关，属于早期青铜器。发现的铜渣块说明，上述小件青铜器是在当地铸造的。

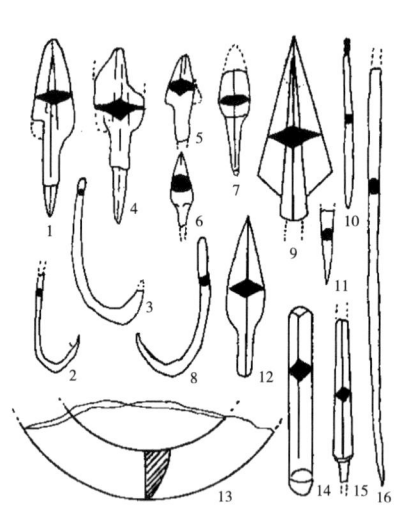

峡江流域出土的夏商时期青铜器

这就表明，在夏商时代，早期文明的因素开始在峡江流域生长并逐渐发展起来，峡江流域进入早期青铜时代。

(三)渝东长江干流青铜文明的兴起

商周时期，早期青铜文化开始在今重庆渝中区以东长江干流地区萌芽，昭示着早期文明的起源。到战国时期，该区域有制造和使用青铜器的痕迹，如在万州麻柳沱发现柳叶形剑的石范，以及在新浦、石地坝等遗址发现的石范等。另外，在万州麻柳沱还出土青铜钺、刀、镞、削等，但均为造型简单的小型铜器。从以上发现可见铸铜工业规模小而分散，抑制了该区域青铜器铸造业的发展，表明还没有产生出一个能够聚合区域内各族政治力量，并使区域政治一体化的强有力的统治权力中心。

东周时期，由于巴国文明的南移、进入与推动，峡江地区的青铜文明达到全盛时代。考古学家在重庆市云阳县李家坝遗址东周时期的巴文化墓葬中，发现234件青铜器，有兵器、饪食器、酒器、乐器等，以兵器的数量为最多。青铜器大多制作精美，兵器如剑、矛、戈上常铸有虎、人头、人形、水鸟、蝉、手臂纹、心形纹、云雷纹等凹线纹饰图案，也有浅浮雕加阴刻线的纹饰图案，斧和钺上有各种几何形凸线纹饰图案，显示出精湛的青铜器制作技术和高超的工艺水平。

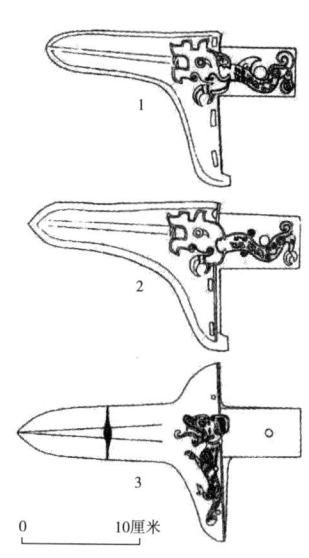

云阳李家坝出土的虎纹青铜戈

李家坝墓葬出土的大量青铜兵器体现出这个聚落显著的军事性质。古代亦兵亦农，寓兵于农，表明它在东周时是巴国治下的一个地方性族群聚落，这个族群已达到酋邦制发展阶段。

李家坝青铜器尤其是青铜兵器在渝东长江干流非常具有代表性，反映出东周时代这片地域青铜文化的兴起，是同频繁而剧烈的战争紧密联系的。墓葬大量出现楚文化因素，清楚地反映了《华阳国志·巴志》和《水经注·江水》所说"巴、楚数相攻伐"的历史背景。

（四）板楯蛮与渠江、嘉陵江流域的青铜文明

考古学家在四川省宣汉县罗家坝遗址的发掘中获得了大批材料，出土大批战国中、晚期青铜器。青铜器以兵器为主，主要有钺、剑、矛、镞等；生活用具有鍪、釜、甑等；生产工具主要有锯、凿、削等。青铜兵器均为东周时期川东和渝东地区常见的器型，青铜矛上的巴蜀符号也常见于川东和渝东出土的巴式兵器，青铜鍪、釜、甑同为常见的巴式器物。

罗家坝遗址所在的渠江流域，是先秦时期板楯蛮的中心分布区域，罗家

坝遗址应为板楯蛮的文化遗存。罗家坝墓葬出土的大批青铜兵器，与历史文献关于板楯蛮"天性劲勇""勇敢能战"的记载相吻合，表明这批墓葬是板楯蛮某一大姓的文化遗存。罗家坝遗址各期文化的连续性发展演变，从物质文化的角度反映了板楯蛮和嘉陵江、渠江流域文明起源与形成的进程。

板楯蛮有七姓，是七个大的部落组织，每一个大姓就是一个部落，各个部落都有自己的渠帅，实行大姓统治，渠帅是酋邦中的酋豪，实行酋邦制度。

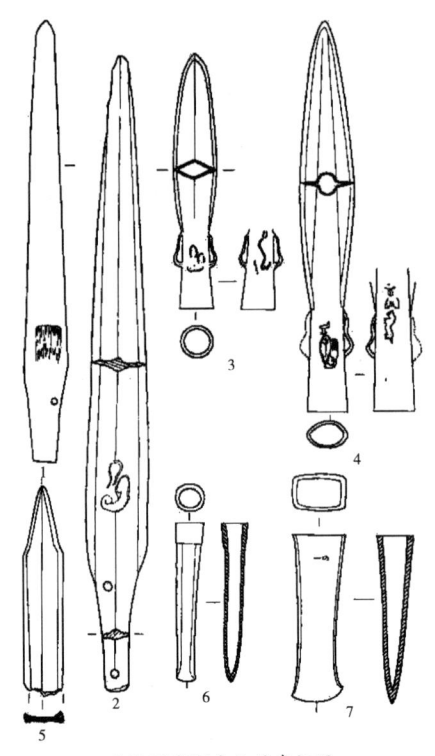

宣汉罗家坝出土的青铜器

作为巴国境内的一个酋邦，板楯蛮在渠江流域今渠江县附近建立了"賨国"，筑有"賨城"。賨国是板楯蛮这个复杂酋邦的总称，板楯七姓是酋邦的第二层级，各姓渠帅是賨国分布在嘉陵江、渠江流域的各级酋长。

三、巴国的兴亡

巴是文明古国，商代的巴方是一个很活跃的方国。商代末年巴人参加武王伐纣，西周初受周王室分封，建立巴国。春秋战国时期，巴国与楚国结盟，联盟破裂后，举国南迁进入长江三峡和四川盆地，与蜀多次和战。公元前316年，巴国为秦所灭，巴地归于秦。

（一）巴方史迹

巴在殷墟甲骨文中被称为"巴方"，是商代很活跃的一个方国。

殷墟甲骨文有好几片卜辞记载了巴方与商王朝的几次战争。这里可举出六片卜辞：第一片卜辞说，商王朝征调一个叫作"我方"的兵力征伐巴方；第二片卜辞说，商王武丁亲率名将沚□伐巴方；第三片卜辞说，武丁的妻子妇好率领沚□伐巴方；第四片卜辞从两面贞问，武丁令妇好伐巴方是否受到神灵保佑；第五片卜辞也是两面贞问，大意是商王武丁令妇好率沚□伐巴方，武丁率大军从东□攻击巴方在□的驻军，把巴方的溃军歼灭于妇好所设埋伏处；第六片卜辞说巴方是商王朝的甸服。

这几片卜辞说明，商王朝屡次讨伐巴方，甚至商王武丁亲自率领军队进行征伐，还是屡征不服。武丁是殷王朝的中兴之君，他开疆拓土，"邦畿千里，维民所止，肇域彼四海"，谥为高宗。巴方在盛极一时的殷王朝调兵遣将、屡次大军压境的情况下，仍能顽强抵抗，说明巴方兵力和国力都比较强盛。商王朝长期对巴方的战争，终以巴方失败结束，此后巴方臣服于殷王朝，成为殷代千里王畿边境上的一个甸服方国，向商王朝纳贡服役。

（二）巴国的建立和发展

商代末年，周武王率西土之师东伐殷纣王，巴师充当前锋。由于巴师勇敢对敌，前歌后舞，克敌制胜，"武王既克殷，以其宗姬封于巴"，西周建立之初，巴国成为最早受周王室分封的姬姓诸侯之一。

周初大分封，"封建亲戚以藩屏周"，巴国由周王室封之，是西周同姓诸侯中的大封。巴国受封诸侯，获得了进一步发展的条件，同时又成为周王室控临南国的一个重要战略基地。《左传》昭公九年记载："及武王克商……巴、濮、楚、邓，吾南土也。"巴国为南土诸侯之首，与周王朝陆续分封在成周之南、汉水之北的"汉阳诸姬"共同构成捍卫周室、镇抚南土的坚强军事防线，成为周王室的南国支柱，是为"天下之显诸侯"。

在西周的外服诸侯制中，巴国班列男服，对周王室有职有贡。其职守为镇抚南国、捍卫王室，其贡献是向周王室交纳农产品。春秋时期，巴国在周王朝的地位有所下降，从西周时期诸侯的大封国降为仅"班侔秦、楚"，与"夷狄"同列，但对周王室的职守仍旧是"治田入谷"和"为王捍卫"。

春秋时代，王纲解纽，诸侯逾制，巴国虽然尊奉周王职贡，但仅是表象。实际情形是，巴国在周王室礼崩乐坏的形势下，政治经济军事力量急剧膨胀，图谋东出汉东，扩张江汉，因而一度与楚结成联盟，扫荡江汉间小国。后来盟约破裂，巴楚反目为仇，数相攻伐，巴慑于楚之锋芒，被迫放弃汉水上游故土，南下长江流域，转入渝东长江干流和四川盆地东部，重建统治。

巴国在春秋战国之交仓促南下入渝，虽然在渝东地区重新建立起政治军事统治，但却没有力量来重构强大的国家机器及其层级机构。战国时期巴国几次迁都，先后在江州、垫江（今重庆合川）、平都（今重庆丰都）、阆中（今四川阆中）建立过都城，在枳（今重庆涪陵）修建先王陵墓。由于巴国东受楚攻，西临蜀伐，捉襟见肘，政局动荡，极不稳固，几次迁都同当时政治军事局势的急剧变化直接相关，都城逐渐远离战场。到战国中期，巴在接连失去长江三关以后，渝东长江干流之地已无险可守，而川中又面临一个赫赫蜀国，巴王室只得退保阆中，而将渝东重镇枳交由巴王子据守。

《华阳国志·巴志》书影

巴国的疆域，按照巴国历史的发展，大致是：商周时代，据有汉中东部；春秋时代，向大巴山东缘发展；春秋末叶，举国南迁长江干流鄂西、渝东之间；春秋战国之际，渐次进入长江、嘉陵江、渠江、乌江之间的渝东地区和四川盆地东部，并兼有与鄂、湘、黔的相邻地区。

（三）巴国的政治制度和社会结构

巴为姬姓之后，与周王室有着深厚的血缘关系。西周春秋时期巴国君主一直称"巴子"，其国称"巴子国"，到战国时期，巴国君主开始称王。君主实行世袭制度，太子称"巴王子"。春秋时期巴国的职官，文献中仅见"行人"一职，专司对外告命聘享事务。战国时代，巴国设有"上卿"，意味着有卿、相之别；军队方面设有将军，与当时列国相同；文、武分职设官。

考古资料揭示出战国时代巴国设有比较严密的等级和礼乐制度。重庆涪陵小田溪二号墓出土虎纽錞于和钲各1件，钲身两面铸有巴蜀符号，其中一面符号的下部两边分别有一"王"字，表示墓主具有较高的军事和政治地位。錞于和钲是军中号令士众进退的乐器，錞于的大小表示使用者地位的高低。二号墓的墓制和錞于形体均较小，说明墓主的地位不算太高。小田溪一号墓出土14枚一组的编钟，也

重庆涪陵小田溪二号墓
出土的青铜钲

是小架所用。依当时的等级制度，"其功大者其乐备"，则一号墓墓主的身份与二号墓的墓主相近，均未达到巴王的等级，可能是巴王子或将军的墓。至于其他制度，因文献无征，难以查考。

巴国统治阶级的核心是巴王及其宗室子弟，其次是卿大夫和将军。统治集团上层主要由宗姬的一脉后代组成，但也吸收了一些异姓酋豪，如著名的巴将军蔓子就来自西蜀地区的鄢地，不过此类情况并不多见。

（四）巴国与列国的关系

巴国在长期的历史发展过程中，曾与商、周王朝和不少毗邻诸侯国发生过各种关系，其中与诸侯国发生和战关系的主要是楚、蜀、秦等国。

公元前703年，巴与楚结成政治军事联盟，联师讨伐邓国。两国军队协同作战，大获全胜。此后，两国多次联合出兵，征伐汉水流域诸国。前611年，巴师和秦师一道驰援被庸国围困的楚师，反败为胜，合围灭庸。但巴楚联盟并不稳定。前688年，巴人伐楚，直攻楚国郢都城门。前676年冬，巴人又伐

楚，次年春大败楚师。前477年，巴师再次伐楚，楚大军迎战，巴师惨败，巴楚联盟至此完全破裂。面对步步逼凌的楚国攻势，巴国已无力抗衡，不得不弃土南迁，转而进入三峡和四川盆地立国。战国时期，巴、楚"数相攻伐"，虽两国王室之间尚存婚姻关系，楚师也曾驰援巴将军蔓子以救巴乱，但其间婚姻已远非昔日的政治联姻，而楚之援巴，又必须以巴献城池作为代价。巴为拒楚，在长江一线连置弱关（今湖北秭归境）、江关（今重庆奉节境）和阳关（今重庆长寿东南）三道防线，但仍然不能阻挡楚师西上的步伐。到公元前361年，巴国在奉节以东的长江地区尽入楚国版图，东方大门完全向楚敞开。

巴、楚长期交往，相互间都受到深刻影响。战国时楚国郢都内有巴人聚居区，叫作"下里"。下里巴人唱的歌，被称为"下里巴人"之歌。巴人一唱歌，就引起郢都成千上万人的合唱，说明楚文化受到巴文化很大的影响。巴人的文化还深刻影响了楚王族的文化，楚的"万舞"就源自"巴渝舞"，楚之屈宋文学也汲纳了大量巴人的口头文学。而巴地也多楚风，江州以东巴人的风俗文化接近楚人，受到了楚文化的强烈熏染。

巴、蜀长期为近邻，商代巴方活动于陕南，与蜀之北部地区毗邻。商末两国一道参加武王伐纣，周初均受分封，地域仍相毗邻。杜宇王蜀时，以其进步的农耕文化东传巴地，"巴亦化其教而力务农"。虽然战国初巴国入主四川盆地东部，与蜀相敌，但两国的文化交流关系并没有割断，反而愈益紧密。巴、蜀都使用相同的巴蜀文字，两国的物质文化尤其是青铜文化愈益接近。战国时期，巴文化与蜀文化相互影响、渗透以至合流，形成了为后来学者们所盛称的"巴蜀文化"。

春秋时期，巴与秦国交往很少。战国时期，巴试图借助秦国抵制蜀、楚的夹击，因而与秦交好。但秦国早有吞并巴国的战略意图，巴的企图只能是一厢情愿。

（五）巴国的衰亡

公元前316年，蜀王伐苴侯，苴侯奔巴，巴、苴求救于秦。秦决计灭蜀取巴，遣大军伐蜀。冬十月平蜀后，秦移师东进，轻取巴之重镇江州和阆中，俘虏巴王，巴国由是灭亡。

巴国灭后，巴王子率残部据守江州以东的枳，负隅顽抗，公元前280年前后被楚国所灭。

四、巴的社会经济

巴地土植五谷，牲具六畜，物产丰富，美丽富饶。巴地各族人民因地制宜，创造性地利用各种资源，经过世代长期不懈的艰辛劳动，创造出绚丽多彩、光辉灿烂的物质文明。

（一）农业和渔猎

早在商代，巴方就是商王朝的甸服，"治田入谷"，是一个富庶的农业之区。西周一代，巴为诸侯中的大封，班列男服，以农产品为主要职贡。春秋时代，巴国东进汉水之东，与楚交好结盟，也以坚实的农业经济为其雄厚的物质基础。战国初，巴举国南迁，转入渝东和四川盆地东部，在当地已有的稻作农业基础上，给以进一步推动促进，使渝东和四川盆地东部一些地区的稻作农业得到较大发展。

《华阳国志·巴志》著录的几首古代巴国诗歌，从侧面反映出巴国农业取得的成就。其中一首诗说道：

> 川崖惟平，其稼多黍。旨酒嘉谷，可以养父。
> 野惟阜丘，彼稷多有。嘉谷旨酒，可以养母。

在川崖平敞地区，多种植黍谷类作物，所获甚丰。在丘陵山地，则多种植稷谷类作物，所获亦丰。有了大量剩余粮食，于是嘉谷酿成旨酒。

在地理上，四川盆地东部和渝东地区由三十多条北东走向的平行山脉构成，山脉与河流相间分布，具有"一山二岭一槽""二山三岭二槽"或"一山三岭二槽"的特点，把四川盆地东部地区分割成无数方山丘陵、单斜丘陵

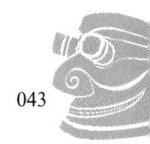

和面积不大的小坝子，农耕条件不如川中和川西。因此四川盆地东部稻作农业并不发达，多数山崖丘陵特别是峡区长期以开垦畬田为主，耕作形式仍然处于刀耕火种阶段，至唐宋亦然，比较落后。

先秦时代居住在四川盆地东部和鄂西南的巴人各族中，有相当部分从事狩猎或渔猎经济，或经营渔猎与粗耕农业相结合的经济。板楯蛮即以狩猎为主兼事农业，廪君蛮也是从事农业与渔猎复合经济的族群。

巴人善酿酒，所酿名酒被称为"巴乡清"，颇负名气。战国时秦昭王与板楯蛮订立盟约："秦犯夷，输黄龙一双。夷犯秦，输清酒一钟。"黄龙即黄玉雕龙，黄龙一双值清酒一钟，足见酒质之优。

巴地富于鱼盐之利。四川盆地东部沿江一带多有盐泉和盐石，煮盐业自古就很发达。考古学家在重庆忠县中坝遗址发现大量与制盐有关的遗迹和遗物，有卤水槽遗迹、盐灶，以及大量的制盐工具——陶尖底杯和敞口深腹尖底缸。经过对西周时期花边圜底罐内壁沉淀物的科学测试、分析，证实这是当时的煮盐工具。这表明，忠县产盐，是先秦长江三峡地区的一大产盐中心。

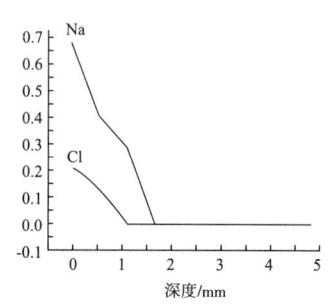

重庆忠县中坝遗址制盐样品DT02剖面Na、Cl元素点扫描的EDS定量分析结果

（二）手工业

手工业是巴国文明的重要支柱，尤其是青铜器制造业在巴国文明的发展中有着重要地位，是巴国文明的典型代表。

巴国青铜器出土较多，在四川盆地东部、渝东长江干流尤其是三峡地区，近年发现大量巴国青铜器。战国时期的巴国青铜器，不但制作精美，而且青铜合金术达到相当高的水平。根据对涪陵小田溪出土青铜矛、剑的化验分析，巴国青铜合金的配方与《考工记》"六齐"基本相合，发展水平与中原不相上下。

巴国青铜器主要有礼（容）器、兵器、工具以及杂器、乐器四大类。

礼（容）器以鍪、釜、甑为主，多成套，另有豆、盘、盆、壶、盒、罍、缶、勺等器型。

巴国青铜礼（容）器

兵器主要有剑、钺、矛、戈、戟、弩机、箭镞、甲胄等。巴式剑的剑身呈柳叶形，扁茎无格，与蜀式剑相类，但扁而薄，中有脊，两侧有血槽。巴式钺的最大特点是空首，钺身呈圆形，中部折成细腰，腰以上展开成肩，肩以上内收成銎，即通称的圆刃折腰式。巴式矛多为短骸。巴式戈多为长胡三穿，与中原青铜戈无大差异，也有无胡式戈，与蜀戈相似。荆门出土的一件巴式无胡三角援戈，镌刻有"兵避太岁"四个字，戈面的图像尤其精美。巴式兵器上多刻有巴蜀符号。

青铜工具主要有斤、凿、斧等。杂器有铜镜、灯台、铺首以及各种饰件等。

青铜乐器以錞于、钲、编钟为主。巴地历年出土錞于数量较多，在湘西、四川盆地东部、鄂西、黔东北均有发现。巴式錞于的最大特点是纽作虎形，习称虎纽錞于。

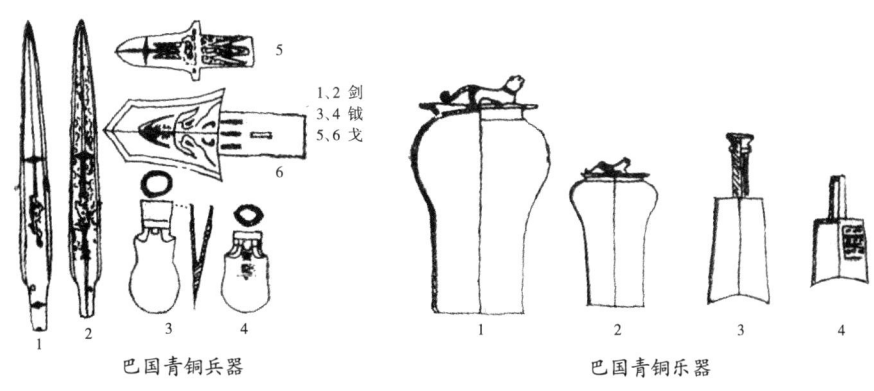

巴国青铜兵器　　　　　　　巴国青铜乐器

巴人的竹木漆器制作业比较发达。巴县冬笋坝出土的船棺，棺底有六棱孔眼的篾垫痕迹。广元宝轮院也出土残篾器和木梳。这两处船棺葬中还出土一些竹木漆器，大多已腐，无法取出复原。但仅此也足见巴人在此方面的成就，而船棺葬具本身也反映了巴人木器业的发达。

四川盆地东部巴国墓葬内出土不少漆器，器型主要有盒、盘、奁、梳等，多为生活用器。色彩多黑、红两色。多以木为胎，也有竹编胎骨者。有的漆器还附加有铜足、铜盖、铜箍，称为扣器，堪称精品。

巴人向以纺织业发达著称。在巴县冬笋坝賨人船棺中，发现了麻布和绢的痕迹。賨人自古长于织布。《后汉书·南蛮传》记载秦在黔中郡和武陵蛮中收取賨布，賨布亦称"幏"，《文选·魏都赋》注引《风俗通》说：巴人"输布一匹，小口二丈，是为賨布。廪君之巴氏出幏布八尺，幏亦賨也，故统谓之賨布"。賨布为賨人（板楯蛮）所生产，以布代赋，賨人之名即来源于所织賨布。

巴地富于矿藏，尤以出产丹砂著名。《史记·货殖列传》记载："巴寡妇清，其先得丹穴，而擅其利数世，家亦不訾。清，寡妇也，能守其业，用财自卫，不见侵犯。秦皇帝以为贞妇而客之，为筑女怀清台。"集解引徐广曰："涪陵出丹。"涪陵，今彭水。苏颂《图经本草》记载："丹砂生符陵（即涪陵）山谷，今出辰州、宜州、阶州，而辰州者最胜，谓之辰砂。生深山石崖间，上人采之，穴地数十尺始见，其苗乃白石耳，谓之朱砂床。砂生石上，其块大者如鸡子，小者如石榴子，状若芙蓉头、箭镞，连床者紫黯若铁色，而光明莹澈，碎之崭岩作墙壁，又似云母片可拆者，真辰砂也。"四川盆地东部原涪陵地区的涪陵、彭水、酉阳、秀山等县，西南与贵州铜仁地区相邻，自古为重要的汞矿分布区，矿石所含主要矿物是辰砂。湘西辰州（今湖南沅陵以南的沅江流域以西地）古为巴地，可见巴人开发丹砂之早、之精，巴寡妇清不过是其中因"贞妇"受秦始皇表彰而出名者。早期的丹砂主要是作为一种名贵的矿物颜料，也可入药，或用以升华为汞（水银）。从秦始皇在骊山建陵寝，"以水银为百川、江河、大海，机相灌输，上具天文，下具地理"的情况看,至少战国时期我国已能将汞矿升华为汞。巴也许是最早可以化汞的文明古国之一。

(三)城市、商业和交通

春秋时期巴国在城市周围不筑城垣,仅以木栅为城市界标,其原因与巴国军事力量的强大和它频繁的对外军事行动有关。战国时期,巴国初入四川盆地东部,政局动荡,徙都频繁,也没有修筑城墙。直到秦灭巴后,张仪才开始在江州和阆中修筑城墙。《舆地纪胜》卷175记载:"古江州城,东接(渝)州城,西接(巴)县城。《巴中记》云:张仪所筑。"《舆地纪胜》卷185记阆中古城说:"《九域志》云:阆中古城本张仪城也。《图经》云:秦司马错执巴王以归阆中,遂筑此城。"迄今四川盆地东部的考古调查和发掘中,考古人员在巴国的五都故地均未发现秦以前的城垣遗迹,不失为旁证之一。

春秋时期,巴国在江州龟亭北岸建有官方的市场,其地在今重庆小南海。巴国与邻国既有聘享关系,也有商品贸易关系。巴国青铜器的铜料来源大多仰给于楚,就是巴、楚贸易的成果。巴地的丹砂闻名海内,巴国的外销商品即以丹砂为大宗。

考古学家在巴县冬笋坝船棺葬发现两颗蚀花琉璃珠,纹饰与西亚伊拉克出土的略同,年代比伊拉克所出晚。在重庆南岸区出土两颗蚀花琉璃珠,形制近于

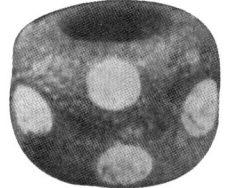

重庆南岸区出土的蚀花琉璃珠

早期的蚀花琉璃珠,年代可早到公元前8世纪初。在宣汉罗家坝墓葬发现大量陶制珠饰,都是仿琉璃珠制作的。琉璃珠饰俗称"蜻蜓眼",原是西亚和印度河流域文明的产品,早年贸易于蜀。巴地所出琉璃珠和仿制陶珠,形制和纹饰同于西亚早期的同类产品,当是从蜀商手中交换而来。

战国时期,巴与蜀之间有大量贸易,因而蜀的桥形铜币也在巴地流通。巴县冬笋坝、广元宝轮院和涪陵小田溪等巴人墓葬均出土桥形币,是巴、蜀商品贸易关系的重要证据,同时表明巴国也有发达的商业,市场相当繁荣。

先秦时期巴国的地理位置屡有变化，但无论在汉中东部还是在四川盆地东部，巴国对外交通都较方便。春秋时巴国东出汉水结交于邓，结盟于楚，讨伐汉水流域诸国，北上伐申，其东、南、北各方的交通均无阻塞。而四川盆地东部之地，东有峡江水通于楚，南有乌江水通黔中，北有嘉陵江、渠江河谷直抵汉中，西可溯江通于蜀地，全无交通阻碍。

巴国长期立足于大河两岸，水上交通发达，交通工具主要是各种舟船。巴人的木制船棺葬，即仿自生前的交通工具。清江流域廪君一系称为"浮夷"，即是善于操舟的族群。

## 五、巴文化

### （一）语言文字

巴王族出自姬姓，语言与中原诸夏相同。在《左传》中，巴与楚人多次交往全无语言障碍，同属华夏语言系统。

巴地各族，族属相异，语言亦有区别，有的属濮人语言，有的属賨人语言，有的属蜑人语言。其中有些语言，当与汉藏语系中的苗瑶语族有关。

巴王族源于周，使用中原诸夏文字，即汉语古文字。湖南省博物馆收集的一件战国晚期巴式虎纹青铜戈，戈援脊上方有铭文一行十一字，释为："偲命曰：献与楚君监王孙袖。"铭文是汉语古文字，说明直到战国时代，巴王族仍然通用汉语古文字。

在四川盆地东部、湘西、鄂西、黔东北等地发现的战国至秦时期的巴人青铜器和印章上，常见巴蜀文字和符号，反映了巴文化与蜀文化合流的情况。

四川广元昭化宝轮院出土的巴蜀文字印章

## （二）神话、宗教和巫术

巴文化充满神秘色彩。古书说夏后启之臣孟涂主管巴地诸神。巴地诸神众多，既有男神、女神，又有动物神、山神。诸多神灵需要巫师进行上下交通，于是巫咸、巫即、巫盼、巫彭、巫姑、巫真、巫礼、巫抵、巫谢、巫罗等"十巫"便应运而生，降居"灵山"，从此升降，交游人神。灵山即巫山，又叫"仙穴山"。四川盆地东部及长江三峡一带的神秘巫风，就是兴起于巴地，而后顺江东下，东出三峡，流行于江汉之间的。

在夔峡、巫峡之地，有许多关于神女的传说。盛传于世的《楚辞》，多取材于巴山巫峡之间绮丽迷幻的巫文化，屈原《离骚》中的"女嬃婵媛"，即取材于此。相传巫山是"帝女所居"，有著名的瑶姬传说。宋玉受到巴地巫文化的吸引，而流露出对"巫山之女，高唐之姬"的无限思慕之情。这个故事后来演变成巫山神女的传说。至今巫山十二峰中的神女峰，每逢晴空万里，即可见其峰巅，犹如一亭亭玉立的美丽淑女，令人神往。这些神话传说形成于巴地，流布于楚国，渲染于华夏，不能不说是古代巴人对中国神话传说的一大贡献。

巴地还流行巫医神话，巫医持有不死之药，反映了巴地原始药物学的兴盛发达。

巴人的宗教信仰体系中，以祖先崇拜和农业崇拜最为重要。

清江流域巴人崇拜白虎，以为其首领廪君死后，魂魄世世代代化为白虎。白虎崇拜的习俗，后来也流传到渝东三峡地区。

巴人崇奉"巫鬼"，是一种起源甚古的崇拜形式。巫鬼，是指民间所崇奉的先祖神主，即所谓"鬼主"。巫鬼文化发祥于巫、巴之地，原是当地濮系巴人的一种文化风尚。巫鬼文化在西南夷地区和三峡以东楚地有着广泛而深刻的影响，西南夷当中的濮系族群多受此风浸染，巫鬼崇拜盛而不衰，而江汉之际、沅湘之间巫风盛行，也来源于巴地古老巫风的流溢、播染和蔓延。

巴人世代崇拜农神，农神即蜀王杜宇，这种神话来源于西周时期杜宇教民务农对巴人农业的深刻影响。

巴人流行占卜。杜甫居夔州时作的《戏作俳谐体遣闷》诗写道："瓦卜传神话，畲田费火耕。"王洙注："巫俗击瓦，观其文理分晰，定吉凶，谓之瓦卜。"原理与甲骨占卜大致相同。峡江流域和清江流域曾发现早期的甲骨占卜遗迹，瓦卜不过是其流变罢了。唐时巴人的瓦卜，也是承袭古代遗风而来。

（三）乐舞、雕塑

巴人能歌善舞，乐舞中最有名的是巴渝舞。巴渝舞来源于武王伐纣时巴人板楯蛮的前歌后舞，楚汉之争时板楯蛮又载歌载舞充当汉军前锋，刘邦为之动容，将其移入宫廷，令乐人学习，称之为巴渝舞。

巴渝舞属于古代武舞即战舞类型，舞风勇武刚烈，音乐铿锵有力。司马相如《上林赋》描述巴渝舞表演时"金鼓迭起"，产生"洞心骇耳"的效果。左思《蜀都赋》也说："若乃刚悍生其方，风谣尚其武。奋之则賨旅，玩之则渝舞。锐气剽于中叶，蹻容世于乐府。"《隋书·音乐志》说巴渝舞"执仗而舞"，仗即兵仗。西晋傅玄根据三国王粲改作的巴渝舞歌词而作《宣武舞歌》说："乃作《巴俞》，肆舞士。剑弩齐列，戈矛为之始。进退疾鹰鹞，龙战而豹起"，"疾逾飞电，回旋应规。武节齐声，或合或离"，"退若激，进若飞。五声协，八音谐"，并有36个鼓员鸣鼓助乐，气势浩大，威武雄壮，产生出惊心动魄的艺术效果。

巴渝舞的舞曲，据《晋书·乐志》记载，有《矛渝本歌曲》《安弩渝本歌曲》《安台本歌曲》《行辞本歌曲》，共四篇，"其辞既古，莫能晓其句度"，均以賨语演唱，华夏人不知其意。

商代的巴渝舞还对西周乐舞产生过重要影响，历代史籍所载周初为纪念武王伐纣而创作的"大武舞"，其动作设计就是直接取自巴渝舞。

巴人的乐舞对楚文化产生过很大影响。楚国的武舞，以戈为道具，以鼓为乐器，是承袭巴渝舞而来。湖北荆门出土的用于楚武舞的巴式"兵避太岁"青铜戈，上铸神人双耳珥蛇，左手操龙，右手操双头怪兽，左足踏月，右足踏日，胯下乘龙的图像，表现的也是巴人古老的神话传说，表明楚人的大武舞是由巴人导演的。

湖北荆门出土的
"兵避太岁"青铜戈

重庆涪陵小田溪三号墓出土的
错银云水纹铜壶

从汉代到隋代，巴渝舞都是朝廷的宗庙祭祀大曲和迎接外国使者的迎宾大曲，并在民间世代相传，还形成了诸多流派。

巴人的雕塑艺术集中表现在青铜器工艺上。有三个特点：一是造型优美，线条流畅；二是嵌错金银工艺发达；三是镂空技艺出色。

涪陵小田溪三号墓出土的一件错银云水纹铜壶，壶身自口至腹下，满身布以极为纤细的银丝，缀以曲状形银片，错成大小不同、连续对称的云、水纹图案，圈足上又是嵌银的水波纹，十分精美。小田溪一号墓出土的编钟，每一枚的舞、鼓、篆等部分都有精美的花纹，花纹突起之处，由蟠螭纹变化出来，在低下的底子中加上极纤细的旋涡纹、绳索纹，其中八枚在钲、于、铣部有错金纹饰。四个虎头形架上的饰件，虎头嵌黑眼珠，虎口大张，其中两件虎口还张牙衔珠，虎身或腹部则错银云纹，生动逼真。小田溪二号墓出土的镂空双龙纹铜镜，镜背雕成双龙纹，镜片、镜背由两块铜片镶合而成，弥足珍贵。

## 第四节　古蜀的历史与文明

在古代蜀国的历史上，史前至夏商时代，有蚕丛、柏濩、鱼凫三代蜀王的角逐争雄和鱼凫王朝的建立；商周之际，有杜宇取代鱼凫为蜀王的王朝代兴；春秋早期，有开明取代杜宇的帝位"禅让"；最后是公元前316年秦惠文王伐蜀，灭掉开明氏蜀王国，结束了古蜀国雄踞西南的历史，蜀归于秦。

### 一、古史传说与文明起源

（一）蜀的起源

蜀的本义是指桑蚕。古蜀人的始源，可以追溯到以善于养蚕缫丝而著称于世的蜀山氏。蜀山氏是居息活动在今岷江上游古蜀山一带的古老族群，这支族群早在距今四五千年前就已经形成了。

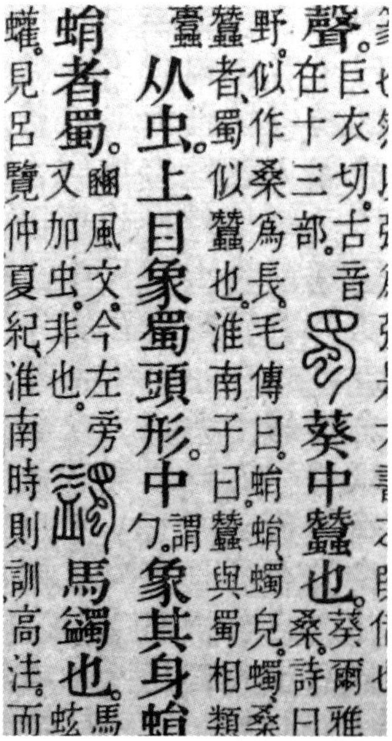

《说文解字》"蜀" 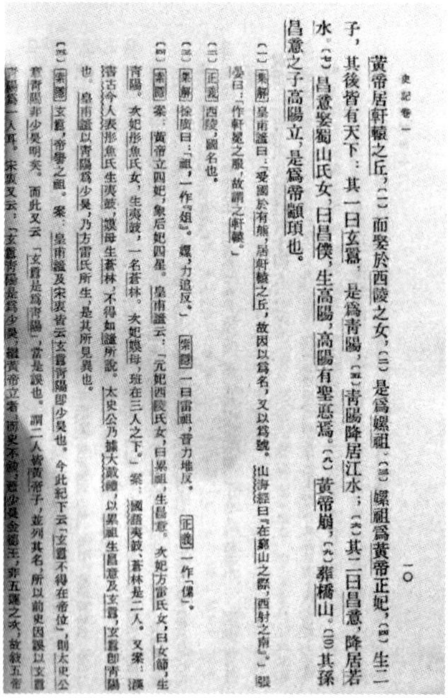　　　　《史记·五帝本纪》书影

在中国古史系统里，蜀的早期历史与黄帝及其元妃嫘祖，以及黄帝子昌意及其子帝颛顼有着极为深厚的关系。根据历史文献的记载，黄帝、嫘祖为其儿子昌意娶蜀山氏之女，此后蜀山氏的名称就不复见称于世，而为蚕丛氏这个名称所取代，蜀山氏原来所居的区域，也成为蚕丛氏的发祥兴起之地。

历史文献表明，大禹是西羌"石纽"地方的人，石纽在汉代汶山郡广柔县地界内，约在今四川绵阳市北川县和阿坝州的汶川县、茂县境内。

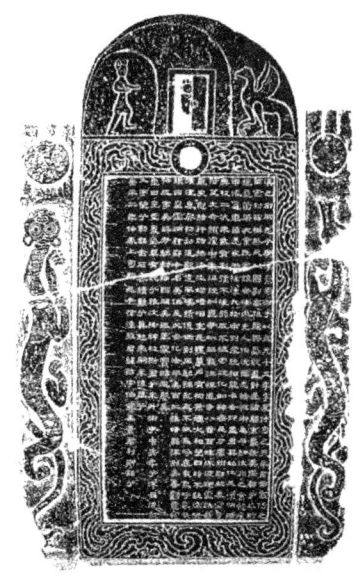

重庆云阳出土的汉巴郡朐忍令景云墓碑，碑铭文记载"术禹石纽、汶川之会"

（二）成都平原史前古城与文明起源

1995年以来，在成都平原相继发现了新津宝墩、都江堰芒城村、崇州双河村和紫竹村、郫县古城村、温江鱼凫村、大邑盐店和高山等数座相当于新石器时代晚期的古城址，考古学家将以这些古城址为代表的考古学文化命名为"宝墩文化"，绝对年代为距今4500—3700年。

宝墩文化古城规模宏大，其中宝墩古城址面积约268万平方米，其他城址的面积也达10万—20万平方米。古城城垣高大、坚厚，尤其宝墩城垣周长达6200米，现存墙底宽8—31米，高度超过4米。

修筑高大坚厚的城墙，开掘巨大的土方总量，加上除土方开掘以外的土方运输、工具制作、城墙设计、城垣施工、食物供给、组织调度、监督指挥以及再分配体制等一系列必需的庞大配套系统，表明各座古城都分别控制着足够支配征发的劳动力资源，统治着众多的人口，控制着丰富的自然资源和生产资源，以及各种各样的劳动专门化分工和各种类型的生产性经济，意味着各座古城政治权力的集中化和社会组织的复杂化已达相当程度，其文化已发展到酋邦制阶段。

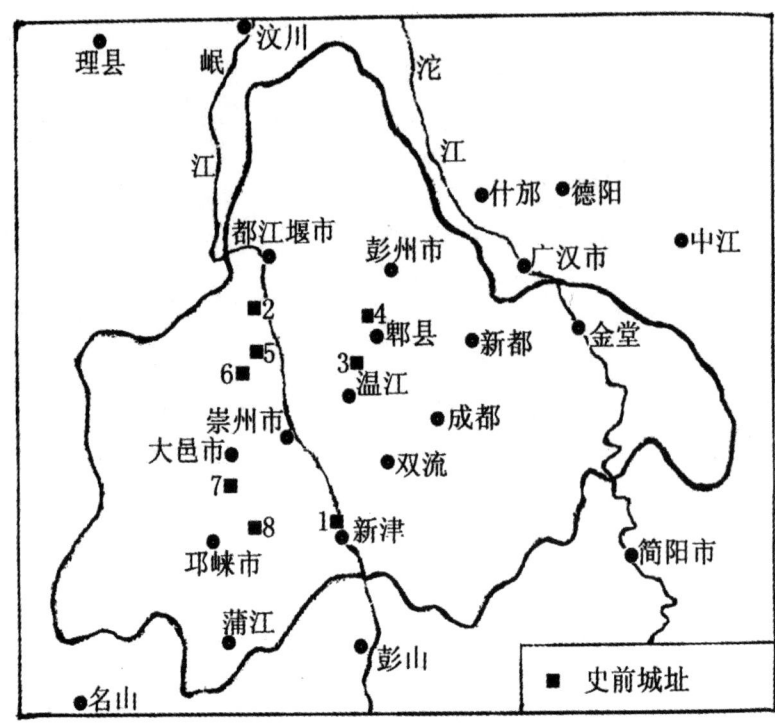

成都平原史前城址分布示意图

1 新津宝墩城址　2 都江堰芒城城址　3 温江鱼凫城址　4 郫县古城城址
5 崇州双河城址　6 崇州紫竹城址　7 大邑盐店城址　8 大邑高山城址

## 二、古蜀王国的兴起

在古蜀史上的文明起源时代，古蜀地区有蚕丛、柏濩、鱼凫等"三代蜀王"。三代蜀王的历史，既是一部古蜀酋邦的盛衰兴亡史，又是一部古蜀文明的起源形成史。

### （一）古蜀王国的形成

三代蜀王中，蚕丛氏兴起于岷江上游今四川茂县北境的叠溪，柏濩可能是原居于今都江堰市"灌口""观坂"一带的土著，鱼凫氏兴起于岷江上游的湔山，即今都江堰市、汶川县的茶坪山。他们都曾是经营高地粗耕农业并兼事畜牧业的族群，但他们的相继南迁使他们在成都平原先后相遇，于是为了争夺成都平原这块膏腴之地角逐争雄，发生大规模的酋邦战争。

酋邦战争的结局，是鱼凫王征服了蚕丛氏和柏濩氏，初步统一了成都平原。于是，在以成都平原为中心的古蜀大地上，一个以鱼凫王为统治核心的古蜀王国建立起来，鱼凫王朝定都于今广汉三星堆遗址。

古蜀鱼凫王朝的建立，标志着古蜀地区第一次迈进了文明时代，古蜀历史翻开了崭新的一页。

《蜀王本纪》书影

（二）三星堆文化：古蜀文明中心的诞生

在距今三四千年前，在今四川省广汉市三星堆遗址一期文化（宝墩文化）的废墟之上，高高耸立起坚固厚实的城墙，城墙外掘有深深的壕沟，南城墙内的两个祭祀坑内，埋藏着数以千计举世罕见的大型青铜制品、黄金制品、玉石制品、象牙和海贝。方圆达3.6平方公里的城圈以内，分布着密集的文化遗存，有宫殿区、宗教圣区、生活区和作坊区，出土大批精美的玉石礼器、陶制容器、陶塑工艺品和雕花漆木器。在一些陶器表面，还刻画着一些文字符号。这表明，在广汉三星堆遗址，城市、文字、青铜器、大型礼仪中心等多个文明要素不仅都已集中地出现，而且还发展演进到相当高的程度，标志着古蜀文明时代的来临，一个植根于社会而又凌驾于社会之上的古蜀王国已经形成。

三星堆文明是长江上游地区最早的古文明，它的初创年代约在公元前第二个千年前期，稍晚于中原夏王朝的创立，而它的终结约在公元前1000年，相当于中原西周王朝的初期。三星堆文明连续发展达1000年之久，这在中国古代史上是不多见的。

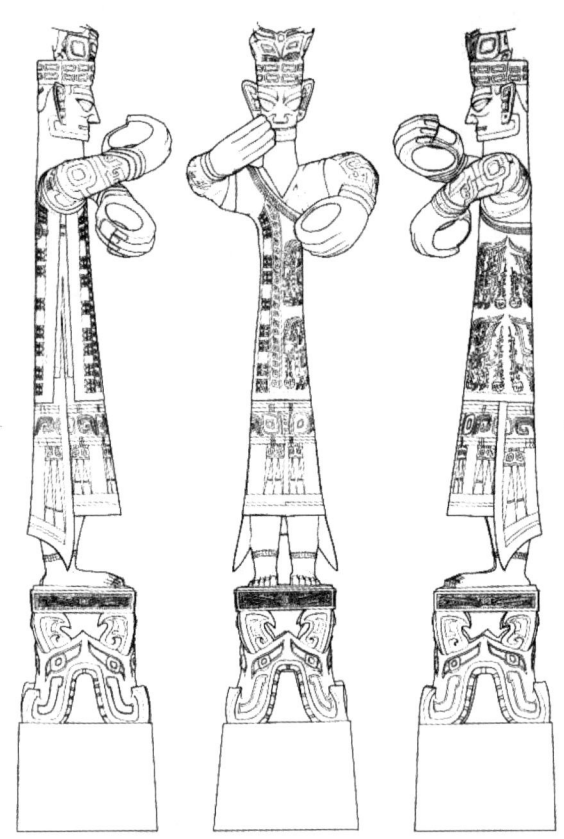

三星堆祭祀坑出土的青铜大立人像

### （三）鱼凫王朝：神权政体与文明

古蜀王国鱼凫王朝是一个实行神权政治的国家。三星堆一、二号祭祀坑出土的大量青铜器、青铜礼器群、黄金面罩，无一不与宗教神权相关，包括三星堆巨大的城墙，本质上也是神权政治的产物。出土于一号坑的金杖，实际上是一具标志着王权、神权和经济、社会财富垄断之权的权杖，为鱼凫王朝政权的最高象征物。

古蜀王国的统治阶级由国王、王室子弟、姻亲、贵族、臣僚等构成，他们都是世袭贵族，世代享尽荣华富贵。三星堆出土的大量青铜制品、黄金制品、象牙、海贝和玉器，全都为统治者集团所占有。三星堆遗址巨大的城墙，则是神权统治者集团高高在上，拥有并掌握政治、经济、军事、宗教、意识形态等一切大权的物化象征。

在核心统治者集团的外围，是分布在各地的大小权贵以及众多地方性族群之长所组成的统治阶级中下层。统治阶级呈现为一种层层从属的金字塔结构或品级结构。

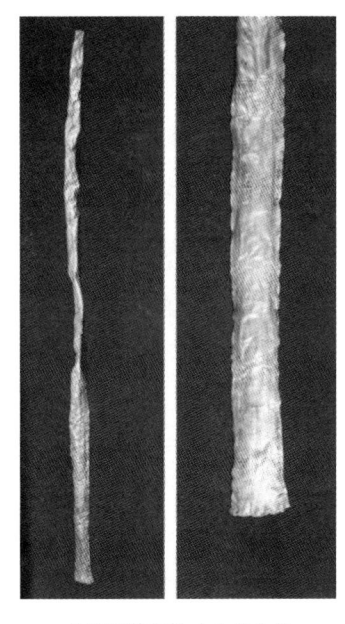

三星堆祭祀坑出土的金杖

三星堆古蜀王国豢养了一支常设的武装力量。三星堆遗址两个祭祀坑出土了大批由实战兵器演化而来的玉石和青铜兵器，还发现了不少全身披挂戎装的青铜甲士雕像，既有站立甲士像，又有跪坐甲士像，它们是强悍职业军队的生动展示。

三星堆青铜武士雕像（残）

古蜀王国的被统治阶级包括各种生活资料、生产资料和精神资料的生产者，还有专门的商人阶层。他们在神权统治集团的支配下，从事对内对外的各种交换和贸易活动。

统治阶级与被统治阶级之间有着壁垒森严的界限，不得逾越。三星堆遗址内多出生产工具的区域，与基本不出生产工具但却出有大批玉石礼器和雕花漆木器等奢侈品的区域之间，形成强烈的贫富反差。出土的两具双手反缚、跪坐、无首的石雕奴隶像，则意味着统治阶级握有对被统治阶级的生杀予夺大权，深刻地揭示出古蜀王国这个神权政体的实质。

鱼凫王朝的统治范围，以成都平原为统治中心，以汉中地区为北部屏障，以长江三峡夔门、巫山地区为东部前哨，以西南夷地区为战略后方。

早在夏商时期，古蜀就与中原王朝发生了紧密关系。古史传说蜀与夏是帝颛顼之后的两支亲缘文化，三星堆遗址出土不少二里头文化的陶器，应是蜀夏关系的证据。三星堆出土了大量来自商文化的器物形制，殷墟甲骨文有商、蜀和战关系的记载，考古资料还表明了商王朝曾通过古蜀进行青铜原料等资源贸易的情况。

### 三、杜宇王朝的建立和发展

商周之际，杜宇取鱼凫而代之。杜宇时期，蜀的国家机器日益强化，疆域不断扩张，形成一个规模更大的王国。

（一）杜宇王朝的建立

商代末叶，周文王经营南土，伐蜀，克蜀。来自朱提（今云南昭通）的杜宇乘机与江原（今四川崇州）的蜀人族氏进行政治联姻，推翻了鱼凫王朝，夺取了古蜀王政，自立为蜀王。杜宇率蜀人参加周武王伐纣之战，西周建立后，被周王室册封为诸侯，杜宇王朝由此建立，成为西周王朝在西南边疆的重要诸侯。终西周之世，杜宇王朝与周王室一直保持着比较紧密的联系。

杜宇王朝建立后，以成都为都城，以郫邑为别都，古蜀王国重新走向强盛。

（二）政治与文化变革

杜宇王朝与鱼凫王朝在国家形态上有着重要区别。杜宇王朝的一系列治民措施，无论是使三代蜀王的"化民"复出，还是耕战治水，都带有显著的务实特点，其礼乐制度也是突出表现现存的等级制度和赤裸裸的阶级统治。

杜宇王朝实行君主制政体，政治制度的核心是王位世袭制度。杜宇又称望帝，这个名称是杜宇王朝所有蜀王死后的谥号或祭名。

杜宇王朝设官分职的情况，文献中仅见"相"职。"相"，为商周王朝旧制，春秋时"相"始成为正式职官，称相、丞相或相国。杜宇以鳖灵为相，与中原列国相同。以此看来，蜀国官制当与诸夏略同，设有卿、大夫等职官。

杜宇王朝的疆域，北达今陕西汉中，南抵今四川青神，西有今四川芦山、天全，东至嘉陵江，而以南中（今凉山州、宜宾以及云南、贵州）、渠江以东的川东地区和重庆及峡江地区为其势力范围所及之地。

### 四、开明王朝的盛衰

开明王朝是古蜀最后一个王朝。开明王朝时期，历代蜀王开疆拓土，在当时南中国的政治形势中扮演了一个重要角色。

#### （一）开明王朝的建立

开明原名叫作"鳖灵"，是杜宇王朝的相。春秋初叶，蜀地遭受特大洪灾，杜宇命鳖灵治水。鳖灵成功地制服了洪水，使蜀民得以安居乐业。鳖灵得到蜀民拥戴，于是发动王权战争，取杜宇而代之，自立为蜀王，建立起开明王朝。

有的文献说，开明王朝的建立，是因为杜宇与开明妻通而有愧，于是禅位于开明。这个说法荒诞不经，与古代王权更替的实际情况不符，仅为传奇罢了。

开明王朝先在郫邑建都，开明五世时迁都成都。成都从此成为全蜀的首位城市，历两千余年从未发生变动。

#### （二）开明王朝的政治制度和社会结构

开明王朝实行王位世袭制度。第一代君主鳖灵以下见于记载的，有开明二世、三世、五世、九世、十二世，王位一脉相传。王室立太子，别子为群公子。

开明王朝的职官见于文献的，有太傅、丞相、郎中令等，均为古蜀国的朝官。封君有侯，为一方之长。

开明王朝有一套完备的礼乐制度。成都市商业街战国墓的宏伟和墓地地面上类似于寝庙的建筑遗迹，显示出开明王朝礼乐制度的发达和完备，甚至超过了同一时期的中原诸夏。新都战国墓虽在早年遭到盗掘，仍然出土了大批青铜礼器、乐器和兵器，表明当时的蜀王国处于"礼乐征伐自天子出"那样一种全盛时代。

统治阶级包括蜀王、王室子弟和姻亲、王朝大臣、封君，以及各地大大小小的所谓"王""侯"。被统治阶级主要有农奴、广大平民以及工商业者等。广大被统治者被编制固定在一种称为"五丁"的社会组织中，称为"五丁力士"，主要使用于凿山开道等公共工程以及王室迎送等各种劳役。

（三）开明王朝的疆域扩张

向东扩张是古蜀王国一贯的重要国策。开明王朝于公元前377年伐楚，直取楚国的兹方（今湖北松滋），势力远达鄂西清江流域。

开明三世时期蜀王亲征青衣羌地（今四川雅安芦山一带），还大举向南兴兵，征服僚（今贵州西北）、僰（今四川宜宾和云南昭通）之地。

由于历代开明王的开疆拓土，到战国时代，古蜀王国疆域"东接于巴，南接于越，北与秦分，西奄峨嶓"，成为中国西南首屈一指的泱泱大国。

（四）开明王朝与列国的关系

在开明王朝数百年的历史中，与巴、楚、秦均发生过若干关系，既有和平的交往，又有战争的对抗。和平与战争的交替，构成蜀与列国关系的基本内容。

西周时代，巴立国于陕南与鄂西之间，西、南与蜀国相邻。春秋末叶，巴国南下进入长江干流并逐步进入四川盆地东部，与早在四川盆地称雄称长的蜀国产生利害冲突，致使两国争城夺野，屡战不休。蜀与巴的战争并未割断两地间源远流长的经济文化关系。战国后期，巴、蜀文化合流的趋势愈益明显，一些巴式青铜器上饰以蜀器纹饰，有的器物竟难以区分究竟是巴式还是蜀式，只能笼统地称为巴蜀器物。所谓巴蜀文化，实应指战国以来四川地区以巴、蜀为主体的文化。

从春秋中叶到战国，蜀、楚文化互有交流。公元前377年，蜀伐楚，取兹方，此后再无两国交兵的记录，而相互交流日益增多。蜀、楚的漆器制造相互影响较大，楚国青铜器则不断流入蜀地，也有不少楚人迁入蜀地。

秦初居西陲，距蜀较远，至春秋初年秦文公时，两国始发生经济文化往来。公元前7世纪中叶后，蜀、秦交兵，愈演愈烈。公元前451年，蜀、秦围绕南郑（今陕西南郑）的得失展开争夺，在经历了65年的长期战争后，以蜀国胜利占领南郑告终。双方除战争外，经济文化交流也经常发生。早在春秋前期，双方就存在官方和民间的通商贸易关系，蜀的商品主要是农产品和手工业品，秦的商品主要是畜牧产品。

（五）古蜀王国的衰亡

开明王朝虽然盛极一时，但没有像中原诸夏和秦那样兴起变法运动，因而国力的发展受到很大限制。

秦早有吞并巴蜀的战略意图，商鞅变法后，秦国实力迅速增长，秦惠文王即位后，开始寻找举兵南下伐蜀的大道。相传秦惠文王用计，使蜀王开辟石牛道。石牛道（或称"金牛道"）既成，秦军伐蜀已畅通无阻。

这时，蜀国政局动荡，出现诸多具有亡国之征的"灾异"之说。《华阳国志·蜀志》记载：武都（今甘肃武都）有一丈夫化为女子，美而艳，蜀王纳以为妃。不久，此妃去世，蜀王征发五丁力士远至武都取土担回成都，为妃作冢。秦惠文王知蜀王好色，乃许嫁五女于蜀。蜀王又征五丁力士至秦远迎。不料返至梓橦，见一大蛇钻入洞穴，五丁相助揽掣蛇尾，大呼拽蛇，顿时山崩，五丁及秦五女并化为石。及蜀王与秦惠文王会于褒谷，蜀王所赠秦王的珍玩之物却又化为泥土。这些灾异之说，暴露出开明王朝社会的不稳定和政局的动荡。

蜀国统治集团内部的矛盾加剧了已经存在的政治危机。本来，蜀与巴累代战争，但开明王分封至汉中重镇的苴侯却私下与巴交好，引起蜀王震怒，蜀王亲率大军讨伐苴侯，占领苴侯的驻地葭萌（今四川广元昭化）。苴侯奔巴，巴为其求救于秦，这就为秦军南下伐蜀提供了充分借口。

周慎靓王五年（公元前316年）秋，秦惠文王遣张仪、司马错、都尉墨率大军从石牛道南下伐蜀。开明王仓促率军迎战于葭萌，为秦军大败。开明王败逃至武阳（今四川彭山东北），被秦军追杀。蜀王太子及太傅、丞相等率残部再逃至逢乡，败死白鹿山（今四川彭州北）。冬十月，秦军扫荡了蜀国的反秦势力，一举兼并了蜀国，遂定蜀。蜀国至此灭亡。

秦灭蜀后，据蜀以为东进伐楚的战略基地，得蜀之美丽江山、丰饶物产，有其粮食、布帛、金银，极大地增强了秦国实力，为秦统一战争的顺利开展提供了坚实而广阔的大后方，并促使青铜时代的古蜀文明逐步融入铁器时代统一的中国文明之中。

五、古蜀的社会经济

蜀地拥有优越的自然环境和丰富的自然资源，古蜀各族人民创造性地利用这些条件和资源，经过世代长期不懈的艰辛劳动，在农业、手工业和其他方面取得了巨大成就，创造出绚丽多彩、光辉灿烂的物质文明。

（一）农业：古蜀文明的基础

古蜀农业开发的历史相当久远。早在四五千年前，成都平原以及周围边缘丘陵山地就已得到初步开发。夏商时代，蜀的农业经济不断发展，到西周时代已成为全中国农业先进的富庶之区。春秋战国之际，蜀国大规模兴建水利，促进了农业的长足进展，由是沃野千里，利尽西海，以富饶著称于中华。

蜀地农业产生很早，考古学家在距今4500—4300年前的都江堰芒城遗址中，发现有水稻硅酸体的存在，那时成都平原已出现了稻作农业。商周之际，成都平原已发展成为海内栽培农业的中心分布区之一，盛产菽、稻、黍、稷等各种栽培作物，所产谷物不但味道好，而且细滑如膏，成都平原因此而被称为古代农官后稷的归葬之所。

古代蜀国的范围内，主要有成都平原农业经济区、岷江上游农业经济区和汉沔嘉陵江农业经济区等自然农业经济区和其他若干或大或小的农业经济区，它们为古蜀经济的繁荣奠定了广阔而坚实的基础。

古蜀的膏腴之地成都平原，虽说有着天然的舟楫灌溉之利，但上古时却经常受到岷江洪水的侵害。早在史前和夏商时代，古蜀人就同洪水作过英勇的斗争，传颂着大禹治水、"岷山导江，东别为沱"的英雄事迹。到两周之际，为了制服岷江上游特大洪水，古蜀国又进行了大规模的治水活动，这就是历史上有名的鳖灵治水。

蜀王杜宇末年，蜀地遭到特大洪水的侵袭，危害惨烈。蜀相鳖灵在岷江上游入成都平原之处开凿了一条人工河道"江沱"，分岷江水为沱水，于是消弭了水害，使"蜀得陆处"，"民得安居"。

古蜀人在长期治水实践中，积累了许多经验，总结了许多行之有效的水利工程技术。这些工程技术主要有杩槎、竹络笼石、竹编拦沙筐、木桩工程和砌筑卵石工程，等等。其中有的优秀技术经验还北传中原和海滨地区，用以治理黄河水患和海塘。

水利的大规模兴建促进了农业生产的大幅度发展。秦灭蜀仅8年后，就在蜀地征集到六百万斛大米（一斛等于十斗，一斗等于十升），说明战国时代的蜀，确实是中国著名的粮食丰产区。

古蜀的畜牧业，主要分布在成都平原周边山地和高原地区，岷江上游"出名马"，青衣江流域和南中出"笮马、旄牛"，都是驰名海内的畜牧产品。

（二）手工业：古蜀文明的支柱

手工业是蜀国古代文明最重要的支柱。先秦蜀国的冶金、制玉、制陶、漆器、竹木器、纺织、矿业、建筑业都十分发达，具有特色，有些产品还在当时全中国范围内居于领先地位。

1. 青铜工业

在商代中、晚期时，蜀人已熟练地掌握了二元和三元青铜合金术。战国时代蜀国青铜器的锡含量较之商代又有显著提高，全部是锡、锡铅或铅锡青铜。

蜀国青铜器的制作，主要采用范铸法，分为浑铸法、分铸法和嵌铸法，加工工艺主要有焊、铆、热补等技术，还运用了局部塑性加工的技术。青铜器的装饰工艺，主要有刻镂、嵌错金银丝、嵌错红铜、浮雕，以及表面镀锡等。

青铜器主要有生产工具、兵器、礼器和生活用器、雕像等种类。青铜生产工具主要有刀、锛、斧、斤、凿、曲头斤、锯、削、雕刀、锥等。青铜兵器主要有戈、矛、剑、戟、钺、镞、弩机、胄等。青铜礼（容）器主要有罍、尊、盘、壶、缶、鉴、匜、勺、鍪、釜、甑、豆、瓿、敦、钫、编钟、钲等。在商周时代蜀国的青铜礼器中，未发现鼎，鼎在战国时才开始出现。青铜雕像主要是广汉三星堆一、二号祭祀坑内发现的大型青铜雕像群，分为人物造像和动植物造型两大类。人物造像包括各种全身人物雕像、人头雕像和人面具等，其中最大的一件人物造像是青铜大立人，通高260厘米。人头像和人面像有多种形式。人面像中最奇特的是双眼外突16.5厘米、双耳斜上极大以及鼻上饰夔龙的两种造像。动植物造型主要有龙、蛇、虎、鸡、凤鸟、蝉、兽、神树等类。神树共有六棵，其中的大神树通高396厘米，上有三层树枝，每层三枝，共有九枝，每枝上有一鸟立果实上，每枝枝端各开一花朵，树的一侧有一悬龙。

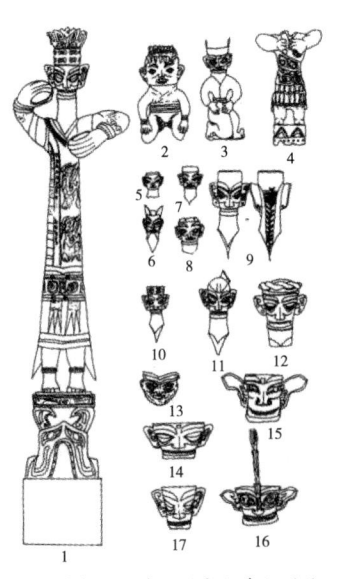

三星堆祭祀坑出土的部分青铜雕像

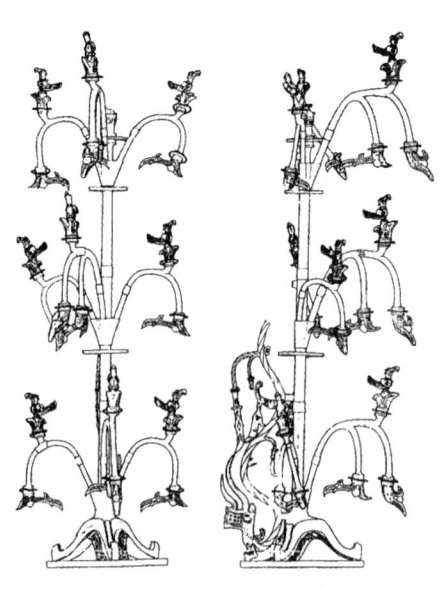

三星堆祭祀坑出土的一号青铜神树

### 2. 黄金工业

广汉三星堆祭祀坑出土近百件黄金制作的器物，有金杖、金面罩、金璋、金虎、金箔鱼形饰、金箔叶形饰等，并出有金块。成都市金沙遗址发现金器200余件，器类主要有人面具、金冠带、太阳神鸟饰、鸟首鱼纹带、蛙形

三星堆祭祀坑出土的
戴金面罩青铜人头雕像

成都市金沙遗址出土
的"太阳神鸟"金饰

饰、喇叭形器、盒形器、球拍形器、鱼形器以及大量器物残片等,其年代约为晚商到西周。

三星堆金杖是用较厚的纯金皮包卷制成的金皮木芯杖,杖的上端有46厘米长的一段平雕纹饰图案。杖长142厘米,直径2.3厘米,重约463克。金面罩是用薄金片模压而成,同真人面部大小相近,出土时,有的金面罩还覆盖在青铜人头雕像面部。

金沙遗址发现的太阳神鸟金饰是一厚仅2毫米的圆形薄金片,采用捶揲、切割等工艺制作而成。图案分为内外两圈,均用镂空工艺制成。内圈图案为等分12条旋转的齿状芒,外圈图案为4只逆时针飞翔的鸟。内外两圈图案,是4只神鸟正围绕着旋转的太阳展翅飞翔。这件太阳神鸟金饰极具艺术性,是先秦黄金制品中仅见的珍品,已于2005年由中华人民共和国文化部命名为"中国文化遗产标志"。

3. 制玉业

古蜀国玉器主要器型有圭、璋、琮、钏、戈、凿、锛、斧、锄、斤、匕、刀、瑗、佩、环等。玉器多为软玉,常见的色泽有白、灰白、绿、暗绿、黄、黑、褐等色。多数不透明,个别半透明。玉器主要用于礼仪、随葬和装饰,其中礼仪玉器和随葬玉器占最主要地位,比例也最大。

蜀玉制作技术比较成熟，玉器形制富于变化。三星堆二号坑出土的一件玉璋，两面刻有相同的"祭山图"图案。金沙遗址出土的一件玉璋，两面也刻有相同的肩扛象牙人物图案。这两件玉璋，是古蜀玉器中的珍品。

4. 竹、木、漆器业

蜀地有丰富的竹、木资源，考古中发现了不少蜀人制作的竹器、木器。竹器编织大多精美，编织方法有经纬编织、人字形编织、六角形编织、人字形与经纬叠压编织，等等。竹、木被蜀人广泛地用于制作各种生活用具、生产用具、兵器、刑具、礼仪性装饰品、艺术品，并作为建筑材料、棺椁用料等，在当时是最经济实惠且又适应蜀地生态环境的用品。

漆器在蜀国手工业中占有重要地位。蜀漆的最早实物资料见于三星堆遗址，是精致的雕花漆木器。春秋战国时代的蜀漆，大量出土于成都商业街船棺墓以及荥经和青川墓群。漆器胎骨多木胎，制法有旋、雕、挖、卷、削等。工艺技法有彩绘、雕绘、镶嵌和针刻等。纹饰有龙、凤、鸟、兽、鱼、云彩、花草及各种几何形图案。多髹红漆、黑漆、褐漆，有的内红外黑，有的几色兼髹。成都羊子山还出土了名贵的扣器。

5. 纺织、建筑、矿业

古蜀是中国丝绸的早期起源地之一，在夏商时代，古蜀丝绸已达到相当水平。战国时代，古蜀织锦业已具相当规模，并沿江东传，湖北、湖南战国楚墓出土的精美织锦即为蜀地所产。

三星堆祭祀坑出土玉璋上的图案
"祭山图"

史书中常常提到的蜀布，可能是木棉织成的橦华布，或是苎麻布，因其性能优良，畅销于身毒（今印度）。

古蜀建筑多种多样。从结构上说，既有地面木构建筑，又有干栏式建筑和石砌建筑。从用途上说，既有民居建筑、宫廷建筑、城墙建筑，又有陵墓建筑、庙宇建筑和礼仪性建筑。

蜀地富于矿产资源，《荀子·王制》提到蜀地生产著名的丹砂和曾青，李斯《谏逐客书》也说"西蜀丹、青不为用"，可见蜀地丹砂、曾青名扬海内，有悠久的开采历史。

（三）商业：古蜀文明的动力

古蜀商业兴盛，国际贸易比较发达，在先秦时期的中国历史上有着重要地位。

在古代蜀国广大的农村，各邑聚和族落之间存在着广泛的商品交换关系，其中食盐是主要的贸易交换商品。

古蜀城市规模庞大，人口众多，商代三星堆古蜀都约有10万人口，战国时成都约有28万人口，需要消费大量的农业产品、副食品和各种手工业品。城市各阶级、阶层中，依靠食贡获取消费品的仅是王族、显宦等一小部分上层统治者，他们的消费品中的某些种类，尤其是奢侈品，仍需通过交换从外获取。中下级统治者的衣食来源，虽可以通过收取租税等方式，或因拥有产业予以解决，但要得到租税所无的产品和奢侈品，也必须加入商品交换行列。至于一般平民和工商业者，交换更是寻常之事。

城市是重要手工业产品的产地和销售市场。春秋战国时代的成都是蜀国漆器、织锦等的生产中心，形成大型市场，产品多销往外地。荥经、青川等地发现的大批漆器，两湖地区发现的大批蜀锦，都是从成都贸易而至。

先秦成都有大批行商坐贾。春秋时今成都青羊宫已有"青羊肆"市场。秦灭蜀后，成都"市张列肆"，南北二少城成为"万商之渊"，城内的大批商贾，绝大多数是蜀商，原来就在成都市场开业经商。

蜀与周邻地区通商的主要对象是秦、楚、滇、夜郎等古国，以及中原地区。

蜀、秦间很早就有广泛的贸易关系。《史记·货殖列传》说："及秦文、德、缪（穆）居雍，隙陇蜀之货物而多贾。"春秋时代已建立起官方贸易，民间贸易当更早，也更普遍。

蜀与楚的贸易，漆器为其大宗，丝绸也是交易品之一。

云南的铜、锡矿开采甚早，古蜀的铜锡原料，多取之于云南。蜀、滇都曾使用贝币，为两地大宗商品的交易提供了相同的等价物，形成金锡交易的有利条件。

蜀地自古产枸酱。汉初唐蒙在南越食蜀枸酱，南越乃从夜郎经由牂牁江辗转输入，而夜郎之蜀枸酱又是蜀商"窃出"交易，其间有着交易通道和悠久的历史，自不始于汉代。

《史记·货殖列传》记载蜀与中原间的贸易说："然四塞，栈道千里，无所不通，惟褒斜绾毂其口，以所多易所鲜。"说明蜀与中原的贸易经常发生。先秦时著名的"西蜀丹、青"，是输往中原和东方各地的名贵商品。

至迟在商代，蜀与中国以外的一些地区和国度就已发生并发展了商品贸易关系。从商周以迄战国，与蜀通商的主要外域地区有古印度、中亚、西亚和东南亚，形成了今天所说的"南方丝绸之路"。

商代，蜀与印度的交通线"蜀身毒道"已打通。三星堆出土的大量海贝和象牙就来源于印度地区；三星堆青铜雕像群、黄金权杖和黄金面罩等文化因素的来源与西亚有关，是经中亚和印度引入。东周时代蜀国王公卿相当中流行佩戴的一种称为"瑟瑟"的宝石串饰或琉璃珠串饰，也来源于古波斯。可见，从商代到春秋战国，古蜀与西亚、中亚和南亚的商品贸易一直在持续不断地开展。

古代蜀文化曾给东南亚以强烈影响。东南亚的粟米种植、岩葬、船棺葬、石棺葬、大石遗迹等，都与蜀文化的影响有关。东南亚的青铜器文化吸收了相当多的古蜀文化因素，手工业品中的铜、铁、竹、木之器等也多仰给于蜀。在其间经济文化的频繁往来中，蜀主要扮演着文化传播和商品输出者的角色。

## （四）城市：古蜀文明的核心

广汉三星堆遗址是古蜀鱼凫王朝都城的文化遗存，古城面积达3.5—3.6平方公里。在三星堆古城的中轴线上，分布着宫殿区。中轴线东西两侧，东西城墙以内，分布着密集的文化遗存。中轴线南端，南城墙内外，也分布着密集的文化遗存。古城的西城墙外，分布着墓葬区。城内有些是生活区，揭露出大片房舍遗迹；有些是生产区，发现陶窑、石璧成品半成品、大量生产工具，遗址内发现的陶坩埚和铸造所遗泥芯，表明有大型铸铜作坊。加上广阔的城圈，具宗教功能的雄伟的城墙，南城墙内的大型祭祀坑，这一切都使三星堆古城在总体规划和具体布局上显示出王都气象。宫殿区、宗教圣区、生活区、生产区、墓葬区，便构成商代三星堆蜀国都城平面规划的五个基本要素。

商周时期的成都，是古蜀又一座具有相当规模的城市。位于成都市西郊的金沙遗址规模宏大，总面积达5平方公里，分布有宗教礼仪活动区、作

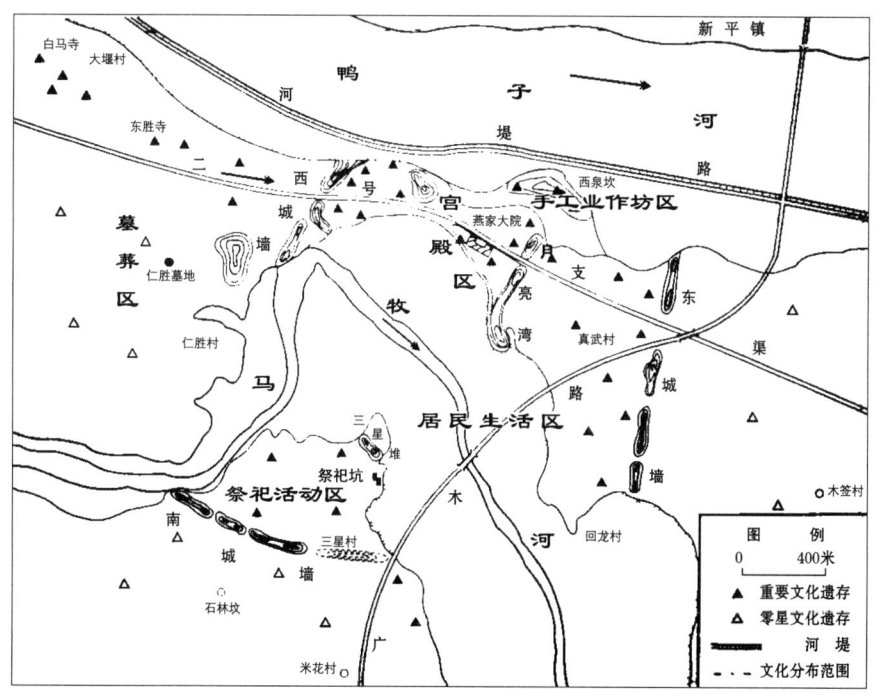

三星堆古城址平面图

成都市金沙遗址发现的大型建筑基址

坊区、居住区、宫殿区。从金沙遗址以及羊子山土台、指挥街遗址、抚琴小区遗址、新一村遗址等的布局和级别上看，金沙遗址是这个大型遗址群的核心组成部分，无论其分布面积、建筑规模还是出土器物，都远远超乎其他遗址。先秦成都依江山之形，沿郫江古道成新月形布局，完全不存在中轴线。它最显著的特点有二，一是无城墙，二是不成矩形，与三星堆蜀都和商周城市判然有别。

西周时期，蜀王杜宇建都成都。西周晚期，杜宇以郫（今四川郫都）为王都，以瞿上（今四川双流）为别都。春秋早期开明王朝定都郫邑，春秋晚期迁都成都。

西周到春秋战国时期，古蜀国还陆续出现了一批城市。成都、广都（今四川双流）、新都是著名的三都，形成蜀国的中心城市体系。郫城也是建于西周时期的城市。东周时期的临邛（今四川邛崃）、川西山区的"开明王城"（今四川雅安芦山）、川北的葭萌、川西南的严道古城（今四川雅安荥经境），以及汉中的南郑，都是古蜀的新兴城市，成为古蜀经济不断进步的强大推动力之一。

## (五)交通：古蜀文明的桥梁

蜀地河流众多，多可通航。岷江至长江的航路，横贯蜀中，是从川西北高原经巴蜀至楚、吴、越的东西交通大动脉。沱江、嘉陵江则是联系蜀地南北的交通动脉。

蜀西主要有岷江河谷与川西北高原沟通，有岷江支流南河达于临邛、青衣（今四川雅安芦山），入西夷各地。又有"秦道岷山青衣水"，入青衣河谷，折转岷山谷地，北出秦陇，转达中原。

川西北地区的交通开辟甚早，由甘青入若水（今雅砻江），转㵲水（今大渡河），可入岷江下游，进抵蜀之腹心，也可由若水达绳水（今金沙江），转入南中。

蜀的北方通道主要有褒斜道和故道，统称蜀道。褒斜道也称为斜谷道，在商代已经开通，是从蜀通往西安的古道。故道在商周之际也已开通，是北出蜀地、联系关中的另一条重要道路。

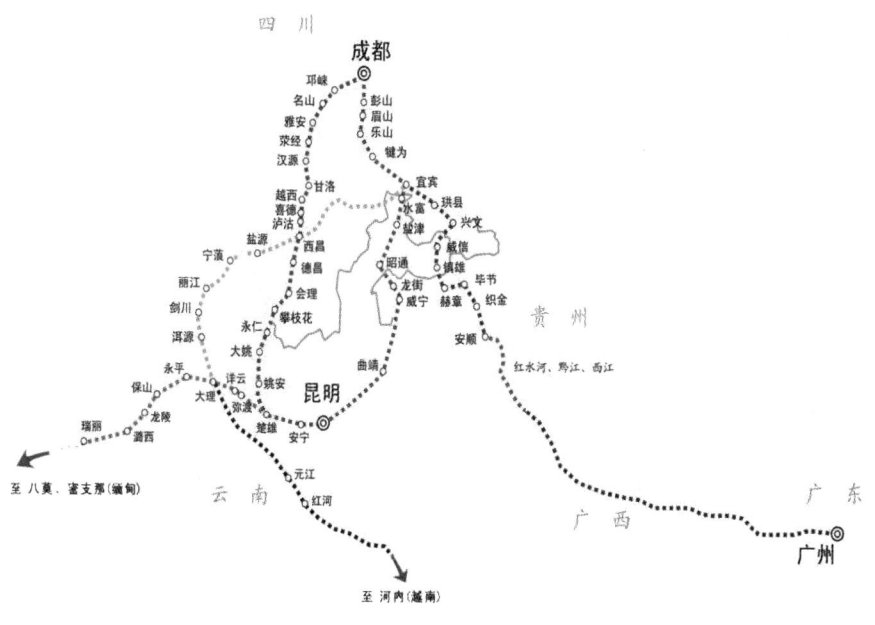

南方丝绸之路示意图

蜀至夜郎（今贵州西北）再至南海的道路，在今四川泸州合江县沿赤水河南下，经赤水、习水，跨娄山关，直抵夜郎。蜀王开明氏即由这条道路自鳖（今贵州遵义）入蜀。独产于蜀的枸酱，也经此路输于夜郎，再经红水河转输于番禺（今广东广州）。三星堆文化的牙璋，也是经由这条道路从蜀到达广州和香港地区的。

从蜀经云南、贵州出外域的国际交通线，学术界称为"南方丝绸之路"（见上图）。南方丝绸之路的起点为成都，向南分为东、中、西三条主线，西线是从成都到印度的"蜀身毒道"，中线是从成都到中南半岛的"步头道"和"进桑道"，东线是从成都经贵州、广西、广东到南海的夜郎道。

## 六、古蜀文化

古蜀悠久的历史造就了优秀的古蜀文化。古蜀文化具有鲜明的区域文化特色，有别于任何其他地域的文化。

### （一）巴蜀文字

巴蜀文字，或称"巴蜀图语"，是古代巴蜀独有的文字系统。巴蜀文字有两类，一类为表意文字，一类为象形文字。

巴蜀表意文字的特点，是方块字而非拼音字，是直行而非横行，字体已达到简化、省略、定型、单位小的水平。巴蜀表意文字的分布很广，不仅在成都平原，而且在四川盆地东部巴地和湘西均有发现，说明这种文字在一定

巴蜀青铜戈上的表意文字

四川新都出土巴蜀铜印章

范围内经约定俗成，成为一种通行的文字。由于出土巴蜀文字的单字不多，特别是缺乏进一步比较研究的材料，所以目前还不能释读。

巴蜀象形文字，学术界也称为"巴蜀符号"。巴蜀符号常常镌刻在巴蜀青铜器、漆器和其他器物上，尤其多见于巴蜀印章。巴蜀符号按其形态大体可分为两类。一类是直观象形、笔画繁复的符号，一类是不易看出象形、经过相当简化的抽象符号。两类符号各包括一系列独体单符和由独体单符组成的复合符号。各类符号或单独，或重复，或成组，或交叉出现。不论出现在哪一件器物上，每一种符号的基本形态均较一致，是已经定型化的符号。据初步统计，巴蜀符号的单符已发现100余种，成组的复合符号现已发现200余种。

（二）神话、宗教和巫术

古代蜀国有着丰富的自然神话和社会神话。自然神话以怪兽等为主要内容，社会神话大致可分为英雄神话和起源神话两类。

古蜀英雄神话的主体人物是历代蜀王，许多神话传奇故事都以蚕丛、柏濩、鱼凫、杜宇、开明为中心展开。这类神话，多有真实的历史材料为依据，包藏着丰富的历史事件。

蜀人的宗教体系中大致有这样一些信仰和崇拜主题：泛灵信仰、主神信仰、祖先崇拜、大石崇拜。此外，也还广泛地存在其他一些信仰主题。

动物是蜀人泛灵信仰中常见的主题之一，诸如虎、豹、虫、蛇、牛、羊、马、鱼、鸟、鹰、鸡等，以及人们想象中的龙、凤、夔和其他怪兽，都是崇拜的对象。

自然界的无机物如山川河流也被赋予神的灵性，山有山神，江有江神。石头也有无限神性，三星堆一号祭祀坑瘗埋一块大石，与金、玉、青铜器共存，就是被共祭的神灵之一。

三星堆二号坑出土的几棵青铜神树，是《山海经》中"建木"的原型。以神树作为古蜀人主神"上天还下"的天梯，是古蜀宗教的一个突出特征。

蜀人的祖先崇拜十分发达，鱼凫氏古蜀王国以大型青铜人物雕像群作为祖先崇拜的主要形式，杜宇和开明王朝则以宗庙来表现其祖先崇拜。

"五"这个数字，在蜀人的宗教意识中有着特殊的意义。古蜀青铜器、君主谥号、社会组织等多以"五"计数，都与蜀王有关，是同蜀人的祖先崇拜一道与生俱来的，大概起源于蜀人以"五"配祭先公先王的古老传统，成为古蜀文化的精神动力之一。

　　古蜀文化还有一种特殊的崇拜形式，即"大石崇拜"。大石崇拜遗迹广泛分布在成都平原，在川西南安宁河流域也有很多发现。大石遗迹分为独石、列石、墓石三类。独石集中分布于成都市，主要有石笋、五丁担、石镜、天涯石、地角石、支机石、五块石等。列石，或称石行，亦称石阵。新都有旱八阵，双流有八阵图，新繁有飞来石，皆属此类。墓石集中分布在安宁河流域，特点是用大石砌成墓室，顶部又覆盖以大石。大石通常重达数千斤，甚至逾万斤。

成都支机石

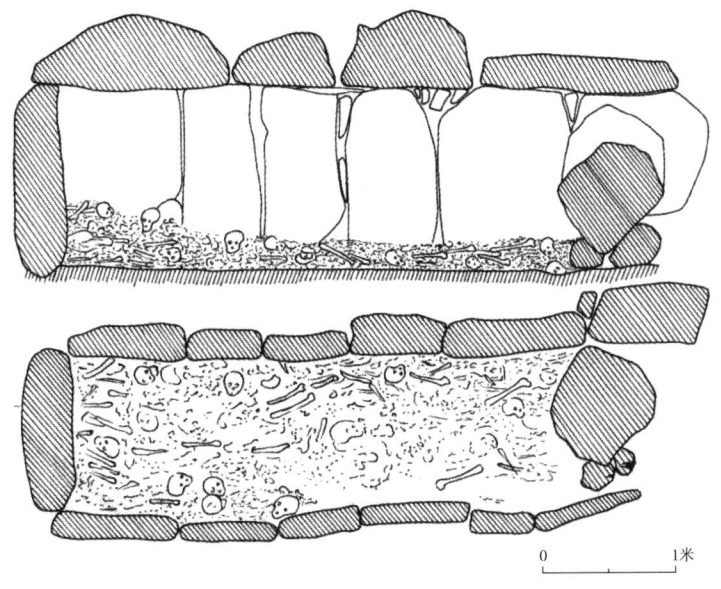

安宁河流域的大石墓

蜀人流行甲骨占卜术,在成都金沙、十二桥、青羊宫、方池街、岷山饭店、指挥街、抚琴小区、军区三所、君平街以及其他商周时代的遗址中,历年来出土不少卜用龟甲,甲骨的钻凿形态带有一定随意性。

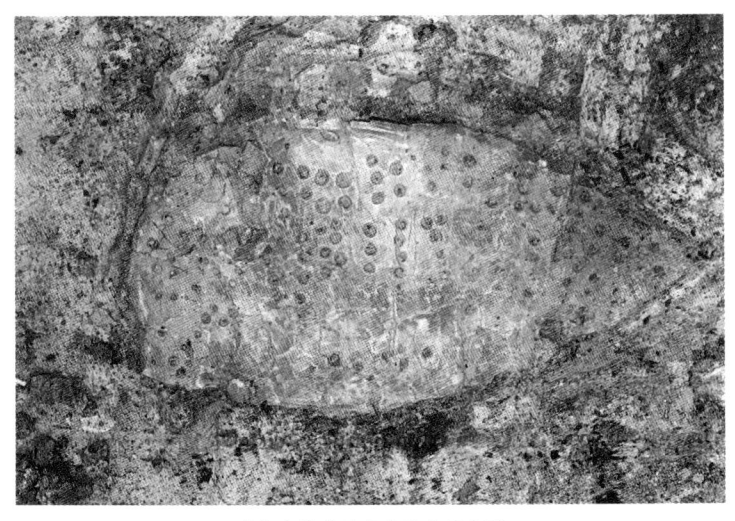

成都金沙遗址出土的卜用龟甲

蜀国上层统治集团通过在大型礼仪中心举行的巫术仪式实现与神灵的交接，仪式由巫师来实施，蜀王就是群巫之长，为大巫师。三星堆出土的金杖，就是蜀王实施交感巫术直接与神灵沟通的工具。

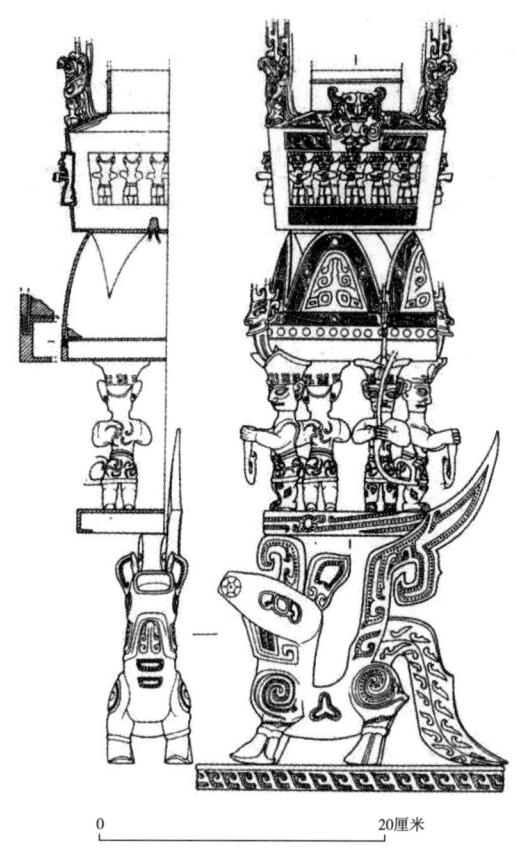

三星堆祭祀坑出土的青铜神坛

成都金沙遗址发现60余处与祭祀有关的遗存，是古蜀人的重要祭祀区之一。古蜀人在金沙祭祀区进行的大型祭祀活动，前后延续达500余年。

古蜀还流行方术，颇有名气的大方术家是苌弘。苌弘，蜀人，春秋末入周，为周大夫。苌弘以星象、术数著称于世。苌弘身怀"设射狸首"之术，以方术服事周灵王，引起诸侯不朝，他又把狐狸头部作为不朝觐周室的诸侯予以射杀，引起诸侯愤恨，被晋人执杀。

战国时期古蜀方仙道风行，最知名的是蜀人王乔和彭祖，他们都出自汉代时的犍为郡武阳县。王乔的仙术属于行气一派，即"方仙道"。彭祖即孔子所说的"老彭"，因寿长，所以称之为"老"。彭祖和王乔的仙术，均以行气吐纳为特点，属于同一仙道派别。

（三）哲学思想

古蜀是深受道家思想重要影响的一个地区，早在战国时就受道家哲学影响。相传老子为关令尹喜著《道德经》，让关令尹喜行道千日后，去成都青羊肆找他。青羊肆即今成都青羊宫。这段材料透露出战国时道家学说曾有西上入蜀的历史。战国时蜀人臣君子著有《臣君子》二篇，此书被《汉书·艺文志》列入"道家者流"。

蜀地还是先秦杂家思想的传播地之一。据史书记载，商鞅被车裂以后，其师尸佼恐遭株连，乃逃入蜀地避难，在蜀中完成其著述《尸子》二十篇。尸佼是著名的杂家人物，《尸子》在《汉书·艺文志》列为"杂家者流"，这部书也是通过蜀人流传下来的。

（四）艺术

蜀人的艺术大体包括口头艺术、乐舞艺术、绘画和雕刻艺术等形式。

口头艺术主要是神话、传奇和故事等，由蜀人世代口耳相传。文献所载蜀人口头艺术诸方面的内容，多为后世整理并追记。

蜀人对音乐十分爱好，考古中常见陶埙、石磬、青铜编钟、钲、铎、铃等乐器或其图像。古蜀开明王还亲自作歌，曲名有《臾邪歌》《龙归之曲》（一作《陇归之曲》）、《幽魂之曲》等。

古蜀的绘画和雕刻艺术相当发达。绘画艺术的成就一方面在漆器上表现得淋漓尽致，另一方面也在雕刻作品上显露无遗。漆绘有朱、红、褐、赭、黑、白等色，色彩鲜艳而丰满。彩绘的龙、凤、鸟、兽、鱼、花草、云彩和几何纹等，有的严肃逼真，有的极度夸张，表现出蜀人的生活情趣和对艺术的强烈追求。

雕刻艺术主要体现在青铜器的纹饰图案上。古蜀的青铜器纹饰主要有动物纹和几何纹等。动物纹有蟠龙纹、兽面纹、饕餮纹、蚕纹等。纹饰布局，有布满全器的，有只在主要部位加以表现的，多采用对称、单独、二方连续等方式。其制作讲究运用传统的S纹、小钩子等作为图案单位的基本骨架，并广泛运用等距、等分、同心、同形等手法，加强纹饰的节奏感。纹饰做法，有立雕、浮雕、平雕、线刻、镶嵌等，集多种于一器较为普遍。而嵌错金、银丝的出现，则反映了蜀国雕刻工艺的新水平。

三星堆所出大型青铜雕像群是古蜀雕塑工艺的集中表现，在中国古代工艺史上有着重要的地位。

商周时古蜀绘画和雕刻工艺带有浓厚的宗教神秘性特点；春秋战国时则出现了比较纯粹的艺术化倾向，追求洒脱、飘逸的艺术风格和现实主义的表现手法，包含着新的艺术境界。然而多数雕刻作品仍具古风，表现出强烈的传统风格。

# 第二章 秦汉三国时期的四川

公元前316年，秦灭巴、蜀，将巴、蜀纳入秦王国统一的政治、经济和法律体系之中，并对原巴、蜀王国的诸多方面进行大规模的深刻改造。从巴、蜀归秦，中经秦王朝的兴灭，直到西汉王朝中期，经过200余年的长期努力，秦汉中央王朝终于从根本上改变了先秦巴、蜀的性质，扭转了它们的发展方向，使巴、蜀从原先的独立或半独立的王国形态转变为中央王朝统一治理下的地域形态，巴蜀历史从此揭开了新的一页。

## 第一节 导言

自上古开始，巴、蜀作为两个独立的王国，其政治演进之路就有所不同，因此也就形成了具有自身特色的政治形态。在先秦时期，古蜀王国施行的是高度集权的神权政治，巴则是由多部族形成的血缘政治社会。秦灭巴、蜀，对巴、蜀进行了大规模的政治改造，成功地把巴、蜀改造成为中央统一王朝治理下的区域社会。由此，秦代以降历代均逐步将中央王朝的政治管理模式向巴蜀地区推广。比如，在行政区划的设置、百官的任命、法令的推广等诸多方面进行政治上全面的改造。

秦汉时期，在中央王朝统一政治经济和整合多元文化的战略框架中，巴蜀成功地完成了其文化变革。这一时期，中央王朝一方面采取移民巴蜀的策略，以此对巴蜀原有文化进行渗透，达到逐步改造巴蜀文化的目的；另一方面，通过秦始皇时期推行的"书同文、车同轨"的统一制度，以政治制度上的高压政策，强行将当时中原的文化向巴蜀地区推行，实现对巴蜀文化的强制改造。正是当时的统治者采取的一系列对巴蜀文化的改造措施，成功地对巴蜀文化实现了变革，由此巴蜀文化所固有的特色被逐步削弱，而强大的中原汉文化和各多元文化深刻地渗透到巴蜀文化中，实现了以汉文化为主的巴蜀文化新格局。

秦汉三国时期的巴蜀地区，无论是在社会政治还是经济文化等方面，均较先秦时期有着巨大的变化。正是这一时期巴蜀地区的政局演变、经济进步、文化变革，促进了整个巴蜀地区的全面发展。可以说自秦代开始，巴蜀之地一直都是历代中央王朝极其关注与重视的地区，也成为国家经济社会发展中最为重要的一个组成区域。

## 第二节　秦汉三国时期的四川政局

一、中央王朝统治下的四川政局

（一）秦统一下的四川政局

公元前316年，秦灭巴、蜀，巴、蜀被纳入秦的统一治理之下。秦为把巴蜀建设成其统一战争的战略基地，有计划地加强了对原巴、蜀王国的大规模改造。由于巴、蜀在秦统一前是两个不同的王国，它们的政治、经济、文化等状况有所不同，因而秦对巴蜀的治理，必须要有适宜的治理政策和方针。基于这样的构想，秦王朝对巴和蜀采取了不同的治理政策，取得了良好的效果。

秦灭巴、蜀以后，国土面积增大，在东方六国对秦进攻的严峻形势下，秦派大军对巴蜀地区进行全面而深入的系统治理显然不现实。巴、蜀在秦统一前均是拥有强大势力的国家，灭亡后地方上反秦势力依然十分强大，而秦又急于利用巴蜀的资源向东对楚进行讨伐，所以无法立即对巴蜀的政治结构进行根本性改造，因而多沿袭旧制。随着秦统一六国战争的节节胜利，秦开始在巴、蜀采取郡县制、羁縻制和分封制相结合的治理政策，分阶段、分步骤地对巴、蜀实施改造与治理。

在巴地，秦消灭了宗姬巴国的政权，巴王被押解至秦国的领土，同时秦在江州筑城，置巴郡，实现对巴的治理。但是，秦灭巴后，江州以东的广大区域还有巴王子的残部据守枳（今重庆涪陵），负隅顽抗；涪陵以东的长江两岸并北至汉中，更有大量的楚国精兵屯驻施压，随时准备与秦交战。为应对这样的局势，秦也只能派出精锐部队在巴地以北的汉中集结，随时待命与楚决战。这就导致秦不能分派重兵入巴，推行全面的政治和军事改造。

秦王朝采取了郡县制与羁縻制并行使用的治理措施，在将巴地纳入秦的郡县制体制的同时，依然让原有的大姓首领"君长"作为基层统治的代理人，继续统治土著巴人，主管派遣公差、徭役等具体事务，通过他们来传达秦的各项政策法令。但是这些君长必须受到郡、县官吏的管辖，每年每人向国家纳赋上缴2016钱；每三年还要缴纳一次"义赋"，加起来一年要上缴1800钱。这些君长的爵位低，仅相当于"不更"，即秦爵二十级中的第四级；犯罪后爵位会被削除。秦王朝还采取世代通婚的方式来维系与地方大姓的关系，规定这些君长可以世代娶秦女为妻，以此促进秦、巴之间的民族融合，达到顺利治理的目的。

对巴郡的普通民众，秦则通过普遍赐予"不更"爵级这样的形式来笼络人心。经济上,秦在巴地迅速地推行自商鞅变法以来实施的"舍地税人"的征赋方法,按户按口征收赋税。一般的百姓,每年每户出㡧布8丈2尺,鸡羽30镞。对于成年人,每年则需要缴纳"算赋"120钱。一些部族为维护地方治安和管理,能很好地与秦政权合作,因此可以获得减免田租和赋税等相关的奖励。秦王朝还规定住在巴郡的秦人要与巴人和睦亲善,如双方互相侵犯,都要受到处罚,等等。秦昭王时,为了进一步巩固对巴地的统治,并以此为基地支持秦对东方六国的统一战争,又借助板楯蛮射杀白虎有功于民这样一个事件,趁机和板楯蛮订立盟约,减免板楯蛮的田租和算赋负担,使板楯蛮"世世服从",大大有利于巴地政治秩序的安定。正是这样有效的措施,保证了巴地在秦治理时期未出现一次动乱,巴地成为秦对东方六国作战和对关中等地进攻的战略大后方。

秦对蜀的政治改革与治理则是分步骤、分阶段实施的。如在对蜀的治理方面,首先采取的是郡县制与分封制并用的政策,而非急于对蜀的政治体制进行根本性改造。秦逐渐采取移民措施,大量从外地向蜀中移民,通过外来文化的渗透,为废除原蜀王国的分封制等政治制度创造良好的基础。通过一步步的精心布局,到公元前285年,秦最终在蜀地建立了单一的郡县制体制,实现了对蜀地的完全掌控。

经济方面,秦在治蜀初期依旧沿袭和采用蜀国旧制,没有进行太多的改造。在诛杀蜀侯通国后,秦派甘茂入蜀,公元前309年在蜀地修订《为田律》,并在蜀地实施经济上的逐步治理。在蜀地推行的田律,不仅按照秦制的规定,而且还根据蜀地的气候特点,制定了农村

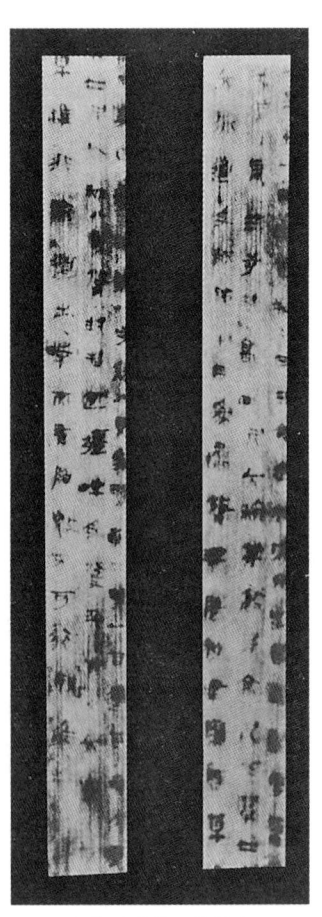

记载了甘茂入蜀制定《为田律》的青川木牍

道路桥梁、水利兴建等方面的一些政策。

在城市建设和军事方面，秦加强了对蜀郡城池的营建。秦在蜀地修筑了成都、郫和临邛三座城市的城墙。三座城池规模宏大，形成一个三角形的空间形态，构成良好的防御体系，也有利于城市和城市之间工商业的繁荣和发展。在对民族地区的治理上，秦派蜀郡守张若率军南扩，攻打邛、笮等部族居住区。为加强对西南夷地区的控制与经营，秦将常頞遣兵修筑道路，实现了与西南地区各族的沟通。如利用古蜀时期的西南道路系统，在蜀与滇之间整修"五尺道"，将其势力控制范围向这些地区深入，以便最终实现开拓西南边疆、经略西南夷的战略目的。

（二）西汉"大一统"之下的四川政局

公元前206年，秦王朝灭亡。在楚汉战争中，刘邦占据了巴蜀，拥有了更多的粮食等战略资源，最终打败项羽。巴蜀之地为刘邦集团的最终胜出，做出了巨大贡献。公元前202年，刘邦即位，建立西汉王朝。

在政治制度方面，汉朝继承秦以来的制度，在全国地方行政区划依然设置郡、县二级。巴蜀地区依旧划分为巴、蜀二郡。公元前201年，巴蜀地区分置广汉郡。公元前135年，汉武帝开西南夷，在巴、蜀二郡的西南分置犍为郡、沈黎郡和越嶲郡，在蜀郡的北部置汶山郡。至此，巴蜀地区广置8郡，便于西汉对巴蜀地区的治理。公元前106年，汉武帝为了进一步加强中央集权，在全国设置13部刺史，其中巴蜀置益州部，从此益州之名开始使用。西汉益州在今四川、重庆境内共置8郡56县。据文献记载，当时的蜀、广汉、犍为、越嶲、巴5郡有766048户，有3514217人口。可见西汉时巴蜀地区的户数和居民数量众多，这与当时中央王朝对巴蜀在经济、政治等方面治理上的适当措施有着密切的关系。

西汉初年，由于连年战乱，社会经济遭到严重破坏，新王朝的基础十分薄弱。为了缓解面临的严重问题，汉高祖即位后采取了休养生息的政策，在促进生产恢复、维持社会稳定方面取得了良好效果。由于在楚汉之争中巴蜀军民支持刘邦，汉高祖特在高祖二年（公元前205年）下诏，为巴蜀军民减免赋税。

汉武帝统治时期，实行盐、铁专卖之政策，在全国范围内广置铁官，在巴蜀地区设置三处铁官，即蜀郡临邛、犍为郡武阳、犍为郡南安。铁官设置一方面是加强对生产资源的控制，同时通过对铁器农耕具和其他生产铁器具的推广，取代巴蜀地区落后的生产方式，实现巴蜀地区经济社会的更快发展。

（三）东汉变局之下的四川政局

东汉时期，汉王朝进一步加强对巴蜀地区的控制与治理，从建武十二年（36年）至灵帝中平六年（189年）的150多年中，巴蜀地区的社会基本安定，无论是社会、经济还是文化等方面都取得了较为快速的发展。

东汉时期，西南地区各少数民族在经济文化发展的同时，与汉族的关系也更加密切。西南夷各部族先后归顺，接受东汉政府的统治。牂牁郡的诸大姓，在公孙述割据巴蜀之时，遣使绕道番禺到洛阳向东汉政府奉贡。邛都人长贵在西汉末年杀越巂郡太守，自称邛谷王。东汉时，长贵遣使向东汉上报三年计籍，被授越巂太守印绶。明帝永平年间哀牢王柳貌率部众内属，中央王朝在哀牢等地置哀牢、博南二县，与益州郡西部都尉所领的六县合为永昌郡。同时期，汶山以西的白狼、槃木等部族，经益州刺史的招纳，归于汉的统治。

东汉时期，益州依然设置，但其权力较之前有所扩大。特别是在设置州牧以后，州实际已经成为郡以上的一级行政区，形成了州、郡、县三级的地方行政区划结构。与郡相同级别的行政区划还有属国，这些属国主要用于安置内迁的少数民族。东汉时，今四川、重庆范围内先后置有蜀、巴、越巂、广汉等9郡和广汉属国，加上荆州南郡的巫县（今重庆巫山）共73县。

118年，越巂郡的夷人叛乱，伴随着叛乱的扩大，影响永昌、益州、蜀郡夷人等人数达10余万，波及20余县。东汉王朝被迫惩办蜀中一批臭名昭著的官吏，并派兵平息。145年秋，巴郡女服直，聚众千人，自称天王，活动范围达千余里，杀伤官兵众多。154年，蜀郡李伯起兵，自称"太初皇帝"，后被官府镇压。179年，巴蜀板楯蛮起事，攻打巴、蜀、广汉、汉中四郡，官兵在战争中屡遭失败，疲于奔命。182年，中央王朝派巴郡太守曹谦讲和，并答应其相关条件，才得以平息。

184年，黄巾军起事。185年北方黄巾军主力战败后，绵竹则爆发了马相、赵祇领导的黄巾军起事，核心的组织成员多是五斗米道的信徒。黄巾军一路征战，先后杀掉绵竹县令、益州刺史等，从绵竹攻入蜀郡和犍为郡，随后又攻巴郡，控制了益州的大部分地区，影响巨大，但是最终在地方豪强武装和官军的共同镇压下失败。东汉末年巴蜀地区不断爆发各种战乱，加之王室衰微，中央政府无暇顾及益州的管理。

188年朝廷派刘焉入蜀对益州进行治理。刘焉入蜀后，利用地方各势力对巴蜀进行治理。一方面，面对三辅和南阳一带流民入蜀的现实情况，刘焉父子给予他们资助，并任用其中的一些才能志士，最终将他们转化为自己的支持力量。另一方面，刘焉利用五斗米道的残余力量，对其中的一些官兵委任官职，利用他们去清除敌对势力。伴随着刘焉在益州势力不断壮大，他基本控制了整个巴蜀，将其据为己有，并伺机反叛，形成割据的势力。初平四年（193年），刘焉与其长子刘范联合西凉马腾进军长安谋杀李傕，但谋杀计划败露，刘焉的长子和次子被诛杀，刘焉称王的计划也告失败。194年刘焉在悲凉中死去，他的三儿子刘璋接替他继续统领益州。

建安五年（200年）巴西人赵韪联合巴郡大姓起兵攻打刘璋政权，蜀郡、广汉、犍为三郡的民众起而响应，但是最终被东州集团镇压。此次叛乱动摇了刘璋统治，加之刘璋治蜀时东州集团肆无忌惮横行于巴蜀，导致民心尽失，政局不稳。随着刘璋统治政权的衰弱，汉中的张鲁等人欲摆脱刘璋的统治，与巴郡大姓联合抵制刘璋，而刘璋在此时杀掉张鲁在蜀中居住的母亲和弟弟，并派庞羲、李思等人率兵讨伐张鲁，但是几次战争均以失败告终。在这一过程中，刘璋也逐步丧失了巴蜀本土人士的支持，加之在曹操和刘备两大集团的威胁下，东州集团开始瓦解，最终导致刘璋将益州之地拱手让给刘备。

## 二、三足鼎立时期的巴蜀政局

### (一)刘备建国前的巴蜀

赤壁之战刘备和孙权大获全胜,刘备也形成了自己的集团势力,先后取得了荆州的武陵、长沙、桂阳等郡,建立了自己的领地范围。其后,刘备计划将长江上游的益州地区据为己有。此时,由于益州牧刘璋懦弱无能和昏庸无道,内部出现了矛盾,法正、张松等也密谋推翻刘璋,加上张鲁起义后占据汉中,在北面对刘璋所领的益州构成威胁。211年,曹操扬言欲进攻汉中,刘璋对此十分恐惧。张松趁机劝说刘璋迎接刘备入蜀,让刘备帮忙讨伐张鲁,据守汉中,抵挡曹操的进攻。刘璋采纳张松的建议,迎接刘备入蜀,刘璋这种寄希望于刘备的计划使其自身的统治走向了灭亡。

刘备亲自率军数万,以庞统为军师入蜀。刘备表面上是为刘璋消灭张鲁占据汉中,实际上是为灭掉刘璋占有益州。刘璋对此并无觉察,反而给刘备提供大量军粮和战备军需物资。刘备打着讨伐张鲁的旗号,从益州出发北上到葭萌之地,收买刘璋军队的人心,为其统领益州创造条件。214年,刘备转兵南下,攻破数城,进逼成都,刘璋见大势已去,只得开城投降。刘备占取益州,自领益州牧。占据益州后,刘备重视处理与当地豪族大姓之间的关系,同时也与外迁入蜀的豪族大姓加强联系,处理好各方关系,实现对益州之地的管理。

### (二)刘备与诸葛亮治蜀时期的巴蜀政局

刘备入蜀后,219年占汉中,同年秋自称为汉中王,设置属官,正式对汉中等地实施治理。220年,曹操的儿子曹丕称帝,国号魏,以洛阳为都城。221年,刘备在成都称帝,国号汉,设置百官。以诸葛亮为丞相,录尚书事;许靖为司徒;张飞为车骑将军,领司隶校尉,进封西乡侯;马超为骠骑将军,封斄乡侯;偏将军吴壹为关中都尉,进魏延镇北将军;李严辅汉将军,马良为侍中,杨仪为尚书,何宗为鸿胪。历史上将刘备在成都建立的这个政权,称为蜀或者蜀汉。

蜀汉政权的建立,为巴蜀地区的持续发展创造了一定的条件。自刘备建

三国行政区域图

立蜀汉政权后，刘备在诸葛亮等人的辅佐之下，一方面稳定政局，另一方面开始有计划地发展经济，巴蜀的社会经济逐步恢复和发展。随着蜀汉对周边地区的征战，疆域也获得了扩展，疆域范围包括现在的四川、重庆、陕西、甘肃、云南、贵州、湖北等七省市。蜀汉基本承袭汉代以来的行政区划，设置州、郡、县三级，同时还在吴、魏之地设置虚封和遥领之地，建立起所谓的特殊政区。蜀汉设益州一州，统领24郡87县，整体疆域面积在当时的三国里面是最小的。

蜀汉建立后，诸葛亮成为蜀汉丞相，治理蜀汉所辖地区。222年，刘备东征荆州失败，次年3月病重，托孤诸葛亮。6月，刘备病逝，其子刘禅继位。刘禅封诸葛亮为武乡侯，不久又任诸葛亮领益州牧。至此，蜀汉"政事无巨细，咸决于亮"，诸葛亮总揽蜀汉军政大权，担当起治蜀的重任。

诸葛亮治蜀，励精图治，尤重法治。早在蜀汉建立前，诸葛亮已主持制定了《蜀科》。在他执政时，严格按照《蜀科》实施各项法令。如蜀汉重臣尚书令李严因在北伐前督军粮不力，推诿责任，破坏了北伐，诸葛亮极为愤怒，按照《蜀科》条例上表后主，将李严罢免。又如，廖立妄自评议大臣，诸葛亮以"乱群"罪罢免了他的官职。而李严、廖立等人对诸葛亮的处罚心悦诚服，因此诸葛亮所制定的法令得以在蜀汉地区推广与实施。诸葛亮不仅对有罪之人严惩，同时也对有功之人进行嘉赏，加以提拔重用，其中包括有杨洪、王平、蒋琬等，他们为蜀汉在政治、军事等方面的发展发挥了积极作用。正是诸葛亮治蜀方针的合理与正确，使得蜀汉的吏治清明，在三国中居于首位。

同时，诸葛亮也注重发展蜀汉的经济，不断振兴蜀国，力求发展。在其执政的初期，他学习汉室，注重休养生息，注重农桑等的种植，加强水利设施的建设与维护，保持成都平原、四川盆地等区域正常的农业生产。在北伐时，注重汉中等地的农业生产，以此为前哨的粮食供应基地，还在渭水平原实施屯田，以保证作战之需。在少数民族地区，他推行适合山地的农业技术，保证山区的农业生产，同时也进行畜牧业等山区养殖业的开发。

（三）蜀汉中后期的动荡与灭亡

诸葛亮治蜀时期，为壮大蜀汉实力，扩展疆域，而进行南征与北伐。在征战之初，诸葛亮率军取得了诸多的胜仗，南征取南中之地，北伐定汉中等地，使蜀汉疆域得到了扩张。234年，诸葛亮出兵攻魏，率10万余军出斜谷，进至郿，在渭水南岸下营。魏军主帅司马懿督20万魏兵渡过渭水，背水为垒，堵截蜀军。司马懿坚壁拒守，两军相持百余日。诸葛亮积劳成疾，病逝于五丈原（今陕西宝鸡眉县）。蜀汉军队最终退出渭水流域，回到汉中。诸葛亮的多次北伐，是在蜀汉实力远不如曹魏情况下发动的，因此他不可能实现"北定中原，兴复汉室"的目的。随着诸葛亮的离世，蜀汉政权逐步出现衰微的迹象。

在蜀汉政权的中后期，蒋琬成为继诸葛亮之后的辅政大臣，费祎则是其副手。蒋、费在施政的过程中，继续推行诸葛亮时期制定的相关政策，对内保国安民，施行休养生息，对外则保持与吴国之间的友好关系，对魏采取防御与敌对的态度。在汉魏之间实力悬殊的情况下，蒋琬很少对魏进攻，以免不必要的消耗。蒋琬死后，费祎执政，也延续之前的施政方式，基本能保持蜀汉的安定局面。

蜀汉后主刘禅是一个昏庸之帝，其身边的宦官及奸臣如黄皓、陈祗等人互为表里，把持朝政议事。费祎死后，姜维执政。姜维劝后主对黄皓等宦官进行清灭以实现蜀汉的复兴，但后主不允，朝中任由宦官当道。在这种局面下，姜维只好请辞，到沓中种麦。262年，魏将邓艾率兵攻打姜维，姜维兵败，不敢返蜀，仍旧留住沓中。次年，魏军兵分三路攻蜀。一路由邓艾率3万余众从狄道攻沓中，直攻姜维；一路由诸葛绪统3万人据守祁山，以切断姜维的退路；一路则由钟会领10万余兵从斜道、骆道、子午谷攻打汉中。在魏进攻蜀之前，姜维曾上书后主，说魏蓄谋进攻蜀，需做好应战的准备。后主不听姜维之言，当魏军进攻后，又在慌乱中急派廖化率兵赴沓中增援姜维，张翼、董厥急守阳安关口解围。由于魏军抢占先机，在蜀汉增援军队还未到达之前，已经攻破汉中、关口，邓艾进逼姜维。姜维在退守中，与廖化等合兵守剑阁，抵抗钟会的进攻。在钟会久攻不下剑阁时，邓艾率军绕开剑阁，从阴平道向蜀汉发起进攻。由于蜀汉守备策略的失误，此道并未派兵把守，魏军如入无人之境，很快攻下江油，向成都城逼近。成都守备空虚，魏军很快攻陷成都城，刘禅投降，蜀汉国亡。至此，存在了42年的蜀汉政权消失，巴蜀之地成为曹魏控制的范围。

## 第三节　经济的逐步恢复与发展

### 一、农业技术的改进与经济的发展

（一）水利建设与农业发展

在我国古代传统农业发展过程中，统治者极为重视农田水利建设。秦并巴蜀后，为解决成都平原地区的洪水之患和农业灌溉问题，派蜀守李冰对水患进行治理。李冰充分了解成都平原水患和农业灌溉中存在的各种隐患与危

机,结合当地的地理结构,在蜀国开明王朝治水基础之上,兴建了都江堰渠水利工程。都江堰渠首主要包括鱼嘴、飞沙堰和宝瓶口三大主体工程。都江堰疏通郫江和检江,并同内江相连接,形成了集农业灌溉、运输、防洪等于一体的水利工程系统,一方面让老百姓充分享受到都江堰渠修建后给地区农业发展带来的利益,另一方面也极大促进了成都平原地区的农业发展,为经济的进步和交通的发展提供了极大的支持。

正是都江堰的建成,让后世的成都平原免遭水患之祸,人民安居乐业。史学家常璩曾经盛赞:"于是蜀沃野千里,号为陆海,旱则引水浸润,雨则杜塞水门,故记曰:'水旱从人,不知饥馑',时无荒年,天下谓之天府也。"可见都江堰水利工程给成都平原,乃至整个蜀中地区农业生产和人们生活带来的极大保障。

李冰除了修建都江堰和导成都二江以外,他还对成都平原北部的洛水和绵水进行了疏导治理,并取得了很好的效果。洛水和绵水周边地区的稻田得到了灌溉,极大改善了农业生产条件。这使人们生活更加地富足。

汉代景帝时期,蜀守文翁主导对湔江进行疏导,实现了对一千七百顷繁田的全面灌溉。汉代还在武阳引水灌溉彭山、蒲江一带的农田。东汉时期,当时的治蜀官员还在今双流、绵竹等地开凿新渠,引水灌溉农田,取得了良好的效果。特别值得一提的是,东汉时期,当时中央王朝还在蜀郡和广汉郡设置有"都水"类官吏,专门对水利相关事务进行系统的管理,充分保证了

都江堰水利工程

巴蜀地区水利设施的开发与维护。

秦在取得巴蜀之后，为了改变巴蜀地区农业生产的落后局面，向巴蜀地区迁入大批的移民。这些移民将先进的农业生产技术引入巴蜀地区，如革新牛耕技术、推广铁制农具等。据相关的考古发现，巴蜀地区最早出现的铁制农用具，如铁镰、铁三脚架等与农业生产密切相关且极为实用的农器具，其时期是在秦灭巴蜀以后。

进入汉代以后，铁农具在巴蜀地区的使用已经十分普遍。在近年来巴蜀地区的汉代墓葬考古发掘中发现了大量的铁锄、铁镰、铁斧、铁削等农业生产用具。这些铁农具的出现以至普及，逐渐取代了先秦时期巴蜀地区的木器、石器、青铜器等农具，加快了农业生产的发展，为巴蜀地区农业的精耕细作和荒地的开垦起到了重要作用。

（二）农业经济的发展

秦汉三国时期的农业生产过程中，农业生产的多样性也逐渐形成。在这一时期，水稻种植已经十分普遍，巴蜀大部分平原和丘陵地区均有水稻种植。这一时期稻谷的产量有着大幅的提升，据《华阳国志·蜀志》中记载："绵竹县（今四川德阳绵竹市和德阳市区）……绵竹与雒各出稻稼，亩收三十斛，有至五十斛。"按照现在的计量换算，大约相当于今亩产水稻为390—580公斤。成都平原在当时已经成为国内水稻单位面积产量最高的地区。粮食作物除水稻外，在川西平原靠近山区的地方还盛产芋类作物，作为当地民众的主食。司马迁描述当时四川："吾闻汶山之下沃野，下有蹲鸱（大芋），至死不饥。"在四川地区出土的画像砖中也有"种芋"的图像，反映出巴蜀地区在秦汉三国时粮食产量相当丰盛，出产的粮食完全可以满足当地所需。特别是在汉武帝时，华北饥民流徙江南，在江南难以负担的情况下，便向巴蜀之地求粟以赈江南的粮食短缺。

秦汉三国时期，巴蜀地区的畜牧业也有长足的发展，其中以越嶲郡和蜀郡的冉駹都尉辖境内最为发达。这些地区生产的牲畜为旄牛、笮马，所产的牛、马大量向外销售，是巴蜀山区致富的一种主要途径。东汉安帝时，为满足养马的需要，特在越嶲郡设置长利、高望、始昌三苑。汉代四川南部河谷地区气候炎热，出产犀牛，其也作为重要的商品对外销售，取得了良好的经济效益。

巴蜀地区因为水系发达，水量丰沛，渔猎业一直以来都是重要的农业生产方式之一。进入秦汉以后，渔猎生产依然盛行，如獽、蜑等生活在长江沿岸的少数民族长期以来都以渔猎为生。到东汉桓帝时，仅仅江州就有多达500余家人以捕鱼为生。而在安汉县（今四川南充）、阆中等有鱼池、鱼漕梁和鱼田，它们是专门养鱼的场所。另外，在水稻种植区，农民把养鱼和水稻种植相结合，不仅水稻的产量有所提高，而且也增加了农业产出，获得更大的经济效益。

除以上的一些农业生产外，其他经济作物的生产也备受重视。从文献记载可以知道，巴郡的朐忍（今重庆云阳）、鱼复（今重庆奉节），以及犍为郡的南安（今四川乐山市内及夹江一带）都是当时巴蜀地区著名的产橘区，官府在这些地方专门设有橘官和柑橘官社，对柑橘类水果作物加强管理。另外，巴蜀地区是当时全国茶叶种植和生产的重要区域。据文献记载，汉代以来，巴郡的涪陵（今重庆彭水、黔江）等地都出产好茶，蜀中的什邡也出产名茶。一些出土的画像砖上也反映出巴蜀地区茶叶生产和贸易的图景，茶叶已经成为一种在当地极为流行的饮料。除以上的这些经济作物外，巴蜀各郡也出产荔枝、龙眼、姜、桑、麻等农副产品。可以说在秦汉三国时期，随着农业生产的快速发展，巴蜀地区的经济取得了较快的发展，从而造就出天下闻名的"天府之国"。

（三）手工业的发展

秦汉时期的四川继续以生产蜀锦而闻名，蜀锦也作为贡品进贡朝廷，汉朝在此设置了专门的机构进行管理。当时垫江、阆中、宕渠、宣汉、汉昌、充国、汉安等地的丝织业也都很发达，四川农户大多种植桑树，养蚕纺织。在2013年发掘的成都天回镇老官山二号汉墓中，在墓葬北底箱出土了四部蜀锦提花织机模型。这些织机模型为竹木制成，结构复杂精巧，保存十分完

老官山二号汉墓出土纺织机

整，一些部件上还残存有丝线和染料，这也是迄今我国首次发现西汉时期的织机模型。在这些纺织机旁边，还有一些木俑，就是纺织工人的写照，可见西汉四川手工纺织业技术的发达以及产业的繁荣。另外，成都出土的东汉画像砖上，也有女工操作纺织机生产蜀锦的图像。画像砖上展示的女工使用脚踏纺织机，表明东汉四川的蜀锦生产技术是当时世界上最先进的纺织技术。这些资料都可以窥见汉代四川蜀锦生产的面貌。由于四川蜀锦纺织的发达，《后汉书》说四川的纺织业是全天下人穿衣服的重要保障。

四川生产的蜀锦，远销到全国各地，乃至遥远的西域、中亚、西亚、欧洲。目前考古发现的长沙马王堆汉墓、湖北云梦汉墓等出土的丝织品，考古学者一般认为是四川的蜀锦。在新疆塔克拉玛干沙漠的尼雅遗址中，就出土了很多来自四川的蜀锦。如尼雅八号墓出土蜀锦上纺织有"宜子孙"等文字，有虎豹鸟兽等纹饰；三号墓出土蜀锦制作的裤子，上面有鸟兽、仙人等精美纹饰，此外还有"世毋极锦宜二亲传子""千秋万岁宜子孙"等文字的蜀锦，还有著名的"五星出东方利中国"以及其他一些精美的蜀锦，显示了汉代蜀锦工艺的发达，早已远销各地。

除了蜀锦以外，四川的漆器手工业也非常发达。四川古代漆器其精湛的工艺如描绘、雕填、戗金、平脱、扣器、镶嵌等独特技术，在中国漆艺界独树一帜，对中国乃至世界漆艺都产生了巨大影响。秦汉官府实行物勒工名制度，即每一个环节的工人在器物上留下自己名字，可以追查质量责任。如贵州清镇汉墓出土的广汉郡漆器上，就标注了素工、髹工、上工、画工、清工、造工等不同环节工人的名字，可见当时四川的漆器已经实现了流水化的分工生产，管理制度非常严密，以便保证产品的质量。在长沙马王堆汉墓、江陵凤凰山汉墓、绵阳双包山汉墓、安徽马鞍山朱然墓都曾经出土汉代、三国四川蜀郡、广汉的漆器。1916年，日本考古学者在朝鲜旧乐浪郡古墓葬内发现大批来自四川的漆器。1924年发现有建武二十一年（45年）铭文漆杯、永平十二年（69年）铭文神仙龙虎画像漆盘等。神仙龙虎画像漆盘描绘极为精美细腻，漆盘背面有汉隶铭文"永平十二年蜀郡西工夹纻行三丸治千二百卢氏宜子孙牢"，可知这些精美的漆器是蜀郡生产的。正是因为汉代四川的漆器有精美的工艺、优良的品质，因此才会远销各地，甚至被销往遥远的朝鲜半岛。

在东吴的朱然墓中也出土了大批蜀汉的漆器，多有精美绘画，表现有季札挂剑、伯鱼哭母、贵族宴会等画面。在最新发现的江西海昏侯大墓中，出土了3000多件精美漆器，包括鼎、壶、杯、盘、勺等饮食器皿，奁、盒、几、案、箱等起居用具，还有大型的通体髹漆、色彩斑斓的温明、轺车、乐车和棺椁，造型优美、工艺精湛。考古专家表示，这些漆器中应该有相当部分是来自四川。

两汉三国时期，四川是全国最重要的漆器生产中心，生产、管理水平非常先进，其产品广受欢迎，不但远销朝鲜半岛，也被作为礼品或出口给东吴，或者是作为贡品由皇亲国戚使用。

## 二、商贸交通与城市的发展

### （一）巴蜀地区内外交通线的扩大

秦汉三国时期，随着巴蜀地区工矿业、农业的发展，巴蜀所产的各种产品和原材料转至外地有运、转、销、储等多个环节。为了保障正常贸易流通，加快巴蜀地区经济的发展，就必须形成顺畅的内外交通贸易网络。在中央王朝的统一安排下，巴蜀地区的内外交通取得了发展。交通状况的改善，使巴蜀地区从以前的"四塞"逐步变为"栈道千里，无所不通"，这不仅加强了巴蜀与内地和边区各地的经济文化交流，而且也大大促进了巴蜀工商业的迅速发展，同时各交通节点及其沿线出现了众多功能不同的城市。

从交通网络的结构看，巴蜀地区内部的交通，多是依赖长江水系的水路和穿梭于山间谷地的陆路。这些内部的路网，其线路大多数在先秦时期就已经开辟。如岷江、嘉陵江、大渡河、乌江等水路，以及从成都西出江原、临邛，南出南安、严道，北出什邡，东出广汉的陆路。另外，当时巴地的江州北至汉中、南至涪陵（今重庆彭水）的陆路，四通八达。秦汉三国时期，中央王朝为了进一步完成对西南地区的控制与开发，巴蜀内部的水陆交通网络得到了进一步的整治和扩建，较秦代以前更为发达。川西平原因为秦代李冰建造都江堰，又整治青衣江和岷江河道，实现了船只在区间内的通航，使得川西平原通往巴蜀各地和巴蜀之外地区水路交通更加便利，不仅对经济的发展影响巨大，同时也为文化的交往与传播带来了更为便捷的路径。但是受川东地区的崇山峻岭、川西高原的高山峡谷、川西南的丘陵山地等地形限制，区域内的交通改善程度并不明显。

秦汉三国时期巴蜀地区的对外交通路网随着区域的持续开发，较先秦时期有了很大的发展。当时巴蜀的对外交通，主要有通往关中、陇西的北方数条道路，通往越嶲、滇、夜郎等地的南方数条道路，以及经云南通往缅甸、印度等南亚各国和中南半岛等东南亚国家的国际贸易线"南方丝绸之路"。较为完备的对外交通线为巴蜀的经济社会发展提供了强大的基础支持，也为巴蜀地区在文化等方面的交流传播创造了极佳的条件。

巴蜀通往西南方向即西南夷的数条对外交通线，主要有通过南中地区的旄牛道（也称灵关道或零关道），通往滇黔的五尺道，以及经夜郎通往番禺的牂牁道。这三条道路正好是分为西、中、东三路。巴蜀沟通北方中原、陇西等地的数条道路，是西南地区最重要的交通大动脉，主要由褒斜道、子午道、傥骆道、金牛道、米仓道和阴平道等多条道路所构成。巴蜀地区的国际交通线，以成都为起点，分东、中、西三条线路南行：东路从成都出发沿五尺道可抵达昆明，再经由昆明，渡南盘江，经文山，入越南河江、宣光，抵达河内；中路从成都出发经旄牛道，南下至越嶲，出云南元江，利用红河下航入越南北部，即秦汉三国时期所称的交趾；西路从成都出发，经旄牛道和五尺道入滇，至云南的大理，向西经保山，出瑞丽，或经保山、腾冲，出德宏，到达缅甸，进一步可抵达东印度阿萨姆地区，再经印度与中亚等地沟通，这条道路就是张骞所说的"蜀身毒道"，或称为"蜀滇缅印道"。

可以看出，这一时期四川盆地的内外交通，主要是以成都为中心，向周边区域呈放射状四面延伸，连接国内各地和南亚、东南亚等地。正是陆路和水路交通网络的全面构成，使得巴蜀地区的交通越发便利，为巴蜀地区经济、社会、文化的发展起到了积极的助推作用。

（二）成都：中国西南的大都会

在先秦时期，成都已经发展成为中国西南内外贸易的枢纽。秦汉三国时期，随着经济社会的快速发展，成都逐步发展成为闻名中外的西南大都会，成为当时国内最为重要的区域中心城市之一。

汉初，中原地区由于饥荒和连年战火摧残，粮食等物资严重短缺，以致出现"人相食"的现象。但巴蜀则因是刘邦后方的基地，在楚汉之争中未受灾祸之苦，因此当汉初中原粮食短缺时，汉高祖下令北方民众前往巴蜀地区谋生，以解决生活之需。巴蜀不仅以其殷富解决了大批饥民的生存问题，而且本身的人口也在经济持续发展的状态中保持稳定增长的势头。根据文献记载，东周时的成都约有户55970，口279850，经过西汉初、中期的发展，到西汉末年，成都人口已经有了大幅度增长。汉平帝元始二年（2年），成都有"户七万六千二百五十六"，按照一户五口人计算，当时成都人口应该为381280人。从东周到西汉末年，经过了四五百年，成都人口增长超过10万，即增长了近三分之一，这在当时是很高的人口增长率。东汉时，虽然没有直接记载成都人口数量的数据，但从《续汉书·郡国志》所载顺帝永和五年

（140年）的蜀郡人口来计算，较西汉末增长的比率为47%。照此比例计算，东汉时成都人口约有53万，在138年间的人口增长数高达17万，大大超过了西汉时期的人口增长速度，也远远超过国内其他大城市的人口增长水平，可见汉代成都经济社会繁荣昌盛的状况。三国时期，成都作为蜀汉的都城，也吸引了大量来自各地的人口，这一时期成都的人口数量较汉代略有增加。

先秦时期，成都没有建造城池。秦并巴蜀后，于公元前311年筑成都城池。秦筑成都城，分筑大城和少城，大城为郡署所在，少城为县署所在。少城分南北二城，北部居官署，南部居商贾，集市则在少城内外。汉代的成都城市布局，基本与秦时相同。武帝元鼎二年（公元前115年）时，立成都郭、十八门，使成都城更加雄伟壮丽。三国时期的成都城也基本延续着汉代成都城的布局，没有大的变化。

成都自秦代以来，城市经济发展迅速，商业功能进一步增强，逐步发展成为西南地区和长江流域的商业大都会。秦时，成都"与咸阳同制"，是秦代的一大经济中心。汉代，与长安相比，成都虽非京师，但地位十分重要。两汉之际除京师外，名闻全国的有五大都市：洛阳、邯郸、临淄、宛、成都。五都之中，成都人口最多，仅次于京师长安，是当时全国的第二大城市。成都县所辖各乡，在当时也是特大的乡。

考古资料证明，汉代成都建有若干个贸易市场，城内有"成市"（成都大市）、"北市"，城外有"中乡之市""南乡之市"等。市场非常繁华，云集了大批行商坐贾。出土于成都西郊和新繁的两块同模所制的市井画像砖，刻绘了当时成都市的规模和盛况。市的平面略呈方形，四周围以市墙，三面设有市门。左面市内隶书题记"东市门"三字，北面市内亦隶书题记"北市门"三字。市内正中有重檐市楼一座，为市府之所在。市内四隧，沿隧两侧列肆，又有市廛、市宅等建筑。正如左思《蜀都赋》所说："市廛所会，万商之渊，列隧百重，罗肆巨千。贿货山积，纤丽呈繁。都人士女，袨服靓妆。买贸𦎧鬻，舛错纵横。"扬雄《蜀都赋》描绘成都市："东西鳞集，南北并凑，驰逐相逢，周流往来"，"万物更凑，四时迭代"，市上所售，不但有

广汉出土的东汉市场画像砖

巴蜀商品,还有"江东鲐鲍,陇西牛羊"。这些都表明成都是东西南北货物的商品集散地和贸易中心,成为富冠海内的天下名都。

三国时期,成都作为蜀汉的都城,更是成为商业尤其蜀锦的贸易中心,城市中的商业活动更为繁荣,特别是溯江而来的江南等地的各种物资大量输入,为成都的经济贸易发展增添了更大的活力。

成都成为西南大都会,除了其自身的经济昌盛,社会文化快速发展外,还得益于通过南方丝绸之路实现国际贸易的发展。沿着这条国际商业贸易线,成都生产的各种物资,如蜀布、丝绸等各种产品源源不断地销往南亚、东南亚等地,甚至通过印度与中亚等地的交通贸易线又辗转贩卖到中亚的阿富汗、伊朗等地,再转而销售到地中海的希腊、罗马等地。同时,产于西亚、中亚的商品,如香料、琉璃珠、肉红石髓珠等宝物,也沿着南方丝绸之路输入成都市场。作为南方丝绸之路贸易的起点,成都与南方丝绸之路沿线各国之间的商业贸易可谓盛极一时,这使成都成为这一时期国内的国际贸易商业都会中最具影响力的城市之一。

正是由于成都所具有的良好区位优势、繁荣的市场、密集的城市网络体系、四通八达的交通线路、持续增长的城市工商业、不断繁荣的城市文化以及国际贸易市场的形成,成都发展成为秦汉三国时期驰名中外的西南国际大都会。

## 第四节　融合多元文化的巴蜀文化

### 一、巴蜀文化和中原文化的融合

传统巴蜀青铜文化具有浓郁的地方特色，和中原文化之间存在明显的差异：巴蜀民众都使用中原人听不懂的语言；服装、发型和中原不同，并且有自己独特的文字系统；有尊崇"五"的精神观念，崇拜巫鬼，丧葬中多有船棺葬，具有鲜明的文化特色。但随着秦汉以来被纳入郡县，尤其是伴随着大量中原移民的迁入，以及文翁等中原士大夫对中原文化的弘扬，巴蜀原来的本土文化逐渐向中原文化靠拢，产生了齐鲁一般兴盛的中原文化氛围，民众中也出现了中原式的姓氏。但传统巴蜀文化并非就此完全消失，而是内化到新时期的巴蜀文化之中，与中原文化碰撞交融，其精神底蕴仍然具有浓郁的巴蜀特色，而这种交融和创新，实际上扩大了巴蜀文化的外延和内涵。

在秦统治巴蜀的100多年时间里，秦的统治者并没有直接抛弃巴蜀文化，而是利用巴蜀文化的巫鬼信仰等为秦的统治服务。例如，秦郡守李冰用巴蜀氐人巫师杨磨领导族人开凿羊摩江；蜀人有崇拜"五"的神秘主义巫鬼文化，开凿都江堰就造了五只石牛来镇压水怪；秦代开凿的五尺道，并不直接使用秦人尊崇的"六"，而是使用蜀人崇尚的"五"，也是为了利用蜀人的信仰和习俗，服务于秦的统治，降低治理成本；秦国为了修造成都城，还利用了蜀人崇拜巫师的特点，聘请蜀地土著巫师，用神龟占卜的方式选择修城地点，因此也有"龟城"之说。这些都是利用了蜀地社会重视巫鬼、崇拜巫师权威的文化心理。

秦灭六国，统一六国文字，推行秦篆。但在巴蜀地区，对于巴蜀长期使用的巴蜀文字，则网开一面。一些巴蜀地区的墓葬中，同时出土有巴蜀文字的铜印和秦朝半两钱、汉字铜印，这些都表明秦统治者虽然在巴蜀推行秦篆，但也没有禁止巴蜀贵族、民间继续使用巴蜀文字。秦统治巴蜀期间，反而是巴蜀符号出现数量最多的时期。甚至一直到东汉,一些巴蜀崖墓中也还有巴蜀文字的出现,如青神县瑞丰场东汉崖墓、宜宾长宁七个洞崖墓中还有古代巴蜀的手指纹、花形纹等文字符号,表明巴蜀文化并未完全断绝,而是融合到了中原的文化系统之中。《三国志》说东汉的张道陵在四川鹤鸣山里面造作道教"符书",赢得了百姓的信仰。这些符书,很多就是古代的巴蜀文字。百姓对这些文字有神秘感,因此多有信仰,也将其放在崖墓里面,作为镇墓的符号,有巫术的意味。这也表明,东汉时期四川还能见到古代的巴蜀文字,但很多人已经不认识了。

古代巴蜀文化崇拜巫鬼,从宝墩文化的神庙、三星堆祭祀坑到金沙祭祀中心,都呈现出强烈的宗教信仰色彩。在巴蜀文化被逐渐纳入以中原文化为主体的轨道上以后,这些崇尚巫鬼的巴蜀文化精神底蕴,并未随着语言、文字、服装的中原化而完全消亡,而是内化到了新时期巴蜀文化的底层之中,与中原系统相互交融,形成了两汉三国以来巴蜀地区独特的宗教文化氛围。汉代以来蜀地多神祠,如江水祠、方山祠、青石祠、兰祠等,古老的蜀地神龟占卜也依然存在,蜀人采矿、开井、种果桑等也都要延请巫师作法。蜀汉名臣谯周的祖先是巴地賨人的巫师,因此其家族也特别擅长天文、谶纬。此外,巴蜀墓葬中广泛流行的青铜摇钱树,更是独特巴蜀文化的体现,与上古三星堆神树崇拜之间存在着隐秘的联系。巴蜀大地上浓厚的古蜀文化底蕴与中原文化相互碰撞交融,使得其成为道教的发祥地。张道陵在鹤鸣山修道("鹤鸣"本身也和古蜀的鸟崇拜之间存在关联),利用巴蜀文字符号作为符箓,以古代巴蜀文字的印章作为道士的法器,将巴蜀的传统与新的话语、组织形式相结合,产生了道教,为中国文化输入了新鲜血液。

西汉以后,蜀人开始使用中原姓氏,如东汉石碑《繁长张禅等题名》中,记载蜀地的原住民"夷王""夷侯""夷民"等都在用中原的姓,如夷侯有李伯宣、杨伯宰、牟建明、杜臣伟、杜永严、资伟山、屈孟辽、李伯仁、□长生、爱□世之类。这些蜀地原住民包括贵族和平民,都在使用中原式的李、杨、杜、屈、资等姓,显示了中原文化对蜀地的强烈影响。但是又区别于当时中原人根据《公羊传》讥二名的观念,不是只用单字命名,而是双字命名,又显现出巴蜀原住民独特的文化习惯,区别于中原。

## 二、巴蜀教育

### (一)文翁兴学

西汉初期,巴蜀地区的文化仍然和此前的古蜀文化有较多联系,从中原的角度来看,便是有"蛮夷风",重视古老的巫鬼祭祀,文化落后。汉景帝时期,朝廷任命文翁担任蜀郡太守。他在任职期间,不但重视水利工程,而且大力提倡学问和教育,为巴蜀地区培养了一大批人才。文翁看到蜀地的民风野蛮落后,于是兴办教育,先在巴蜀选出张叔等十多个聪敏有才干的基层小官吏,亲自督促他们学习深造,又把他们派到京城的太学里面,跟随太学博士学习法律和儒家经典。文翁减少蜀郡的政府开支,用省下来的钱购买蜀刀、蜀布等蜀地特产,送给太学里面的博士教师,以作学费。几年以后,这些巴蜀青年才俊学成归来,文翁让他们担任要职,按顺序考察提拔,其中一些优秀的青年后来成为郡守刺史。

除了借助朝廷的教育资源,文翁还在巴蜀创办教育机构。他在成都修建了公立学校,这就是著名的"文翁石室",招收各县贫困但资质好的年轻学子,免除他们的徭役,学成后选拔优秀的学生进入郡县一级官府任职,让学问普通的学生担任基层官员。另外,他也选出一些学生在自己身边做事,每次到各县巡视,都会带着一些通晓经书、品行端正的学生一起去,让他们宣传教化和法令,时常在官府出入。各县的人见到这些青年学子都觉得很荣耀,便争相抢着想成为该校学生,有钱人

汉代课堂教学

甚至花钱以求能够入学。长此以往，巴蜀的民风得到很大的改善，巴蜀人到京城求学的人数和齐鲁之地的一样多。到了汉武帝的时候，还将文翁在地方兴办学校的办法推广到全国。文翁在蜀地逝世以后，巴蜀的官民为他修建了祠堂，每年祭祀不断。

文翁兴学以后，巴蜀的文化面貌发生了巨大变化，出现了司马相如、严君平、扬雄等众多人才。文翁所创办的郡学石室，一直在使用，其遗址存留到了明末才被张献忠所毁灭。在文翁以后的东汉，蜀郡太守继续维持了石室郡学的教育。2010年在成都天府广场出土的东汉《李君碑》中，就记载说"移苻（符）于蜀，同心齐鲁，诱进儒墨。远近缉熙，庑（荒）学复殖。改行沽濡，莫不叹息"，意思是蜀郡太守提倡教育像齐鲁一样，发扬儒学、墨学，恢复了郡学教育，让人们感叹他的德性。在历史上，著名的文人都歌颂过文翁的功绩，唐代杜甫的诗中赞美"诸葛蜀人爱，文翁儒化成"，宋代诗人陆游则歌颂"蚕丛角歌吹，石室盛书诗"。

（二）官学的发展

秦代禁止私学，学在官府，百姓以吏为师。当时的巴蜀教育，只有"以吏为师"的官学，学习《仓颉》《爰历》《博学》等识字课本，以及各类法律文书。西汉早期，巴蜀的教育基本仍保持这一局面。

文翁在四川兴办了郡学，武帝时期这一模式被推广全国，到了王莽时期，弘扬儒学，在郡以下继续建立学校。东汉是太学生刘秀建立的王朝，因此他重视学问。光武帝、明帝时期都继续扩大官办的州学校、县学校、乡学校，主要以传授儒家经典为主。州、郡的学校相当于大学，县、道的学校相当于中学，乡的学校相当于小学，乡学只是学习识字课本如《凡将篇》《急就篇》《元尚篇》等以及教《孝经》一类简单、篇幅小的教材。

从2010年天府广场出土的另一块东汉石碑《裴君碑》看，李君以后的太守裴君，也是高度重视教育工作的，"孔修畔学，恢兴七[艺]"，意思是大力提倡办学，恢复儒家教育的各类技艺。参与立碑的公职人员中，有大量公立郡、县学校的在编教师。如蜀郡江原县就有守师王腾、守师任唐、守师龙圃等一共32名在职教师,其中有"《诗》师杜□"等3人,应该是在县学教授《诗经》的在编教师。在广都县县学编制中也有两名"《诗》师",负责教授《诗经》。在临邛县则设置有"《春秋》杨□、《春秋》王延、《春秋》王方"3人,应该是教授《春秋》经的在编教师。

东汉郡守的权力很大,类似古代的诸侯,可以自行任命郡内的所有公务在编人员,因此这些各县的在编教师,和郡守"裴君"之间在当时人观念里面属于君臣关系。《裴君碑》只有江原、广都、成都、临邛四个县的在编教师参与了立碑,纪念郡守的恩德。主要是因为这四县的教师正好这年到期续聘,由新郡守裴君续聘,所以有了君臣关系。其他几个县的在编教师还没有到续聘期,可能是前任聘用的,所以没有参加立碑活动。从这件出土资料可以看出来,东汉的郡

《裴君碑》的拓片

学、县学教师是由太守直接聘用的。县学校的师资非常丰富,一个大县城可以有几十名在编教师,他们负责传授《诗经》《春秋》等课程。从这些资料看来,东汉时期巴蜀的公立教育非常发达,政府重视办学,师资力量也非常强大。

另外,传世的东汉碑文拓片《学师宋恩等题名》记载蜀郡的在编教师、学校行政人员等情况,教师分为易掾、易师、尚书掾、尚书师、诗掾、春秋

掾等，可见蜀郡学校的规模庞大，分别按照五经进行教学分类。教学、行政的在编教师、人员都有明确的分工，显示了教学机构的专业性。从《华阳国志》记载的东汉成都县令冯颢办学，招收了800名学生的规模来看，汉代蜀地官办学校的规模非常大，师生众多。庞大的教学规模，为蜀地文化的繁荣提供了条件。

（三）私立教育

汉代以来，随着文翁兴学和整个巴蜀文化水平的不断提升，公立教育以外，也开始出现私立教育。如严君平就在郫县平乐山讲授道教学说，培养出了扬雄这样的著名思想家。到了东汉时期，四川的私立教育更为发达，出现了大量有名望的教育家。

成都人张宽，曾经跟随博士学习七经，回到巴蜀自己办私立教育，使得巴蜀的学风堪比齐鲁，而且落后的巴地、汉中的文化也有了提升。广汉新都人杨厚，精通天文推算、图谶的学问，广收门徒，弟子居然多达3000人，从当时全国来说也是第一流的私立教育家。犍为郡武阳县人杜抚，学习《韩诗》的章句，在家乡传授《韩诗》，名气很大，前后共有上千名学生追随过他，其中有一位来自吴越会稽的学生赵晔，跟随他学习长达20年。犍为郡资中人董钧，博古通今，也招收有100多名学生。广汉郡绵竹人董扶在家乡讲学，很多弟子从远方慕名而来；同乡的任安，精通孟氏《易》和其他几门经书，在家乡教学，也有很多学生从远方前来追随，学生盈门。

此外，成都的张楷，精通严氏《春秋》和古文《尚书》，隐居在山中，有上百名学生追随，以至于当地形成了市集；又如什邡人杨宣，精通天文、图纬、阴阳灾异学说，在自己家里教学，有上百名学生追随，其中如河南人李吉，广汉人严象、赵翘等都成了著名人才。广汉郡的折象，精通京房《易传》，也通道家的学问，招收多名学生。新都人段翳，精通《易经》、风角望气等方术的学问，也吸引了大量学生追随，其中有的学生来自遥远的河北等地。

这些私立办学的教育家，很多是在自己的家乡教学，有自己教学的教室、学校，这些教室一般称为"精舍"或者"精庐"，也有一些教师在自己家里教学。精舍的位置，很多专门挑选在各地风景名胜所在，或者是山上。教师和学生朝夕相处，言传身教，不仅仅只是教授经书，也通过课堂互相探讨、著述等形式教学。虽然说东汉巴蜀的公立教育比较发达，一个县在职的公立教师可以多达数十人，但是面对社会上日益增长的文化需求，还是不能满足，再加上公立学校教师的水平参差不齐，所以很多有志青年选择私立学校，尤其是为了向有名望的教师求学，不远千里前往追随。丰富的公立、私立教学资源，为巴蜀培养了大量优秀人才。只是到东汉末年以后，天下大乱，战争频繁，巴蜀的教育才被人为打断，蜀汉时代巴蜀的民间教育几乎完全中断。

巴蜀私立教育的黄金时代是东汉。东汉建国者刘秀本人就推崇图谶，因此东汉一朝的文化有浓烈的今文经学以及灾异神秘主义的色彩。具体到巴蜀本土文化底层，本来就有尚巫鬼的古老底色，因此二者的结合交融，导致四川本土私立教育带有浓厚的神秘主义色彩，大部分教育家擅长天文、图谶、《易经》、纬书、推步、占候、风角望气、阴阳灾异之类，这些学说渗入巴蜀文化每个角落。后来刘备称帝，刘禅投降，也都是号称有图谶、纬书的"天命"。

### 三、巴蜀学术

#### （一）经学、子学与文学

秦和汉初，巴蜀地区仍然以本地土著文化为主，中原文化并不发达，秦朝本身也并无发达的学术文化。直到文翁化蜀以后，蜀地才大力培育人才，学习中原的思想文化，读书风气逐渐兴起，能够与齐鲁文脉之邦相比。在这一氛围下，蜀地逐渐产生了一系列在学术、文化方面颇具全国影响力的文化精英。

成都人司马相如是汉武帝时期著名的文学家、思想家。在汉赋流行的时代，他的文学成就主要表现在辞赋上。《汉书·艺文志》说司马相如著名且流传下来的赋有29篇，但是到现在其中一些已经失传。我们现在能看到的有《子虚赋》《天子游猎赋》《大人赋》《长门赋》《美人赋》《哀秦二世赋》等数篇，另外《梨赋》《鱼葅赋》《梓山赋》这3篇只剩下篇名，内容失传。他的辞赋，主要体现的是黄老以及道家的思想。如《上林赋》的基本内容、主导思想都渗透着黄老思想在养生和治国方面的少私寡欲、廉俭守节、清静无为的观点；《子虚赋》的基本内容和主旨也体现了道家在治国方面的观点，即要求君主少私寡欲，清静无为，"无为而治"，符合《老子》给君主建议的"南面之术"。司马相如这两篇赋均是采用"以颂作讽"的手法，对君主的奢侈行为进行讽谏。他在汉武帝时期，劝说皇帝开发西南夷，并亲自前往西南夷各部族，劝说这些部族归顺汉朝，推动了西南边陲的区域被纳入中央政府的管理之下。

另一位成都人严君平，也是巴蜀地区著名的黄老思想家。和司马相如不同，他的性格淡泊名利，所以一直是隐士，只是来往于郫县、成都、彭州、邛崃、广汉、绵竹等地给人占卜维生，后来就在郫县平乐山给学生讲授《老子》《易经》《庄子》等道家著作，在山上讲学40多年，培养出了得意弟子，也是著名的四川学者扬雄。严君平根据老子的思想，写出了十几万字的著作《老子注》2卷、《老子指归》14卷和《易经骨髓》。《老子指归》里面提出了君主要"无为"但众臣要有为，君主掌握一切原则，以刑德相辅来驾驭臣下，君主的行为要符合"道"。该书的道论和思想被后来的扬雄、王弼等人所继承，成为后来魏晋玄学所提出的"贵无""自然为本"和重视玄学的源流之一。

严君平最著名的弟子扬雄，蜀郡成都人，跟随严君平学习黄老以及玄学著作，将儒学和道家思想融为一体。他在文学方面仰慕司马相如，作赋风格以司马相如的作品为榜样。他早年曾经模仿司马相如风格，创作了《甘泉赋》《羽猎赋》《长杨赋》，取得了文学上的成就，以至于出现了"扬马"的称呼。但到了扬雄晚年，则对赋有了新的评论，认为创作辞赋乃是雕虫小技，不应该是大丈夫的行为。除了文学以外，扬雄最著名的著作是《法言》

和《太玄》，以及语言学著作《方言》。《太玄经》也称《扬子太玄经》，简称《太玄》《玄经》，是模仿《易经》所作的著作。该书理论以浑天说为基础，在结构上对应《太初历》，涉及天文历法、地理矿藏、水文水利等方面。他的浑天说后来影响到东汉学者张衡《灵宪》中对天地结构进一步认识。此外，《太玄》将源于老子之道的"玄"作为最高范畴，并构筑宇宙生成图式，探索事物发展规律，认为"玄"的运动产生了天地、阴阳、万物和人间，世界、人间之间具有内在的联系和

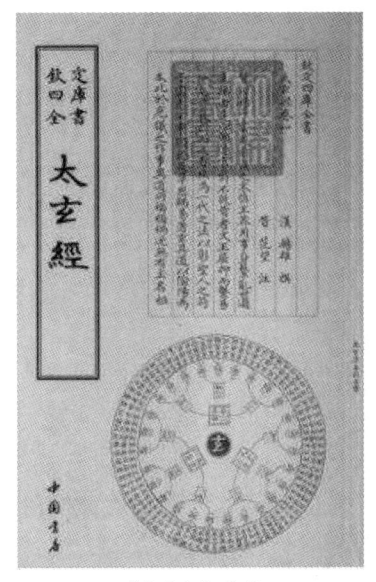

《太玄经》书影

共同规律，是以玄为中心思想，对汉代道家思想有继承和发展。

扬雄在文字学方面也有相当的成就，他写的《方言》，是中国语言学史上第一部对方言词汇进行比较研究的专著，独创个人实际调查的语言研究的新方法的经典性著作。他在长安时，向来自全国各地的孝廉和士卒询问各地方言异语，回到家里即加以排比、整理，一共进行了27年，完成了这一巨著。全书共有15卷，在体例上模仿《尔雅》，有自身特点，标注有各地的不同词汇。所记载的方言，东至齐鲁，西至凉州，北起燕赵，南至沅湘，呈现了汉代方言分布的大致区域，描绘出当时方言的地图。它的编纂在中国语言学史上是一种创举，收集材料和编写方法在当时已具有很高的学术水平。

（二）史学

两汉三国以来，巴蜀出现了很多史学家。东汉成都人杨终，字子山，曾经将《太史公书》删减为十几万字，还写过《春秋外传》12卷、《春秋章句》15万字、《哀牢传》。其中《哀牢传》是研究古代西南夷哀牢族群以及南方丝绸之路的重要史料。当时政府组织多人都未能写出《哀牢传》，但杨终以一人之力便写成了，后来唐代李贤注释《后汉书》还专门参考过杨终的《哀

牢传》。郫县人何英写有《汉德春秋》15卷。雒城人李尤，曾经参加过《东观汉记》的写作。该书是一部记载东汉历史的纪传体断代史巨著，记录了东汉从光武帝至灵帝100余年的历史，自汉明帝至汉献帝，经历代多人多次撰写补充，是研究东汉史的重要史料。此外，李尤还写有《蜀记》，较为系统地记载了蜀地的历史和古代传说，是研究古蜀文明时期历史的重要资料。

在古蜀文明历史、传说、帝王世系的记载和研究方面，汉代巴蜀史家也多有留意，司马相如、严君平、扬雄、阳城衡、郑廑、尹贡、谯周、任熙八人都先后写过《蜀本纪》，还有来敏的《本蜀论》，都记载和保存了大量关于古代蜀王的史料。当然，由于年代久远，古蜀时期的历史传说往往又是口耳相传，混杂了大量神话故事，而且语言文字和中原汉语不同，因此这些汉代蜀人史书中对蚕丛、鱼凫、杜宇之类的记载，往往模糊变形，多有怪诞神异的想象。此外，蜀地史家也喜欢作耆旧传，如蜀郡临邛人郑廑就写有《巴蜀耆旧传》，成都人赵谦写有《巴蜀耆旧传》，广汉郡王商写有《巴蜀耆旧传》，汉中郡南郑人祝龟写有《汉中耆旧传》。三国蜀人陈寿在郑伯邑、赵彦信、陈申伯、祝元灵、王文表所著的《巴蜀耆旧传》基础上扩编、整理而成《益部耆旧传》10卷，陈术和陈寿是该书的主要编纂者。这些史传记载的"耆旧"，多是被视为先贤的地方人物。东汉时期的人物传以"耆旧传"为命名主流，"耆旧"的"先贤"一词多作为这类精英地方人物的统称，记载巴蜀各地具有杰出事迹的先人。

三国时期巴蜀的著名史学家有谯周、杨戏、王崇和陈寿。谯周是南充人，主要在蜀汉政府中担任掌管学问的职务，熟悉礼仪和经史，在史学方面著述很多。他的主要著作是《古史考》《蜀本纪》《后汉纪》《益州纪》《三巴纪》《巴蜀异物志》等。其中《古史考》最为著名，该书考订司马迁《史记》所载周秦以上史事的各种错误，在内容上主要是对《史记》所记先秦人名、史事中出现的谬误作了一些必要的纠正与阐释，取得了丰硕的史学成就，在唐代以前一直与《史记》并行。他的《后汉纪》，则是全面记载东汉历史和典章制度的一部史书，以帝王、大臣等人物传记为主，在典章制度方面对祭祀、礼仪、服装、器物、天文等都有详细的记载。

除此以外，彭山的杨戏还写作有《季汉辅臣赞》，是一部当时的当代史著作，记载了蜀汉的历史资料。王崇写有《蜀书》，也是记载蜀汉的历史，但是和陈寿《三国志》的观点很不同，比如认为姜维当时是有机会重建蜀汉的之类论点。当然，谯周的弟子陈寿，堪称是蜀中史家的大才，其《三国志》至今为不朽名著。

（三）医学

巴蜀医学源远流长，在秦汉时期非常发达。2013年在成都发现的老官山三号汉墓中，出土了大量关于扁鹊学派的医书，竹简内容为九部医书，分别为《五色脉诊》《敝昔医论》《脉死候》《六十病方》《尺简》《病源》《经脉书》《诸病症候》《脉数》等。《敝昔医论》介绍扁鹊学派的五色脉，论述五色脉与脏腑和疾病的关系；《脉死候》介绍脉象与疾病以及死亡的关系；《六十病方》有药方60条，所涉疾病包括了内科、外科、妇科、皮肤科、五官科、伤科等；《病源》则涉及病理学；《诸病症候》200多支竹简，涉及的药方和医病理论数量非常大，包括了经脉和病症部分。此外，还有一部《医马书》，是目前能见到最早的兽医类文献。

除了大量医书以外，老官山汉墓还出土有人体经穴髹漆人像。该漆人像五官、肢体刻画准确，人像身体上用白色、红色描绘的经络线条，有一百多个清晰的穴点，在不同部位还刻有"心""肺""肾""盆"等小字，是我国发现的迄今最早、最完整的经穴人体医学模型，显示了西汉时期巴蜀医学的发达。该漆人上的经络，与《灵枢·经脉》中记载十二经脉中的九条经脉较为相似，制作精细程度超过了下文的绵阳双包

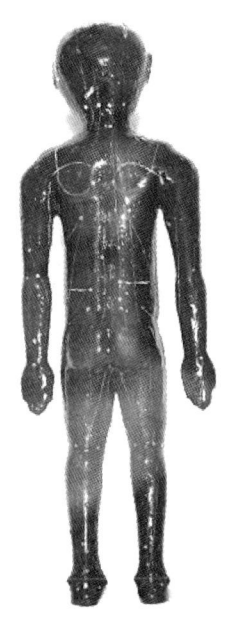

成都老官山汉墓出土的经络漆人

山汉墓出土的漆人，是研究古代巴蜀医学发展的重要资料。

1993年在绵阳双包山发现经络漆人。这件黑色重漆的小型木质人形，标记有红色漆线的针灸经脉循行经路，但和老官山出土漆人不同，上面没有文字和经穴位置的标记。漆人身上的红色经脉路径，和现代中医通行的十四经脉系统不同，该漆人身上只有十脉，也不同于先秦时期的十二经脉或十一经脉，是独特的汉代巴蜀医学十脉系统。成都、绵阳西汉漆人、医书的出土，显示了汉代蜀地医学的发达，且具有自身的重要特点。

巴蜀医学在东汉继续发展。《后汉书》记载了绵阳人涪翁，擅长针石医疗，著有《针经》《诊脉法》等医书。他带有隐士的色彩，长期在涪江上钓鱼，治病不论贵贱，都会全力救治不图报酬，深受当地人的喜爱。他的医术传给了程高，程高继续当隐士行医，后来程高把医术传给广汉郡人郭玉。郭玉在汉和帝的时候担任了太医丞，治病也不论贵贱，他的医术精良，得到了皇帝的赞赏。不断发展的巴蜀医学，在东汉时期得到皇室赞赏，显示了巴蜀医学的发达。

（四）天文学

巴蜀的数学、天文、历法知识非常发达，有"天数在蜀"之说。两汉三国，巴蜀出现了落下闳、扬雄、谯周等精通天文学的士人。落下闳是巴郡阆中人，是西汉《太初历》的主要创始人。他从小喜爱并精通天文学，在家乡的蟠龙山造了一座天文台，制作了观看星象的仪器，逐渐有了名气。后来经过同乡太常令谯隆和太史令司马迁推荐，被征召入京，和当时的天文学家唐都、邓平一起研制新历法。落下闳和唐都、邓平、公孙卿、壶遂、司马迁等20多个天文学家都有自己的观点，意见相持不下，最后形成了18家不同的历法。汉武帝认为，落下闳和邓平的《太初历》是更优秀的历法，加以采用，并改元太初元年。

这种新历法规定一回归年为一年，一朔望月为一月，所以又称八十一分律历。以夏历的正月为岁首。太初历第一次把二十四节气编入历法，以没有中气的月份为闰月。它还首次记录了五星运行的周期。这一历法一共使用了将近200年时间（公元前104—84年），是当时世界上最先进的历法。为了纪念这位伟大的天文学家，2004年9月16日，中国科学院国家天文台将其发现的国际永久编号为16757的小行星命名为"落下闳星"。

落下闳之外，蜀中大学者扬雄也精通天文学，并曾向精通浑天仪的老人学习。他早年赞成盖天说，但晚年赞成落下闳的浑天说，曾作有《难盖天八事》，对盖天说进行了全面批判，以天文算学的知识对盖天说提出八项质疑，论据充分，说理有力，是中国天文学史上的重要文献。落下闳、扬雄的浑天说思想，后来也影响了东汉科学家张衡。

蜀汉的谯周，也精通天文学，他著有《天文志》《灾异志》等天文学著作，记录了哈雷彗星和日中黑子活动的情况。从落下闳到扬雄、谯周，蜀人精通天文学，这表明天文学发达一直是巴蜀学术的重要特色。

## 四、巴蜀艺术

### （一）雕塑与绘画

秦汉时代，巴蜀地区的雕塑艺术非常发达，包括了各类泥塑的陶俑、水田、建筑模型。著名的汉代说唱俑，造型生动，能体现当时巴蜀人民的乐观性格。另外，也还有石雕的李冰像，成都市天府广场新发现的石雕犀牛，崖墓、石棺中的各类神灵等，以及荥经县出土石棺上著名的"中华第一吻"、芦山县的石兽、渠县的石阙等。绘画方面，最著名的是安徽马鞍山东吴朱然墓出土蜀汉漆器上的绘画。

2013年，成都老官山西汉墓出土十多个彩绘木俑，以木雕琢而成，施以彩绘，穿着曲裾深衣，造型生动，栩栩如生。这些木俑都在纺织机旁边，从木俑的不同身姿和身上的铭文推测，它们极有可

成都老官山西汉墓
出土彩绘木俑

能表现的是分工不同的纺织工人。完整的织机模型与姿态不同的木俑，可能是汉代蜀锦纺织过程的模拟再现。另外，墓中还出土有针灸穴位的漆人，类似的漆人也见于绵阳双包山汉墓。漆人身体上准确的穴位，一方面体现出当时针灸的发达，另一方面也体现了汉代雕刻技术的精确性。绵阳双包山汉墓中，还出土有雕刻的漆车、漆马和各类漆俑。

秦汉时期巴蜀地区也多有石雕，《华阳国志》说李冰治水期间曾造了三个石人、五个石犀牛。2013年1月，成都市文物考古工作队在成都天府广场钟楼下的秦汉地层中挖出了石犀牛，其由整块红砂岩雕刻而成。石犀牛的耳朵、眼睛、下颌和鼻子仍然清晰可辨，局部装饰卷云图案，四肢短粗，身体浑圆，造型独特。石犀牛长3.3米，宽1.2米，高1.7米，重达8.5吨，是目前成都市区出土的最早最大的圆雕石刻，具有极高的考古和艺术研究价值。石犀牛的雕成与治水有关，同时也体现出秦汉时代石工高超的雕刻工艺。

除了石犀牛外，都江堰出土的石人也颇有特色。1974年在都江堰发现了李冰的石像，高2.9米，是汉代四川水利机构所造。石像的底部有榫头，五官

成都天府广场出土秦汉石犀牛

端正，面带笑容，头戴冠，身穿长衣，腰间束带，拱手垂袖，平视而立。石像衣襟中间和左右袖上有隶书题记"故蜀郡李府君讳冰"，时间是建宁元年（168年）。1975年，都江堰又发现了手持铁锸的治水工人石像。石像手持汉代工具铁锸，但缺失了头部。此后在2005年发现了两尊石像，在2014年又发现一尊无头石像，都是用本地砂岩雕造，身穿汉代深衣，宽襟重袖，双手置于前垂拱而立，是典型的汉代圆雕石刻造像。都江堰众多治水石像的发现，显示了汉代四川石雕的水平。

在雅安芦山县的樊敏阙陈列有9具大型陵墓圆雕东汉石兽。石兽造型为跨步前行姿态，昂首挺胸，曲腰垂尾；头上分为双角、独角、无角三种；肩上有的无翼，有的为双翼；有的头似狮、似虎、似羊，形态各异，作张口吐舌姿态，威猛凛然，似有举踵欲奔、静中则动的气质和威严凶猛的神秘色彩，多取材于汉代神仙信仰中的奇兽，是四川汉代雕刻中不可多得的珍品。此外，芦山县的王晖石棺也非常著名。该棺造型雄伟，棺体、棺盖分别为整块红砂石雕造，以高浮雕工艺在棺盖首及四壁分别雕刻五图。前和刻双门，左门紧闭，右门半掩，门缝中刻一头戴步摇、衣带飘拂、腿胫有鳞片的仙童，做迎候之状。门上盖首刻饕餮含环，身有背鳍和腹鳞的龙，右壁刻一虎头龙身、肩有双翅、身有环节和腹鳞的螭虎。两个动物都曲身扬爪，做凌空腾飞之状。后和刻一蛇缠龟身、两尾相交、两首欲吻之玄武图像。这些奇异的神灵是引导墓主灵魂飞升仙界的，体现了汉代四川雕刻艺术的发展高度。

在绘画方面，安徽马鞍山东吴朱然墓出土蜀汉漆器上有众多人物绘画，其中一件漆盘上画有"季札挂剑"的历史故事。该漆盘出土时尽管有破损，但图案精美，由黑、红、黄三色漆组成的犀皮漆的花

朱然墓出土蜀汉漆画"季札挂剑"

纹，构思典雅，精美异常。其描绘的是春秋时吴国季札挂剑的故事，画面生动，反映了三国时期巴蜀地区绘画和漆器工艺的高超水准。另外，还有一件漆盘，绘有著名历史故事百里奚和自己失散多年的妻子重逢的画面，还有孔子的儿子伯鱼悲哭自己母亲去世的画面，融合了历史故事与儒家伦理，显现了巴蜀地区绘画工匠较高的文化水平与独特的匠心。

此外，在四川中江的塔梁子东汉崖墓中，也有彩绘壁画如胡人舞蹈图、墓主宴饮图等。这些壁画是在石壁上凿框作画，内容是墓主的居家、宴会、表演之类，具有极强的连贯性。壁画表现生动形象，颜色鲜艳，红、黄、黑、白、绿等多种色调一应俱全，胡人的舞蹈显示了当时巴蜀文化和异域文化之间的交流。

（二）音乐与舞蹈

在古蜀文化时期，巴蜀地区就有发达的音乐礼制传统，到秦汉统治巴蜀时期，又向蜀地输入了中原音乐的元素，呈现出交融的特征。音乐配合舞蹈，巴蜀原有的巴渝舞一类舞蹈文化，也在此背景中逐渐融入中原文化，形成了秦汉时期独特的巴蜀地区音乐舞蹈文化。

古蜀时期常见的礼乐配置是酒樽配合铜编钟，这种组合既见于巴蜀印章，也见于茂县牟托一号墓的实物资料。在百花潭出土战国铜壶纹饰的宴乐图上，也表现有编钟演奏的画面。在秦统治巴蜀期间，编钟音乐继续作为重要乐器在巴蜀使用，如重庆涪陵小田溪一号墓就出土了14件一组的青铜编钟，其中8件有错金的纹饰。在小田溪二号墓中，则出土了1件编钟。在绵阳发掘的西汉双包山一号、二号墓葬中，出土有一批陶编钟，属于模仿墓主生前使用的乐器，另外也有编磬，是和编钟一起演奏的乐器，共同组成了金石之声的效果。

除了编钟以外，巴蜀的乐器还包括琴瑟、洞箫、笛子、吹竽等。如成都天回镇出土的汉代陶俑，就有吹笛子和吹竽的形象。在合川县沙坪的东汉画像石墓葬中，也有吹洞箫的俑。在新津、雅安、绵阳、新都、乐山等地的汉代墓葬中也出土有吹箫的陶俑。在乐山大佛景区崖墓出土的吹箫陶俑，头戴着西部少数民族"胡人"流行的尖帽子,吹着长笛,应属于吹奏羌笛的形象,也反映了当时四川和西北民族文化交流的历史。

琴瑟不见于古蜀文化,是属于中原文化系统。在汉代,蜀人擅长弹琴,著名的蜀人司马相如就是鼓琴的名家,因为琴艺高超,而得到了卓文君的欣赏。成都至今有琴台路,就是纪念汉代蜀地文化史上的这一段佳话。在他的《美人赋》中也提到了《幽兰》《白雪》这些琴曲。汉代四川思想家扬雄著有古琴书《琴清英》,该书现在已经失传。根据学者所搜集的该书佚文,记载有两首琴曲的故事。一首《雉朝飞》,讲卫女殉情而死,她的褓母哀伤地奏起她生前常用的琴,忽见坟墓中飞出两只雉鸟,双双飞去。另一首《子安之操》,讲尹吉甫的儿子不堪继母的虐待,投河而死,其父听到船夫悲歌,以为是儿子的声音,于是写作了这首曲子。此外,还有孙息弹琴的故事。汉代人弹琴的形象,在四川各地的考古发现中也广泛分布,在成都天回镇、绵阳、资阳的东汉墓中出土了不少陪葬的抚琴俑,在雅安汉代高颐阙上也刻有"师旷鼓琴"图,四川发现的汉代画像砖上也有弹琴瑟的场面。

四川还多有汉代的说唱俑,表现的是结合了音乐、说唱、舞蹈、滑稽等各种娱乐在内的表演形式。如在金堂出土的汉代说唱俑,表情夸张嘻笑,上身袒露,裤子下滑,嘴歪眼斜,手持击鼓说唱表演;有的上身裸露,乳部丰满下垂,裤子下滑到小腹以下,臀部坐到圆鼓上,两腿蜷曲,脚踏在鼓上,抬起一条腿表演,表情夸张欢笑,富有滑稽色彩。类似的说唱俑在四川各地多有发现,如成都天回山、曾家包,郫县宋家林,新都马家山,绵阳九龙山、孔雀村,乐山大弯嘴,金堂一致村、李家梁子,重庆鹅石堡等。

汉代说唱俑

这些俑可以分为持鼓说唱和未持鼓两类,坐俑一般都蹲坐在鼓上面表演。

除了说唱表演以外,四川还有各类歌舞。在四川博物院收藏的汉代画像砖中,就有表现宴会时各类歌舞的图像。出土于大邑的舞乐画像砖,人物众多,其中有弹琴者、执节歌者、巾舞者、排箫者等诸多表演者。右下一个舞巾少女,头梳双髻,双手各执一条长巾,双臂一高一低,舞巾上下飘飞,形象非常生动。此外,在彭州出土的一块东汉画像砖上,则有盘舞的表演。女舞者舞动长舞巾,在地上的小鼓上起舞跳动。这些画面,都显示了秦汉时期四川舞蹈艺术的发达。

## 五、宗教

### (一)道教在巴蜀的兴起

原始道教诞生在巴蜀地区,最早称为"五斗米道",是因为加入者需要交纳五斗米。东晋葛洪的《神仙传》记载说,张道陵最早是太学生,熟读儒经,但后来认为这些知识对于人生命的延续没有用,所以就改学长生术,精通《老子》、天文地理、河图洛书、谶纬等。在他25岁的时候担任过巴郡江州的县令,后来又隐居在洛阳的北邙山,修炼了三年。在汉顺帝时期,他率领家人和弟子离开嵩山,进入四川大邑县的鹤鸣山修道。他综合了当时各种宗教思想和方术、

张道陵的画像

巫术的修炼方法,将其提升为一套新的信仰观念。又以《老子》为基础,创作了《老子想尔注》《灵宝》《黄书》《天官章本》等道书,逐渐发展出一批骨干,吸引了越来越多的弟子参加五斗米道,并通过传播建立起大规模有

组织的道教教团。

张道陵假借太上老君之名，自称天师，在瘟疫时期治好了很多人的病，名声更大，吸引了很多追随者。他治病的方法，是手持节杖和符箓念咒语，给病人喝符水，派鬼吏代病者向神灵祷告，把病人的名字写下来，表达自己对各类犯错的忏悔。三份忏悔文字一份埋在山上告诉上天，一份埋在地下，一份沉到水里，让天界、地界、水中的神都能赦免病人。他还吸收了古代巴蜀"鬼道"的很多内容，将其纳入早期道教的祭祀系统之中，也受到了蜀地民间的广泛欢迎。随着弟子和教团规模的日渐扩增，他把手下弟子分为了24个治理区，蜀郡内有7个治理区，广汉郡内有5个治理区，犍为郡有6个治理区，越嶲郡1个，巴西郡1个，汉中郡3个，都城洛阳有1个，其范围主要包括了巴蜀腹地、汉中以及周边少数民族地区。

张道陵担任天师教主，天师教主实行世袭制，张道陵死后由张衡继位，张衡死后由张鲁继位，父子相继，因此历来都是张天师。在天师下面还设有大祭酒、祭酒、奸令、鬼吏等神职人员，统帅普通信徒"鬼卒"，采取一种准军事化的组织结构，对朝廷抱有敌对的态度。出土的东汉《樊敏碑》就记载说，东汉末年"米巫凶虐"，米巫就是五斗米道，因其战斗力很强，有大量的人投奔五斗米道。

到了张道陵孙子张鲁的时候，全国爆发了黄巾之乱，道教徒宣称"苍天已死"，试图覆灭东汉朝廷。但张鲁却保持中立，和蜀中豪族达成了妥协。在刘焉统治巴蜀的时代，刘焉本人信奉五斗米道，赡养张鲁的母亲，并且让自己的妻子女儿一起尊其为师傅，任命张鲁担任督义司马去攻打汉中。在夺取了汉中以后，张鲁的势力不断扩大，建立起五斗米道政教合一的政权。汉中的道教政权，废除了汉代的法吏刑狱机构，不再以官吏治理，而是以教内各级神职人员进行管理，实行比较宽和的政策。张鲁将汉中的民众划分到不同祭酒管理下的辖区，按照每家的标准分配土地，缴纳五斗米和钱、布等租税。他们还在基层设立有义舍，里面放着米和肉，途经义舍的人可以根据需要去吃，但如果多吃多占就会生病，以一种"神道设教"的办法维持了政权的运转。

后来曹操进攻汉中,张鲁逃跑,但没有烧毁仓库和官府建筑,曹操对此感到满意,封张鲁为镇南将军、阆中侯,把张鲁的五个儿子都封了列侯。张鲁也就带着家属、教徒一起前往北方,将巴蜀的五斗米道传播到华北。

(二)佛教的传入

很多人都认为,佛教是通过北方丝绸之路传入中国的,但实际上四川和西南各地很多考古资料可以证明,印度—缅甸—云南—四川的西南丝绸之路也是佛教传入中国的重要路线,四川就是佛教传播到中国腹地的第一站。早在抗战时期,四川彭山东汉崖墓中就出土了一件陶座,上面表现着三个浮雕人物,中间盘坐着高肉髻的释迦佛像,两侧分别为大势至菩萨和观世音菩萨。而在20世纪50年代,乐山县城郊的麻浩东汉大型崖墓后室门额上,发现了用浮雕技法雕刻的一尊坐佛。佛像头带项光,手作施无畏印。此外,乐山柿子湾另一座东汉崖墓中也刻着一尊带有项光的坐佛,与麻浩崖墓的造型一致。乐山的崖墓佛像年代,被定为公元2世纪中叶。

乐山麻浩一号东汉墓上的佛像

2013年，在乐山柿子湾崖墓一处享堂后壁墓门上方左右侧，也分别发现了两件雕刻的佛像，高肉髻，通天肩衣，结跏趺坐。在四川出土的另一件东汉陶座上，表现了取材于印度艺术的大象主题。1989年，四川绵阳何家山发现了有佛像的摇钱树，绵阳芙蓉溪的东汉石阙上也装饰有雕造的佛像。类似装饰于摇钱树的佛像，也见于重庆忠县和丰都。忠县涂井的五号蜀汉墓葬中，除了摇钱树上表现的佛像之外，还有装饰了莲花纹的陶俑。在四川芦山县、雅安、西昌等地都出土过金、铜制成的汉代佛像。在宜宾黄山东汉墓葬中，还出土过一件佛像，坐在狮子上。在这些汉代遗存广袤分布的区域内，仅汉代佛像就有24尊。

1972年，成都什邡县皂角乡白果树村马堆子出土了一块表现三层佛塔的画像砖。在这一佛教主题艺术中，佛塔、伞盖、宝珠、莲花都清晰可见。而四川彭山、西昌都发现过佛教莲花纹的墓砖。这些材料显示，在东汉的四川地区，南至雅安、西昌，北至绵阳都广泛分布着包括了佛像、佛塔、莲花等佛教形象在内的造像。另外，1986年，在什邡的一座东汉墓葬中，也发现了佛塔的画像砖，有三座佛塔和两棵菩提树，说明东汉的时候四川已经开始修建佛塔，这也体现了早期佛教信仰在四川的传播。

这些四川地区的佛教造像，应该是从云南传入的。在云南地区，位于古天竺道上的云南昆明官渡区、西山区、曲靖汉墓中都发现有佛教莲花石刻的造型。云南大理大关北郊汉熹平年间（172—178年）墓葬出土7件胡僧吹箫俑，结跏趺坐。在云南保山蜀汉墓葬中，也出土过陶僧俑。《华阳国志》说西南边陲的云南永昌地区住有印度人，可以确认在东汉云南的永昌郡确实居住有来自印度或印度化的缅甸人，这些人把印度和东南亚的佛教传到了云南，再进一步传播到四川。

但是东汉三国时期的四川佛教还很原始，还不是后来理论非常精确严谨的纯正佛教，而是和巴蜀的巫术、道教、西王母、东王公一类民间信仰混合在一起。对于当时的巴蜀人来说，佛是一位神灵，是值得崇拜的对象。佛像大量被放置在墓葬中，表明佛也会在坟墓里守卫死者的灵魂，佛和一般道教或民间信仰的神灵之间没有本质的区别。而佛教的轮回、六界、涅槃、菩萨等理论都还没有在四川生根发芽。所以这个时代的四川虽然接触到了佛教的表皮，但还显得非常原始和粗糙。

# 第三章 两晋南北朝隋唐时期的四川

## 第一节 导言

### 一、两晋南北朝时期的四川

从263年蜀汉灭亡,经两晋、南北朝,直到581年隋王朝建立,589年国家重归统一,其间的300余年,经历了一个分裂割据、战火纷飞的剧烈动乱时期。在这300余年的时间里,巴蜀地区无论是在政治、经济、文化还是民族等方面,都无不发生着显著的变化。

在这一时期,混乱与治理的剧烈交替严重地影响着巴蜀地区的发展。263年,司马氏控制下的曹魏吞并蜀汉。265年,司马炎篡夺曹魏政权,建立晋朝,史称西晋。280年,西晋益州刺史王濬顺江东下灭掉江东的孙吴,实现了对全国的统一。西晋统一后,社会危机非但没有得到缓解,反而愈演愈烈。以少数民族为主的反晋之战推翻了西晋的统治,而賨人李雄在成都建立的大成国,则是其时最早形成的割据政权。西晋的覆亡使得中国经历了近300年的分裂局面。由于政权不断更替,巴蜀地区政治发展愈益动荡不安。

两晋南北朝时期,巴蜀地区的土著居民大量外徙,而众多少数民族居民则进入巴蜀地区,导致非汉族居民在总体数量上超过了汉族居民,因此巴蜀地区民族结构发生很大变化,同时也促进了巴蜀地区多民族之间的融合与交流。

政局的混乱、人口的快速流动和民族结构的变化,对巴蜀地区的经济、社会和文化产生着巨大影响。一方面,两晋南北朝时期长期的战乱和大批少数民族的迁入,巴蜀地区的社会经济遭到了严重的破坏,经济社会基本处于停滞状态。另一方面,大批少数民族的迁入促进了民族间的融合,助使巴蜀地区在文化方面产生一系列变化,其中以道教、佛教等为代表的宗教文化在巴蜀地区的影响力不断扩大,促进了地区宗教文化的发展。与此同时,在各民族相互融合的过程中,巴蜀地区的教育、文学、史学等均有着不同程度的发展,较秦汉三国时期显得更加完善与丰富。

## 二、隋唐时期的四川

589年,隋文帝杨坚发兵陈朝都城建康,最终取得胜利,自此结束了从西晋末年开始近三个世纪的动荡与分裂局面,重新实现了中国的统一。隋统一全国后,吸取历史上的经验教训,根据巴蜀地区特殊的地理位置和实际情况,一方面加强了对巴蜀地区的控制,另一方面减轻对巴蜀地区的各种赋税。在隋末天下大乱之时,唯独巴蜀地区没有发生变乱事件。这得益于隋朝治理巴蜀的恰当方式,取得良好的效果。

在唐王朝289年的统治中,巴蜀地区未出现较大的战乱,成为全国最为安定的地区之一,唐王朝自始至终控制着巴蜀地区。当都城长安局面不稳定时,当朝皇帝就会出逃避险于巴蜀之地。这体现出唐代巴蜀地区作为安定发展之地,受到历朝皇帝的重视,从而为地区经济社会发展奠定了良好的基础。

隋唐时期,巴蜀地区政局稳定,不但改变了两晋南北朝之时大量汉人外迁的局面,反而吸引了众多汉族移民迁入,加速了少数民族与汉族的融合。在巴蜀地区西北部即今天的川西北高原地区，自西晋末年被吐谷浑占据，成为以吐谷浑为代表的少数民族定居生活之地。初唐之时，吐谷浑丧失了对这一区域的控制，取而代之的是吐蕃王朝对这里的控制。吐谷浑和吐蕃对巴蜀西北地区的统治，使该地区的民族构成发生了较大的变化。而川西南地区随着汉晋之际昆明族的迁入，加之中唐以后该地区逐步被纳入南诏国的管辖范围，以及"白蛮"诸姓的迁入，也逐步成为昆明族和"白蛮"所控制和发展的区域。

隋唐时期，汉人的大量迁入，以及两晋南北朝时迁入的少数民族融入汉人生活圈而逐渐汉化，为巴蜀地区的经济社会发展创造了良好的条件，同时国家政策发生了有利于经济发展的变化，巴蜀社会经济快速发展，逐步成为国家经济发展的重要支柱地。但巴蜀各区域间存在着严重的发展不平衡现象。位于四川盆地特别是成都平原中心的益州经济发展十分迅速，成为全国经济最为发达的地区之一，而地处峡江流域的万州地区则被认为是当时全国经济最为贫困的地区。在川西北高原地区，由于地理环境的限制，这里的农业开发并不顺利，种植业发展受到限制，畜牧业依然是支柱产业，经济结构与四川盆地明显不同。而川西南地区多为外来部族聚居生活区，生产力水平相对低下，较之汉晋南北朝时期出现了倒退的现象，一度还出现经济停滞发展的情况。

隋、唐的一统天下，为巴蜀地区的文化发展创造了良好的条件。在这一时期，巴蜀地区宗教文化发展迅猛：一方面佛教文化在巴蜀地区进一步传播，影响力不断扩大；另一方面因唐王朝对道教的推崇，因此巴蜀地区的道教文化得到快速发展，加之巴蜀为道教产生与传播的重要地区，道教在这里极为盛行。因此在巴蜀地区逐步形成了道、佛、儒"三教合一"的情形，巴蜀地区成为唐代宗教文化发展的一个重要区域。巴蜀地区的文学艺术和民俗文化等，也由于沟通中原、长江中下游和西南各地道路的通畅，促进了各地各民族之间的交流往来，而得以进一步发展，更加丰富多彩。

隋唐时期巴蜀地区的城市因经济的发展而兴起，特别是因为多条道路与外界之间的互通，道路沿线地区出现了功能各异的城市。成都平原以成都为中心出现了多个大小不一的城市,其中成都无论是在城市发展规模上还是在城市经济社会发展上,均为当时中国城市发展的典范,推动了以城市为依托的整个巴蜀地区社会经济的快速发展。

总而言之,两晋南北朝的政局动荡,不但使巴蜀的社会、经济和文化等受到了剧烈影响,也使这个时期成为四川古代历史上一个承前启后的重要时期。至隋、唐一统天下后,巴蜀地区社会相对稳定,经济不断发展,文化多元共融,逐步走向繁荣,成为继汉代以来四川历史上又一个辉煌发展的时期。

## 第二节 两晋南北朝隋唐时期四川的政局

### 一、西晋对四川地区的短暂统治

曹魏灭蜀汉之后,权臣司马昭采取措施,不断加强对巴蜀地区的控制。265年司马昭去世,其子司马炎篡夺曹魏政权,建立西晋王朝。西晋建立后,晋武帝注重对巴蜀地区的治理,一方面在政治上对土著人士给予一定的优惠政策,奖励和提拔巴蜀土著士人为官;另一方面则对蜀汉时期的大官和尽忠报效者的后人免除赋税徭役,并按他们原在蜀汉时的官位高低给予优待政策。在此情形下,巴蜀地区的政局出现了短暂的稳定局面。但好景不长,随着李特的反叛和西晋末年的"八王之乱",北方地区出现了混乱不稳定的情况,致使大量流民迁入巴蜀,对巴蜀的时局产生了较大影响。

(一)流民入蜀与巴蜀治理

在西晋统治的初期,全国局势较为稳定,各地的经济得到了短暂的发展。290年,西晋武帝去世,其子司马衷继承皇位,即西晋惠帝。惠帝执政后因其昏庸,外戚与宗室诸王之间因为权力问题发生了严重的争斗,削弱了中央对地方的控制。匈奴趁机于惠帝元康六年(296年)联合马兰羌和卢水胡起兵反晋,西北地区的氐、羌也起兵响应,推举氐人豪帅齐万年为帝。连年战乱加上秦、雍二州持续发生的旱灾，疾疫流行，致使民不聊生。

元康八年（298年），秦、雍二州所辖略阳、天水等六郡汉、氐、叟、賨族流民数万家10余万口，因饥荒流入汉中平原的汉中郡（今陕西汉中）就食。流民达到汉中之后，上书朝廷，请求寄食巴蜀。朝廷拒绝了流民的请求，委派侍御史李苾借以慰劳之名前去汉中地区，实为监视流民的动向，严格控制流民经由剑阁道进入益州。李苾抵达汉中后收受流民的贿赂，并向朝廷求情，让流民进入益州，获得朝廷允许。于是大批流民经由剑阁进入益州，分散在广汉、蜀、犍为三郡，并被当地的地主雇用耕作。

入蜀的六郡流民，族属复杂，大体上由三个集团构成：其一是原居住在六郡范围之内的汉族，主要大姓则有李、任、杨、赵等，其中李氏出自阴平、扶风两郡，其他几个大姓则出自天水郡，其中的陈昌令李武、始昌令阎氏等是这批汉族大姓中的头面人物；其二是来自扶风、武都、阴平、始平的氐叟；其三是祖籍在巴蜀地区的板楯蛮，也称为"賨人"。东汉末年之时，由于战乱的影响，一部分賨人向北迁徙，"散居在陇右诸郡及三辅弘农，所在北土，复号之为巴氐"，来自略阳郡的李特兄弟及其宗族亲党，就是北迁賨人的后裔。

在六郡流民入蜀之时，曾任西晋长安令的赵廞在296年以扬烈将军加折冲将军迁任益州刺史，298年到任益州刺史。赵廞不甘一个刺史之职，入蜀后看到晋室衰乱，遂产生了割据巴蜀的想法，于是倾仓放粮，赈济灾民，以此收买民心。赵廞利用在流民中享有声望的李特兄弟等人，借李特兄弟在流民中的影响，招募六郡流民中的勇壮之人，组成流民武装，伺机反叛。

（二）李特之反

西晋惠帝永康元年（300年），晋廷发生宫廷政变。时为益州刺史的赵廞正是贾皇后的姻亲，因此司马伦拟征赵廞为大长秋，以有恩怨的耿滕为益州刺史。赵廞起兵反叛，攻杀耿滕，又杀西夷校尉陈总。李特兄弟也率流民武装参与叛乱，为赵廞守卫成都北门。多疑的赵廞打算伺机将李氏消灭，消除威胁。赵廞借口李特之弟李庠劝其称帝为大逆不道，诛杀了李庠及其子侄10

余人。次年正月，李特率军攻破赵廞的军队，赵廞被其手下所杀，赵廞叛乱遂被平定。

301年，朝廷任命罗尚为益州刺史治理巴蜀。罗尚入蜀后下令流民限期离开益州，而益州的官吏则在各地设置关卡，趁机劫掠流民的财物，引起流民的不满与反抗。此时晋室诸王爆发"八王之乱"，李特的兄长李辅告知他中原大乱，李特认为雄踞巴蜀的时机已经到来，久久不愿离开益州。

在罗尚、辛冉等人准备强制遣返流民的同时，李特也在聚集自己的武装力量。李特在绵竹设立大营，聚集六郡流民，很快就聚集了2万余人。李特和其弟李流自称大将军，部从皆封以官号。同时李特与蜀人约法三章，赈贷贫人，礼贤拔滞，整肃军纪，获得了益州人民的支持。

301年，李特率领六郡流民打败广汉太守辛冉派来偷袭的军队。302年，李特率领的流民军多次击溃官军，占领了成都以北偏东的广大地区。303年，李特再次率兵南下，进逼成都，蜀郡太守徐俭举少城投降，李特入据成都。李特因屡败罗尚，有轻敌之意，同时因军中粮草缺乏，决定暂停进攻大城。晋朝廷见益州危急，派荆州刺史宗岱率军3万经水路入蜀，李特派李荡等人抵抗荆州兵。同时罗尚派人联络诸村堡，内外夹击，以消灭李特，并开始对流民进行捕杀。流民军大败，李特、李辅、李远等人在退守中被追兵所杀。李特之子李雄聚合流民军余部，继续与官军作战。

二、成汉政权在四川的统治

李特死后，流民军几经征战，最终在李特之子李雄的统领下，发展壮大，以至在益州境内得以雄踞一方，实现了占据巴蜀的目的。

（一）李雄称王

303年末，李雄率军逼近成都大城，围困了躲在城内的益州刺史罗尚及其部众。十二月，李雄率流民军攻入成都大城，罗尚见势不妙仓皇弃城而逃。罗尚的外逃标志着晋廷对益州的控制完全丧失，益州基本处于以李雄为首的流民的控制之下。

304年，在众多流民军将领的拥戴之下，李雄称成都王，开始了对巴蜀地区的治理。306年，经过近两年来对成都及其周边地区的治理，李雄认为建国的时机已经成熟，便在成都建国称帝，国号为大成（史称成汉），改元晏平。李雄仿效汉族封建王朝的方式，建立行政机构，任命文武百官，建立了较为完备的国家运行体制，初步奠定了大成政权的规模。

（二）成汉政权统治下的四川

大成政权建立后，尚书令阎式上疏，当采取汉晋时的职官制度，被李雄采纳。于是阎式采汉晋职官及各制度，创立了大成政权的职官制度。虽后来李寿改国号为汉（338年），但是仍然采取的是阎式所建立的职官制度，以此为治国的基本制度。

李雄在称王、称帝以后，不断对外用兵，开疆拓土，扩大统治范围。晋怀帝永嘉五年（311年），李雄攻占梓潼（今四川梓潼）、巴西（今四川阆中）二郡，同时还攻占了江阳郡和巴郡（今重庆辖区）。晋愍帝建兴元年（313年），大成军队又攻占巴东（今重庆奉节）、涪陵（今重庆酉阳）二郡，基本消灭了晋朝在巴蜀境内的残余势力，完全控制了巴蜀地区。建兴二年（314年），李雄北上占领汉中。到成汉全盛时期，其疆域控制范围东到建平（今湖北境内），北达汉中、仇池（今陕西、甘肃南部），西到汉嘉、沈黎，南到宁州。成汉统治时期，政区建置的改易较大，设置六州，郡三十一。除梁州的汉中在陕西境内，安州的朱提，宁州的建宁、晋宁、南广、西平、平夷五郡及汉州的兴古、永昌、云南、河阳四郡在云南，安州的牂牁、夜郎二郡在贵州，其余郡县都在今四川、重庆境内。

李雄治大成政权31年间，采取宽政、慎刑、休养生息等措施，大大减轻了人民的负担。他规定成年男丁每年缴纳谷三斛，女丁一斛五斗，病残的可以减半，每户交调绢不过数丈，丝不过数两，对农民的征调比西晋时大大减轻。这一时期的民族矛盾也相对缓和，社会稳定，各地经济均有所发展，百姓的生活实现了安定，《华阳国志》称"闾门不闭，路不拾遗"，一时出现了北方和南方其他地区所没有的太平局面。

### （三）成汉政权的灭亡

334年六月，李雄病死，与李雄出生入死的长兄李荡之子李班继位。同年九月，李雄之子李越从江阳郡赶回成都奔丧，并以李班非李雄亲生儿子为由，与其弟李期密谋作乱。十月，李越和李期杀死李班，由李期即皇帝之位。东晋成帝咸康四年（338年），大成政权的汉王李寿欲夺统治之位，起兵涪城（今四川绵阳），进袭成都，李寿之子李势开成都门迎父攻城，遂克成都，废李期为邛都县公。李寿自立为皇帝，改国号为汉，年号汉兴。李寿夺权后的几年中，继承李雄宽俭的政策，暂时稳住了时局。但是不久之后，他开始追求奢靡的生活，其"兴尚方御府，发州郡工巧以充之，广修宫室，引水入城，务于奢侈"。久而久之，使得百姓生活困苦，怨声载道。李寿死后，其子李势继位，统治阶级内部分崩离析，加上僚人的反抗和自然灾害的影响，各种矛盾一并爆发，导致成汉政权的国力迅速衰弱。

在成汉割据政权统治巴蜀之时，西晋王朝在农民起义和少数民族反抗中灭亡，北方出现了割据的局面。晋朝宗室琅琊王司马睿在贵族和江东大族的拥戴下据江南，317年称晋王，次年称帝，定都建康，史称东晋。随着东晋政局的稳定，国力的发展，346年，东晋大将桓温受命率7000余精兵伐蜀，通过长江三峡进入汉国境内，扼守川东大门的镇东将军李位不战而降，晋军长驱直入，直逼成汉的统治中心成都。

永和三年（347年），桓温率军队一路杀入成都，李势亲自遣兵抵抗。桓温在笮桥大破李势军队，攻入成都少城，纵火烧掉少城各城门。李势见大势已去，仓皇弃城，连夜逃往葭萌，并送表以示投降桓温，成汉自此国亡。

成汉政权自李雄于西晋惠帝光熙元年（306年）正式称帝，至东晋穆帝永和三年（347年）李势投降，在巴蜀地区存在了42年。成汉政权割据巴蜀期间，巴蜀地区的经济社会出现了显著的倒退，导致整个巴蜀社会进入了一个严重的衰退期，社会经济更加凋敝。

### 三、东晋南北朝时期四川的政局

（一）东晋时期四川的政局

东晋统治初期，成汉国的一些遗民不甘被江左的东晋政权所统治，爆发了多次反叛战争。在反叛战争的影响下，巴蜀地区的政局陷入了前所未有的动荡之中，巴蜀民众生活困苦，社会发展几乎停滞。

在东晋统治益州的最初20年中，益州曾经发生过三次反叛朝廷的事件。汉国灭亡后，原汉国旧臣尚书仆射王誓、镇东将军邓定、平南将军王润、将军隗文等人集结余众1万余人，起兵反抗东晋，被桓温率领的军队击败，王润等人被杀。349年，益州刺史周抚率兵击溃自称为帝的范贲，暂时平定了益州的动荡。351年桓温又助周抚平定了肖敬文的反叛。其后周抚在益州统治了19年，对巴蜀地区经济社会的恢复起到了一定作用。

虽然东晋王朝一次次平定了反叛，但也大量消耗了东晋内部的力量，为北方前秦政权南侵巴蜀创造了机会。373年冬，前秦首领苻坚在已经占据北方的情况下，出兵攻取东晋控制下的梁、益二州。但苻坚在淝水之战中遭到失败，前秦实力大打折扣，最终在385年东晋复取守备空虚的成都城，巴蜀再次归于东晋的版图。

东晋统治后期，东晋王朝内部矛盾激化，各势力间争权夺利，致使政局动荡，巴蜀地区出现了又一次动乱。405年，参军谯纵在绵竹伏击晋军，晋兵损失惨重。谯纵乘机进一步向成都进攻，益州营户李腾开城迎谯纵，谯纵率军进入成都城，杀益州刺史毛璩及其家人，自称成都王。

谯纵据蜀以后，以弟谯洪为益州刺史，以谯明子为巴州太守，扼守巴蜀东面，防御东晋军队从长江水路进攻巴蜀地区。义熙二年（406年）和义熙四年（408年），东晋两度遣军讨伐谯纵，均未能克。义熙八年（411年），东晋权臣刘裕令朱龄石为元帅，统领各大将军从江陵出发以水路再次伐蜀。谯纵得知晋军从南、东两面合围成都，自知无法抵御，遂放弃成都，向北逃奔，在逃跑中被谯道福杀死。朱龄石攻破成都城，历时8年的谯纵之乱遂告平定。

(二)南北朝时期四川的政局

420年,东晋权臣刘裕强迫晋恭帝让位,自立为皇帝,定国号为宋,史称刘宋。刘裕去世后,长子刘义继位,很快被徐羡之等人废杀,刘裕的第三子刘义隆立为皇帝,史称宋文帝。宋文帝倡导宽俭政策,成都出现了繁荣的景象。但是以益州刺史刘道济为首的贪官污吏却横行无忌,扰乱市场,限制布、丝、绵等的交易,同时实行铁器专卖,垄断物资交易,致使商人不满,百姓难活,导致益州发生长达5年的大规模农民起义。

432年,赵广领导的起义军快速集聚,赵广率领部众数万人围攻成都,未能攻克。次年,赵广再次集结军队攻成都,对成都施行围困的策略。成都城内粮草断绝,刘道济病死城内。但起义军未能抓住大好时机,反而被官兵偷袭,退守广汉。刘宋不断派兵与赵广起义军交战,义军主力严重受创,起义失败。

南齐时期,益州刺史陈显达采取高压和残暴的方式治理巴蜀,在大度村(今四川乐山)对不服管理的民众进行屠杀,还对其他男女老少展开乱杀,激起民愤。为稳定巴蜀局势,齐武帝时不再任用武将治理巴蜀,任始兴王萧鉴为益州刺史,并采取宽容态度,招抚反叛的劫帅,益州的混乱紧张局势得以控制。萧鉴在益州任官8年,政绩明显,为益州的经济社会恢复和发展创造了良好的条件,益州成为"西方之一都",被后世史家所赞誉。萧鉴之后的益州刺史刘俊则是一个十足的贪官,他大肆搜刮钱财,同时巴结各高级官员,在民众中的口碑极差,最终遭到了罢免并受到后人的谴责。

南梁时期,益州刺史邓元起治蜀时,施行善政,秉公为民,刚正不阿,对地区政局平稳创造了条件。南梁的最后一任益州刺史是梁武帝的第八个儿子武陵王萧纪。在萧纪治蜀的17年中,采取正确的发展措施,益州的经济社会发展出现了良好的局面,对益州的开发做出了重要贡献。551年,原南梁将领侯景废梁自立为帝,朝廷内部发生动乱。萧纪乘机于552年在成都称帝,改元天正,派兵东下江陵,欲夺帝位。此时北魏利用梁朝乱局,遣兵南下抢夺梁朝领地。王足所领魏军破梁军，进一步逼近成都。而西魏则趁萧纪南下之时进攻蜀地，南梁的益州刺史萧㧑投降，自此益州被纳入西魏版图。

556年，西魏大丞相宇文泰病逝，世子宇文觉继任太师等职。557年，宇文觉废魏帝自立，建立北周政权。北周宇文宪为益州总管时，善于绥抚，关心政事，得到蜀人的喜爱。581年杨坚取代北周，建立隋朝，益州归入隋朝的版图之下。至此，历时200余年的南北分裂局面宣告结束，全国再次归于统一，巴蜀地区也从纷乱的战局中摆脱出来，得以获得稳定。

### 四、隋唐时期四川的政局

隋朝统治时期虽短，但对巴蜀政局的稳定奠定了良好的基础。唐朝巴蜀的政局较为稳定，促进了经济社会的稳步发展。

#### （一）隋朝四川的政局

隋文帝杨坚在建立隋朝时，充分利用了巴蜀地区的优越地理位置优势，最终实现了全国的统一。基于此他十分注重对巴蜀地区的掌控，用自己的亲王镇守四川，任命第四子杨秀为益州刺史、总管，封为蜀王。开皇二年（582年）置西南道行台尚书省，以蜀王杨秀为尚书令，总揽四川地区的军政大权，确保中央王朝对四川地区的控制。行政制度上则在四川地区取消郡一级行政机构，对之前的州、县进行省并。在少数民族地区加强治理，控制各"夷僚"地区。如在四川的西南地区设置嶲州（今四川西昌）和戎州（今四川宜宾），一方面加强对巴蜀地区少数民族的管理，同时也为进一步控制西南夷地区和向南推进创造有利条件。

杨秀治理四川期间，骄奢淫逸，终日享乐，对巴蜀人民进行残害，并强迫僚人充当宦官和奴婢等。他还大兴土木，不断扩建成都府，胜似天子。在为官上任用小人，对人猜忌，干预军务。由于其奢淫的生活，加上民不聊生，隋文帝对其十分失望，加之太子杨广的诬陷，隋文帝免去杨秀的刺史一职，并任用独孤楷为益州总管，贬杨秀为庶人。

隋炀帝时期，蛮横暴政，民怨沸腾，农民起义在全国各地均有爆发，乱局越发明显。但这一时期的大规模农民起义浪潮没有波及四川,四川的经济社会在乱局中仍得到稳定发展。

(二)唐前期四川的政局

隋末农民起义爆发后,四川地区的郡县长官自保守官,静观政局变化。随着李渊攻入长安,四川各地的郡县长官和豪族、绅士,纷纷遣人前往长安,表达归顺之意。自此巴蜀地区顺利归于李渊的控制之下。618年李渊在长安称帝,建立起唐王朝,巴蜀地区归于唐王朝的管辖治理之下。

唐一统天下后,根据治理之需,多次对地方的行政区划进行调整,巴蜀地区的行政建置也发生很大变化。唐高祖时期,四川行政区划只有州、县两级。太宗时将天下分为十道,剑阁以南的地区称为剑南道,嘉陵江以东的地区属于山南道。玄宗时期又分山南道为东、西两道,山南西道的大部分地区在今天的四川境内。肃宗时期又分剑南道为东、西两道,代宗时期又合为一道,但不多时日,766年又将剑南道分为东、西两川,之后并未有所变动。唐代时,唐人又将剑南东川、剑南西川和山南西道称为"剑南三川",简称为"三川",有时也被称为"山剑西道"。剑南的三道构成了唐代四川的主要行政区划,山南东道和黔中道的部分区域也在四川行政区划之内。

为加强对西南各民族地区的管理,唐王朝在四川境内设置统领边防部队的军事机构。618年唐高祖在四川设置益州总管府,统一管理军队。662年,高宗又升益州都督府为大都督府。玄宗开宝七年(719年),益州大都督府长史令剑南支度、营田、松、当、姚、巂州防御处置兵马经略使升为剑南节度使,集兵权、行政权于一身,是地方的最高军政长官。

唐代前期,中央王朝极为重视巴蜀地区的治理,委派的各官员能较好执行相关政策,加之社会经济的恢复,造就了巴蜀经济社会稳步发展的局面。

(三)"安史之乱"后(唐代中后期)的四川政局

在唐前期,巴蜀地区的政局较为稳定,没有发生大规模的战乱。但唐中期玄宗时期,地方节度使的权力无限增大,出现各种社会矛盾。755年,范阳节度使安禄山和部将史思明公开反叛作乱,史称"安史之乱"。安史之乱的爆发，标志着唐代政局发生动荡，影响了唐代中后期的发展脉络。

756年，由哥舒翰统领的唐军在灵宝（今河南灵宝）被叛军击败，唐玄宗深感长安不保，遂仓皇出逃，经过近两个月的周折抵达成都，历史上称之为"玄宗幸蜀"。757年，皇太子李亨登基，是为唐肃宗，唐玄宗则被遥奉为太上皇。玄宗于次年十二月从蜀中返回长安。玄宗在蜀期间，蜀中官兵见朝廷动摇，数度发动兵变，此起彼伏，导致四川陷入战乱，政局动荡，经济社会受到严重影响。

德宗继位后，试图扭转各地的割据局面，对各地方势力进行镇压，结果却引起了部分地区节度使的更大规模反叛。在此情形下，四川地区也发生了变乱。783年，剑南西山兵马使张朏率兵作乱，袭取成都。张朏占领成都后，自感强大，无所防卫，鹿头关戍将叱干遂乘机奔袭成都，斩杀张朏，平成都之乱。785年，德宗任命韦皋为剑南西川节度使。韦皋为蜀长21年，对内恩威并施，对外与南诏结好，共同抗击吐蕃。四川出现了暂时稳定发展的局面。韦皋在蜀中因病暴亡后，蜀中又出现乱局。刘闢作乱，自立为西川节度留后，被宪宗任命为节度使后，依然对外扩张，但却兵败西走吐蕃，在羊灌田被活捉，终被斩于长安。

宪宗以后，四川政局恢复了相对稳定。880年十二月，黄巢起义军攻进长安。次年一月，僖宗逃亡四川，史称"僖宗幸蜀"。885年正月，僖宗离川，三月返回长安。同年十二月，河东节度使李克用进军关中，僖宗再次出逃，唐王朝深陷覆亡的境地。

## 第三节　从凋敝走向繁荣的四川经济

两晋南北朝时期，由于战乱的影响，加之巴蜀地区政权更替频繁、人口减少以及战争对农业、手工业等的严重破坏，巴蜀地区的经济一度出现停滞状态，甚至在益州等一些地区出现了经济倒退的情况。随着隋统一中国，巴蜀地区也迎来了经济持续恢复与发展的良好时期。特别是在唐代,巴蜀地区的农业、手工业等更是发展迅速,出现了持续稳定的繁荣局面。在唐代中后期,以益州为代表的四川经济已经成为当时全国最为繁荣的区域之一,"扬一益二""扬不足侔其(按:指成都)半"的说法成为当时巴蜀地区经济发达的具体体现。

一、农业

(一)农业人口的流动与农业的恢复和发展

两晋之时,巴蜀地区的政权更替频繁,而秦汉以来巴蜀地区所享有的"天府之国"的美誉也因为战乱的影响不复存在。长期的战乱,巴蜀地区一片狼藉,4世纪初期,数十万巴蜀民众开始外流。随着成汉政权的建立,更多的巴蜀之民逃亡外地。这些流民散布于荆、湘、宁三州(今湖北、湖南、河南等地),以及周边的越嶲、牂柯、朱提、永昌等地。人口大量外流,使得巴蜀地区农业人口急剧减少,农业生产遭到严重破坏,社会经济随之衰落,在很长一段时间内停滞不前。东晋南朝至隋唐时期,由于社会出现了稳定的局面,大量外迁民众回迁巴蜀,而入蜀的僚人遍布四川盆地及其周边地区,为经济社会发展带来了有利条件。

隋唐时期,四川主要的移民活动出现在唐末。这一时期的移民活动是唐末北方移民南迁浪潮的重要组成部分,四川也成为当时北方移民南迁的主要目的地。隋唐时期,居住在青藏高原的党项诸羌、吐蕃等少数民族也陆陆续续迁入川西高原,少数民族的迁入奠定了川西高原民族分布的基本格局。大量移民入蜀为巴蜀地区的农业发展创造了良好条件,而根据移民的分布情况,也形成了较为有规律的农作物生产区域。

巴蜀地区地理环境复杂,地形结构差异巨大。东部地区以盆地为主,盆地内有广袤的丘陵地带,同时也有江河冲积形成的各种平原。西部地区则主要是由青藏高原东延部分和横断山脉的北段构成山区地形,海拔高,地势险峻,气候多寒。因此,巴蜀地区的东部较适合种植业的发展,西部则因为环境条件适宜于畜牧业的开展。两晋南北朝隋唐时期，巴蜀地区依然延续着以东部发展种植业，西部发展畜牧业的农业生产格局。但是与秦汉时期有所不同的是，由于吐蕃、党项诸羌等进入川西高原，这里的畜牧业也受到外迁者的影响，从事畜牧业的区域开始扩大。如位于今白水江上游的诸羌部落从事畜牧业，而白水江上游以西的地方则由吐谷浑在此从事畜牧生产。后来占据该地区的党项诸部，也在此从事畜牧活动。地处大金川流域的东女国，据史书记载也从事畜牧相关的农业生产。川西南的嶲州，居住在这里的"磨些蛮"养"蜀马"，勿邓部落也从事牛马的喂养。可见在川西高原和川西南的民族地区，随着迁入各少数民族的增多，这里从事畜牧业生产的人也逐渐增加，从事农牧生产的地区也获得了扩大。

在两晋南北朝时期，大量的僚人定居于四川的东南部地区，并从事与种植业相关的农业活动。隋唐时期，大量北方的流民也从水路和陆路进入巴蜀地区，他们主要定居于四川盆地及峡江流域等地，从事种植业相关的农业生产。从巴蜀地区从事种植业的范围来看，东部的四川地区多以平原和河谷为主，这里土地资源丰富，土壤的肥力较高，气候温暖，降雨充沛，适宜种植业的开展。在众多的种植作物中，水稻是最为主要的农作物，其种类至少包含有青芋稻、累子稻、白汉稻、红莲稻等多个不同品种。这一时期最重要的水稻种植区则是四川盆地西部的成都平原区域。进入唐代后，大量外来移民助推了农业种植技术的发展，水稻的种植范围也因此扩大，由成都平原向北扩大到地处涪江平原的绵州，向南则扩大到了位于岷江冲积平原上的眉州。同时在四川盆地中部与南部，在沱江、嘉陵江、长江等河流纵横之地形成的冲积平原也有大量的水稻种植区。而在四川东部的丘陵地区，粟、麦、芋等粮食作物在广大的地区实现了推广种植，因此四川地区农业规模的扩大与发展十分明显。特别是唐代，巴蜀地区种植业的规模和范围比两晋南北朝时期有了相当的扩大，农业的功能分区也逐渐形成。

（二）农田水利技术的革新

四川盆地的降水季节分配不均。往往在冬、春两季盆地气温较高，降水少，冬干春旱的现象十分严重，这严重影响着农作物的生长。初夏季节，由于雨季来得较晚，常常会出现夏旱的情况。盆地的中东部则因为夏天气温高、降水少，伏旱的情况经常出现。在这样的条件下，巴蜀地区的农业灌溉成为农业生产的必备条件。据史书记载，两晋南北朝隋唐时期，巴蜀地区的灾害性天气颇多，干旱成为这个时期危害农业生产的重要因素。因此，巴蜀地区在此前基础上继续兴建各种水利工程，保证农业生产的日常所需。随着农田水利工程的兴建，四川的农田水利技术也取得了长足的进步。

位于四川盆地西部的龙门山和龙泉山之间的成都平原，河流众多，地势微微倾斜，自秦汉以来水利事业就较发达。在两晋南北朝时期，尽管遭受到了多次战乱的侵袭，但是都江堰水利工程并未遭到破坏。进入唐代以后，随着巴蜀地区政局的稳定，在成都平原及其毗邻的岷江冲积平原和涪江冲积平原先后兴建起了多个水利工程，形成了自秦汉以来巴蜀地区大规模发展水利事业的新高潮。

水利工程的修建分为三种情况。其一是对之前的水利工程加以扩建维修，最为典型的是对都江堰水利工程进行的一系列扩建，以此增加其灌溉面积。如太宗贞观元年（627年），任益州大都督府长史的高士廉开始大规模扩建都江堰水利工程，"于故渠外，别更疏决，蜀中大获其利"。这类工程建设集中于彭州和成都府的境内。其二是在成都平原北部的涪江冲积平原上兴建大量的灌溉渠。其中如太宗贞观六年（632年），在绵州魏城县（今四川绵阳）修洛水堰，"引安西水入县，民甚利之"；高宗永徽五年（654年），绵州罗江县令百大信置茫江堰，"引射水溉田"；武周垂拱四年（688年），绵州刺史樊思孝等重开广济陂故渠，"引渠灌溉田百余顷"。其三是在成都平原南面的岷江冲积平原上兴建各种堤堰，其中包括有著名的远济堰、蟆颐堰、鸿化堰和通济堰，这些堰坝都用于灌溉眉州境内的农田。如僖宗时期，眉州刺史张琳重修章仇兼琼在开元年间兴建的远济堰，从蜀州新津县南的修觉山"浚故址，至眉州西南，合于松江"，改名为通济堰。

大规模的水利工程的兴建，使得整个成都平原及其毗邻区域的灌溉面积得到扩大，在成都平原及其周边地区形成了一个以自流灌溉为基础的水田稻作区。伴随着水利工程的兴建，农业生产水平获得了提高。在水利设施的维护、管理方面也形成了一套较为完整的体系，称之为"岁修"制度。这种以"赋税之户，轮供其役"的岁修制度，利用冬季枯水和农闲之时，分段对堰堤和灌渠进行必要的维护，清除淤积的泥沙，加固堤堰，保证了成都平原的水利工程可以长期发挥作用，为农业的生产的持续发展奠定了坚实的基础。

除成都平原地区兴建水利工程外，在四川盆地中部的丘陵地区，也兴建了不少的引水工程。但由于这些引水工程引灌的条件差，难以发挥必要的灌溉作用，因此屡兴屡废。唐代我国其他地区已经采用机械提灌的方法来解决丘陵山区的农田灌溉问题，但是这一技术在巴蜀地区却没有得到推广与普及。四川的丘陵地区在汉晋时期长期采用潴水和陂塘池水灌溉农田，唐代陂塘池仍然是丘陵地区农田用水的主要来源。虽然陂塘池水有着一些优点，如不仅用于灌溉农田，同时还可以养鱼、种其他水养农作物，具有多种经济效益，但是陂池因为靠雨水而积，蓄水保水方面的缺点明显，只能调节农田的基本用水，难以起到抗旱防涝的作用。

四川盆地东部，由于地形复杂，水源缺乏，无法兴建大规模水利工程，汉晋时期主要是畜牧业为主的农业生产方式。到唐代以后，由于僚人的汉化和耕作方式的改变，在一些地方开始兴建起陂塘、蓄水池等用于灌溉农田。在长江河谷的一些地区，则采用竹筒引水的方式将泉水引入农田进行灌溉，同时还将这些泉水引入户中作为生活用水。

（三）农业的恢复发展

西晋武帝建国以后，采取较为宽松的农业发展政策，巴蜀地区也获得良好的农业发展机会，一改之前赋役繁重、百姓困苦的状况，农业生产开始逐步获得了恢复。西晋惠帝后，由于六郡流民起兵反晋，导致大量居民外逃，城邑皆空，农业生产遭到了严重的破坏。成汉政权统治时，农业生产虽然取得一定程度的恢复，但是大不如秦汉之时。南北朝时期，由于南、北各政权对巴蜀进行长时间的争夺，地方各势力的叛乱活动频繁，导致巴蜀地区出现长期动荡的局面，农业生产的恢复与发展十分缓慢。进入隋唐以后，巴蜀地区的农业生产才取得了实质性的发展，农业经济呈现出多样性，但是由于巴蜀地区地理环境和生产方式的区域差异，农业生产的发展水平不尽相同，存在着较大的差异。

巴蜀地区的农业生产在不同的区域呈现出多样化。成都平原由于地理环境优越，成为该区域内最适宜农耕的地区。两晋南北朝时期，成都平原地区虽然遭受到了多次战乱侵袭之祸，但是农业生产仍然得到较快恢复。进入唐代后，成都平原地区农业获得了长期持续的稳定发展，一方面农业生产力的提高，推动农业产量的提升。如兴建水利工程，改进农业技术，改变之前的耕作方式，引入新的农作物，扩大种植面积等大大提高了农业生产力，为农业快速发展提供了动力。另一方面，加强传统种植业的技术革新，如在水稻的种植过程中，既加大播种的面积，同时也提高土地利用率，施行轮作复种，增加了粮食的产量，进一步奠定了"天府之国"的地位。

巴蜀其他地区农业生产的情况则不尽相同。四川盆地中东部和盆地周围山区，农耕条件相对较差，农业生产水平较低。汉晋之时这里还主要以畜牧业为主。成汉以后，随着僚人的迁入，大部分地区成为少数民族的聚居区。这些僚人逐步从渔猎业转为从事山地农耕。唐代后期，中央王朝加强对僚人等少数民族的控制，并逐步将其汉化，在这些地区广置州县。伴随着少数民族的汉化，农业生产也逐步从渔猎转向耕作，并成为这一地区的重要经济支柱。除了少数民族在这一区域进行农耕外，大量的汉人也在丘陵及山区进行农业开发。如在唐代，汉人曾多次大规模迁入四川盆地周边山区从事农业生产，促进了这些地区农业生产技术的更新，提高了农业生产力。

四川盆地中部地区因为有较好的农业基础，除了种植粮食作物外，还种植各种经济作物，如桑麻、甘蔗、柑橘等。各种农业生产技术也随之运用，大大节约了土地成本，充分发展了区域的农业经济，为地区农业经济的快速发展起到极大推动作用。而在长江及其支流的河谷地区，由于历史和地理原因，农业生产水平长期处于较为低下的水平，很多地方还处于刀耕火种的原始农耕阶段，土地的连作还未得到普及。这里的粮食作物出产率不高，经济作物则主要是麻类植物，桑蚕业还很不发达。在岷江上游和涪江上游，南北朝时期以前都是半农半牧的农业生产方式。到隋代以后，农业生产逐渐成为这里重要的产业，支撑当地的经济发展。进入唐代以后，由于农业技术的革新，这里经济作物的种植面积开始逐步扩大，主要有麻、柑等；另外，各种畜牧产品依然盛产于此，药材的采集也成为一项重要的农业生产活动。由于区域内自然条件的限制，这里的种植业虽有发展，但畜牧业仍然居于支配地位，农业生产活动相对于盆地内发展仍显缓慢。

（四）土地私有化与私庄的发展

土地制度方面，在这一时期大土地私有制度逐步发生着变化。在西晋时期，世族大姓占有大量田产，成为私有土地的绝对拥有者。到成汉政权割据之时，巴蜀地区的土地所有权产生了明显的变化。由于战乱的影响，土地拥有者大量外逃，世族大姓荡然无存，随之而来的是以六郡流民中的汉族大姓、氐羌酋帅为主的豪族大姓，成为大土地私有制的主体。魏晋南北朝时期，这些崛起于巴蜀地区的豪族大姓，发展成为强大的地方势力，掌控着大量的土地，控制着当地的农业生产。隋唐之际，巴蜀地区政局相对稳定，没有爆发大规模战乱，也未出现割据政权，豪族大姓与政府官员相互勾结，静观时局之变。随着李渊建唐，巴蜀各地的豪族相继归顺大唐，仍然是当地私有土地的占有者。豪族大姓加强对巴蜀地区各土地的控制与管理，他们对巴蜀地区土地私有化的发展起到了加速作用，土地兼并的情况十分严重。

随着土地私有化的发展，巴蜀地区先后形成了大批的私庄。两晋南北朝时期，出现了"别业""别墅"等为代表的私庄。隋朝时，巴蜀地区仍然有着"别业"之类的私庄。隋末唐初之时，巴蜀地区出现的私庄并非指之前的别墅之类田产，而是指官员及豪族所占有的大片耕地或牧场。随着"庄田"一类的大土地私有制的发展，这类私庄在巴蜀地区迅速发展。到唐代后期，巴蜀地区的庄田和别业已十分普遍，私庄的拥有者结构也出现多样化，除之前的豪族、官僚外，军人也开始拥有私庄。

## 二、生产技术的更新与手工业的发展

两晋南北朝隋唐时期，巴蜀地区的手工业依旧延续汉代依靠各种作坊式小规模生产为主的生产方式，但随着经济的发展，区域内也出现了一些较大规模的手工作坊或生产制造机构，在纺织业、盐业等生活消费品方面取得了较快发展。

### （一）蜀锦与纺织业

巴蜀地区纺织业有着悠久的发展历史，在秦汉时期，蜀地所产的蜀布已经名扬全国。汉晋之时，蜀锦开始迅速发展，成为两晋南北朝时期巴蜀地区最具代表性的丝织产品。唐代，巴蜀地区始终保持着先进的织造技术水平，成为我国当时最为重要的高级丝织品的生产中心之一。唐代后期，由于民间布帛的生产异军突起，引领巴蜀地区纺织业进入一个新的发展时期，为地方经济社会发展起到了不小的作用。

两晋之时，巴蜀地区出产的布品基本和汉代相一致，最为有名的布是筒中布。成汉割据时期，随着巴蜀民众的外流，传统的蜀布生产急剧下降，但伴随着僚人为主的少数民族的迁入，各种具有民族特色的布品开始在巴蜀地区生产。南北朝时期，由于政权的频繁更替，民族间的交往更加频繁，各种布品也随之增加。唐代以后，巴蜀地区出产布品的种类急剧增加，新的布品相继出现，如弥牟布、僚布、花布、小布、兰干布、葛布等。这些布品的织成原料多是麻、葛和樗等三大类，都是巴蜀农业重要的经济类作物。

除布类织品外，丝、毛织品也是巴蜀地区纺织类物品中重要的手工业品。巴蜀地区出产的丝织品主要分为绢、绫、锦、罗、纱等五大类，毛织品则有无纺织物和毛纱织物两种。

绢的生产范围较为广泛，蜀、广汉、犍为、梓潼、巴和巴西等郡均为两晋南北朝时期的重要产地。唐代巴蜀地区的产绢范围继续扩大，已达28州，而当时全国产绢的州约为87个，巴蜀占其三分之一，成为当时绢的重要产地。到唐末，随着纺织技术的提升，巴蜀地区所产绢的质量大幅提高，颇受各界人士的喜爱。锦和绫等也是当时巴蜀地区出产的丝织品，均采用提花机织成。绫是直接采用生丝织成，锦则是采用加工后的蚕丝织成。蜀锦是唐代巴蜀地区最为著名的高级丝织品，主要产于益州、蜀州和绵州，成都是最重要的织造中心。蜀锦因为织锦技术的精湛，成品极为精美，受到达官贵人的喜爱。纱和罗的产地甚广，如剑南东、西两川的很多地方均有出产，其中益州的交梭纱和蜀州的花纱还是上贡之物。巴蜀丝织品的花色品种极其丰富，除了蜀锦驰名中外，成都府和蜀州的单丝罗、绵州的盘条绫、梓州的水波绫、阆州的重莲绫等均是闻名全国的丝织品，受到全国民众的喜爱。

两晋南北朝隋唐时期的丝织品产量也较秦汉时期有大幅增长。唐开元中期，益州的贡春彩有十万匹。中唐以后，折估纳绢，西川两税有一米折重绢。敬宗时期，四川上贡皇帝的绫罗锦，一年有8176匹之多。前蜀灭亡之时，当时巴蜀地区库存的纹绵、绫、罗就有50万匹。

毛织品的出产主要集中于巴蜀的少数民族地区，这些毛织品多由兽类的毛纤维制成，分为毛纺品和无纺品。汉晋之时，汶山郡出产用牦牛毛制成的牦毡，用羊毛皮制成的皮裘等毛皮制品。

（二）制造业与食品业的兴盛

两晋南北朝隋唐时期，巴蜀地区的造纸业获得了快速的发展，这得益于巴蜀地区文化的发展，对纸张的需求量加大，促进了造纸技术的革新。巴蜀地区所产的纸品主要为益州的黄、白麻纸，这类纸也被当时的政府认定为官方用纸。另外，还有益州广都纸被广泛运用于民间，如用在文牒、契券、书籍等。笺纸也是当时一种十分流行的用纸，在唐代前主要用于书信的书写上，唐代以后因为诗文的兴起，笺纸则被用于诗文的书写。同时笺纸也从以前的大幅变为小笺纸，深受文人的喜爱。而唐代巴蜀地区著名的女诗人薛涛则自创一种胭脂染成的彩色笺纸，在当地甚为流行，被称为薛涛笺。此笺以木芙蓉皮为原料，煮成糊状，再入芙蓉花，去汁而制成，其色深红，而幅面狭小，为诗人宠爱，成为笺中的珍品。除这些较为有名的纸品外，还有长麻、十色笺、松华纸等众多的品种，这些纸品满足不同人群的需求，深受各阶层人士的喜爱。

食盐作为人类生活的必需品，其生产与管理在历朝历代都受到官府的重视。巴蜀地区因蕴含大量的盐卤资源，因此是我国最为重要的一个井盐生产中心。两晋南北朝隋唐时期，巴蜀地区基本都是以井盐生产为主，极个别地方有岩盐出产。

两晋南北朝隋唐时期，巴蜀地区的井盐产地增加，产量得到了大幅提升。这一时期巴蜀地区的井盐产地有临江、广都、江阳、汉安等26处，而汉代井盐产地仅仅只有14处，增加了12处，增长85.7%。盐业的产量也得到大幅增加，如广都平井有两官灶，一个日夜可以收盐4石，即200多斤食盐。临江县食盐产量则是巴郡最大的，可以满足整个巴郡的需求。进入唐代后，巴蜀地区盐业生产更加繁荣，盐产区的范围不断扩大，加之各种新技术的运用，盐产量也获得了提高。在唐代初期，盐产地主要集中于盆地内，到中唐之时，井盐生产获得了快速的扩张，几乎在整个巴蜀中东部和南部区域内都有井盐的出产。玄宗时期，陵州有1盐井，绵州有4井，资州有28井，泸州有5井，荣州13井，梓、遂、普、阆、果五州有盐井共38处。到唐代后期，盐井数量大大增加，且盐井的分布范围也较之前扩大。据统计巴蜀共有盐井639口，其中剑南东川道有460口，山南西道有123口盐井。就唐代井盐的产地看，主要集中于剑南东川、山南西道的巴南诸州和山南东道的峡内诸州范围内。由于盐产量的提升，在这一时期巴蜀地区的盐业产量基本能满足地区所需，同时盐法的制定与颁布，也为地区经济的增长提供了保障。

茶作为一种重要的饮品，自古就受到世人的喜爱。巴蜀地区因为地理气候因素的先天优势，成为我国古代历史上一个重要的茶产地。魏晋南北朝时期四川地区的茶叶加工方式以饼茶为主，随着茶业生产的发展，进入唐代后，巴蜀所产的茶已经是当时最为有名的高端茶。唐代巴蜀地区的茶叶产地相对集中。有三个地方：其一为四川盆地的西部地区，这是巴蜀地区最重要的茶叶产区；其二为巴蜀南部的长江沿江地区；其三为四川盆地北部地区。据《茶经》的相关记载，唐代时，剑南道已经有彭州、绵州、蜀州、邛州、雅州、泸州、眉州、汉州等八州盛产茶叶。巴蜀地区的茶叶主要有饼茶和散茶两种，各种茶的制作工艺则有所不同，不同的工艺造就了不同的茶味，满足了不同人群对茶叶口感的要求。而巴蜀地区也出产精品茶叶，这些精品茶叶被作为贡茶，每年向皇室输入。四川地区茶叶产量也在这一时期出现大幅增加。据相关学者推测，唐代四川地区的茶叶产量已经达千万斤，这也正与唐人杨晔在其撰文中所记的"岁出千万斤"的生产水平是一致的，可见唐代四川地区是当时全国重要的产茶区，不仅茶园面积相当辽阔，且产茶量也大。

制糖业在两晋南北朝隋唐时期也有着较快的发展。四川盆地的成都、梓州和遂州等地都是唐代糖业生产的重点地区。随着甘蔗制糖技术的进一步提升，糖的产量也有着较大幅度的增长。在唐大历年间，随着糖霜技术的引入，遂州开始运用此技术生产早期的冰糖，成为我国最早生产冰糖的地方之一，直至后世各朝各代，这里都是四川糖产量最大的地方。

### 三、城市与工商业的发展

#### （一）工商业城市的兴起

随着巴蜀地区经济社会的发展，手工业等的兴盛，四川的商业日趋繁荣，产于各地的商品被商人们带进四川，促进了这里的商业发展。各种贸易物资的往来，一方面巴蜀地区生产的各种大宗商品向外输出，如丝织品、麻、布、茶、盐、药材等；另一方面全国各地的物资输入巴蜀，如药材、香料、马匹等。随着商贸业的发展，城市商业活动区域的不断扩大，一些城市的商业逐渐突破原有的坊市制度的格局，逐渐发展成一种新型的城市商业模式。随着这些新型的商业城市的出现，巴蜀地区出现了一些具有代表性的工商业城市，引领着巴蜀地区城市商业经济的发展。

两晋南北朝时期，巴蜀地区的商业因为战乱影响发展较为缓慢，仅有部分传统的商业城市延续着之前的发展状况，如成都、江州、汉安、江阳、雒县等。进入唐代以后，巴蜀地区的城市商业逐步兴起，城市也取得了更快速的发展，城市的经济、文化等诸多领域都取得了长足的进步，因此城市也获

唐代成都院落遗址

取了良好的发展时机。这一时期巴蜀地区的州、县两级行政体系日趋完备，因此以此为依托的巴蜀州、县两级城市网络逐步形成，其中一些核心的城市成为当时的商业中心，如成都、彭州、蜀州、汉州、眉州、绵州、资州等州城则是区域的商业核心。随着这些商业城市的出现，巴蜀地区的经济也取得了较快发展，如梓州因唐代时水陆交通的便捷，成为剑南东川的一个最重要的消费城市，城市的商业得到了极大发展，因此这样一个商业城市获得了"蜀川巨镇，郪道名邦"之美赞。而传统的成都平原中心商业城市成都在这一时期的商业发展更是迅速，各种南来北往的商贸货品汇聚于此进行商业贸易。

（二）城市中的商业布局

自晋迄唐，巴蜀地区城市中的市场因商业的繁荣而随之兴旺，城市内部也出现了多级的分区，城市的市场也有着明显的变化。城市的内部被划分为多个坊区，各坊区都被墙垣或者篱栅等隔离开，只在通街处开设坊门，便于出入。另外在城市中专门设立商业区，这类商业区根据当地管理的安排划定专门的区域，称为"市"。由此建立的坊、市构成了巴蜀地区商业的基本格局。

由于坊、市的形成，四川地区的商业市场也随之建立，根据当时的城市发展水平，市场一般被分为三类：一是设在城市中心的市场；二是位于城外农村地区的商业中心；三是在城市定期举行的集市。如在成都有"东市""西市""南市"和"北市"，同时还有"金马""锦浦""龙池"等坊，在遂州也有"画锦坊"等坊类市场，在夔州则有"西市"等城市中的市场。

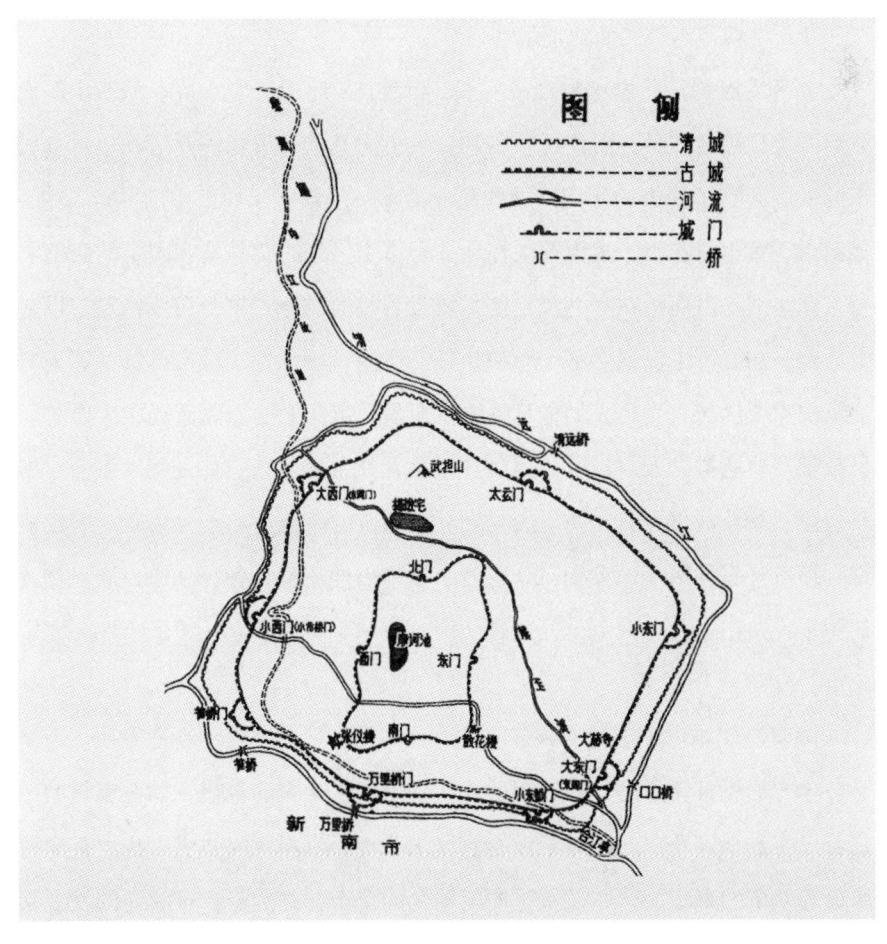

唐代成都城布局图

以成都为例,当时这里是巴蜀最大的商业城市。隋代后,成都已经逐步展现出货殖贸易的繁荣,但在城中仅有地处城西的少城这样一个唯一的市场。唐代以后,成都的商业发展迅猛,在东、南、西、北均设置了商业市场,这样的商业布局足以显现出成都作为当时巴蜀地区的商业贸易中心都会所具有的繁荣景象。这一时期,巴蜀的阆州因交通的影响、手工业的发展,城市商业布局也更为合理,城市的商业更加地繁荣。梓州也因为药材的交易,成为一个重要的药材交易的集散地,随之也在城市中出现了以药材销售为代表的诸多商业布局。另外,还有遂州因糖业的贸易出现了糖品交易的市场,绵州则出现了丝织贸易为主的市场格局。

(三)城市内外的商业活动

伴随着巴蜀地区城市的经济发展,各种坊、市的大量设立,城市中的商业活动也日趋地完备,而依托各种物资贸易为基础的市场商业活动也对各城市的发展起到了积极的作用。这些商业活动一般集中于城市中的"行"中,如酒市、鱼市、花市、米市等。在这些行市中,有的交易是在固定的店铺进行,有些则是由商贩在一些规定的区域设置临时的摊点进行售卖活动。以成都为例,在城市中设置了多个贸易市场,这些市场设置于城市内的一些人口流动的重要区域,满足人们的日常物资所需。市场上的商业活动则主要是居民日常消费所需的农副产品,另外还有生活用品的出售,如蜀锦、纸张、书籍、盐、茶等。两晋南北朝隋唐时期,成都城的商业活动十分活跃。唐代成都则拥有许多的繁华商业街区,同时在城市内外还举行各种集市,满足物资的销售,如在二月有蚕市,五月有药市,冬月有七宝市等各种季节性的固定集市。

随着唐代城市中市场的兴起,城外地区经济社会也在不断地发展。为满足各地方居民日常所需,在巴蜀的农村中出现了众多的草市,如在雅州的严道县设有遂斯安草市,青城县设有青城山草市,彭州境内的唐昌县设有建德草市等众多的草市。这些设置于农村地区的草市,对这些农村商业的发展起到了积极的促进作用,草市也成为农村的商业中心。设置于草市中的店铺、酒肆、旅舍等固定的商业设施,每日都营业,出售生活的日常用品,满足居民的日常消费和娱乐。另外,在草市中也设有定期举行的集市贸易,将本地出产的农副产品运到集市中进行销售。

正如之前所说,城市商业活动中也有一些具有典型代表的市场贸易活动,如蚕市、药市等。蚕市在两晋南北朝时期就已经存在,只是因为当时的市场发展还不完善,市场活动还不够活跃。进入唐代后,蚕市开始逐渐增多,也被各种文献、诗文等记录。成都的蚕市兴起在德宗之后,而在每年春节举行,地点多在各道观,可能与这一时期道教的兴盛有密切关系。另外,彭州九陇县的崇真观,金堂县的玄元观等地也在每年举行蚕市。蚕市上主要进行交易的物品是蚕器、药材、农具、花木等农副产品,因此会吸引来自周边大量的居民和商人到此进行商品的交易。

药市形成的时间则相对较晚,兴起的时间应该在唐代的后期。药市是因为当时巴蜀地区出产众多的药材而逐渐形成的贸易市场,最早的药市出现于梓州。梓州出产多种药材,且因为各种药材集中于此销售而形成了市场。关于梓州作为药材的集散市场的相关记载可以在梓州籍作者李珣所撰的《海药本草》中找到记录,书中翔实地记载了梓州药市上销售的各种外来药材。而随着商业的发展,成都城南的玉局观也形成了较为固定的药市。据文献记载,每年的九月九日,这里会有大型的药材交易活动。每年的这一天在市场上会有各种药材在此交易,药市上销售的药品琳琅满目,可以满足不同需求,因此士庶云集,十分热闹。

## 四、交通网络与物贸流通

### (一)陆上交通线与商品贸易

自古以来,巴蜀地区与外界贸易沟通主要依靠陆上交通线。随着巴蜀地区经济社会的发展,特别是唐代以后该地区各种出产物越发增多,各种物资的运输与销售显得十分重要。两晋南北朝隋唐时期,巴蜀地区与周边陆上交通线主要由北线、南线、西线等三条线构成。北线沟通中原之地,南线沟通滇、黔等西南夷少数民族聚居区，西线与当时的吐蕃之地有着一定的沟通。

陆上交通北线是四川与关中之地沟通的贸易交通线，其由两条路线所构成。一条是从成都出发经由德阳、绵阳、广元等地，沿嘉陵江河谷之地北上进入陕西，经宝鸡进入关中地区。这条道路在唐代成为四川与关中之间最为重要的交通干线，各种物资的运输、军队的调遣、帝王行幸等大多数都是经此道得以实现。另外一条道路是从成都经德阳、绵阳、广元，经陕西宁强到勉县，沿汉水东行，抵达汉中，经汉中北翻越秦岭最终进入关中平原地区。唐代汉中入关中则有褒斜道、子午道、傥骆道等三条主要的路线，此外还有阴平道、西山路等道路。巴蜀之地内部则有东川路、巴岭路、驲路等道路实现互通，最终形成内部的陆上交通网。

四川盆地与川西等地的陆上交通线是通过灵关路、和川路等得以实现。灵关路可以经雅州进入卢山（今四川芦山），北行入宝兴，在宝兴分路。一段翻越夹金山经小金县进入川西的民族地区。另一段则在宝兴过夹金山，进入丹巴再向西，最终到达吐蕃之地。和川路也是当时巴蜀之地进入吐蕃地区

唐代北出四川的剑门雄关

实现贸易沟通的重要陆上线路，可从雅州到甘孜，循雅砻江河谷西北行，在德格的浪多过江进入石渠县，最终西渡金沙江进入西藏地区。

巴蜀与西南夷地区的交通线很多，根据线路的基本走向，一般可以分为南、北两路。南路是从成都出发经邛崃入雅安，再经荥经、汉源等地，过大渡河，经冕宁进入西昌，继续南下，经会理等地南渡金沙江，进入云南，最终西行抵达大理。北线是从成都出发经宜宾入云南昭通，折贵州威宁进入云南曲靖，再西入昆明，最终到达大理与南线合路。

（二）水路交通线与商品贸易

巴蜀地区位于长江上游之地，有着丰沛的水系，因此这一区域有着水上交通的便利条件。长江及其支流成为巴蜀地区水路交通的重要通道。自古以来，岷江、嘉陵江和长江的数条河段就是巴蜀航运贸易的航道，在两晋南北朝隋唐时期依然扮演着重要的角色。这些水路交通为巴蜀地区与长江中下游地区和华南等地的贸易交通提供了便捷，各种物资通过水运销往各地。

岷江—长江航道是当时巴蜀之地与荆吴各地之间沟通交流最为便捷的水上交通干线。在两晋南北朝隋唐时期，这条贸易线的商业运输活动十分繁荣。岷江水道起于川西高原和四川盆地西部边缘山地，顺水而下进入成都平原，经眉州入僰道县汇入长江，与长江水道接连，顺江东下，经巫峡出川，可抵长江中下游广大地区，直通江南扬州等地。蜀商往来于这条航道之间，把巴蜀所产的蜀锦、药材、茶叶等商品贩运到荆州，再经此地中转运到江南地区进行销售，同时把江南吴越地区所产的吴盐和各种海货贩运到四川地区，而来自江南的商家、文人等也借此水道进入四川。长江水道也是军备物资运输的重要线路，产于巴蜀的军备物资通过航运可运输到夏口，经汉水航线运抵长安等地。

除了岷江—长江航线，在巴蜀地区还有众多的河流也形成了许多的水运航道。这些水运航道线大多数与岷江—长江航线连接，构成了一个体系完备的水上交通网络，为巴蜀地区各地间的贸易往来提供便捷。较为重要的航线有嘉陵江航线，这条航线是唐代四川军粮向外输送的重要路径，同时商人也把茶叶等物资通过此水路运到陇右之地。甘肃成州所产的井盐等物资也可借此水道输入四川，并销售到山南西道等地。大渡河航道是岷江最大的一条支线航道，在唐代时，这条从岷江中游转大渡河的水路，成为当时中央王朝向黎、嶲二州运输军粮的重要路线。沱江航道因沿线出产盐、糖等物资，加之其与长江接连，成为当时贩运井盐、糖品的重要运输线。汤溪航道是处于峡江流域夔州境内的一条水运航线。这条航线从夔州的云安县溯汤溪而上，进抵云安监盐井，成为井盐运输的水上交通线。涪陵江航道是当时重庆与贵州之间沟通的航线。线路形成于唐代以前，唐代后此线路使用率更加频繁，由涪州溯江东南而行，经武龙（今重庆武隆境内）、信宁（今重庆彭水境内）诸县，可达黔中，这条道路成为贵州与巴蜀之地沟通的重要路线，是黔中少数民族地区朝贡，并与汉族区域通商的要道。

## 第四节　多元文化交融的巴蜀文学与艺术

两晋南北朝隋唐时期，北方移民的大量迁入，以及长江中下游各地商品的进入，使得各种文化在巴蜀汇聚、交融，巴蜀文化受到深刻影响，在文学、艺术、史学、科技、宗教等方面出现了许多新气象。

### 一、从凋敝走向繁荣的巴蜀文学

（一）两晋南北朝时期凋敝的巴蜀文学

两晋南北朝时期，巴蜀地区虽然有众多的文采之士，但是由于受到战乱的影响，政局动荡，文人学士无法安心于文学的创作。吕大防在《华阳国志序》中所言："自晋初至于周显德，仅七百岁，而史所纪者无几人。忠魂义骨与尘埃野马，同没于丘原者盖亦多矣，岂不重可叹息哉！"可见这一时期文学名家并不多见，文学出现了凋敝的景象。

在文学创作方面，文学作品并不多见，书面文学中能有传于后世的作品并不多。在口头文学作品方面，随着神话传说的兴起，两晋前后神话传说传入巴蜀地区，特别是有关盘古的神话在巴蜀大地广为流传，在此影响下，巴蜀地区开始兴建盘古祠、盘古庙，有关盘古的神话传说在民间流行且有很深的影响。盘古神话不仅在汉族中十分流行，对少数民族也产生了很大的影响，至今在苗瑶民族中还流传着盘古的神话传说。关于祖先的神话，内容极为丰富，以伏羲、女娲为代表的祖先神话传说在巴蜀地区广为流传，从巴蜀地区出土的一些器物图像上就有伏羲女娲图像，展现出祖先神话对巴蜀文学与文化的影响。有关南蛮始祖的神话传说则是槃瓠神话，该神话传说在南北朝和隋唐时期流行于巴郡的夔峡和黔中等地的冉、田、向等诸氏，奉槃瓠为始祖，足可见槃瓠及其相关神话传说在巴蜀地区的多个民族中甚为流行。

产生于僚人中的竹王神话，随着牂牁僚人的北迁，在巴蜀地区流传开来，如在邛州大邑县有竹王庙，荣州也有竹王庙。居于成都的女诗人薛涛在其诗作中也记录了竹郎庙，即竹王三郎陪祠的竹王庙。杜光庭的《录异记》中记载广都县有"盘古三郎庙"，所指的很可能是供奉盘古和竹王三郎神的庙宇。这可以说明在唐代时，蜀中的僚人已经将盘古神话和竹王神话加以结合，并成为这一时期神话传说的典型代表。

这些神话传说多属于起源方面的神话，多以口头文学形式来构建人们关于社会或族群的来源，解释当时人们所关注但不曾了解的事情。巴蜀地区新的神话传说的兴起与流传，反映出民族之间相互往来迁徙而形成的文化传播与文化交融，也充分展现出巴蜀地区民间文学与文化逐步变化发展的原因和过程。

诗歌作为中国古代文学中的一个重要组成部分，自形成后就逐步受到文人的追捧。两晋南北朝时期，巴蜀诗坛极为寥落，除了西晋张载入蜀写的《登成都白菟楼》依然流传至今外，基本上见不到这一时期有关巴蜀的诗歌，巴蜀诗人则更是难见。

（二）唐代繁荣的巴蜀文学

唐代是中国文学史上的高峰时期，诗歌最为发达。在这一时期的巴蜀地区，也出现了许多诗人，对促进巴蜀文学的繁荣和唐诗的发展做出了重要贡献。

陈子昂像

巴蜀本土诗人中最具代表性的杰出诗人陈子昂（661—702年），字伯玉，梓州射洪县人。他出身于世家大族，自小喜读诗书，学识渊博。21岁时游学京师，24岁中进士，26岁拜麟台正宗，36岁时升右拾遗，38岁从建安王武欣宜率兵讨契丹，为参谋，遭贬斥，上表罢职回乡，又遭县令加害入狱，忧愤中死去。

陈子昂身为武周大臣，善政论，文章多关心民生疾苦，要求停止暴政，但这些切中时弊的奏议没有引起朝廷的重视。倒是他的诗论在唐代诗坛上有重要影响，对唐诗的发展产生了重要作用。

初唐诗坛，多承六朝余绪，讲究文辞华丽，不注重思想内容。陈子昂力驳这种绮丽的唯美文风，主张恢复"汉魏风骨"。他的诗作体现了他恢复汉魏风骨的主张，其代表作有《感遇诗》38首和《登幽州台歌》等。《感遇诗》多感怀身世，讽喻现实。这些诗作，均有明显而强烈的复古主义倾向，在体裁上绝大多数为五言诗，在风格上讲求刚健沉郁之风，不追求文采绮丽，这在当时绮丽的文风下，可谓焕然一新。由于陈子昂在诗歌创作上的突出成就，杜甫称誉他为"有才继离骚"，"名与日月悬"，《唐诗品汇》评论陈子昂是"继往开来，中流砥柱，上遏贞观之微波，下决开元之正派"，表明了他对唐诗风格转变所产生的重要影响。

除陈子昂外，巴蜀地区还有刘湾、苏涣、符载、吕丘均、范崇凯、雍陶、唐求等人。生于外地而长于巴蜀的文人中，以李白和薛涛最为著名。

李白（701—762年），字太白，5岁时随父亲入蜀，居于绵州昌明县（今四川江油）。李白20岁以后，游历巴山蜀水，饱览壮丽河山，使其胸襟宽广，奠定了其豪放飘逸的浪漫主义情怀。这种情怀也在其诗作中大量体现。他的诗作中流露出对劳动人民的同情和对权贵的憎恶，同时也反映了他对国家命运的关心和自己的远大抱负。他对巴山蜀水一直怀有深厚真挚的感情，他的许多脍炙人口的诗歌，如《蜀道难》《峨眉山月歌》《登锦城散花楼》《上皇西巡南京歌》《朝发白帝城》等，都是以巴蜀为题材的名篇佳作，为人千古传诵。

李白画像

薛涛（770—832年），女，字洪度。生于长安，幼时随父入蜀，后寓居成都。德宗贞元年间，韦皋出任剑南西川节度使，召薛涛侍酒赋诗，入乐籍。后被罚处松州放归成都后，脱乐籍，隐居成都浣花溪旁，著女冠服，创制"薛涛笺"，终老于成都。薛涛在诗作方面"诗意不苟，情尽墨笔"，当时有许多的官僚文人，如元稹、白居易、刘禹锡、杜牧等，均同她有着诗文的往来，对她的诗评价颇高。王建在《寄蜀中薛涛校书》诗说："万里桥边女校书，枇杷花里闭门居。扫眉才子知多少，管领春风总不如。"这正是对薛涛的赞美与评价。

薛涛刻像

唐代，许多著名诗人曾客居四川，王勃、卢照邻、岑参、杜甫、白居易、刘禹锡、李商隐等，都先后来过巴蜀，并在巴蜀创作了许多脍炙人口的诗篇。

杜甫（712—770年），字子美，河南巩县人，肃宗乾元二年（759年）辗转流徙到达成都，筑草堂于浣花溪畔，此后又在巴蜀各地流寓，代宗大历四年（769年）离开巴蜀。杜甫客居巴蜀10年，写出了大量诗作，在成都草堂写诗271首，在夔州写诗430多首，占他毕生诗作的50%。他的诗，对名胜古迹、风土人情、山川花木，以至社会各种阶层人物，都有咏及。这些诗作，发自肺腑之言，感情深沉，描写真实，不仅具有很高的文学价值，而且具有宝贵的史料价值。杜甫是伟大的现实主义诗人，他在蜀中的诗作影响极为深广，受到后人尊崇和怀念。北宋时，在成都浣花草堂故址修建了杜公祠，以后代有维修，至今亦全国闻名。

杜甫画像

王勃入蜀后，曾将在川陕道上所见山川峻势写成的作品，编成《入蜀纪行诗》一卷，其中不乏佳作。卢照邻留居蜀中六七年，写了不少有关川西风物的诗歌。边塞诗人高适、岑参曾在蜀中做官，岑参写有成都名胜方面的诗作。白居易、刘禹锡宦游川东，学写川东巴人的《竹枝词》。李商隐居于蜀中5年，亦有佳作问世。

二、多文化因素影响下的巴蜀艺术

（一）石刻艺术与绘画

两晋南北朝时期我国佛教石刻造像开始兴盛，在巴蜀各地出现了大量的石刻雕像。这一时期各种来自西域的僧人南下传法，其线路从凉州进入益州，穿过三峡江陵，后分为两支，一支北上洛阳，一支南下建业。南方僧人北上，也是沿着这条线路前往。两晋南北朝时期的益州，是南来北往僧人的必经之路。南北方的佛教造像艺术风格，对巴蜀地区的石刻艺术产生了影响。

各种佛教造像中属于南方系统风格的寺院为成都的万佛寺。该寺庙出土了大量南朝佛像石刻，其中年代最早的是425年的净土变石刻。万佛寺造像的组合内容、装饰技术和艺术风格略与长江下游地区的南京栖霞寺的造像相一致。另外，在茂汶地区也出土有一块南齐时期的无量寿佛造像碑，其风格也与万佛寺的造像极为接近。

属于北方风格系统的佛教石刻雕像则以广元千佛崖的北魏造型群最为

广元千佛崖局部图

典型。在20世纪的80年代,广元城关地区发现的北魏佛教石刻造像中,有北魏延昌三年(514年)题记的"释迦文佛"。此佛为圆雕,高约1.5米,砂岩石质,头饰为馒头肉髻,内穿交领襦,外套对襟袈裟,手呈说法式。此佛像的面貌显清瘦,眉目疏朗,脖项细长,身体扁平,面容略带微笑,其佛像的整体造型和人物形象与云冈、龙门和敦煌莫高窟等地同时期的造像形态基本一致。

隋唐之时,巴蜀地区的佛教石刻更是兴盛,如雨后春笋般遍布于巴蜀大地。此时期的佛教石刻按照地区的分布看,主要集中于三个地区。其一是位于四川盆地中部的简阳、资阳、内江、遂宁、安岳和重庆的潼南、合川等地,其二是位于四川盆地北部的广元、旺苍、巴中、通江等广大地区,其三是位于四川盆地西南部的邛崃、蒲江、眉山、乐山等地。唐太宗贞观四年(630年)雕刻于茂县校场坝的佛教造像,为现今巴蜀地区所知有确切纪年题记的唐代最早造像。建于唐玄宗开元年间,至德宗贞元十九年(803年)修建完成的乐山弥勒大佛,是我国境内最大的石刻佛像,其雕刻难度之大,雕刻的手段之精美,堪称唐代时期巴蜀早期佛教造像石刻的精品典范。

唐代巴蜀地区的佛教石刻则按照雕塑艺术的分类划分,主要是以石窟造像、摩崖造像和石刻大佛为主的三大类。石窟造像以广元千佛崖摩崖造像群最为宏伟壮观。现存的千佛崖石刻佛教造像群，南北长约200米，最高处为40余米，共有龛窟400多个，今存造像7000多尊，龛窟总共有13层之多。这些造像作品以唐代的为主，其中也包含有南北朝、隋、宋、元等各时期的一些作品。位于千佛崖中心的大云洞，在洞窟的正中位置有弥勒佛立像，左右两壁有148尊观音像，洞中有多处唐代的石刻文字。此石窟群是现今四川境内规模最宏伟的石窟群，造像规模宏大，气势雄伟，是南北朝、唐等时期石刻佛像的典范之作，因其雕刻精美、造型优美，又具有独特的艺术风格，因而具有十分重要的文化艺术价值。

巴中地区的摩崖造像则始于隋代，兴盛于唐朝。巴中地区的摩崖造像分布在东、西、南、北、小北等五龛和水宁寺等六处。经排查全市现存的摩崖造像近100处，1000余龛，10000余躯。西龛现存造像43龛，当中第10号龛有唐玄宗开元三年（715年）造像题记，第16号龛力士像侧有"检得大隋大业五年造前大像，永平三年院主僧傅芝记"。"永平"是前蜀王建年号，是为唐代所刻。南龛分布在石屏山、山门石、佛爷湾等三处。佛爷湾第116号龛的毗沙门天王像和87号龛的观音像相当精美，102号龛的立佛像、86号龛的分身瑞像、68号龛和81号龛的鬼子母佛，都是唐代巴蜀佛教石刻中少见的题材。而南龛造像的各形象多受麦积山石窟和龙门石窟等北方风格系统的影响较深。其原因是巴中位于四川盆地东北边缘大巴山南麓，与陕西汉中市紧密相连，因此来自中原等地的佛教石刻文化艺术较为容易传入该地区。

巴蜀石刻大佛最为出名的则是乐山大佛，其通高71米，头高14.7米，头宽10米，肩宽28米，眼长3.3米，耳长7米。大佛表面原来还贴金绘

乐山大佛

彩，背靠凌云山。大佛为一尊弥勒佛，兴建于唐代，前后历90年建成。

两晋南北朝时期除佛教石刻之风盛行外，绘画艺术也有着较快的发展。两晋南北朝时期，巴蜀地区的画作多为外来画家所作，画作也多包含外来文化因素。两晋南北朝时期巴蜀绘画作品的题材内容多为释道人物和山水画两个主要类型。释道人物宗教画，约兴起于魏晋之时，佛教绘画伴随着佛教在巴蜀地区的传播也逐渐兴起。巴蜀地区佛教画像多受江南名家画风的影响，在印度佛画基础上有所发展。这一时期巴蜀地区的山水画则发展较慢，画作也较呆板。

进入唐代以后，巴蜀地区的画家逐渐增多，以巴蜀宗教画为主的画家，其大多兼习佛、道二教的人物画。道教人物画方面最负盛名的是唐懿宗时期的简州道士张素卿。佛教人物画的名家则更多，无论是本土画家还是外来画家，大多工于佛画。山水画方面，李思训、李昭道父子，忠州司马张璪等人有着出众的表现。李氏父子在山水画方面多有创新，时人以为神仙之笔，山水画由此而变。张璪在作山水画时唯用紫毫秃笔，或用手蘸色摹于绢素，有浑然一体之妙，得自然之画法。在这些山水画名家的影响下，巴蜀绘画艺术得到了很大的提升。

唐代巴蜀地区涌现出大量的著名画家，这些画家中既有巴蜀以外迁入的名家，同时在本土也出现了不少影响盛极一时的著名画家。如武周时期，被誉为"画入神品"的薛稷曾入蜀，在成都、通泉等地创造有多幅名画。玄宗时期，有"画圣"之称的吴道子也曾两次入蜀，在巴蜀之地采风后回到长安完成了《嘉陵江三百里》的名画。其对嘉陵江的风景进行了完美的写实再现，堪称为山水画的杰作，也开创了山水画派。安史之乱后，为躲避战乱之祸，诸多画家入蜀，如卢楞伽、韦偃、辛澄、赵公佑、孙位、张南本等人。在这些画家的影响之下，巴蜀籍的画家快速成长起来，唐末时27名著名画家中，巴蜀籍的画家就有7位，流寓巴蜀的画家有12位，一共有19位。可见唐末巴蜀地区已经成为当时名画家的聚集之地，对绘画艺术发展起到极大的促进作用。

### （二）音乐与舞蹈

两晋南北朝时期，各民族的音乐、舞蹈逐步融入巴蜀地区的音乐、舞蹈之中，呈现出多民族艺术结合的特点。隋代，巴蜀地区"土多自闲，聚会宴饮，尤足意钱之戏"。唐代音乐、歌舞之风依然盛行，依旧是风土爱琴，不但锦城内丝管日纷纷，而且在村落间巷之间，弦管歌声，昼夜相接，好不繁荣。隋唐时期巴蜀地区歌舞娱乐活动之风特别盛行，也成为巴蜀地区文化艺术中重要的一部分。

西晋时，巴蜀地区的音乐曲调多以汉代的"三调"为主，即平调、清调和瑟调。平调以宫调式为主，每曲有歌弦六部，每部都是由前奏、相和歌、尾声三部分组成。前奏以笙、笛先演奏三段——高弄、下声弄、游弄，后转由琴、瑟、筝、琵琶齐奏八段，称八部弦。接着是相和歌，尾声则是一段送歌弦。清调以商调式为主，每曲有歌弦四部，每部也同平调一样由前奏、相和歌和尾声三个部分组成。前奏由管乐先奏三段，后由弦乐奏五部弦，接着是相和歌，尾声也是一段送歌弦。瑟调以角调式为主，每曲有歌弦六部，每部同样由前奏、相和歌、尾声组成，首先为竹声三弄，然后是七部弦，接着是相和歌，最后为送歌弦。

东晋南北朝时期，由于大部分巴蜀地区的官员和军府的军人来自吴越之地，这些人喜爱吴声歌曲，因此吴歌杂曲开始在巴蜀地区流行。吴歌杂曲是在汉魏三调曲基础上演变而来的，乐器采用弦乐和管乐，和三调曲所采用的乐器较为一致，但吴歌杂曲不再采用相和的方式演唱，而是采用徒歌或前有和声、后有送声的方式唱奏。三调乐、江南吴歌以及荆楚西声，总的被称为清商乐，隋代则被称为清乐。唐代以后，清乐不再流行，被兴起的新俗乐替代，音乐的形式也出现了新的变化。

随着新俗乐的兴起，乐人的来源也出现多样性，不仅仅有一般的士人和庶民，也有专业学习此乐的音声人。唐代政府也在农户中选择容貌端庄的良家子弟充当音声人，由太乐署的博士教授。这些音声人不仅在宫中演奏，同时也在地方上奏唱俗乐。巴蜀之地也有大量的这类乐人，特别是在唐代后期，由于京师长安长期的动乱政局，大批的乐工及音声人相继入蜀躲避战乱之祸。这些来到巴蜀的音声人和乐工们，一方面为巴蜀地区带来了新的乐曲演奏和吟唱的方式，同时也促进了巴蜀地区的音乐繁荣，推动了巴蜀音乐艺术事业的发展。

巴蜀地区的舞蹈多为汉晋以来的传统舞蹈，唐代时由于与西域等地的关系密切，西域地区的舞蹈也传入巴蜀地区，如《柘枝舞》，段安节《乐府杂录·舞工》则将其归入"健舞"。这种舞蹈由二女对舞，舞人头戴红色尖帽，上系金铃，身着紫红罗衫，足蹬红锦蛮鞋，击鼓为节而舞。唐代中后期，巴蜀地区的舞蹈有"健舞"和"软舞"两类，健舞的动作急速，软舞则柔婉舒展。

巴渝地区三峡一带，传统的歌舞则是竹枝歌舞，此舞为"邪巫击鼓以为淫祀，男女皆唱竹枝歌"，手执竹枝，踏歌翩然而舞。唐代后期，河西地区的《剑器舞》开始在巴渝地区流行，杜甫居夔州时，曾经在夔府别驾持宅，撰诗文"见临颖李十二娘舞剑器，状其蔚跂，问其所师，曰：余公孙大娘弟子也"。这种舞蹈由女伎单人行舞，舞女着军装舞剑，颇为激越而优雅。巴人自古以来就有习武的习惯，将武器运用到舞蹈中自然也成为当地人所喜爱的一种舞蹈形式。自剑器舞传入巴渝地区后，这种舞蹈就广泛地流传于巴渝各地。

巴蜀地区由于少数民族众多，加上西南夷各部族对巴蜀舞蹈文化的影响，因此巴蜀地区的少数民族乐舞十分丰富，各种民族舞蹈各具特色。

（三）建筑艺术

巴蜀古代城市的建筑中，以成都城的城市建筑特色最为典型。先秦成都城就有着持续不断的建设与开发，到汉代时，成都城的建设粗具规模，城中桥梁林立，坊区众多。随着成都城的不断发展，这里的城市建筑极具巴蜀的特色风格，同时也吸取大量各地的建筑艺术的优点，成为巴蜀城市建筑艺术的典型代表。

两晋南北朝隋唐时期，成都城的规模不断扩大，城内的建筑也丰富多样,其中以官厅的规模最大。晋代之时,益州刺史的治所设在太城内,蜀郡太守和成都县令的治所均在少城内。这种格局沿用到南北朝时期没有改变。唐代时设置州、县两级行政机构,益州刺史的治所在子城内,成都县令的治所则还是在原少城区域内。唐代时随着行政区划的调整与变动,加上成都城各功能区的变化,在成都城内出现了子城。肃宗时,成都城设立子城,伴随着节度使的设立,在子城之内又设置"使院"。同时,在成都城内置新城供节度使居住,称为"牙城"。牙城建筑正门称为大衙门,朝南开,内设二门;东侧为狮子门,西侧为西亭门。东侧的狮子门内为大厅,北通蜀王殿、清风楼;大厅以东则是毬场门,可通往毬场。西侧的西亭门内是西亭子厅,北可以通往堂南门,内为酒盯堂,堂后为会仙楼;西亭子厅的西面有亭子西门,内为行库,有行库门,通衙库、衙内堂佑库、衙内杂库等库。节度使的私宅则在牙城的西北,其中包括摩诃池等建筑在内。

成都城除官厅等建筑之外,城内的建筑中道观、佛寺修建得最为壮观。这一时期成都著名的道观有玉局观、兴圣观、青羊宫、至真观等,著名的寺院则有大圣慈寺、圣寿寺、净众寺、昭觉寺、草堂寺、龙兴寺等。城内的众多道观和寺院修建都极为奢华,其中道教、佛教等文化因素充分展现在各道观、寺院的建筑风格中,也是宗教文化的集中体现。

巴蜀地区除城市建筑外,民居建筑也极具特色。两晋南北朝隋唐时期,巴蜀之地有着众多的民族,由于他们有着不同的居住环境和生活的方式,因此在民居的建筑风格上也存在着很大的差异。巴蜀地区的民居建筑可分为汉族民居、"干栏"式建筑、碉房、账房和板屋等类型。

川西地区的碉房

## 第五节　巴蜀地区的史家与史学

两晋南北朝巴蜀地区的史学，承东汉余绪，有着相当大的发展，涌现出大批的历史学家和历史著述，其中最为有名的史家和史著是谯周和他的《古史考》，陈寿和他的《三国志》，常璩和他的《华阳国志》。

### 一、开疑古先河的谯周及其《古史考》

谯周（200—270年），字允南，巴西郡西充国（今四川阆中）人，为巴蜀学派中谯氏经学的代表人物，曾为蜀汉益州典学从事，太子家令、中散大夫、光禄大夫，为魏国劝降后主刘禅，魏封其为阳城亭侯，晋时为散骑常侍。

谯周自小好学，学问渊博、涉猎经史，著作丰富，著有《论语注》《后汉纪》《古史考》《蜀本纪》《益州志》《三巴记》《巴蜀异物志》《法训》《五教志》等多部著作，尤其以《古史考》最为出名，影响后世。《古史考》共25卷，该书"以司马迁《史记》载周秦以上，或采俗语百家之言，不专据正经。（谯）周于是作《古史考》二十五篇，皆凭旧典，以纠（司马）迁之谬误"，以考证汉以前史实为主，对《史记》多有质疑，开后世疑古学派的先河，颇受历代史家重视。《古史考》在唐以后亡佚，但在《史记三家注》中引用不少，清代有章宗源、黄奭的辑本行世。

谯周另撰有两部地方史著《蜀本纪》和《三巴记》，这两部著作对巴蜀地区的历史地理文化等多有翔实的记载，书中也对巴蜀掌故提出了一些独到的见解。这两本书均亡佚，但是有关这两本书中的记载内容可以从一些史地之书中零星可见。

### 二、良史陈寿及其《三国志》

陈寿（233—297年），字承祚，巴西郡安汉（今四川南充北）人。少时师事谯周，学习《尚书》和《春秋》三传，研治《史记》和《汉书》，具有深厚的史学修养。蜀汉时，官至散骑黄门侍郎，屡遭宦官黄皓贬抑排斥。入晋以后，担任过著作郎、平阳侯相、治书侍御史，后去职。

陈寿在蜀汉未亡之前即已留意蜀事，280年晋灭吴后，他利用魏、吴二国原有的官修国史，参考大量私家著述，整理三国史事，撰成魏、蜀、吴三书，共65篇，合称《三国志》，将从东汉末至晋灭吴间60年的史事大体包容于内。《三国志》是继《汉书》之后的又一部纪传体断代史，将魏、蜀、吴三国史事分国叙述，《魏书》30卷，《蜀书》15卷，《吴书》20卷，在断代史的体裁上别创一格。陈寿善于叙事，文字简练，剪裁严谨，在当时就被称为"有良史之才"。其时夏侯湛也在写一部《魏书》，可是当他读到陈寿的《三国志》，自愧弗如，遂自毁其书而罢。历代学者对陈寿和《三国志》均有很高评价，以为自司马迁和班固以来的史学家中，没有人赶得上陈寿。陈寿死后，梁州大中正范颖表奏其人其书，诏令就陈寿家抄写此书，《三国志》遂列为官方正史。后人将《史记》《汉书》《后汉书》《三国志》尊为"前四史"，享有极高的声誉。

陈寿像

陈寿撰写《三国志》，因为他是晋臣，所以以魏为正统，把吴、蜀放在与魏臣相类的位置上，对司马氏的某些史事亦有所回护。这一点曾受到一些史家的非难。不过，瑕不掩瑜，从总的方面看，《三国志》对史实的叙述和评论是得当的、实事求是的，在历史上产生了很大的影响。

陈寿除了《三国志》外，还撰有《古国志》50篇，《益部耆旧传》10篇。《古国志》早已亡佚，大约是记述先秦各个古国历史地理的书。《益部耆旧传》则是继承东汉以来的巴蜀文化之风，发扬光大而成。东汉以来，蜀郡郑廑、赵谦，汉中陈术，视龟，广汉王商等人，先后分别写过巴、蜀或汉中地区的耆旧传,专门叙述各地人物。陈寿认为这些著述不够完善,于是将巴、汉中并入蜀,将这些地区从汉代至三国时期的众多历史人物一并合入益州,撰写出详备的传记,留下了丰富的历史资料。此书在隋唐时期析为14卷,宋以后亡佚,仅能从一些史籍所征引的文字中获得零星材料。

### 三、蜀史常璩及其《华阳国志》

常璩,字道将,蜀郡江原县人,生卒年不详。成汉李势时,任散骑常侍,掌著作,人称"蜀史"。撰有《汉之书》10卷,叙录成汉历史,入晋后,此书改名为《蜀李书》,入晋秘阁。东晋穆帝永和三年（347年）,桓温伐蜀,常璩劝李势降晋。成汉灭,桓温用常璩为参军,随至东晋之都建康。约在永和四年至十年之间,常璩撰成《华阳国志》。

常璩像

《华阳国志》共12卷,全书约11万字,叙录从上古至东晋永和三年之间2000多年古梁州地域内的历史和地理。古梁州之名来源于《尚书·禹贡》中"华阳黑水惟梁州",其地域包括今四川、云南、贵州,以及甘肃南部、陕西南部和湖北西部,大约相当于古代巴蜀地区以及巴蜀文化所播染的地区,在晋代则属于益州、梁州和宁州。

在体例上,《华阳国志》仿历代正史,尤以《汉书》为准绳,而又有所创制。全书由三大部分组成。第一至第四卷分别记载巴、汉中、蜀、南中的历史与地理,各卷均分别总叙该地域的历史,而以地理为纲,分叙区域历史、经济和社会。第五至第九卷以人物为纲,以编年体裁分别叙述公孙述、刘焉刘璋父子,蜀汉、成汉以及西晋的政治史,展示西南地区割据与统一的历史。第十至第十二卷，也以人物为纲，分别叙述巴、蜀、汉中、南中的"贤士烈女"。全书将历史、地理、人物有机结合起来，开创了中国地方史编纂的新体例。

《华阳国志》的撰写，博采各种文献材料以及他本人对于蜀中故老的搜访所获的各种口传材料，而以《汉书》作为各类材料的取舍准绳，加以整理编排撰写而成。所以该书内容翔实，材料丰富，保存了古代西南地区包括政治、经济、民族、文化、地理、人物各方面的重要资料，弥补了历代正史中的大量不足之处，成为研究古代巴蜀和西南地区历史的一部重要文献，也是中国地方史著作中的一部名著，被称誉为"传诸不朽，见美来裔"。

常璩以蜀汉政权有名的"蜀史"而降为东晋参军，不得重用，心怀牢骚，所以每每在《华阳国志》中借题发挥。他为蜀争正统，极力赞美蜀之江山风采，称誉蜀中风物人情之辞，也无不溢于言表，充满字里行间。虽然如此，这部著作仍以其精审详核而名垂青史，传诸后世。

### 四、硕果累累的巴蜀史学

魏晋南北朝时期，巴蜀史学硕果累累，除谯周、陈寿、常璩等史学大家及其史著出现外，还有一大批史学著作写成。如蜀汉时来敏的《本蜀论》，陈术的《益部耆旧传》，杨戏的《季汉辅臣赞》，王崇的《蜀书》；晋时常宽的《续耆旧传》《蜀后志》，赵宁的《乡俗记》，黄容的《梁益巴记》，杜龚的《蜀后志》等，其中多已亡佚不传。萧梁时，梓橦郡涪县（今四川绵阳）人李膺撰《益州记》3卷，记述益州水道流经、山川道里、建置沿革、风景名胜，以及史实和掌故，资料比较翔实丰富，为四川一部重要的地志书。此书宋以后亡佚，其佚文多保存在北魏郦道元的《水经注》中，宋乐史《太平寰宇记》也引用不少，其他地志之书亦有所引用。

隋唐时期，巴蜀地区的史学发展不如文学发展那么昌盛，史学方面多显沉寂，有关巴蜀地区的史著多为外来史家所撰，其中较为有名的著作有剑南西川节度使白敏中的从事卢求编撰的《成都记》。此书专记唐代成都社会的相关历史情况,是研究唐代成都史地重要的文献资料,在后世被各种文献大量引用。《成都记》在后世的流传过程中亡佚,现只可在其他各种文献引用中了解到本书的一些只言片语和部分内容。

## 第六节 巴蜀科技文化

隋唐五代时期,巴蜀经济昌盛,文赋纷华,在科学上也有新的发明创造,涌现出一批有名的科学技术人才以及科技成果。

一、制造技术

隋代初期的何稠是一位技艺超群的巴蜀制造家。他亲于精研,用绿瓷制作玻璃,获得了成功,使我国失传多年的玻璃制造技术得以恢复并延续。何稠还通晓织锦技术,他自行设计和改制的仿波斯织金锦,甚至比波斯送给隋文帝的金绵锦袍还要精美华丽。他还参与当时东都洛阳的建设,主持修造行殿和六合板城,监制兵车、武器等,用意精微,多有创新。

何稠

唐代巴蜀杰出的制造家梁令瓒,他于玄宗开元九年(721年)创制出来黄道游仪,这台仪器可以通过对日月五星的观测,正确推算出日月的运行。僧一行就是利用这台仪器,确定了一系列重要的天文数据,为《开元大衍历经》的编撰打下了科学的基础。梁令瓒还同僧一行合作,研制出"水运浑天仪",能够准确地测定朔望,报告时辰,堪称精妙的天文钟。

梁令瓒五星二十八宿神形图（局部）

## 二、科技史著作

这一时期巴蜀地区科技史著作中最具代表性的是段成式的《酉阳杂俎》。《酉阳杂俎》共20卷，记载了大量有关医学、天文、物理、矿物学、机械、农学、动植物学等方面的科学资料，相当于一部粗具规模的科学类工具书，对研究古代科学技术史相关的内容具有较为重要的参考价值。

## 三、医学成果

在医药学方面，巴蜀人才辈出，以昝殷成就最大。

昝殷是唐末有名的医生，擅长妊娠及分娩相关领域，著有《经效产宝》一书，对妊娠、分娩及产后病症处理等有着翔实的记述。另著有《产后血晕闷绝方论》，对产后急救休克的方法进行了阐述，后来被医家在临床上普遍采用。这部书也是我国最早的一部系统对妇产科进行研究的专著，并很快东传日本，被广泛采用。

## 第七节　道教、佛教在四川的传播与影响

两晋南北朝隋唐时期，虽然巴蜀地区的经学日渐衰败，但宗教却出现了日渐繁荣的景象。宗教在四川的兴盛直接影响着巴蜀地区文化的发展，这一

时期巴蜀地区的宗教,以道教和佛教最为重要,影响也最大。

一、道教在四川的发展

东汉末年,自天师道系师张鲁投降曹魏以后,天师道分立成数个派系,其中一部分教徒随张鲁北迁中原之地,第四代天师张盛前往江西,留居巴蜀的阳平、鹿堂、鹤鸣三治祭酒,则仍以天师道正统自居。自此以后,巴蜀地区的一些教众开始脱离三治,发展各自的势力。

西晋武帝之时,犍为人陈瑞自称天师,发展自己的教众,设立"道治",又置传舍,不断壮大自己的势力。陈瑞所创之道,即为天师道的一支。此道兴起之初,"其道始用酒一斗、鱼一头,不奉他神,贵鲜洁",比较节俭,但不久后,却"转奢靡,作朱衣、素带、朱帻、进贤冠",大长奢靡之风。咸宁三年(277年),益州刺史王濬"以为不孝,诛瑞及祭酒袁旌等,焚其传舍"。该案牵涉面广,益州民众中凡信仰陈瑞之道者,不论官民,均受到处罚,巴郡太守犍为唐定也难逃此厄运。

两晋之际,涪陵郡丹兴人范长生在蜀中传布道教。范长生修道之地在青城山,成为道教的首领,有较大的影响力。成汉李雄称王成都后,遣使邀范长生入朝,并推其为首领,但其不许,遂拜为丞相。李雄尊其为"四时八节天地太师",后又将其封为西山侯。李雄为賨人,賨人信奉道教,因此成汉极为推崇范长生。由于范长生在成汉政权具有极高的地位,因而这一时期道教在巴蜀获得了长足的发展。

南北朝时期,天师道开始出现分化,分为南、北两派,四川地区的道教属于南天师道,偏重符箓。该派的影响力很大,甚至对巴蜀毗邻之地的汉中地区也产生了重要影响。

唐代,皇室自称是老子的后裔,追尊老子为太上玄元皇帝,又在全国各地大造玄元皇帝庙,大倡道教,使得道教发源地巴蜀的尊奉道教之风日甚一日,更加兴盛。巴蜀地区建造太上老君神像的道观,屡见不鲜,而有关老君神异的种种传说,更是广泛流传。

唐代蜀中为老子《道德经》作诠释笺注的有6家，其中以王玄览影响最大。

王玄览（626—697年），俗名晖，法名玄览，益州绵竹县普润乡人，15岁习道，47岁度为道士，隶籍于成都至真观，弟子称其为洪源先生。王玄览著有《混成奥藏图》《九真任证颂》《道德诸行门》《玄珠录》等多部著作，他对《道德经》的研究，集中体现在《玄珠录》一书当中。他认为，道与物的关系是："道能遍物，即物是道；物既生灭，道亦生灭。为物是可，道皆是物；为道是常，物皆非常。"他认为："万物禀道生，万物有变异，其道无变异，此则动不乖寂。以物禀道，故物异道亦异，此则是道之庄物。"道分为"常道"和"可道"，常道为真道，可道为假道。万物只是道的不同表现形式，道是本体，无所变异，是为常道，随物而异的道，是为可道。他还认为，道家的修炼，分为不同层次，"得道"也因此而别为"形仙"和"神仙"两种。"形仙"是指以保存形体为目的的修炼，这种修炼只能与"可道"相契合，属于低层次的得道；而"神仙"是用坐忘的方式修炼，追求的是与"常道"相契合，舍去形体，不变不死，长生久视，才属于高层次的得道。

## 二、佛教在四川地区的传播与影响

佛教在汉代时传入中国，随后逐步传入巴蜀地区，魏晋南北朝时期开始在四川地区兴盛，寺院广布于巴蜀大地。随着其影响力的扩大，信奉佛教的人越来越多。隋唐时期，四川地区佛教更加繁荣，高僧辈出。据《续高僧传》和《宋高僧传》的记载，隋唐之时，益州地区的高僧有28人，仅次于长安和洛阳，是全国高僧最多的地区之一。在益州的高僧中，以道一和宗密最为有名。

两晋南北朝时期，佛教之所以开始传布于巴蜀大地，与该地区的地形有着密切的关系。巴蜀之地既有长江之便利，沟通东西之交通，又有横断山脉接连南北之路径，因此当时的巴蜀地区成为各地僧人来华传教的一条必经之路，例如南传佛教便是借助巴蜀这条重要的通道而传播于各地，四川地区因此深受南北佛教的推动与影响，促进了巴蜀地区佛教事业的兴盛。

巴蜀之地近印度，先秦之时就有沟通两地的早期南方丝绸之路，东汉时南传佛教就通过印、缅经云南的这条路径传入益州地区。魏晋南北朝时期，这一条道路仍然是长江流域与印度之间联系的主要通道，南朝时期的僧侣往来于西域和印度求法，大部分都需要经过巴蜀。东晋南朝之际，释慧睿常游方而学经，行蜀之西界，为人所抄掠，为商人以金赎之，之后游历诸国，甚至到达南天竺界附近。宋后废帝元徽三年（475年），法献西游巴蜀，路出河南，道经芮芮，抵达于阗，西行巡礼佛迹。唐贞观十五年（641年）至武后天授二年（691年）之间，"有唐僧二十许人，从蜀州牂牁道而出"，至印度比哈尔邦巴腊贡的那烂陀寺（此为古代印度佛教的最高学府）东四十驿许的密栗伽悉他钵娜寺，"向莫诃菩提礼拜"。魏晋南北朝隋唐时期，大量的高僧曾经过蜀中之地南来北往，东进西上，对蜀中佛教的传播与流行起到了极大的促进作用。

魏晋南北朝时期，巴蜀地区除有大量的住家佛徒外，也有不少人出家为僧。在众多出家的僧侣中，有的还很有名气，如萧梁时期，梓潼郡涪县人释植相出家进入青城山，聚徒集业，为梁王所重，"供给僚氏，以为管理"。卒时因其影响力极大，山上的僚民，见其坐亡，皆来叹异，礼拜供养，改俗行善。安汉人释宝象由道士童子出家为僧，一方面外典佛经，相继训导，引邪归正，另一方面抄集医方，疗诸疾苦，行善积德，也为《大集经》《涅槃经》《法华经》等作疏，苟繁就简，便于阅读，所撰注疏十分流行。

隋唐之时巴蜀地区弘扬佛法的活动更是普遍。隋代益州成都人费长房撰写的《历代三宝记》15卷，对佛法多有宣传；隋代绵竹人惠宽，对佛法也是极力宣扬，每逢正月令节之时，"成都等七十余县竞迎供"；隋唐之际绵竹人宝琼，在川北结"义邑"一千余个，每邑三十人，合诵《大品》。唐太宗时，慧震在梓州西北造大佛，高约十三丈；玄宗之时，成都僧人英干奏在成都建大圣慈寺，凡九十六院；玄宗时期，洪雅僧人陈知玄被署为三教首座。

随着僧侣的不断增加,加上佛教寺院的大量兴建,佛教文化逐渐影响到民众的日常生活,市场上出现大量与佛教相关的商品。

三、景教

景教是基督教的一支,原流行于波斯,唐太宗贞观年间传入长安。唐代巴蜀是景教的流行地区之一,成都、峨眉山等地建有景教的大秦寺(唐时景教寺院的通称)。唐肃宗时,汉州刺史房珀提倡景教,使汉州景教流行一时,今存于广汉的"房公石",就是当时的遗物。唐武宗灭佛时,亦毁景教,蜀中景教遁形匿迹,大秦寺后来也多改为佛寺。

# 第四章 五代两宋时期的四川

907年唐朝灭亡之后，中国社会经历了五代十国短暂的分裂时期，至960年北宋建立，之后逐渐统一了大部分地区，使中国重归统一时代。宋朝是中国封建社会经济文化高度发展的时期，四川地区在交通运输建设、商品经济、文化教育、科学创新等方面都达到了空前的高度。

## 第一节 导言

五代十国时期，在四川地区先后建立了两个割据政权：前蜀和后蜀（925—934年归后唐统治）。965年，北宋灭了后蜀政权，四川地区归入北宋版图。

## 一、五代时期的四川

在五代时期,四川地区先后经历了前蜀、后蜀两个割据政权。相对于全国其他地区,四川地区社会比较安定,前蜀、后蜀政权都曾经为促进地方经济、文化的发展做出了一些努力,使得四川经济文化在五代时期得到了较为稳定的发展。

### (一)前蜀时期

原唐朝忠武军将领王建,于光启二年(886年)来到四川,出任壁州(今四川通江)刺史。任职期间,王建自募兵士,积累实力,于5年后发兵攻取成都,占据西川。此后,又不断向川北、川东和川南拓展地盘,直至汉中。天复三年(903年),唐朝封王建为蜀王。3年后,王建在成都立行台,正式割据三川。

天复七年(907年)三月,朱温篡位,建立后梁,大唐王朝分崩离析,天下大乱,进入割据时代。在这样的形势下,王建于同年九月在成都称帝,国号大蜀,史称前蜀。前蜀全盛时期的疆域包括四川大部、甘肃东南部、陕西南部、湖北北部等地区。

在王建为帝的前期,他整顿吏治,严禁徇私不公,政治比较清明。又打击豪强,强化治安,社会秩序比较安定。在五代十国的动乱时期,四川地区社会相对稳定,民众安居乐业,这是非常难得的。

王建安于统治四川,没有进一步扩张之心。因此,他拥兵而不擅自征战,立国后加强了军队建设,以确保政权稳固,也曾打退进攻、骚扰之敌,但王建并不主动出击,不穷兵黩武消耗国力。

王建还采取多种措施恢复发展遭受战乱重创的四川经济。他赦免罪犯,招回避乱他乡之人,让劳动力回归生产,与民休息,减免赋税,鼓励发展经济。短短几年后,蜀中便摆脱战乱的颓废,呈现出大地回春的面貌,经济发展,成为南方最富庶的地区之一,文化进步,在学校教育、科举制度、科技创新等方面都取得了成果。

王建善待唐朝士族、文人雅士。于是，唐朝世家子弟、学者、文人纷纷投奔前蜀，使得前蜀拥有了浓郁的唐朝文化氛围，史书称前蜀典章文物皆有唐朝遗风。

但是，在王建统治的后期，他尽毁以往清明的政治风气，滥杀忠良，整个蜀国的统治集团都走向了腐化堕落。光天元年（918年）王建死后，其子王衍登基，荒淫无度，不理朝政，致使政治腐败黑暗，宦官、佞臣专权，民心背离。十国中的后唐（位于四川以北的黄河中下游一带）看到这种情况，认为前蜀可轻而易举地拿下，便于咸康元年（925年）九月发兵6万进攻前蜀。就在这个时候，王衍决定去秦州游玩，刚走到利州，便遇见败退回来的士兵，王衍这才相信后唐军队真的打来了，赶紧回成都。而前蜀将领早就各自打算，根本无心抵抗，后唐军队很快便逼近成都。十一月，前蜀将领王宗弼决定投降后唐。他领兵进入成都，一举囚禁了王衍、太后、诸王等人，并收王衍的玺、绶及内库金银钱财，作为投降的献礼。在后唐军队到达成都时，王衍率百官投降。后唐灭前蜀的战争只进行了70天便取得完胜。

从907年到925年，前蜀政权仅历时18年，传二世。

（二）后蜀时期

后唐灭了前蜀，将四川地区纳入其统治后，为了防止再出现王建那样的割据势力，就将四川地区分为东西两个行政区域进行统治，派孟知祥为西川节度副大使，董璋为东川节度副大使。然而，西川节度副大使孟知祥看清了后唐朝政的混乱与倾轧，一到任便着手准备效仿王建，割据四川。

孟知祥不动声色，暗中积蓄力量，挑拨东川副节度大使董璋与后唐朝廷的矛盾，让后唐朝廷针对董璋，削弱其实力。长兴三年（932年），孟知祥后发制人，在董璋领兵攻打西川时，迎头回击，大败董璋，董璋回逃时被部将所杀。这样，孟知祥就得到了东川之地。后唐朝廷看到四川的这种形势，只好在次年加封孟知祥为蜀王。然而，此时的孟知祥已经奠定了统治四川的基础，在得到蜀王封号的次年（934年）正月，便在成都称帝，国号蜀，史称后蜀。后唐对四川8年的统治至此结束。

孟知祥登基仅半年便病死，其年仅16岁的儿子孟昶继位，在母亲的帮助下统治国家。孟昶继承孟知祥的治国思路，发展经济，重视文化建设，因此，后蜀时期四川经济文化得到了进一步发展。综观前后蜀短暂割据时期的四川文化，在文学、绘画、音乐、舞蹈、石刻、经学、医学、化学、史学等方面都有不俗的建树，在中国古代文学史、艺术史、学术史、科技史上都占有比较重要的地位。

然而，孟昶中年以后，丢掉了初期勤勉谨慎的作风，奢侈享乐，任用奸佞。同时，孟昶穷兵黩武，多次征战无功，枉自消耗社会财力。于是，后蜀国势衰微，逐渐没落。而此时中国北方正经历着剧变，后周禁军最高将领赵匡胤于显德七年（960年）初发动"陈桥兵变"，夺取后周政权，开创宋朝。宋太祖胸怀统一大志，采取"先南后北""先取西川"的战略方针，直逼后蜀。

此时的后蜀却不但不知凶险，还挑起事端。乾德二年（964年）十月，后蜀联络北汉夹攻宋军，宋军以此为借口，于次月发兵6万征蜀。宋军摧枯拉朽，蜀军根本无力抵抗，仅用了66天，宋军便兵临成都，后蜀帝孟昶"上表请降"，后蜀灭亡。

从933年到965年，后蜀政权仅历时33年，传二世。

二、两宋时期的四川

赵匡胤于显德七年（960年）建立宋朝，定都汴梁（今河南开封）。靖康二年（1127年），宋朝被金朝所灭。两年后，宋高宗逃往江南，在杭州重建宋朝，景炎四年（1279年）被元朝灭亡。史学上将汴梁时期的宋朝称为北宋，杭州时期的宋朝称为南宋，合称两宋。

乾德三年（965年）宋太祖赵匡胤灭了后蜀，四川地区纳入宋朝版图。北宋统一了中国大部分地区，使分裂动乱的中国重归统一，为商品经济的发展提供了便利。并且，北宋比以往任何一个朝代都重视发展经济、文化。南宋虽然退守长江流域，但更加积极开展海外贸易。在这样的形势下，四川地区经济文化建设达到了封建社会时期的最高峰。

北宋取得蜀地之后，依路、州（府、军、监）、县（监）三级行政区划进行治理。咸平四年（1001年），将四川地区划为益州路、梓州路、利州路和夔州路，简称川峡四路，四川由此得名。

北宋初期，朝廷视四川为征服战争的财源基地，横征暴敛，将后蜀府库财物尽送京师；忽略四川地域传统，忽视团结蜀人，押解后蜀皇帝、官员及族人至京处置，为了征战而征发蜀人；北宋军人还在蜀中杀人劫货。于是，很快便激起民众反抗。先有全师雄领导蜀兵起义，后有声势浩大的王小波、李顺起义，甚至北宋官兵也爆发了王均兵变。王小波、李顺起义军得到蜀中广泛响应，攻克了成都，建立了大蜀政权，令宋廷极为震惊和恐慌。

虽然，这些起义和兵变最终都被宋军镇压了，但也让宋廷受到了教训，认识到起义是由于"赋税不均，刑法不明，吏暴于上，民怨于下"引起的，"非蜀之罪，非岁之罪，乃官政欺懦，经制败坏之罪"。于是，朝廷改变了对蜀地的政策，采取一系列政策措施来维护四川地区社会稳定。这些措施包括肃清吏治、安抚百姓、团结蜀中士大夫、合理增设行政管理机构、加强军队管理，等等。

经过太宗、真宗、仁宗三朝对四川的刻意经营，四川政治局势逐渐从动荡走向稳定，社会安定，民众积极从事生产、贸易活动，文人雅士乐居成都，四川经济文化得以迅速发展，逐渐达到历史的最高水平。

两宋时期四川经济高度繁荣，不仅发展程度超过了唐代，而且也是全国最发达的地区之一。

宋代四川农业经济的大发展，首先得益于水利灌溉的大发展，不但整修了原有的水利工程，还新修和扩建了一些水利工程。并且，在此基础上大力开荒种地，扩大耕地面积。在耕作技术水平和粮食单位面积产量方面，宋代四川也有显著提高，仅次于农业最发达的两浙地区，成为宋代重要的稻米产区。官府印刷颁发了一些农书如《四时纂要》《齐民要术》等，帮助农民提高耕种和栽培技术。

宋代四川手工业在各个方面都取得了前所未有的巨大成就，达到历史上的高峰。这些手工业主要包括纺织业、制盐业、制茶业、造纸和印刷业、制瓷业、制糖业、酿酒业等。

纺织业，以蜀锦与蜀布织造为特色。四川丝织业在全国占有重要地位，是宋代一大丝织业基地。

制盐业技术进步。宋代前期四川井盐生产，多沿用唐时的大口浅井，工艺落后，井壁易坍，严重限制了井盐生产的发展。11世纪中期发明新的凿井工艺，发明了卓筒井，四川井盐产区迅速扩大，产盐量大增。

宋代四川茶叶生产有较大发展，有八大产茶区，而以成都府路所在的川西平原四周为产茶中心。四川茶产量在两宋时期超过了东南地区（包括淮南、江南、荆湖、福建等地）。

四川是重要的产纸区之一，出产的纸主要是麻纸和楮纸，还有皮纸（桑皮纸）、还魂纸（旧纸回造）等，成都是四川麻纸的生产中心。蜀纸的优点是厚重、坚韧、洁白，而且耐折，不易磨损，因而印刷用纸尤其是书画用纸，大都使用麻纸和楮纸。最早的纸币"交子"，就是用蜀纸印制的，后来全国各地的"钱引""会子"等纸币，也都用蜀纸印制。

四川从唐五代以来，一直是全国的印刷中心之一。入宋以来，由于经济文化的高度繁荣，四川印刷业得到极大发展，是当时全国三个雕版印刷中心之一。宋代蜀刻本数量多，流传广，校勘精，内容可靠，还具有板好、字好、墨好、纸好等优点，有"宋时蜀刻甲天下"的美誉。

宋代是中国瓷器生产及外销高度发达的时期，这时四川生产的瓷器虽然不如定窑、汝窑、钧窑、官窑、龙泉窑及景德镇诸窑的瓷器那么著名，但也具有很高的品质，拥有一定的知名度。

四川瓷器生产地域广泛，巴、蜀之境皆有，尤以成都平原的瓷窑数量最多，以邛窑、思文窑、磁峰窑、玉堂窑等窑的产品质量最高，主产白瓷、青瓷、黑瓷三个系列，享誉川内外。其中，邛窑是最杰出的代表。

宋代四川甘蔗的种植，遍布涪江、沱江流域的遂州、梓州、汉州、资州等地，制糖业十分发达，产量大，质量高，种类多，有砂糖、乳糖、冰糖

（糖霜，又叫糖冰），其中冰糖不论在数量还是质量上都居全国首位，地域上则以遂宁出产的糖最多最好。

酿酒业是四川的传统手工业之一。宋朝原来规定，由国家对酒进行专卖，酿酒业受到限制。但在南宋建炎三年（1129年），为解决川陕军费，改变了对酿酒业的管理，任何人只要交纳一定数量的钱，就可经营酿酒业。这就极大地刺激了川酒的生产和发展，南宋后期，四川酒税占全国酒税的29%—49%。

宋代四川商业高度繁荣，农村场镇集市蓬勃开展，城市商业更加发达，商品经济的发展催生了世界上最早的纸币"交子"的诞生，纸币的出现更加推动了商品经济的发展。成都是中国西部最大的商品集散地和商业中心，各地巨商大贾云集成都，大批购买和交易各种货物。成都每年上缴的商税数额巨大，仅略低于杭州，位列全国第二，是全国第二大商业城市。此外，四川还有许多商业城市纷纷崛起，著名的有梓州、遂州、果州、利州、夔州、渝州、会州、泸州、嘉州、绵州等。

在文化方面，四川兴教育，城乡大建学堂，书院建设盛极一时，以魏了翁在蒲江兴办的鹤山书院最负盛名。四川文坛兴盛非凡，人才济济，知名者众多，尤以苏舜钦和眉山三苏（苏洵、苏轼和苏辙）最为著名。流寓或宦游于四川的著名文学家不少，著名的有黄庭坚、陆游、范成大，等等。

宋代经学发达，在前代研究的基础上发展成为一种新儒学，即理学。四川涌现出不少理学大师，撰写了大量理学著作，影响所及，遍于全国，在中国哲学史上占有相当地位。史学也同样如此，宋代史家辈出，史著宏富，而史学大家和史学名著多出自蜀中，在宋代文化史上占有极为重要的地位，在巴蜀文化史上写下了光辉的篇章。

此外，宋代四川在绘画、书法、音乐、舞蹈、戏剧、石刻艺术等方面都取得了很大的成就。

在科技进步方面，宋代四川在天文、地学和历算方面人才济济，有发明设计浑天仪的张思训，有绘制《苏州石刻天文图》《地理图》的黄裳，创

作数学名著《数书九章》18卷的秦九韶等,对我国古代天文、地学和历算做出了很大的贡献。另外,宋代四川医药名家辈出,著述宏富。名医中,以单骧、史谌、李鏛、皇甫坦、石藏用、唐慎微等人尤为著名。医著丰富,著名的有十四五部,可分为药物学和医学两类。其中最重要的是杨子建的《十产论》,是我国第一部较详细的助产学专著。

然而,四川社会稳定、经济文化高度发展的黄金时代,随着北宋灭亡、金朝大军压境而逐渐成为过去。整个南宋时期,四川都处于战争的前线,先是抗击金朝军队,后是抗击蒙古(元朝)军队。

1130年,宋朝与金朝爆发富平之战,宋军大败,南宋丧失陕西五路,巴蜀危急,四川成为抗击金兵南下的前线。宋廷建立四川防区,以陕西汉中一带为前沿阵地,四川为战略补给后方,顽强抵抗,多次打败了金兵的进攻。迄至金朝灭亡,金军都未能进入四川,使得四川社会相对安定,能够在一定程度上发展经济。

但是,自1227年起,蒙古汗国(元)开始进攻蜀地。1234年,金朝灭亡,蒙古大军直扑南宋,蒙、宋大规模战争开始,四川又成为双方攻防的战略要地之一。长期残酷的战争给四川社会造成了极大的破坏,至宋末元初,四川经济凋敝,人口锐减,尽失往日天府之国的繁华与舒适,两宋时期四川社会经济的走势可谓是盛极而衰。

## 第二节　五代两宋时期四川的政治

五代两宋时期,四川政权更迭比较频繁,先后经历了前蜀政权、后蜀政权、北宋王朝和南宋王朝。在各个历史时期,朝廷(包括割据政权的最高统治机构)都采取了多种多样的方法和措施,以稳定蜀中社会,发展经济文化。

一、前后蜀割据政权的兴亡

前蜀、后蜀统治四川的时间都不长，但统治者都从自身的图谋、计划出发，采取了一系列的措施，以图实现政权上的稳固和地方经济文化的发展。

（一）前蜀的兴亡

建立前蜀割据政权的王建，本是一名武将，毕生戎马，至60岁始称帝，可谓"提三尺剑，化为国家"。自登基后，王建严于律己，孜孜以求治理大蜀国，采取了一系列政策措施，都卓有成效。这些措施主要有以下四个方面：

第一，在人才选用上，任用有贤德、有能力之人。他专门下诏，广为求贤。王建认为，乱世用人，应论功行赏，赏罚分明，不求出身门第，不管出身三教九流的人，只要有所长，皆委以任。王建选贤举能，蜀中社会相对安定，于是，唐朝许多衣冠士族、豪族人士、博学多才人士，纷纷投奔前蜀，王建一概以礼相待，多加任用。五代著名词人韦庄，原为长安杜陵（今陕西西安）人，以才名入蜀，被王建厚待，委以掌书记。还有浙江兰溪人贯休、长安人刁光胤等，也是如此。因此，史书称赞前蜀有唐朝之遗风。

第二，整顿吏治，严禁贪污腐化、徇私舞弊、恃强凌弱、刑罚不公。要求各级官员"革弊从新，去华务实。有利于民者，不得不用；有害于政者，不得不除"。一些跟随王建入蜀征战立了战功的武将，居功自傲，屡有不法行为，王建都毫不留情，一律进行严厉处罚，包括王建的义子就因犯法被处决。

第三，大赦天下，招归避乱流亡人士，轻徭薄赋，休养生息，恢复生产，促进经济发展。

第四，加强军事力量，在乱世之时确保国家政权稳固。但王建不贸然用兵，消耗国力，而是采取后发制人、以守为主的思路。这是因为王建并没有图谋更加广阔地域之雄心，他安居蜀地，谨守蜀地，打算做个割据蜀中的帝王。

采取这些措施之后，在短短的几年间，蜀中因战乱凋敝的社会面貌便得到了明显的改善。经济发展，文化进步，蜀地成为南方最富庶的地区之一，王建的政策措施卓有成效。

但是，以王建为首的前蜀统治核心集团，是由其同宗、同乡、义子组成的，有骁勇之将，但大多素质较低，不思进取。据有蜀中、承平几年后便奢侈腐化，争权夺利，胡作非为。王建本人就是突出的代表。

王建晚年失政主要表现在以下三个方面。其一，杀害功臣能人。他从自己称帝的经历感悟到，一旦自己死了，朝中能人便会抢夺他家的帝位，于是，他猜忌功臣，滥杀能人，一些得民心的官员不可留，甚至于立有战功、颇得兵心的将领也要除去。同时，大量任用佞臣、宦官，致使朝中奸佞当道。

其二，统治集团贪污腐化。从王建开始，生活奢侈腐化。他大兴土木，修建宫殿，纵情享乐。其他官员也随之贪污腐化，强占民田民居，修建豪华庄园，奢侈挥霍。从高官到后妃，普遍搞卖官位的营生，以为常事。

其三，王建所选继位者为其幼子王衍，是历史上很有名的荒淫君主，被一群奸佞包围，完全失政。在后唐军队从北方进攻前蜀时，王衍还北上秦州游玩，以寻找美女，根本没有一点政治、军事常识。

在这种情况下，前蜀一步步走向衰落。而五代十国是个风云多变、以强凌弱的时代，前蜀灭亡是必然的。从后唐发兵攻打前蜀到前蜀灭亡，仅用了短短的70天，这样的神速溃败，充分暴露出前蜀军政犹如一盘散沙。

925年十一月，王衍率百官投降后唐。次年三月，王衍及其同宗族人在被押解去洛阳的途中，尽数被杀于长安秦川驿。王衍时年25岁，在位7年。

（二）后蜀的兴亡

孟知祥称帝半年即病死，其子孟昶即位。孟知祥在称帝前后都采取了一些措施，整顿吏治，稳定社会秩序，促进社会经济发展。孟昶虽然16岁便继承帝位，但他以前蜀二世王衍亡国为戒，不敢荒淫，勤于政事。加之孟昶的母亲李氏常年跟随孟知祥出征，历经艰难，崇尚节俭，在她的影响和教导下，孟昶虽然没有清朝少年天子康熙那样的才智，但还是能集中精力，以图治国安邦。

后蜀采取的治国政策措施主要有以下五个方面：

第一，理顺政府机构关系，掌握官员。孟知祥时期有后唐朝廷的行政关系，孟知祥在计划割据为王时就采取行动，逐渐夺取了官员任命权。而孟昶是幼主登基，许多老将旧臣没有把他放在眼里，孟昶为了朝政，惩治专横大臣、旧臣，历时15年，才掌控了朝廷行政机构。

第二，整顿吏治，反对腐败。后蜀开国后，许多地方官都是由武将兼任，这些人多不到地方任职，留在成都，只是委派亲信到地方去代理其职，称之为"遥领"。而受委派者不务政事，专门贪污敛财，搜刮民脂民膏。孟昶便罢免了一些武将遥领地方的官职，对贪官污吏也进行了严厉惩治。眉州刺史申贵聚敛钱财到了明目张胆的地步，先是诬陷百姓为贼，抓之入狱，再收取钱财放人，他公然指着狱门说：此乃我家的钱穴。被告发后，贬为维州司户，走到犀浦便被赐死。申贵一死，老百姓奔走相告，纷纷庆贺。

孟昶亲自撰写了《官箴》，表达他的政治思想、治国之道，讲述了为政要宽严适度，为官要清正廉洁的道理，颁布各地。

孟昶的《官箴》在历史上非常著名，宋太宗赵匡义摘录了其中的警句"尔俸尔禄，民膏民脂。下民易虐，上天难欺"，令各州县刻成石碑，称为"戒石"，立于官署衙门的公堂座前。从宋至清，历朝历代的县衙门多刻有这四言警句。

孟昶没有将自己关在宫廷里，脱离实际。为了能够尽快详细地知道各地的具体情况，得到基层的建议，孟昶设置了"匦函"（后改为"献纳函"），以通下情。

第三，设置吏部三铨、礼部贡举，将选用人才制度化。

第四，与民休息，劝务农桑。孟昶曾经两次下诏，劝民众务农桑，要求县官组织当地民众，开展农桑纺织，发展生产。

第五，重视文化建设，兴办学校，刻石经，发扬文学、艺术。

鼓励农桑，推进文化，使得蜀中经济文化在五代时期处于全国领先地位。史书说：后蜀时期，蜀中安定已久，五谷丰登，斗米三钱，金币充实，管弦之乐、歌诵之声回响于街巷，筵宴社会昼夜相接。

但是，这样的歌舞升平、夜夜筵宴、竞相攀比的奢靡之风也逐渐影响了孟昶。孟昶自身政治智慧与素养不足，中年以后不听母亲的劝诫，不再克勤克俭，而是以奢靡为乐，肆意挥霍。达官贵人，竞相效法。另一方面，孟昶用人不唯贤、唯能，他在将功臣、旧臣罢免之后，起用了一批庸碌之人，有的是与自己私交好的人，有的是会奉承的人，后果是能力不足者甚至奸佞之辈当道。

在对外关系上，孟昶不懂军事，却轻率用兵，两次出兵北征关中，都是兵败而还，徒损兵力，虚耗国库，加重了老百姓的负担，加上内政外交失策，使得后蜀国力日益衰微。

后周建立以后，曾针对后蜀的国情，进行了征伐后蜀的军事行动，重创后蜀。而后周禁军最高将领赵匡胤"陈桥兵变"，夺取后周政权，开创宋朝时，孟昶还主动联络北汉夹攻宋朝，导致后蜀被北宋灭掉。

孟昶投降后，北宋军队将孟昶及太后妃嫔及官员家属等人，从成都沿江而下押送至开封，沿途蜀人多啼哭，许多人长途送别。但孟昶到了开封不久便暴毙，终年47岁。

二、北宋前期的乱与治

五代时期，四川地区社会相对稳定，民众安居乐业，但北宋统治四川伊始，四川却经历了很大的动荡。究其原因，主要是宋廷失策。归纳起来，宋廷有几方面做得失人心：一是视四川为征服战争的财源基地，横征暴敛，并将原来放在成都的后蜀府库财物尽送京师汴梁（今河南开封），还把蜀中的铜钱、金银大量调往汴梁，致使蜀中缺少铜钱，物价飞涨。二是忽略四川传统地域情况，忽视团结蜀人，押解后蜀皇帝、官员及族人至京处置。而且，孟昶至京师很快便暴毙，太后绝食而亡。后蜀帝孟昶在蜀还是比较得民心的，这从他被押解至汴梁时，民众自发为其长途送行就反映出来了。三是为了征战而大量招发蜀人从军。四是北宋军人入蜀后，杀人劫货。

宋廷及宋军的做法，很快便激起民众心中的怨愤及反抗。先有全师雄领导蜀兵起义，后有声势浩大的王小波、李顺起义，甚至北宋官兵也爆发了王均兵变。此外，还有合州、昌州、荣州、戎州、资州、富顺等地都爆发了大大小小的起义。在这些起义中，影响最大、波及全国的是王小波、李顺起义。

王小波、李顺是四川青城县（今四川都江堰）味江人。青城县地处成都平原与阿坝交界一带。山区出产茶叶，这里的人历来以产茶、贩卖茶叶为生活主要来源。北宋朝廷在东南地区实行茶叶官卖的垄断，在四川虽然由民众自己买卖，但规定茶叶不得出境，不许卖给少数民族。茶农、茶贩只能将茶叶卖给官府和内地商人，在汉区销售，少数民族只能向官府购买茶叶。如果茶农擅自将茶叶卖给少数民族，即贩卖私茶，将受到极其严厉的处罚，甚至于杀头。然而，官府往往贪污勒索，任意欺压茶农、茶贩，压低收购价格等。这样，汉区与少数民族地区交界的青城一带的茶农、茶贩的利益都受到很大的损失。

四川农村当时有许多没有户籍和土地的佃农，称为客户、旁户，他们本来就受封建地主的剥削，再加上官府的压榨，生活更加难以为继，只能侥幸贩卖私茶。王小波、李顺就是以贩卖私茶为生的佃农。于是，禁止私茶与贩卖私茶的斗争便开始了，愈演愈烈，直至引起社会动荡。

993年二月，将近100个贫苦茶农在王小波的倡导下，在青城县举行了起义。王小波对起义者说道："我们的苦难是因为这世道贫富不均，今天，我们要均贫富！"这句话说到大家的心坎里了，一呼百应，起义军迅速壮大，在十天之内就达到了几万人。起义军先是攻克了青城县，又转战邛、蜀二州各县，在攻入眉州彭山县后，处决了大贪官县令，分钱财与广大百姓。但在十二月，王小波在进攻江原县时不幸牺牲，其妻弟李顺被推举为起义军领袖。

李顺更加明确了"均贫富"的起义纲领，这是中国农民起义史上第一次以"均贫富"为纲领和口号。之后，起义军接连攻克了多个州县，包括江原、双流、蜀州、邛州、新津、温江、郫县、彭州、汉州等。994年正月，数十万起义军攻克成都。李顺在成都建立了大蜀政权，自称大蜀王。之后，起义军还继续攻打州县。

起义军声势之大，攻克成都，建立政权，震动朝野。宋太宗赶紧派兵前去镇压。起义军与宋军进行了殊死搏斗。五月，李顺及部下、士兵3万余人在成都被宋军杀害。但是，仍有部分起义军沿岷江下长江，转战今乐山、宜宾、泸州、重庆、涪陵、万州、开县等地，至996年五月，才被逐渐镇压。

王小波、李顺起义是在北宋刚刚统治四川28年后爆发的，显示出北宋初期四川地区社会的不稳定以及宋廷治理四川的失误。此后宋廷吸收教训，改变了对蜀地的政策，采取一系列政策措施以恢复四川社会稳定。这些措施包括肃清吏治、安抚百姓、团结蜀中士大夫、合理增设行政管理机构、加强军队管理，等等。同时，宋廷委派得力官员治理四川，赵抃就是成功治蜀的地方官之一。

赵抃（1008—1084年），北宋景祐元年（1034年）进士，从政后不畏权势，伸张正义，威震京师，被称为"铁面御史"，与包拯齐名。赵抃曾先后三次任职蜀中，他在治蜀期间，为吏清正，法治与德治相结合，使蜀中原有的贪腐、奢靡之风为之一变，受到朝野一致好评。在赵抃之后，宋神宗对历届新任成都知府，都要提到赵抃治蜀成功的经验，勉励官员要向赵抃学习。

赵抃到四川任职时，随身仅带了一架琴和一只仙鹤，宋神宗称赞他是"匹马入蜀，以一琴一鹤自随，为政简易"。后人就用"一琴一鹤"来形容为官清廉。

针对当时四川地区官府行政的种种弊端，赵抃进行了严厉的整治。他廉洁自律，以身作则，禁止行贿受贿，严厉打击贪污腐化、奢靡之风，并且大力纠正错案。这些措施实施了一段时间后，四川地区吏治澄清，官场作风改善，蜀中官风为之一变。纠正错案，使含冤入狱者平反出狱，赢得了民心，维护了北宋在四川地区的统治。苏轼曾经称赞赵抃为官是诚心爱民，时出猛政，也严而不残。

经过宋初太宗、真宗、仁宗三朝对四川的刻意经营，四川政治局势逐渐从动荡走向稳定，开启了四川经济文化迅速发展，逐渐达到历史的最高水平的进程。

### 三、宋金、宋元战争的最前沿

1127年金朝灭北宋,两年后宋高宗逃往江南,在杭州重建宋朝,史称南宋,四川地区属于南宋王朝统治区。金兵灭掉北宋后,继续向南宋进攻。金兵先是向东南地区发起攻击,在南渡江南进攻受挫后,改变了主攻方向,企图西攻陕西,南下四川,而后顺江东下消灭南宋。

1130年秋,宋朝川陕宣抚处置使张浚指挥大军在陕西向金兵发动进攻,九月,宋、金军队在耀州富平(今陕西富平)会战,宋军大败,南宋基本丧失陕西五路,金兵直逼巴蜀,蜀中大震,川陕旋即成为南宋西线抗金战场的前沿。宋廷建立四川防区,以陕西汉中一带为前沿阵地,四川为战略补给后方,顽强抵抗外敌。

从1131年到1134年,金军又三次大规模南下攻蜀,均遭到张浚部将吴玠、吴磷兄弟所率宋军的严重打击。

1131年十月,金兵元帅兀术亲自统领大军数万,对川陕要冲和尚原(今陕西宝鸡南)发动大规模进攻。吴玠、吴磷率军与金兵激战三天,大败金兵,造成金兵南侵以来第一次大败,就连金人也哀叹:自进攻中原以来,未曾遭受过如此重大的败绩。

1132年底,金兵再次自陕攻蜀。金军绕开和尚原,先后占领金县、洋县、汉中等地,蜀中再度大震。宋军在吴玠、刘子羽的率领下,利用潭毒山(今陕西宁强境内)有利地形,恃险抵抗,金兵粮尽而撤,遭吴玠兵将掩袭,死者数千,尽弃辎重而去,川陕战局又转危为安。

1133年冬,经过一年的准备,金兀术再次兴兵南下攻蜀,吴磷领兵抵抗,因粮尽退守仙人关。次年二月,金兵10余万骑兵进攻仙人关,扎营四十余所。吴玠率3万余人奋力抵御,激战六天,大败金兵,并乘胜收复凤、秦、陇诸州。金兵遭受此次惨败后,再也不敢大规模进攻川蜀了。

在南宋将士抗击金兵的时候,四川作为战略补给后方,从人、财、物诸方面给予了极大的支持。一些地方官员治理蜀地有方,促进了四川经济文化建设，范成大就是其中之一。

范成大（1126—1193年）是苏州吴县人，南宋进士，1175年被任命为四川制置使兼知成都府。四川制置使系川峡四路统兵大员，四川地区各都统制所率领的屯驻大军以及其他正规军均受其节制。

范成大治蜀主要采取了三条措施，其一是挖掘利用蜀中人才，其二是减轻赋税，其三是发展地方文化。

范成大作为吴人治蜀，清醒地认识到必须充分利用蜀人的智慧与才能，才能够治理好四川。因此他积极协调官府与四川地方人士的关系，争取支持。他大张旗鼓地表彰名士，大力网罗人才，让蜀士归心，调动和发挥地方士绅的积极性。

由于四川是南宋与金朝交战的战略补给地，因此，四川民众负担特别沉重。范成大注重体察民情，减少赋税，减轻了民众的负担，促进经济发展。

范成大本人便是文豪雅士，许多当时的文化名人纷纷至蜀，与范成大交往，推动了四川文化发展。范成大格外注重四川的文化建设，兴建学堂、学院，重视文物保护。

虽然范成大治蜀只有短短两年的时间，却政绩斐然。四川政局稳定，人民安居乐业。范成大给蜀中百姓留下了极好的印象，人们称赞他平易近人，为民申冤，善于教化，因此不需要严刑峻法也达到了治理的目的。在范成大离任时，蜀中很多人都自发送行，有些送行百里仍不忍回。

1206年发生了吴曦叛宋事件。吴曦为宋军西线主帅，他暗中勾结金人，密约献仙人关外四州之地与金，以求金人封为"蜀王"。1207年，吴曦叛宋，在兴州称蜀王，派兵阻击宋军。兴州典仓官杨巨源与中军正将李好义联络商定杀吴，李好义率义士74人入宫诛杀了吴曦及其党羽，杨、李乘胜收复关外四州。吴曦之叛仅41天就被四川军民迅速粉碎了。

迄至金朝灭亡，金军终没能进入四川，使得四川社会相对安定，能够发展经济。

1227年，蒙古灭西夏，并且侵占四川的西和、阶、文等州。1231年，蒙古遵循成吉思汗"假道于宋"的遗言,进攻金兵侧背,乘机抄掠汉中,攻陷阆州,略地至于西水县(今四川南部西北),破四川城寨140处。1234年,蒙、宋会同灭金,蒙古兵锋遂直接指向南宋。宋蒙战争由此揭开序幕,而四川又成为双方战争的重要战场之一。

蒙古军队攻占四川是经过了多次战役才完成的。1235年,蒙古窝阔台汗的次子阔端率军攻蜀,攻陷沔阳,进占与四川相邻的秦、巩地区。次年,宋将曹友闻率军在阳平关设伏,与50万蒙古大军喋血而战,全军战死,蒙古军占领阳平关,控制了通向四川内地的"蜀口"。蒙古军乘胜进兵,大举入蜀,十月,攻陷成都,四川安抚制置副使兼知成都府丁黼战死。蒙古军又攻破成都府路、利州路、潼川府路所属州县,全蜀54个州县都被攻陷,只有夔州一路及泸、果、合数州尚存。

1237—1240年间,蒙古军队再次分兵攻袭四川边州。1241年,蒙古军攻至成都,连破西川二十城,四川制置使陈隆之被俘遇害,战局更加恶化。在这样危急的形势下,宋廷于1242年任命余玠为四川安抚制置使兼知重庆府,余玠全面担负起四川抗蒙重任。他到任后,对四川政治、战备、生产进行了一番整顿,制定了以合川钓鱼城为支柱的守蜀计划,又命令四川诸郡择险筑城,把平原浅丘地区无险可守的府州治所和居民迁到山地,将各个山城都修筑在水道沿岸险峻之地,易守难攻,以对付蒙古的骑兵。余玠在蜀10年,组织四川军民与蒙古军进行了大小战役36次,多次获胜。然而,余玠却被朝中奸臣所害,1253年被朝廷解除兵权,被迫自杀。

1251年,蒙哥即位蒙古大汗,制定先取巴蜀、再图江南的战略。1253年,蒙古军攻夺沔州、利州;忽必烈率军远征云南,攻下大理,形成对蜀的夹击态势。1257年,蒙古大将纽磷攻破成都,又取蜀之彭州、汉州、绵州等。次年秋,蒙哥汗亲率蒙古军主力,从汉中三路入蜀,占领川北大部要隘,又攻占川南一些州县,进至川东,年底抵达合州,进攻钓鱼城。守将王坚率军民奋力抵御,屡败蒙古军。1259年初,蒙古军向钓鱼城发起总攻,遭到守城军民重创。六月,蒙古军先锋大将汪德臣攻城,被宋军击伤致死。七月，蒙古军再次攻城，蒙哥汗被宋军击伤，数日后死于军中，蒙古军被迫撤围而去。为了争夺汗位，忽必烈也仓促班师北撤，四川之危遂解。合州军民抗蒙的胜利，扭转了宋、蒙战局，对推延南宋王朝的覆亡起了决定性作用。

1260年忽必烈即蒙古大汗位，1271年建立元朝。忽必烈改变战略方向，把进攻重点从四川转移到襄阳，力图中路突破。1275年，川境内的元军大举出动，连陷嘉定（今四川乐山）、叙州、泸州。东、西两川元军分五路合围，进攻重庆，合州守将张珏拒绝投降，坚持抵抗。1276年，蒙古军攻陷临安，南宋灭亡。1278年，元重兵再攻重庆，张珏坚持抵抗，然而其部将却开城投降，城破，张珏被俘自尽。1279年正月，合州守将王立挈城降元，钓鱼城失陷。其后，元军攻占四川全境，统一了四川。

四川抗元之战长达40余年（如果从1227年蒙古军队攻占四川的西和、阶、文等州算起的话，则长达50余年），残酷的战争给四川社会造成了极大的破坏，至宋末元初，四川经济凋敝，人口锐减，尽失往日天府之国繁华与舒适之气象。

## 第三节　五代两宋时期的四川经济

五代时期四川经济稳步发展，两宋是四川经济高度发展的时期，农业、手工业、商业等行业的发达与繁荣，超过了以往任何朝代，达到了封建社会的鼎盛水平，四川也成为全国最发达的地区之一。在宋末元初长期战争的破坏之后，四川经济再也没有能够恢复到两宋时期的高度。

一、农业

宋代四川农业经济的大发展，首先得益于水利灌溉的大发展。不但整修了原有的水利工程，还兴修和扩建了一些水利工程。都江堰是川西平原最大的水利系统，宋代进行了多次完善、扩建。宋代都江堰灌溉水系已有三大流、十四支流和九个堰,灌溉区域遍及川西平原,并且正式制定了"岁修"制度,规定对渠首工程和灌区渠网进行每年一度的整修。

在耕作技术水平和粮食单位面积产量方面,宋代四川都有显著提高,仅次于农业最发达的两浙地区,成为宋代重要的稻米产区,更是宋朝重要的粮食基地。四川牛耕在宋代大大发展,从965年到1062年的97年中,四川牛生二犊八十六起,占全国总数的74%。四川不仅牛耕发达,耕牛众多,还向外地输出耕牛,仅在1137年就输出三千头"蜀牛"到湖北一带。增加土地利用,开垦荒地,修建梯田,扩大土地复种面积,"岁三四收",大大提高了单位面积的产量。四川粮食不但自给有余,还外销荆湖等地。南宋时,四川每年负担川陕驻军军粮达一百五十多万斛,占全国军粮总数的1/3。

经济作物方面,宋代四川是全国著名的药材产地,不少名贵药材,如川芎、大黄、枸杞、巴豆、羌活等,产于蜀中,且品种多,产量大。水果以荔枝、柑橘、梨最为有名。荔枝主要出产在岷江和长江两岸,以泸州、叙州的为上品。柑橘以梓州、果州、开州产量最多,还作为贡品送至京师。花卉以彭州所产牡丹闻名天下。陆游《天彭牡丹谱》记载,彭州的牡丹有一百多个品种,"花户连畛相望,莫得其姓氏",足见其兴盛之状。

地方官员重视发展农业,每年颁布《劝农书》,印制发行《四时纂要》《齐民要术》等农书,劝谕并指导农民生产,以提高其耕种和栽培技术。

但是,四川的农业发展很不平衡,成都平原非常发达,盆周山区和少数民族地区还非常落后,多处在刀耕火种阶段。

## 二、手工业

五代两宋时期,四川手工业高度繁荣,在各个方面都取得了前所未有的巨大成就,达到巴蜀历史上的高峰。

(一)纺织业

主要包括丝织品与蜀布。

四川丝织业以蜀锦为首。蜀锦是四川特有丝织品。前后蜀时,蜀锦生产有增无减。前蜀王衍在宫廷内以缯彩数万段，装饰了一座"眯楼山"，如经踩踏破损，立即去旧换新。前蜀灭亡时，宫中府库尚存"纹锦、绫、罗五十万匹"。后蜀时，蜀锦生产花样愈加翻新，当时蜀锦中的长安竹、天下乐、雕团、宜男、宝界地、方胜、狮团、象服、八答晕、铁梗襄荷等纹样，颇负名气，合称"十样锦"。后蜀孟昶有一条锦被，宽度为当时的三幅帛，一梭织成，称为"鸳衾"。这种无缝锦是一般织机所无法织出的，足见当时蜀中织锦技艺之高妙精湛。

宋代四川丝绸业更加发展，为天下之冠。丝织业的分布，除传统的以成都为中心的川西地区以外，今盐亭、南充、遂宁、营山、巴中、阆中、达州等川中、川北地区也兴起了另一个丝织中心。

四川丝织品的种类愈益繁多，质量也越来越高。除蜀锦以外，丝、罗、绸、缎、纱、绢等丝织品也是花样翻新，品种纷出。绫有杂色绫、重莲绫、水波绫、鸟头绫、红绫、樗蒲绫、白绫，罗有白熟罗、单丝罗、白花罗、花罗、春罗，纱有花纱、交梭纱等，不胜枚举。成都的蜀锦名扬天下，盐亭的熟绫、营山的综丝绫、遂宁的樗蒲绫、达州的兰绸、阆州的莲绫也相当有名。

丝织品的染色技术也大大提高，染红色用的红花，染青色用的兰草，染绿色用的艾，染皂褐色用的皂斗等植物染料，乡间已广泛种植；丹砂、石青、石黄、石绿、粉锡、铅丹等矿物染料也普遍使用。城市中出现专门出售染料的店铺，成都就有"郭家鲜翠红紫铺"。当时还创造出一整套改良蚕丝性能以适应染料的染色工艺技术。据记载，少卿章岵在四川做官，曾把吴地的罗、湖地的绫带到四川，与川帛一起染红带回京师，经过梅雨季节，吴罗、湖绫均因返潮而褪色，唯有川帛颜色不变。

四川是宋代一大丝织业基地，在全国占有重要地位。不但在朝廷每年的租税收入中，四川匹帛丝绵占有很大比重，而且还时常成为朝廷军需开支的来源。官府也开办工场获取利益。

1083年，成都府官吕大防创办成都锦院，集中生产，统一管理。锦院规模日益扩大，有厂房127间，织机154台，军匠583人（包括军匠和募工300

人,"和雇匠"200余人)。日用机织工154人、挽综工164人、练染工11人、纺绎工110人,工序亦按操作过程分为挽综、机织、练染、纺绎四道。每年用丝125000两,染料211000斤,产锦1500匹。其中,额定上贡锦690匹,分为土贡锦3匹、官诰锦100匹、臣僚袄子锦87匹、广西锦200匹,前三类是皇室用锦,广西锦是贸易用锦。

1129年,都大茶马司又在成都建立茶马司锦院,生产被褥,折支黎州等处马价,不久又在成都的应天、北禅、鹿苑寺三处增辟三个工场。1168年,茶马司锦院与成都锦院合并,设在旧廉访司的洁己堂,成都锦院规模更大了。

成都锦院把锦工的个体生产组织为官办的手工场生产,有利于生产中的分工协作和技术提高,蜀锦生产从此达到一个新的水平。

据《宋会要》食货部统计,从967年到1172年,每年国库收入的锦绮鹿胎透背等高级织物共9615匹,其中四川织造的为1892匹,占全国的20%。全国每年收入绫147385匹,四川织造的就有38682匹,占26%。每年上贡锦绮鹿胎透背1010匹,成都府路就有759匹,占74%。每年上贡绫44906匹,四川就有14456匹,占32%。宋代,蜀锦与定州缂丝、苏州刺绣同为全国三大工艺名产,在纺织史和工艺美术史上有着重要地位。《宋史·地理志》称"织文纤丽者,穷于天下"。

宋代四川生产的布,主要是麻布和葛布,产区比唐代更加扩展,产量也大为增加。仅官府征收的布就有569589匹之多,占全国岁收布3192765匹的18%。

麻布是以白纻、高杼、弥牟等纻麻所织的布,质地最为优良,列为贡品。另有葛布,产于川南富顺、宜宾、泸州等地,其上乘之品也列为土贡。

(二)制盐业

宋代前期四川井盐生产,多沿用唐时的大口浅井,工艺落后,井壁易坍,严重限制了井盐生产的发展。11世纪中期创造了新的凿井工艺,发明了卓筒井。卓筒井在开凿工艺、井腔设备、采卤机械等方面,都有重大创新和发展，是当时世界上最先进的凿井采卤方法，很快便得到推广。

卓筒井的发明和推广，使四川井盐产区迅速扩大，产盐量增加。北宋前期，四川有盐井600多个，产盐1600多万斤，到南宋初已有盐井4900个，产盐6000多万斤。

（三）蜀茶

宋代四川茶叶生产有较大发展，有八大著名茶叶产区，"蜀之产茶凡八处：雅州之蒙顶，蜀州之味江，邛州之火井，嘉州之中峰，彭州之堋口，汉州之杨村，绵州之兽目，利州之罗村"，而以川西平原四周为产茶中心。在两宋时期，四川的茶叶产量均高于东南地区（包括淮南、江南、荆湖、福建等地）。

不过，宋代四川茶叶主要是易马茶，即多用于茶马贸易的粗茶，行销边地，称为"边茶"，而细茶产量较低，以广汉的赵坡、合川的水南、峨眉的白芽、雅安的蒙顶茶较为著名。

茶税、茶叶买卖之利也是政府税收的一大来源。在前后蜀时期，茶业是政府的重要经济部门，茶利在财政收入中占有很重要的地位。前蜀与后唐李茂负和亲，即以黄茶等物换取食盐。后蜀时立榷茶之法，由官府垄断茶叶买卖，茶利成为政府财政收入的一个重要来源。宋代也是由官府垄断茶叶买卖，尤其是边茶。

（四）造纸和印刷业

前后蜀时，蜀中仍以成都为造纸中心，创制出一种称为霞光笺的新品种。霞光笺色泽深红，以胭脂染色，最为靡丽。蜀中造纸技术闻名遐迩，就连南唐国李中主都专门派人至蜀，寻求纸工回南唐，为其仿造蜀纸。

在宋代，纸的用途越来越广泛，纸的品种也越来越多。四川是国内重要的产纸区之一，主要出产麻纸、楮纸、皮纸（桑皮纸）、还魂纸（旧纸回造）等。

成都是四川麻纸的生产中心，当时有人发明了水力捣浆造纸，成都百花潭、浣花溪两岸的许多纸户，在江边捣浆造纸。由于成都水质好，捣浆造出来的纸张十分洁白,纸质优良。

楮纸主要产于今双流一带,是用楮皮制造而成。这种纸主要用于官方公文,"凡公私簿书契券,图籍文牒",均用楮纸。

笺纸的加工制作在宋代又有所创新,除仿制薛涛笺外,还出现了有名的"谢公笺"。谢公笺是谢景初在成都浣花溪主持制造的书画笺,比薛涛笺色彩更深,有深红、粉红、杏红、明黄、深青、浅青、深绿、浅绿、铜绿、浅云十种颜色,又称为"十色笺",名重一时。

当时成都加工纸中的水纹纸,图案比唐代更加丰富,有布纹、绫绮纹、人物花木纹、虫鸟纹、鼎彝纹等,变化多端,千姿百态,令人喜爱。

蜀纸的优点是厚重坚韧洁白,而且耐折,不易磨损,因而印刷用纸尤其书画用纸,大都使蜀地出产的麻纸和楮纸,最早的纸币"交子",也是用蜀纸印制的,后来全国各地的"钱引""会子"等纸币,也都用蜀纸印制。苏轼称赞川纸名冠天下。

四川从唐五代以来,一直是全国的印刷中心之一。五代时期,中原战乱,大批文人学士至蜀避乱,使得蜀中文人荟萃,诗词极盛,于是促进了印刷业的发展。前蜀雕版印刷了杜光庭的《道德经广义》30卷,后蜀雕版印刷了《九经》《文选》《初学记》《白氏六贴》等书籍。

入宋以后,由于经济文化的高度繁荣,四川印刷业得到极大发展,是当时全国三大雕版印刷中心之一。四川雕刻印刷业主要广布于成都、眉山、什邡、双流、临邛、金堂、泸州、铜梁、潼川、遂宁、绵竹、嘉州、益昌、犍为、忠州、资州、夔州等州县,而以成都、眉山最为发达。

宋蜀刻本数量多,流传广,校勘精,内容可靠,具有版好、字好、墨好、纸好等优点,有"宋时蜀刻甲天下"的美誉。临邛韩醇于1177年刊印的《新刊训诂唐昌黎先生文集》40卷、《外集》10卷、《遗文》1卷及《训诂柳先生集》,纸墨刻印俱佳,后来清乾隆皇帝观阅后,题词称赞道:"字画精好,纸墨细润。"

宋蜀刻本分为官刻图书和私刻图书两种。官刻图书以971年至983年在成都雕印的《大藏经》5048卷，977至983年雕印的《太平御览》1000卷和1005年至1013年雕印的《册府元龟》1000卷等三部巨著规模最大，还印有"宋蜀刻七史"和其他古籍。私刻图书分为书坊、书肆和私家刻书，简称坊刻和"私刻"。私刻风气尤盛，成都辛氏，临邛韩醇、李叔廑，蒲江魏了翁，眉州苏林，三台刘甲等，都是有名的私刻之家。双流费氏进修堂、广都裴宅、西蜀崔氏书舍、眉山程舍人、眉山万卷堂、眉山书隐斋，都是有名的坊刻之所。

（五）制瓷业

宋代四川瓷器生产地域广泛，巴、蜀之境皆有，以成都平原的瓷窑数量最多，以邛窑、思文窑、磁峰窑、玉堂窑等窑的产品质量最好，主产白瓷、青瓷、黑瓷，享誉川内外。其中，邛窑是最杰出的代表。邛窑兴于晋，盛于唐，至宋代，产品种类繁多，生产工艺复杂，我国传统的制瓷工艺和成型方法都曾采用，普遍使用化妆土，釉色种类极多，可以生产出深浅、浓淡不同的色彩，特别是将青釉和琉璃混合施于瓷器，是邛窑开始多色彩釉的创举。中国陶瓷史告诉我们：从汉、晋到唐、宋，中国古陶瓷逐步实现了由青瓷、白瓷、黑瓷到其他各种单色瓷、装饰瓷、花釉瓷、三彩瓷，高、低温釉上、釉下颜色瓷，彩绘瓷以及彩色雕塑陶瓷的突破性飞跃。在这一飞跃过程中，四川生产的陶瓷制品扮演了承上启下的创造性、开拓性的角色，其功不可没……从总体上看，以邛窑为主体的唐、宋四川瓷器最突出的共性就是集全国各地知名陶瓷窑口的风格于一身。

蜀瓷的制瓷工艺，窑炉分为馒头窑（马蹄形窑）和阶级窑两种，窑具有各种匣钵、垫饼、垫圈、垫丸、支钉等，焙烧方法有正烧法、砂垫式重叠仰烧法、支垫式烧法、套烧法等。至于瓷器品种，则有碗、盘、盏、碟、茶托、壶、杯、钵、罐、瓶、炉、灯、盒、盆、香炉、缸、砚和各种玩具、文具、明器，每一类又有许多不同的样式，并用印花、刻花、划花、绘花和多种釉色装饰成各种花卉、纹饰、图案，光彩照人。

（六）制糖与酿酒

宋代四川甘蔗种植遍布涪江、沱江流域，制糖业十分发达，产量大，质量高，种类多，有砂糖、乳糖、冰糖（糖霜，又叫糖冰），其中冰糖不论在数量还是质量上都居全国首位。川糖以遂宁出产的最多最好。遂宁的小溪（今四川遂宁城关）、蓬溪、长江（今四川蓬溪南长江坝）三县交接处的涪江东西两岸数十里，十分之四的土地都种植甘蔗，许多农民以种植甘蔗为业。制糖业也特别发达，制糖者十户人家中有其三，仅冰糖作坊就有三百多家，一些大的作坊还形成了从甘蔗种植、压榨取汁到制造冰糖的生产体系，具有较高的生产和工艺水平。

酿酒是四川的传统手工业之一。宋代国家对酒进行专卖，设置酒务，管理酒的酿造、贩卖和课税收入。酒的酿造分为官酿官卖和民酿民卖两种。1129年，南宋为解决川陕军费，改变了酒法，实行"隔槽酒法"，把过去用作扑买坊场所设置的酒槽，由官府主办，并由官府提供酒曲和酿酒器具。任何人只要交钱，就可经营酿酒业。这就大大促进了川酒生产的发展。据统计，1077年，北宋时期，川陕四路有酒务361个，酒课24万余缗。在1129年及前几年，南宋时期，每年官民酒课的总收入可达140万缗。实行隔槽酒法后，仅1130年酒课就高达690万缗。1162年及稍前些年，四川酒课岁收410万—690万缗，占全国酒课岁入1400多万缗的29%—49%，充分显示出四川酿酒业的兴旺发达。

### 三、交通建设

五代两宋时期，四川的内外交通建设也得到了发展，尤其是对外交通建设在两宋时期的发展较快。

随着四川造船业的发展，较之陆路运输更加方便快捷、成本低廉的水运得到了发展，在前代的基础上，更多河道被开辟、整治，如岷江、长江、嘉陵江、赤水河、永宁河等，承担越来越多的交通运输。水陆交通共同建设，构成了四川交通网络体系。

对外交通方面，四川向西通往吐蕃的道路没有变化，主要是从雅安至康定，从都江堰经茂县至马尔康的道路；向北通往中原的主要道路没有变化，主要是金牛道、米仓道和嘉陵江水路至陕西；向东的道路，由于长江水运的逐渐昌盛，长江成为四川通往长江中下游地区的主要交通线；向南的道路，经云南、贵州至南亚、东南亚的道路，即南方丝绸之路，在两宋时期有较大的变化。

引起变化的主要原因是：第一，五代及两宋时期，四川大渡河以南地区为割据政权大理国占有，四川商人不能随意在大理国进行商业活动，也不能自由地经过其地到南亚、东南亚进行对外贸易；第二，中国经济重心逐渐南移至江南地区；第三，唐末越南独立，至宋代仍社会动荡，使得四川原本经云南至越南，从交州港出海开展的对外贸易线路受阻。与此同时，广州港及北部湾的钦州港迅速发展，成为四川从东南出海的主要港口。

在这样的形势下，南方丝绸之路改为向东发展，起到最重要作用的交通干线就是牂牁道。从成都沿岷江流域至宜宾或泸州地区，此后，可经陆路及水路（赤水河或永宁河或横江）进入贵州或云南，至贵州西北的赫章。赫章即为牂牁道的起点，向南而行，经今安顺，沿北盘江流域关岭、望谟，在北盘江与南盘江汇合后，渡过南盘江，进入广西，沿红水河、黔江行进，或向南至钦州港，或向东进入广东封开，再沿西江经肇庆至广州港。

### 四、商业

五代时，成都商业在唐代的基础之上继续发展，出现了米市、炭市等专门市场，人称蜀中城市秀丽，商业繁盛。许多王公贵族和官僚也加入商业行列，包括前蜀太后、太妃也参与经商，与民夺利。

宋代四川的商业高度繁荣，表现在内外商业贸易持续发展，农村场镇集市蓬勃兴旺；城市商业更加发达，催生了世界上最早纸币"交子"的诞生；对外贸易在全国外贸中占有重要地位。

（一）城市商业

宋代成都是中国西部织锦、绢帛、麻布、茶叶、药材、纸张、图书以及各种农业、手工业产品的最大集散地和商业中心，各地巨商大贾云集，大批购买和交易各种货物，因此每年上缴巨额商税。如1077年，成都府的商税达17万贯之巨，仅略低于杭州，占全国第二位，是全国第二大商业城市。

成都素来是西南第一都会、天下名都，宋时更是繁丽非常，"万井云错，百货川委……奇物异产，瑰琦错落，列肆而班布"，一派繁荣兴旺。唐五代时期成都的季节性贸易，已进一步发展成为按照物品季节月令定期销售的大集市，有正月灯市、二月花市、三月蚕市、四月锦市、五月扇市、六月香市、七月七宝市、八月桂市、九月药市、十月酒市、十一月梅市、十二月桃符市。一年四季，商品山积，充满于市，商人出入，川流不息。仅蚕市就有"正月五日排南门蚕市""正月二十二日圣寿寺前蚕市""二月八日大慈寺前蚕市""三月九日大慈寺前蚕市"，尤其是大慈寺前蚕市，规模颇大，"高阁长廊门四开，新晴市井绝尘埃"，是当时有名的贸易集市。

由于市场的规模比唐代更大，商品种类更多，店铺开业时间更长，交易额更大，商品经济得到高度发展，终于在这种盛况空前的商品经济中，产生了世界上最早的纸币，这就是"交子"。

宋代四川还有许多商业城市纷纷崛起，著名的有梓州、遂州、果州、利州、夔州、渝州、会州、泸州、嘉州、绵州等。

（二）农村商业

宋代四川农村集镇普遍兴起，蓬勃发展。唐代四川农村兴起的许多草市，在宋时进一步发展成为集（场）镇，著名的有：蜀州的味江镇，彭州的导江镇、蒙阳镇、蒲村镇、堋口场、木头场、西津、南津，雅州的卢山场、百丈场、平羌津，涪州的白马津，开州的封盐场，黔州的盐井镇，泸州的绵水场，剑门的剑门关，等等。这些场镇中，有的是因为地处交通要道，商旅繁忙，货物集散而兴起，如剑门关等；有的因为是重要商品如井盐、茶叶的产地而兴起，如盐井镇、卢山场等。总之都是商品经济大发展的产物。

（三）交子的产生

宋代四川商品经济得到高度发展，市场的规模空前之大，比唐代的商品种类更多，店铺开业时间更长，交易额更大，在这种盛况空前的商品经济中，沉重的金属货币已经不能满足市场需要，因此产生了与商品经济规模相适应的纸币，这就是"交子"。

四川交子至迟在宋太宗时期，即公元10世纪末便已在市场流通，史籍记载，王小波、李顺起义后，四川罢铸铁钱，"民间钱益少，私以交子为市"，此时交子是由有信誉的、财力雄厚的私家交子铺制作发行的。但随着交子的广泛流通，各类弊端层出不穷，引起许多诉讼，于是，官府便将交子的印制、发行和管理权收归官府。1023年，宋廷设置益州交子务，次年二月正式发行交子。之后名称有所更替。到南宋时期，全国其他地方也出现了地方性纸币。

四川交子是世界上最早的纸币，它是宋代四川商品经济高度发达的产物，在中国以至世界货币史上都有重大意义。

（四）对外贸易

宋代四川出口商品以蜀锦、丝绸为大宗。如经牂牁道至广西去北部湾的钦州市场上，最大宗的海外贸易是蜀锦与蕃香（外来香料总称）的交易，蜀锦南下，蕃香北上，逐渐发展成常规贸易。四川富商从四川贩运蜀锦、丝绸至钦州销售给出口商，再从钦州购买各种香料回蜀销售，一年一个往返，贸易额巨大，常年达到数千缗，在钦州港出口商品中位列第一。

## 第四节　五代两宋时期的四川文化

五代时期，四川政局相对稳定，社会安定，经济欣欣向荣，成为全国繁荣昌盛的地区，这些都推动着四川文化的日益发展。宋代是四川经济文化的高度繁荣时期，文化上空前兴盛发达，登上了古代文化史的峰巅。

一、文化教育

五代两宋时期，四川教育机构分为官学、私学和书院三大类。

前后蜀时期，四川私学流行，官学到后蜀时期才有起色。后蜀政权重视文化建设，在五代十国中是比较突出的，对此宋朝的人士称赞："孟氏据有四川后，以文化建设为治国之方。"后蜀在成都开办了两所官学，在华阳县开办了华阳县学，是后蜀的大学、最高学府。后蜀官方组织刻写石经，即将经书刻写在石头上，放在学宫中，供儒士学习。

一些官员也积极办学校，兴教育，如后蜀宰相毋昭裔于944年刻石经"九经"，953年又捐献百万私财，兴建了两所县学校，聘请教师，希望以儒学教育蜀人。

北宋统一四川，经过了初期几十年的动荡后，社会趋于稳定，经济有了较大发展，兴学之风随之逐渐高涨，经历了多个时期的兴学高潮，如"庆历兴学""熙丰兴学""崇宁兴学"等，四川许多州县办起了官学，教育大大活跃。据统计，宋代四川建立的庙学（修学校处即建孔庙，故学校又称庙学）有95处，南宋四川244个州县中，42%州县设置了学校。

在官学中，都要设孔庙以祭孔子。官学办学经费一般由政府拨给公田收租来解决，但往往入不敷出，就由地方政府自行解决，也有热心教育的各界人士捐资助学。在四川官学中，成都府的学校最多，北宋时有300间房屋，南宋时有585间房屋，这是"举天下郡国所无有"的规模，来自省外的学生就多达800人。所以人们都说全国各郡的官学，最兴盛的是成都。成都成为西南最大的教育中心。

宋代四川私学发达，形式多样，如乡校、村学、私塾等，各地多有，主要有儿童启蒙教育和成人教育两大类。儿童启蒙教育均以识字为主，以经籍为主题。成人教育则多在讲求学问，或求学以登科举。

在兴学的推动下，书院纷纷兴办起来。四川有书院，肇自唐代张九宗书院，宋代四川的书院有了很大发展，盛极一时。书院大多属于私学性质，也有官助和官办者。书院大多是教育机构，也有一些文人读书的场所称为书院。

作为私家讲学和教育机构的书院，南宋时最为发达，四川地区知名书院主要有修文书院、果山书院、柳沟书院、少陵书院、静晖书院、竹林书院、鹤山书院、同人书院、巽岩书院、栅头书院、金渊书院、五峰书院、南阳书院、龙门书院、钩深书院（又名北岩书院）、濂溪书院、莲峰书院、沧江书院、云山书院、东馆书院等10余所。

鹤山书院共有三处：一在邛州城西五里白鹤山下，魏了翁讲学处，宋理宗亲题"鹤山书院"；一在蒲江县北一里，魏了翁讲学处；一在泸州县治南，开禧中知州魏了翁建。

在四川各个书院中，鹤山书院是最负盛名者之一，由著名理学家、蒲江人魏了翁在蒲江城北大鹤山创办，开门授徒，士人争相前往学习，于是蜀人尽知义理之学。宋理宗钦赐御书"鹤山书院"，以表其功。

四川书院不但弘扬了儒家文化，而且培养造就了一批又一批著名学者，对于推动四川学术文化的发展，起了重要作用。

科举方面，前蜀末年举行了一次科举考试取才，后蜀时期的科举制度有所发展，但舞弊现象严重。宋代，科举大体实行解试、省试和殿试三级考试制度。解试，是由地方官考试举人，将合格者贡于朝廷；省试，又称礼部试、南省试、春试，是由尚书省礼部主持科举考试，合格者参加殿试；殿试，又称御试、廷试，由皇帝主持考试和唱名仪式，为最高入仕考试级别。北宋时，四川举子参加这种三级考试；南宋时，礼部将省试之权下放四川主持，这种考试叫类省试，简称类试，类试合格即取得相当于省试的资格。

由于教育发达，宋代四川科举成就极为突出。据嘉庆《四川通志》统计，宋代四川参加科举考试被录取的有3992人，超过唐代和五代，也为元、明所不及，实在是空前绝后。

二、经学

五代时，中原战乱，而蜀中相对安定，前蜀、后蜀政权在注重文化教育的基础上，提倡儒学，修整孔庙。前蜀末期举行的科举考试，有一科目是"博通经史科"。后蜀时更注重经学，为了保存经学，并给儒生提供儒家经典的范本，更加弘扬经学，将儒家经典镌刻于石，这就是著名的"孟蜀石经"。

后蜀时期，由宰相毋昭裔主持，刊刻石经，历时8年而成，用石数千块。石经均由当时的著名书法家书丹，先后刻成《孝经》《论语》《尔雅》《毛诗》《礼记》《仪礼》《周易》《尚书》《周礼》"九经"，又刻成《左传》，立于益州州学（文翁石室故址）。孟蜀石经不但镌刻经文，而且用双行小字镌刻注文，这使它成为很具特色的石经，比之汉、魏、唐石经，内容要丰富得多，价值也要大得多。至北宋，又补刻《春秋经传集解》《公羊传》《穀梁传》《古文尚书》《孟子》"五经"，以及《石经考异》，也同样置于石室旧址。这样，石室内的石经共有15部，统称为"蜀石经"，它们是我国古代规模最大和唯一有注文的儒家经典石经。后蜀一些官员、学者也纷纷刻石传经。这对蜀中经学的繁荣起了极大的推动作用。

后蜀的科举考试中设置有明经科，公私学校也教授经学，从而促进了经学的传播。

后蜀对于经学的保存、传播和弘扬，在五代十国的混乱局面之中是唯一的，受到史家的高度赞誉。

### 三、文学

唐末五代时，文人喜爱填词，而"蜀为词乡"，在五代词坛中独领风骚，并形成了文学史上有名的"花间派"。花间派因后蜀赵崇祚编的《花间集》得名，此集共收18位词家的作品，其风格特点是词句艳丽婉约，内容则多为描写男女情爱和女子生活。

前后蜀统治者都喜好填词。前蜀帝王衍，自幼学习填词，颇有才思。在统治者的推动下，蜀中填词之风大作，四川人或任职于四川的著名词人有韦庄、薛昭蕴、牛峤、张泌、毛文锡、牛希济、李珣、鹿虔扆、孙光宪等。

前蜀词人中，韦庄的成就最大。韦庄（836—910年），字端己，长安杜陵人，唐末中进士，任校书郎。他在长安应试时，正值黄巢起义，目睹战乱惨景，写成长达1600多字的长篇叙事诗《秦妇吟》。他以才名入蜀，为前蜀王建所赏识，任掌书记。韦庄的词，具有清新明朗的风格，是当时名扬海内的大词人，与花间派创始人温庭筠齐名。

前后蜀时期，四川诗的创作虽然不及词，但尚有晚唐遗风。前蜀帝王建、王衍，后蜀帝孟昶都作诗，因此，蜀中诗作也流行，创作出不少好诗。著名的诗人有贯休、韦庄、冯涓、王仁裕等，在五代诗坛上占有重要地位。

贯休，僧人，原籍金华兰溪（今浙江兰溪），俗姓姜。贯休才学俱佳，擅长诗歌、书画，与文人雅士多有交集。贯休于唐末入蜀，其诗文被王建欣赏，便留居在龙华禅院，前蜀建立后，王建赐贯休号禅月大师。有诗集《宝月集》和《西乐集》。

尤其值得注意的是，五代时期，蜀中文坛女子也多有人才。据《全五代诗》记载，四川留有姓名的女诗人、女词人有十来位，多为帝王及达官贵人的妻妾。如王建妻妾二徐，善作诗，流传下来的有10余首。王衍昭仪李舜弦，著有《蜀宫应制》《随驾》《钓鱼不得》等诗。后蜀花蕊夫人徐氏是五代四川最著名的女词人，她自幼学习诗文，擅长于创作宫词，著有《宫词》百首，描述后蜀宫廷生活，收录于《全唐诗》中。她的词在北宋中叶盛行于世，可见具有相当的影响力。

宋代四川文坛兴盛非凡，跟随全国开展古文运动，诗文改革，涌现出一大批优秀文人，创作出大量优秀诗文。

北宋初年，全国文坛仍然流行唐末五代浮靡的文风，诗文以形式华丽、内容空洞为特征。为了改变这种文风，文坛有识之士高举唐代古文运动大旗，掀起了宋代诗文革新运动。四川文坛是这次运动的重要战场，先是有苏舜钦、魏野、郑修等人，随后有眉山三苏父子，挥笔奋书，推动古文运动的发展，为宋代健康文风的树立做出了贡献。苏舜钦可以说是宋代古文运动的开创者之一，反对占统治地位的浮靡文风，并且是诗文改革承上启下的人物，上承穆修，下启欧阳修，推动诗文改革，受到当时人和后人的高度评价。

宋代四川文学成果突出，据《四库全书》统计，清代所存两宋蜀人文集有30多家，《宋代蜀文辑存》辑录散见于群书的452家蜀人遗文有2000多篇，可谓硕果累累。

四川文学家人才济济，知名者众多，如华阳范镇、王珪，双流塞周辅、罗处约、王琪、郭叔谊，成都吕陶、任玠、王君礼，蒲江魏了翁，新都梅挚，绵竹张栻、何耕，盐亭文同，三台杨怡、杨谔、僧人居简，阆中陈尧佐、鲜于侁，璧山冯时行，简阳张孝祥，眉山三苏、家定国、任希夷，梓州苏舜钦，丹棱唐庚、李壁，洪雅田锡，仁寿韩驹，等等，其中最著名的是苏舜钦和眉山三苏。

苏舜钦（1008—1048年），字子美，梓州铜山（今四川中江广福）人，是北宋古文运动的重要人物。他反对传统的浮靡文风，提倡豪迈奔放的艺术风格，对于北宋古文运动具有开拓之功。苏舜钦创作了大量散文、诗歌，而尤以诗歌奔放纵横著称。

苏洵、苏轼、苏辙，号为眉山三苏，父子三人俱被列入唐宋散文八大家之中，在中国文学史上有着崇高的地位。

苏洵（1009—1066年），字明允，号老泉，著有《嘉祐集》20卷，其文风格雄奇，尤长议论，其《权书》中的《六国论》，纵论先秦六国的败亡，纵横捭阖，具有很高的水平。其子苏辙（1039—1112年），字子由，晚号颍滨遗老，有《栾城集》等著作传世，擅长叙事，其文如汪洋澹泊，有一唱三叹之声，而其秀杰之气终不可没。

苏氏父子中，苏轼最为卓逸超群。苏轼（1036—1101年），字子瞻，号东坡居士，苏洵长子，苏辙之兄。他是中国古代最伟大的文学家之一，博学多才，成就殊多，在诗、词、赋、文和书、画诸领域，均是独树一帜的开派宗师。他力倡古文，词语简朴，无所藻饰，写了大量堪称典范的文章，从而使自中唐以来的古文运动，至此确立了坚实的地位。他的诗题材极广，无所不写，继承并发展了唐诗的优良传统，将现实主义精神与浪漫主义风格相结合，超迈豪放，锐意创新，多姿多彩，别开生面，成一代之大观。他的词作清新高逸，雄健豪放，在词的发展史上超越了所有前人，对后世也有重大影响，如南宋著名词人陆游、辛弃疾、陈亮等，都深受苏轼的影响。

宋代流寓或宦游于四川的著名文学家不少，黄庭坚、陆游、范成大是当中最为知名者。

黄庭坚（1045—1105年），字鲁直，自号山谷道人，又号涪翁，洪州分宁（今江西修水）人，长于写诗，有所谓"点铁成金""脱胎换骨"之法，即是推陈出新。1094年，他被贬涪州别驾、黔州（今四川彭水）安置，后移戎州，至1100年离蜀。他在蜀中6年，写了不少表现当地风光的诗。他在黔州寓居的开元寺，至今还有黄庭坚衣冠冢。

陆游（1125—1210年），字务观，号放翁，越州山阴（今浙江绍兴）人，以诗见长，年仅12岁就能诗文，自称"六十年间万首诗"，现存9300多首。他的诗题材广泛，最突出的是反映民族矛盾的诗，充满了强烈的爱国主义感情。1169年，陆游入蜀，任夔州通判，1174年从茂州到南郑，亲临抗金前线，以后又先后在成都、蜀州、嘉州、荣州等地任职，1178年离蜀。他在蜀中8年，饱览巴蜀风光，凭吊李、杜遗迹，在创作上经历了从浪漫主义转向现实主义的巨大转变，并进入他一生诗作创作的高潮，蜀中因此成为他的第二故乡，"心未尝一日忘蜀"。为了纪念在蜀中这段极有意义的生活，陆游把自己的诗集之一命名为《剑南诗稿》。

范成大（1126—1193年），字致能，自号石湖居士，吴郡（今江苏苏州）人，著名诗人。诗风追随苏轼、黄庭坚，而约以婉峭，自为一家。其诗题材广，既有田园诗，又有抒发抗金爱国情感和反映阶级矛盾的诗。他于1174年受任四川制置使，次年六月到任，1177年五月离成都。在蜀期间，与陆游过从甚密，以诗唱和，留下不少诗篇。

## 四、史学

宋代四川史学的鼎盛，表现在三个方面：一是在朝廷为史官，参与官修《实录》《国史》《起居注》等当代史的撰作并发挥了重要作用；二是不论在官修还是私修史书的领域中，著作都非常丰富，并且多以高水平而闻名于当时，传之于后世；三是撰修地方史、志蔚然成风，著有大量史、志著作，取得辉煌的史学成就。

两宋时，蜀人进京担任史官、参与撰修史书的相当多，在朝廷史官中占有很大比重，几乎历朝均有蜀人主持或参与朝廷官修史书的编撰。其中重要的有：阆中陈尧佐参与《真宗实录》和《真宗国史》的修撰，华阳范镇主持《仁宗实录》的编撰，双流王珪主持编撰或监修《仁宗实录》《庆历国朝会要》以及仁、英《两朝国史》，华阳范祖禹参与《神宗日历》和《哲宗实录》的修撰，丹棱李焘主持编撰神、哲、徽、钦《四朝国史》《徽宗实录》《四朝会要》《乾道续四朝会要》，汶川谢方叔编纂《七朝武经要略》《理宗日历会要》《理宗玉牒》等。除当代史（或本朝史）外，蜀中史学家还参与了前代史和其他史书的编撰。范镇参加编撰了《新唐书》，范祖禹协助司马光撰成《资治通鉴》，苏易简主持编撰了《续通典》，等等。蜀中史家私修史著同样丰富而质优，如"三范"（范镇、范祖禹、范冲）"二李"（李焘、李心传），皆为当世大史学家，写出了流传千古的大量史学名著。

范镇（1008—1089年），华阳（今四川成都）人，字景仁，宝元元年（1038年）进士。参与编撰《仁宗实录》和《新唐书》，在《新唐书》编修中下力尤勤，用功最多。私修史著有《国朝事始》《北史录》《六家谥法》，惜均亡佚。

范祖禹（1041—1098年），华阳人，字淳甫，一字梦得，范镇玄孙。嘉祐八年（1063年）进士。参与修撰《神宗实录墨本》和《神宗日历》，尤在协助司马光撰成《资治通鉴》过程中发挥了相当重要的作用，独立负责唐代300年间史事的编撰，并续撰刘恕未完的五代史事。个人著作有《唐鉴》12卷、《帝学》8卷、《仁宗政要》6卷。《唐鉴》以议论为主，为论凡306篇。

范冲（1067—1141年），华阳人，字元长，范祖禹之子，绍圣进土。主持《神宗实录》和《哲宗实录》的重修，同时自己撰成《神宗实录考异》和《哲宗实录辩证》二书，对于神、哲二朝的一些史实和评价持审慎态度，以明其去取之意，以辨诬谤之辞。他还修有《宰相罢拜录》《编类司马光纪闻》《范祖禹家传》《范大吏遗事》等私修史著，惜均失传。

李焘（1115—1184年），字仁甫，一字子贞，号巽岩，眉州丹棱人，是宋代最杰出的史学家之一，平生著述十分宏富，除主持或参与多种官修史书的编撰外，私修史书也相当丰富，多达20余种，体裁亦多种多样，有编年体、史考、史论、大事记、图经、名籍、年表等不同体裁，其中最重要也是最有名的是《续资治通鉴长编》1063卷（今存520卷）。此书以编年体的形式，记载了北宋九朝的史事，历40年编撰而成。此书资料丰富翔实，广收博采了实录、会要、国史、野史、笔记、碑文、行状等各类图籍资料400余种，并分注考异，是研究宋史最基本和最重要的史料。时人称赞李焘是"蜀中史学家第一人"。

李心传（1166—1243年），字微之，号秀岩，隆州井研人，也是宋代最杰出的史学家之一。曾参加修撰《中兴四朝帝纪》、十三朝《会要》。其私家著作相当丰富，有《春秋考》《礼辨》《读史考》《旧闻证误》等多种，尤以《建炎以来系年要录》200卷和《建炎以来朝野杂记》40卷两部为史学名著。《建炎以来系年要录》上接"长编"，起于建炎元年（1127年），迄于绍兴三十二年（1162年），专记高宗一朝史事。此书取材广博，史料价值很高。《建炎以来朝野杂记》与"要录"相互补充，是研究南宋史的另一部重要史料。李心传与李焘是南宋史学家的杰出代表，后人评论说，整个宋代史学家，除司马光外，都不如二李。

除"三范""二李"外，蜀中还有一大批著名史学家和史学名著。主要有：眉州眉山人王偁，撰《东都事略》130卷；南宋蜀人李攸，撰《宋朝事实》60卷（今本20卷），记载北宋典章制度；眉州丹棱人彭百川，撰《太平治迹统类》40卷（今本30卷），记载太祖至钦宗九朝典故；资州（今四川资中）人郭允韬，撰《蜀鉴》10卷，记载从秦取南郑到宋灭后蜀1200年间的蜀史以及西南夷史事。

蜀中史学家编修地方史、志更加突出，重要的有：李攸的《西山图经》《九域志》，张唐英的《蜀梼杌》，郭允韬的《蜀鉴》，勾延庆的《锦里耆旧传》，赵抃的《成都古今集记》，宋如愚的《剑南须知》，黄休复的《益州名画录》等，不胜枚举。

## 五、理学

宋代四川涌现出不少理学大师,撰写了大量理学著作,影响所及,遍于全国,在中国哲学史上占有相当地位。四川理学家的代表人物主要有张行成、张栻、魏了翁等人,而陈抟则堪称其先驱。

陈抟(？—989年),四川普州崇龛(今四川安岳)人,字图南,自号扶摇先生,学者称白云先生,宋太宗赐号希夷先生,是宋初著名的道教思想家。他融合儒、释、道三教,独创新说,著有《太极图》《先天图》《易龙图》,提出了无极、太极、性命、理欲等一系列哲学范畴,认为万物一体,唯有超绝万有的"一大理法"存在。他的学说,后经周敦颐、邵雍推演,成为宋代理学的组成部分,对于理学具有不可忽视的开源之功。

北宋后期,由于以苏轼为首的蜀学派抵制理学,使蜀中理学的发展受到限制。到南宋初,蜀中理学始逐渐发达,形成风气,日益成为蜀中学术的主流。

南宋初,蜀中最有名的理学家是张行成。张行成,两宋之际临邛人,字文饶,学者称观物先生。曾学《易》于谯定,集先天《易》派著作,详加注释,著有多部《易》学著作,深得《易》数之详。

南宋理学家的重要人物张栻(1133—1180年),汉州绵竹(今四川绵竹)人,字敬夫,一字乐斋,号南轩。青年时,师从著名理学家、二程再传弟子五峰先生胡宏研习二程思想。他在理学上发展了二程学说,并独树一帜,主张"发明天理而见诸人事",认为"持养"本诸省察,注意"涵养功夫",重在"力行",以"天理"为义,"人欲"为利,强调"学莫先于义利之辨"。他在湖南主岳麓书院教事,师从者甚众,奠定了湖湘学派的规模并发展了湖湘学派。张栻是与朱熹齐名的理学大师,著述宏富,主要有《论语解》《孟子说》《易说》《南轩集》《诸葛武侯传》《希颜录》《书说》《太极图说》。

魏了翁(1178—1237年),字华父,邛州蒲江(今四川蒲江)人,学者称他鹤山先生。他于庆元五年(1199年)中进士,开禧年间知嘉定府,后居家讲学,后又官至礼部尚书兼直学院士。南宋时,理学几度遭禁,经魏了翁等人上疏力争,朝廷始承认理学的合法性。理学成为南宋后期的官方哲学,魏了翁功莫大焉。魏了翁创办鹤山书院,大力传播理学,宋理宗特赐御书"鹤山书院"四个大字,以为表彰。魏了翁在理学研究上成就卓著,他把朱熹的客观唯心主义思想同陆九渊的主观唯心主义思想相糅合,从而转到以心学为主的立场上。他的理学思想兼收并蓄,采各家之长,而有其独到风格。魏了翁著述甚丰,写有著作30余部,主要有《鹤山先生文集》《九经要义》《周易集义》《易举隅》《经史杂钞》等,成为继张、朱、吕之后,南宋理学的领袖人物。

## 六、艺术

隋唐五代时期,是巴蜀艺术大发展的重要时期,不论在绘画、戏剧、音乐、舞蹈,还是在雕塑艺术上,都取得了突出成就,在中国艺术史上占有相当重要的地位。

(一)绘画和书法

四川绘画有悠久的传统,五代时,由于许多著名画家相继入蜀,推动了四川绘画的进一步发展。

五代时期的作画题材,主要有山水画、释道人物画和花鸟画三类。

蜀中山水画最负盛名的是成都人李升。李升最初临摹善画山水的名画家张璪的画,后创一家之风,以蜀中山水为题材,颇多妙作,著名的画作有《青城山图》《峨眉山图》《出峡图》《汉州三学山图》《彭州至德山图》等。当时的人认为以他的画足可同金碧山水画家李思训齐美,因此称他为"小李将军"。花鸟画著名大师黄筌青年时曾师从李升,在后蜀时与其子黄居寀合画《青城山图》《峨眉山图》《春山图》《秋山图》,被选为后蜀礼物赠送南唐。

人物画题材多种多样,主要题材是释道人物画,这些画作,除绘在绢纸上外,有许多绘于佛寺的壁上。成都大圣慈寺的壁画最负盛名,其数量居国内之冠。李之纯《大圣慈寺壁画记》统计说，寺内绘有诸佛如来1215件、菩萨10488件、帝释梵王68件、罗汉祖僧1785件、天王明王大神将262件、佛会经验变相158件，共13976件，尚不包括夹神雕塑，足见此风之盛。最著名的释道人物画家有赵德齐、高道兴、张素卿、贯休等人。

人物画除释道人物外，前后蜀时还流行人物肖像画，以成都人阮知诲、张玫等尤为知名。阮知诲曾在成都大慈寺为王衍、孟知祥画肖像。张玫尤其精于写貌及画妇人，世人将他与盛唐名画家张萱相提并论，他还著有《自汉至唐治蜀君臣像》3卷。前蜀翰林写貌待诏宋艺，也擅长人物写真，曾在成都大慈寺绘有唐朝21位皇帝的肖像。

花鸟画的著名画家有滕昌祐、刁光胤、黄筌父子、孔嵩等人。

成都人黄筌是前后蜀花鸟画家中成就最大的，名气也最大。他曾师从孙位学画松石墨竹，从李升学画山水竹树，从刁光胤学画竹石花鸟，而后博采众家之长，自成一家，成就远在诸师之上。他画艺全面，选题广泛，最长花鸟。他曾在后蜀偏殿上绘白鹤六只，体态各异，唳天、警露、啄苔、舞风、理毛、顾步，各不相同，精彩体态，往往有活的鹤立于画侧，以为是同类，孟昶因命名此殿为"六鹤殿"。他在八卦殿上画的花竹兔雉鸟雀等，栩栩如生，竟招致白鹰的奋臂扑击。后蜀翰林学士欧阳炯作《蜀八卦殿壁画奇记》记其事，称黄筌为"当代奇笔"。黄筌在当时的中国花鸟画坛上享有盛名，有"徐、黄异体"之说，而"黄家富贵，徐家野逸"。黄指黄筌，徐指江南名画家徐熙。黄筌以浓艳色彩而富贵，徐熙以水墨淡彩而野逸，形成五代花鸟画的两大流派，对北宋花鸟画产生了很深的影响。

宋代四川画家辈出，据邓椿《画继》和夏文彦《图绘宝鉴》统计，四川知名画家有70人，其中北宋65人，南宋5人。其中包括宫廷画家、画工画家和民间画家。绘画题材大体分为释道人物画和花鸟山水画两大类。

释道人物画是北宋前期最流行的题材。四川画家在释道人物画方面杰出的代表有成都人石恪、高文进，眉州彭山人孙知微等。石恪的画，人物诡形殊状，被画界评论为画鬼奇怪，笔画劲利，前无古人，后无来者。高文进是宫廷画师，被誉为"翰林画工之宗"，他的画在宋初极受推重。孙知微善画释道、山水，画法飘逸，得到苏轼、文同的称誉。

花鸟画派以黄居寀最为杰出，是当时宫廷画坛的"盟主"。宋初以来，画院均以黄氏父子的画法为准绳，长达百年之久。其他知名的花鸟山水画家，还有剑南人赵昌，以及王友、宋永锡、邱余庆、刘赞、蒲永昌、僧人觉心、智源、智永善、僧人法常等。

文人绘画者以文同和苏轼最为著名。文同（1018—1079年）字与可，梓州永泰（今四川盐亭）人，多才多艺，尤善画墨竹，超越前代，震惊当世。苏轼不但善画枯木奇石，还提出一套绘画理论，强调神似，反对形似，认为"诗画本一律"，对元明清的文人画有着深刻的影响。

宋代四川的绘画著作有：苏耆的《书画记》，石康伯的《画苑》，勾龙爽的《名画记》，黄休复的《益州名画录》，邓椿的《画继》。《益州名画录》是一部地域画史，记载了从唐朝乾元初到宋初四川著名画家及其作品，并以"逸、神、妙、能"四格为艺术标准予以品评。《画继》是继郭虚若《图画见闻志》后的又一部画史，全书10卷，记载并评论从宋熙宁七年（1074年）至乾道三年（1167年）间219位画家，是研究宋代绘画艺术的重要著作。宋代四川书法家不乏名家。

宋初，四川书坛以李建中享誉海内，人称"李西台"（因三掌西京留司），书法为一时之绝。李建中善书札，行笔尤工，多构新体、草、隶、篆、籀，八分亦妙，人多摹习，作为楷模学习，其书法特点是温润、朴素。黄庭坚曾高度赞赏李建中的书法，苏轼曾经以李建中为书法楷模。李建中现存字帖有《土母帖》《同年帖》《贵宅帖》《齐古帖》等。

著名大文学家苏轼，同时也是北宋最杰出的书法家。他的书法，博采众家之长，而又自为一体，黄庭坚称誉说："本朝善书者，自当推苏轼为第一。"明代大书法家董其昌跋苏轼《赤壁赋》墨迹，赞道："东坡先生此赋，楚《骚》之一变；此书，《兰亭》之一变也，宋人文字，俱以此为极则。"苏轼的著名墨迹还有《天际乌云帖》《寒食诗帖》《桤木诗帖》《祭黄幾道文》《答谢民师论文帖》等。

宋代四川有名的书法家还有王著、勾中正、陈尧叟兄弟、梁鼎、张维、苏舜钦、苏过、张商英、李时雍、徐琰、蒲云、魏了翁等人。

（二）音乐、舞蹈、戏剧

四川历来便是歌舞之乡，喜欢娱乐是成都的风俗。前后蜀时，社会较为安定、繁荣，王族及官员、富人喜爱享乐，于是，成都街头巷尾，歌乐之声不绝于耳。

前后蜀的蜀宫中，常备雅乐，为长夜之饮。还设置了专管音乐舞蹈的教坊使，畜养众多乐工舞伎，以供宴乐之需。成都前蜀王建墓棺床的东、南、西三面，雕刻有一组乐伎图，共24幅，再现了前蜀宫廷宴乐的生动情景。这24幅乐伎图所刻的大多是器乐演奏者，乐器有正鼓、齐鼓、和鼓、笛、大筚篥、拍板、羯鼓、鞉鼓、簏、排箫、筝、吹叶、笙等几十种，属于汉化了的龟兹乐系统，掺杂有清乐系统的乐器。

前后蜀时的舞蹈有"健舞"和"软舞"两类，"健舞"动作急速，"软舞"柔婉舒展。前蜀王衍宫中曾表演大型舞蹈《折红莲队舞》，出演的舞伎达200多人。后蜀花蕊夫人徐氏《宫词》说"舞头皆著画罗衣，唱得新翻御制词，每日内廷闻教队，乐声飞上到龙墀"，"蜀锦地衣呈队舞，教头先出拜君王"，"偏出六宫歌舞奏，嫦娥初到月虚轮"，表现出蜀宫歌舞的盛况。

宋代，歌舞娱乐更盛，成都此风尤为突出，成都富春坊、新南市、大西市、金马坊、碧鸡坊等处，多有秦楼楚馆，每日轻歌曼舞，大慈寺则多唱曲、杂耍等活动，成都成为一方之乐土。达官贵人常举行宴会，以音乐歌舞助兴，如文彦博任成都府知府时，常以宴会行乐。有一次，朝廷派何御史到成都公干，文彦博设宴招待，并令善歌舞的杨伎表演，博得何御史的称赞，称其"舞尽春风万千条"。蜀中官僚多以畜养家伎乐工为时尚，苏东坡家中就有歌舞伎数人。

戏剧表演在后蜀时，往往以前蜀后蜀主为主题，流行参军戏。后蜀末期还有表演灌口神与二龙战斗的，属于百戏的一类。宋代四川戏剧表演繁多，官府宴会、岁时节令以及一些公共场所，均有戏剧表演。当时流行的戏剧类似于唐五代时的参军戏，以滑稽、讽刺为特点，借古讽今，尤为出名。

### （三）石刻

五代时期，巴蜀石刻艺术兴盛，其题材以宗教为主，其中佛教石刻最多，道教石刻也不断发展起来。

前后蜀时的石刻，以安岳圆觉洞南面山腰的20余龛和大足北山佛湾的石刻最具代表性。安岳圆觉洞的西方三圣龛，佛、菩萨的面部丰润，鼻翼、口角的转折均呈弧形，完全采用圆刀刻技，颇为精巧。大足石刻从唐至明清的共有5万余尊，其中前后蜀建造的有110多龛，绝大多数集中在北山佛湾，其中几处的十六罗汉像，是四川现存较早的十六罗汉石刻像，引人注目。

宋代四川石刻艺术，上承唐五代，又有进一步发展。就数量而言，四川现存大小石窟造像120余处，其中属于宋代制作或间以宋代制作的约占半数以上。著名的有安岳圆觉洞、华严洞、昆卢洞，富顺罗浮洞，广元千佛崖，资阳古佛寺，荣县大佛寺、罗汉洞、千佛崖，大足北山、宝顶等，分布于20多个县市。其中最有代表性的杰作，是大足北山佛湾、宝顶山大佛湾的佛教石刻。

大足北山石刻区全长近500米，岩高约7米，造像五六千躯，菩萨像十分突出。编号136的心神车窟造像，是北山宋代造像中水平最高者。石窟中央为八角亭式心神车，正壁中央为释迦坐像，左立迦叶和观音，右立阿难和大势至，右壁自外而内为数珠观音、日月观音和普贤，左壁自外而内为如意观音、持印观音和文殊，尤以文殊和普贤造像工整细致而完美。

宝顶山在大足县城东北17.5公里，佛像遍刻于方圆2.5公里的山岩上，以大佛湾的规模为最大，全长约500米，岩高15—30米，造像万余躯，内容衔接。造像多属密宗系统，内容有佛涅槃经变、佛本生经变、佛报恩经变、父母轻重经变、阿弥陀西方净土经变、地狱变，等等。艺术上，天、人、佛、菩萨等均已世俗化，线条流畅，色彩明快，工艺精巧，独树一帜。宝顶石窟造像开凿于我国石窟艺术已开始衰落的时代，然而，其规模宏大，艺术高超，有所创新，代表了宋代石窟艺术的最高水平。

摩崖大佛造像也很著名，如大足卧佛、潼南大佛、荣县大佛、合川大佛、南部大佛、威远大佛等，均达10米以上。其中，荣县大佛高达36.67米，仅次于乐山大佛，是我国的第二大石刻大佛。

道教石刻也有发展，主要集中分布于安岳、大足和江油等地，以大足道教石窟最为著名。大足道教石窟集中于南山、石门山、舒成岩和石篆山等处。南山位于大足县城东北2.5公里处，又名广华山，第五号"三清古洞"和第四号"后土三圣母像"为宋代所造。三清古洞高3.91米，宽5.08米，深5.58米，洞内正中凿直连窟顶的方柱，造像分为两层：上层主像为玉清（元始天尊）、上清（灵宝天尊）、太清（道德天尊），均坐高0.5米，面朝南，头戴莲花形束发冠，身着道袍；左右两龛壁上的上下层分别是"四辅"及王妃侍者像；中心柱左壁上开二龛，上龛为"天尊巡游图"，下龛为"春龙起蛰图"；洞的左、右、后壁雕有360尊应感天尊像，列为六层，均立式，各像高0.46米，姿态各异，冠服不同。三清古洞造像众多，内容丰富，规模巨大，是少见的道教石窟。

## 七、科技

五代四川地区的科技取得了一些进步，在医学、化学、科技史著述等方面有所发展，尤其是医学，取得了很大的成就。宋代四川地区的科技高度发展，在天文、地学、历算、医药学等方面，达到了很高的水平，居于全国前列。

### （一）医药学

古代巴蜀地区的中医药文化历史悠久，在博大精深的中国医学文化中，巴蜀地区医学是其中重要的组成部分。

后蜀皇帝孟昶喜好、重视医药，他推动纂修了《蜀本草》（又名《重广英公本草》），进一步发展了药物本草研究，是四川地区最早的官修药物专著，受到明代药学大家李时珍的高度评价。在官府大力推动下，四川地区医药学得到了较大发展，人才辈出，以韩保贞、陈士良、李珣等人成就最大。

韩保升是后蜀著名的药物学家，官至翰林学士，唐初曾有《新修本草》（《唐本草》）54卷问世，为医界所沿用。至五代时，新药品有所增加，《新修本草》不再能适应医学发展的需要。后蜀主孟昶下令韩保升主持修编新药典，撰成《重广英公本草》20卷，后世称为《蜀本草》。《蜀本草》对每项药品的名称、功用、形状、特征、产地等，作了较准确的解释和叙述，并别为图经，以便识别，还载有若干处方。这部书是北宋政府修订《嘉祐补注神农本草》和《重修政和证类本草》的主要蓝本之一。如今，《蜀本草》已失传，但《重修政和证类本草》还保存了它的部分内容，有释药275条、处方35个。明代著名医药学家李时珍高度评价了《蜀本草》。

陈士良是剑州人，在南唐为官，写有《食性本草》10卷，记录各类食用药物及制品，配以食疗诸方及四时调养肺腑之术，具有较高的科学价值，曾得到李时珍的高度评价。此书后来散佚，唯有部分内容见录于《重修政和证类本草》。

前蜀时期移居四川梓州的波斯后裔李珣，不但是五代时蜀中著名的花间派词人，而且对海药（外国药）的知识十分丰富，撰有《海药本草》（又名《南药本草》）6卷，已佚，现散见于《证类本草》和《本草纲目》，存121味，这些药品来自欧、亚、非20多个国家和地区。《海药本草》对海外药物的产地、性状、功能、药性、加工炮制方法一一作了明确解释，丰富了中国药物学内容，有利于我国医学的发展。

宋代四川医药名家辈出，著述宏富。名医中以单骧、史谌、李鉶、皇甫坦、石藏用、唐慎微等人尤为著名。

单骧，北宋四川人，医术别出新意，往往巧发奇中，尤对人体内部结构深有研究。

史谌，北宋眉州人，精于内科，著有《指南方》（又名《史载之方》）两卷。方论共列31门，各门均有医论，共载药方107个。此书对于瘀血、痰饮等方面论述精到，对后世有较大影响。

李鋾，北宋四川绵阳人，医术精湛，治病无论富贵者还是贫穷者，救活病人数千人。

皇甫坦，南宋初四川夹江人，曾因治疗太后眼部疾病，手到病除，得到宋高宗赐以御书"清静"二字，并绘其像，称为皇甫先生。

石藏用，宋代四川人，以高超的医术在京都享有盛誉。

唐慎微，成都华阳人，北宋名臣，治病百不失一，治病不以贵贱，有所召必往，寒暑风雨不辞，是一个医德很高的人。

宋代四川的医著丰富，著名的有十四五部，可分为药物学和医学两类。

药物学著作最重要的是唐慎微于1082—1083年编写的巨著《经史证类备急本草》22卷（简称《证类本草》）。1108年组织专家修订，定名《大观经史证类备急本草》32卷（简称《大观本草》），由官版刊印颁行全国。1116年再经修订，定名《政和新修经史证类备急本草》（简称《政和本草》），官版刊行。现存《政和本草》共30卷，60多万字。《证类本草》载药总数较前世本草更多，达1588种，集宋以前药物之大成。对药物形态、真伪、炮制和具体用法，汇编一体，使我国本草学从此具有药物学的规模。各药物均附药图，并首创"方药对照"体例，将历代名医方论、医家和民间单方、验方以及作者本人的临床验证行之有效的处方3000多条，分别载入有关药物项下，使学者可以一览药物的用途、用法。此书问世后，历朝重修刊印的版本多达50种以上，并东传日本、朝鲜。李时珍高度评价说：此书的功绩在于，它使诸家本草及药单方，垂之千古不致湮没。英国科技史专家李约瑟评论道：十二三世纪的《大观经史证类本草》的某些版本，要比15和16世纪早期欧洲植物学著作高明得多。

医学著作中最重要的是杨子建的《十产论》。杨子建是北宋眉州青神（今四川青神）人。他精于医术，著有《杨子护命方》《通神论》及《十产论》。《十产论》成书于1098—1100年间，重点对异常分娩作了详细论述，还记载了胎产式和胎位转正的各种手法，讨论了正产、伤产、催产、冻产、热产、横产、倒产、偏产、碍产、坐产、盘肠产11个问题，是我国第一部较详细的助产学专著。

### （二）化学

中国古代的化学，往往体现在道教炼丹方面。后蜀时期，永康军（今四川都江堰）人彭晓曾任后蜀朝散郎、祠部员外郎等职，也是有名的炼丹家，通晓修炼养生之道。他对《周易参同契》作了重新注释，写成《周易参同契通义》3卷，《周易参同契鼎器歌明镜图》1卷。《周易参同契》是东汉魏伯阳所撰，是世界上最早的一部炼丹术著作，但历来人们均以为它是一部易数阴阳之书，彭晓通过钻研，确认它是一部炼丹的"丹经"。在自己的著作中，彭晓对汞、铅、胡麻等物的化学变化作了详细说明和正确解释，他的著作是注释《周易参同契》诸种注本中的权威之一，至今仍是研究古代化学的珍贵资料。

### （三）天文、地学及历算

四川巴中人张思训是宋代著名的天文学家。979年，张思训将他设计的浑天仪图献给宋太宗，太宗命工人按图制造，放于宫中，张思训也被任为司天浑仪丞。张思训对浑天仪进行了重大革新，在动力、机械计时器两方面大加创新，不仅保证了浑天仪在一年四季都能正常运转，为报时、定节气、制历的准确性提供了科学保障，而且为我国古代最进步的"苏颂浑仪"的制造提供了条件，奠定了基础，对古代天文学的发展做出了重要贡献。

在天文绘图方面，四川剑阁人黄裳有着杰出的功绩。他于1010年绘制的《天文图》，是北宋第四次观测恒星的结果。1247年，由王致远经手，将《天文图》摹刻在苏州文庙的石碑上。石碑通高267厘米，宽116厘米，分两部分，上半部绘星图，有1430颗星，以北极为中心，绘有三个同心圆，分别代表北极、南极恒隐圈和赤道，28条辐射线表示28宿距度，还有黄道、银河。下半部为说明文字，共41行，每行51字，对宋代天文知识作简要说明。《天文图》是现已发现的最准确的古星图，受到世界科学家的高度重视，已被译成英、法、德、俄、日等国文字。

黄裳不仅是杰出的天文学家，还是有名的地学家，他作的《地理图》，长约200厘米，宽约100厘米，在1247年刻于石上。图中，山脉、森林用形象画法，地名用阴文加方框，水名用阴文加圆框，各路名用阳文。此图现藏苏州市博物馆。

地学方面，还有一幅1121年刻于石碑上的著名地图《九域守令图》，此碑当时立于四川荣县文庙正殿（现藏四川省博物馆）。图长、宽各1米多，绘出了宋全境疆域、州府。图中山东半岛和海南岛的形状比南宋时期刻制的图更加准确，对四川水系的绘制也比较详细。此图作者不详，当属四川人。

宋代数学进展十分迅速，在传统数学领域内取得重大成就。在宋元四大数学家中，四川安岳人秦九韶是最为杰出的。

秦九韶（1202—1261年），字道古，生性极为机巧，通晓星象、音律、算术以及营造等。1247年完成数学名著《数书九章》18卷。全书有81个应用题，分为9类，每类9题。其中的"大衍求一术"（即一次联立同余式解法）和高次方程的数值解法，是他最杰出的贡献。欧美的整数论者十分推崇他的"大衍求一术"，称之为"中国的剩余定理"，这个定理比欧洲早500年。他的任意高次方程的数值解法，比欧洲的相同发明早600年。秦九韶以他卓越的数学成就，成为中国古代数学史以至世界中世纪数学史上最杰出的人物之一。

（四）科技著作

五代时，四川的科技史资料著作有冯鉴的《续事始》。

冯鉴是后蜀时期梓州射洪县令，他根据唐代留存的《事始》体例，撰成《续事始》一书。该书内容十分丰富，举凡皇王名号、官称职掌、科举、书法、卜筮、医药、生产、生活、武器等，无所不包，对科学技术的介绍尤为翔实。书中所记的古代科技知识共有358项，对于研究古代科技史具有重要的参考价值。

宋代四川涌现出一大批各类科技著作，主要有《文房四谱》《彰明附子记》《曲本草》《糖霜谱》《续博物志》等。

苏简易的《文房四谱》，全书共5卷，分笔谱2卷，砚谱、墨谱、纸谱各1卷，较系统地汇集整理了我国纸、笔、墨、砚的发展历史和制造技术经验，并介绍了其他有关的自然科学知识，是研究古代这几方面历史的重要著作。

郪县（今四川三台）人杨天惠的《彰明附子记》，记载了附子的栽种、管理、收集、加工以及鉴别品类等知识，是研究四川药材和中药史的资料。

嘉州洪雅（今四川洪雅）人田锡的《曲本草》，是我国现存唯一的一部宋代介绍酒曲和曲酒的专著，分别介绍了15种曲酒的配曲、制造工艺和曲酒的性能，在古代酿造史和药学史上均有相当价值。

南宋遂宁人王灼的《糖霜谱》，全书分七篇，详细介绍了遂宁冰糖生产的全过程，总结了甘蔗栽培方法，具有重要的科学价值。

南宋初资州（今四川资中）人李石的《续博物志》10卷，弥补了晋代张华《博物志》的缺失，介绍了从上古到北宋的科学技术430多项，在深度和广度上都大大超过了《博物志》，是一部重要的古代科技资料集。

## 八、宗教

五代两宋时期四川地区流行的宗教主要是道教和佛教。

### （一）道教

四川是道教的发源地之一，道教文化一直盛行。五代两宋时期，社会动乱，有学者希望通过研究道教思想，安民治国，如五代宋初四川著名道士陈抟；有皇帝想从道教中获取登基理由、治国之方、长寿之方的，如前蜀王建、王衍，后蜀孟昶，宋代的宋太宗、真宗、徽宗等。因此，在五代两宋时期，从皇帝、朝臣、学者到普通百姓，普遍崇尚道教，道教得到了很大的发展机遇。

道教门派众多。唐五代时期，四川地区道教以符箓派为主。唐末前蜀之际，寓居蜀中的著名道教大师杜光庭是这一时期符箓派的代表人物。

杜光庭（850—933年），字宾至，自号东瀛子，处州缙人。杜光庭科举考试不顺利，举进士不第，便到天台山学习道教，成为天台茅山派高道应夷节弟子。后来，在黄巢起义军攻下洛阳进逼长安时，杜光庭随僖宗逃难入蜀。五代时，在前蜀为官，官拜谏议大夫、户部侍郎、崇真馆大学士，赐号广成先生、传真大师，晚年隐居青城山。杜光庭著述宏富，有文集30卷、

《广成集》80卷、《仙传拾遗》40卷、《道教灵验记》20卷、《道德经广圣义》《道门科范大全集》等，对道教经典、思想源流、历史发展、神仙怪异、洞天福地、道门规范、斋醮忏仪进行了系统地论述。他的《道门科范大全集》，对道教斋醮忏仪加以详细规定，这些道门规范一直为道教所沿用。杜光庭还多方收集道书，《益州名画录》卷上说杜天师在蜀收集了《道经》3000卷，重建《道藏》，对于保存道教经典有着重要作用。

宋代四川道教取得了更大的发展。由于宋朝皇帝宋真宗和宋徽宗都崇尚道教，因此全国道教都很盛行。四川是道教的发祥地，道教文化更加兴盛，许多道士受到朝廷所赐的封号，道教神仙和宫观也被朝廷赐封或赐名。

道教中的道法派和炼养派在宋代四川占有重要地位。道法派的一些著名道士常得朝廷信任，纷纷被招至宫中，道士刘若拙曾奉朝命主持考试京师道士学业，每逢水旱灾害，皇帝必召他于宫中，设坛场致祷，很得皇帝的重视。神霄和清徽等道法派重要人物多在四川学法、传法，神霄派称宋徽宗是神霄玉清王者、上帝之长子、主南方、号长生大帝君，因此徽宗极为愉悦，自己改名为教主道君皇帝。神霄派宣称其符法出自元始天尊之子高上神霄玉真王，风行海内。清徽派的第七代宗师朱洞元是成都府人，第九代宗师南毕道是眉山人，第八代宗师李少微和朱洞元、南毕道三代都隐居青城山，一时间，青城山成为清徽派的中心。

五代宋初四川著名道士陈抟，是炼养派第五代中最重要的人物。陈抟被道徒奉为继老子、张陵以后的道教至尊，称为"陈抟老祖"。他平生喜读《易》，著有《无极图》《指玄篇》《观空篇》等，系统阐发了内丹理论，又有《三峰寓言》《高阳集》《钓潭集》及诗600余首。《道藏》里有许多关于他的事迹和传说的记载。据称，陈抟曾与吕洞宾一同隐居华山，得到《无极图》，后来又得到麻衣道者所传《先天图》。他的内丹学理论，被认为对后来的张伯端南宗一系和王喆的全真派都产生过影响。

（二）佛教

五代两宋时期，印度佛教（除密宗以外）已经很衰落了，中国历史上大规模的去印度取经活动也告结束。然而，在五代两宋时期，佛教在中国已经完成了本土化的进程，在中国大地上仍然非常盛行。

前后蜀时期的政权都颇为重视佛教。前蜀设"两衙僧篆"管理蜀中僧侣，两蜀都设置了待诏僧，礼遇著名僧人，崇奉佛教圣地，而民众信教者也愈益众多，天下动乱，出家为僧尼的人大为增加，促使佛教在蜀中越来越盛。

宋代皇帝既信道教，也信佛教，对佛教实行保护政策，四川佛教势力大盛。四川地方官府设有"僧司"，管理佛教事务，还在益、绵、汉、眉、彭、邛、陵等州设坛度僧，礼遇名僧。四川名僧茂贞、宝印、继业、德严、克勤等多次受到皇帝召见，受赐封号的僧人更多，寺院赐名的亦不胜枚举。

宋廷在经济上大力扶助佛教，兴修寺院。例如，成都大慈寺改建工程浩大，得到了官府拨款资助。官府还对一些寺院田租实行优待政策，如在咸平年间（998—1003年）就免除了峨眉山普贤寺的田租。

宋廷在文化上也支持佛教。宋初，朝廷下诏四川转运史沈义伦，让其于成都写金银字《金刚经》，传置阙下，至983年完成，共13万版，这是我国佛教史上第一部官刻《藏经》，称为《开宝藏》。宋太宗时，还派人至峨眉山修藏经楼，将其妥善保存。

宋代四川的佛教名寺众多，成都的昭觉寺、正法寺、圣寿寺，峨眉山的普贤寺、华藏寺、乾明寺，乐山的凌云寺等，都相当有名，并且得到重新扩建。如成都昭觉寺旧有殿宇百间，被扩建为三百余间，并建正殿，塑金释迦像。1011年，宋真宗赐黄金三千两给予峨眉山普贤寺，供其增修庙堂。

在佛教各派别中，宋代四川尤其流行禅宗，也有密宗传播。

# 第五章 元明时期的四川

1279年,南宋被元朝灭亡,中国历史进入元朝。元朝建立了大一统的国家,地域辽阔,兵强马壮,但是,元朝统治的时间却很短,不足百年。统治集团内部矛盾重重,统治阶级与广大民众之间的矛盾尖锐激烈,元末各地起义军风起云涌。1368年,朱元璋领导的起义军灭了元朝,建立明朝。元明时期是中国封建社会的后期,中国封建社会已经显现出颓废之势,开始走向垂暮,四川社会也经历了同样的历程。

## 第一节 导言

元明两朝的四川,没有延续两宋时期经济文化的辉煌,而是盛极而衰,虽然在社会安定时期,经济文化建设有所恢复和发展,但常常被动乱中断,终究没能超越前朝,在全国的地位也大为降低。

## 一、元代的四川

在宋元交替之际，四川是蒙古汗国（元）与南宋交战的主战场之一，长期残酷的战争，对四川社会经济造成了极大的破坏。至宋末元初，四川人口锐减，经济凋敝，尽失往日天府之国的繁华与舒适，文风神姿也丧失殆尽。有元一代，四川经济文化虽然在萧条中有所复苏，但始终不能恢复元气，这种情形一直持续到明代。

蒙古军队南下进攻四川，遭到了四川军民的顽强抵抗。在战争初期，蒙古军队采用骑兵突袭的方式，多次攻入四川乡村，攻取城池，抄掠剽杀，绞杀人口，毁灭城池，摧残社会经济，以达到最终占领的目的。战争给四川社会经济造成了极大的破坏。1236年至1241年间，蒙古军队集中对四川人口稠密、经济发达的地区包括利州、潼川、成都等地进行了攻打掠杀，如1236年蒙古军队首次攻入成都，烧杀抢夺，人民死亡十之七八。在整个宋元战争中，四川是遭受战祸最惨烈的地区之一，甚至有的记载说四川人千百不存一二。

元朝平定四川以后，于1279年开始，分三年三次统计了四川人口数量，在1282年公布了四川在籍人口统计数字，四川总户数仅12万户。与18年前南宋官方最后一次公布的四川户籍数量相比，总户数减少了88%。而在50至100年前，四川总户数有260万户，相比较下降了95%！位于四川北部的潼川府路，在宋元交替的一个世纪间，人口户数递减率为63%。这样大的减少幅度，触目惊心，远远超过了以往朝代更迭的数字。可以想见，战争对四川社会经济造成的损失是十分巨大的。

虽然这些统计数据并不十分准确，学术界还有争议，但四川人口极大地减少是公认的史实。四川人口、户数大为减少的原因除死于战争外，主要还有避乱迁徙的、逃亡的，以及被蒙古军将隐匿占有的。

避乱迁徙、逃亡的人士，规模不小，既有土豪、军队边将，也有世家大族、士大夫阶层，还有普通百姓。所去之处主要是四川周边山区、少数民族地区、蒙古军队已经占领了的地区（主要是今陕西汉中）。当时，南宋统治下的长江中下游地区，是四川世家大族和士大夫阶层的主要迁徙地，大批川人逃往江南，形成蜀士东南流寓的局面。

蒙古军进攻四川的多次战役中，俘虏的士兵常常成千上万，还有大量民户，蒙古军将便把这些俘虏收为己用（或转献给蒙古诸王、豪强），做奴隶、驱口。如四川参政刘思敬就曾经将俘获的160户献给元朝皇太子。还有一些贫民为逃避各种赋税劳役，维持生计，依附于蒙古军将、豪强，成为家奴。

直到元朝中后期，社会日趋安定，四川人口数量才得到一定的恢复。在封建社会，生产的发展主要依靠人力，因此，人口数量的大幅度减少，势必造成经济衰败、文化萧条，而随着社会逐渐安定，人口逐年增加，四川经济文化才逐渐得到恢复，在一些地区和经济门类有所发展。

元代四川农业首先是努力恢复和扩大耕地面积，然后在水利建设、引进农作物新品种等方面有所发展。蒙元大军南下占领四川地区以后，便开始实行屯田制度，包括军屯和民屯两种形式，使得大量荒山荒地，包括无主的荒地，得到开垦、种植，促进了农业生产。元代四川民屯居全国第三位，屯田数居全国第八位。四川军屯户数为12866户，占全国屯田户数的38%以上。屯田制一直延续到明清两代。并且整修了包括都江堰在内的许多水利设施和河流河道，一定程度上治理了水患，发展了农田灌溉。

这一时期引进农作物新品种最突出的事例是将棉花种植引种到四川，在长江两岸推广种植。此外还大力改良稻谷品种。

但是，元代四川农业，在耕种面积、生产水平等方面都没有达到南宋的规模和水平。

手工业方面，由于在宋元之际，四川纺织业在战争中备受摧残，遭到严重破坏，元代又实行官营工匠制度，民间手工业受到很大的束缚。因此，元代四川手工业远不及南宋时期的水平，只有像蜀锦这样历史悠久的高档传统手工业制品，统治集团大量需要，才得以恢复和发展。元代四川蜀锦生产仍然具有一定规模，既是元朝皇宫内的华丽装饰品，也是元朝送与外国的珍贵礼品。

元代矿业有了较大的发展，四川的金、朱砂、水银、铜、铁等矿产的产量，超过了以往任何时期。

四川盐业生产，在元初普遍衰落，元廷实行国家直接经营盐业生产与销售的政策，也不利于盐业生产的发展。但是，在元代中后期，由于地震及元廷改变了盐业营销政策，四川盐业迎来了空前兴旺的发展时期。

元代朝廷在全国普遍实行酒禁，但对四川却网开一面，给予弛酒禁的特殊政策。于是，元代四川酿酒业得以很快恢复，创造出享誉全国的名酒。

其他如茶业、制糖业等都呈现出衰落状态。

元朝四川商业，总的说来水平较低，远未恢复到宋代的水平。但成都城南二江之间的市场，逐步恢复繁荣，商铺林立，人来人往，生意兴隆，趋于活跃。

元朝的交通建设成就巨大，交通建设制度化，不仅大力修建交通道路（包括陆路和水路），而且在中央王朝管理下的交通驿站制度得到很大发展，臻于完备。驿站在元代称为站赤，是在历代驿站制度的基础上发展起来的，元代将其规范化，凡是元朝管辖地区的道路都设置站赤，包括直接统治区域和属国。

四川陆路交通线，以成都为中心，北出朝天，直通京兆、大都；南经叙州至乌蒙，连接云南；西至雅州，连接吐蕃；东经顺庆（今四川南充）、合州，达于梁山、开州。水路交通线有川江水路线、岷江水路线、汉江水路线、清江水路线、乌江水路线、横江水路线。四川是京城通往西南的驿站交通枢纽。元中期，四川全省有陆站48处、水站84处。在今凉山州境内，还有属于罗罗斯宣慰司的马站29处。

文化建设方面，元代四川的教育、哲学、理学、文学、艺术、建筑、科技、史志等，各有表现，尤其是艺术中的戏剧、建筑、史志等，有一定的成就与建树，承上启下，是近代四川文化在这些方面的先声与基础。

元初，四川各地较为迅速地恢复了学校和书院。据《四川通志》记载，元代四川科举考试及第的有622人，表明元代四川的教育水平还是比较高的。

元代四川学术，继承了蜀地重史学的传统，史学发达，在全国学术界占有比较重要的地位。元代四川史学主要是编纂地方志，不仅从事此项事业的人数较多，而且成果非常丰富。著名的学者如费著，他撰有《岁华纪丽谱》《笺纸谱》《蜀锦谱》《氏族谱》《楮币谱》《钱币谱》《蜀名画记》《器物谱》《成都周公礼殿圣贤图考》等多部著作，详述蜀中风俗土产，足资考证，是研究四川历史文化的重要资料。可以说，元代四川学者从事史志编纂，蔚然成风，影响较大。

然而，元代四川文学、绘画艺术等，总体而言，较之宋代大为逊色，祖籍为四川仁寿的虞集是文坛最负盛名者。他博学多才，著述丰富，诗文在全国都具有很大的影响力。

元朝是蒙古人建立的王朝，实行不平等的民族统治，以蒙古人为最上等，之后依次为色目人（主要是西域人、西夏人、回族人等）、汉人（包括较早被蒙古人统治的契丹、女真、渤海人、大理人等）、南人（南宋境内的人）。蒙古人、色目人享有特权，最受歧视的是南人。当然，即使是蒙古人、色目人，其底层百姓也同样受剥削压迫。元朝还根据职业将民众分为九大类，从高级至低级依次为：官、吏、僧、道、工、农、医、娼、儒、丐。

这种阶级、职业等级的高低划分，非常不利于社会的稳定和经济文化的发展。另一方面，元廷内部权力斗争也十分激烈，四川地区长期由军事贵族专权。1328年七月，元泰定帝出巡，在上都（内蒙古正蓝旗东）驾崩，朝廷立即陷于皇位争夺的血雨腥风之中，全国多地卷入其中，四川也是其中之一。四川行省平章政事囊加台在这场斗争中失势，遂于十一月据蜀称王，自称"镇西王"，拒不听从朝廷之令。元廷调遣大军镇压，并辅以招安，于次年四月招降囊加台，平定了四川。

但是，元朝统治集团的矛盾、社会各阶层的矛盾并没有平息，而是愈演愈烈。元朝末年爆发了红巾军起义，逐渐波及全国。1357年，红巾军首领徐寿辉的部将明玉珍奉命西征，从川东攻入四川，打败元军守将，进入重庆，被徐寿辉任命为陇蜀四川行省参政。其后，明玉珍再向川西进发，转战乐山、成都等地，屡败元兵，各州县望风而降，于是，明玉珍尽得四川之地。1363年正月，明玉珍在重庆自立为帝，国号大夏。这标志着四川已经摆脱元朝的统治。从1279年元军平定四川，到1363年明玉珍据蜀称帝，当初元朝用40多年打下四川，统治四川却仅仅只有84年。

1366年，明玉珍病死，他的儿子明昇继位。1368年，朱元璋登基，开创了明朝。1371年，朱元璋派遣大军进攻四川，明昇奉表投降，大夏亡，四川归于明王朝的统一版图之中。

二、明代的四川

四川归于明朝之后，明廷采取了一些政策措施，安定四川社会，如修筑成都新城，安抚军民，让社会各阶层人士"各安其生"。同时，在明朝初期，最高统治者严厉惩治贪污腐化，力图整顿吏治，四川官场也同全国一样，展现出整个明朝最清明的风貌。这样，在朝代更迭之际，四川社会得以较快地稳定下来。

元末明初，四川人口还是没有达到南宋时期的水平。明玉珍建立大夏政权和明朝军队进入四川，都没有出现大规模的军事冲突，没有造成四川人口的大量减少。四川人口水平低下的原因，还是元初的战争屠杀和民众逃亡迁徙，有元一代都没有得到恢复。

明初，四川社会安定以后，许多民众向四川移民。1372年，官方公布四川有8400余户，到1381年，官方的数字为214900户。不到10年的时间，户数增加了24倍之多！这不可能是人口的自然增长，表明了此次移民运动的规模不小。明朝永乐年间编写的《泸州志》记载，元朝时期，泸州地广人稀，明初四面八方的移民涌入后，外来人口数倍于原籍。

成千上万的移民进入四川，客籍超过土著，这是明初四川人口的基本特征；同时，外来人口带来了原来居住地的文化，包括生产技术和经验、物产品种、文化思想、生活习俗、方言、建筑技术与风格等，为四川文化增添了新鲜内容，很大程度上改变了四川文化面貌。移民与土著文化上的碰撞与融合，形成了新的四川文化特色，为近代四川文化的形成打下了基础。

明代四川经济经历了一个由恢复到逐步发展的过程。宋元之际战争给四川经济带来严重破坏，经过明代的恢复，四川农业、手工业、商业都有所振兴。

明代继承元代的屯田制，而且有所发展，不仅有军屯、民屯，还有商屯。四川耕地面积逐步恢复并扩大。1393年，四川耕地面积为112032顷，到1578年，扩大为134827顷。水利建设、农作物引进、技术改良方面都有进步。

手工业仍以丝绸织造最为突出，以蜀锦为标志性产品。明朝初年，明廷在成都设立染织局，织造宫廷所用的各种织物。在明代分封的藩王蜀王府中，也设有织锦坊。明代四川丝织业，以川北保宁府最为发达，与浙江湖州并驾齐驱。阆中生产的水丝，丝细光润，行销全国。四川的棉纺织业在明代得到了很大发展，并发展起棉纺织加工业。

明初，川茶生产逐步恢复，茶园千层绿，茶树满山坡，四川生产的边茶成为明朝政府与藏区开展以茶易马贸易的战略物资。在上品茶中，明代四川茶叶的新品种，有剑南的蒙顶石花、邛州的火井思安等，而以石花品第最为上乘。

明廷设立四川盐课提举司，总管全川盐政。四川盐井之数，在明初的1372年有1456眼，各盐场的生产能力，以大宁的产盐最多。而内江、富顺一带有自流井，生产技术较先进，也是四川主要产盐区。

明代川酒酿造工艺不断提高，出现了酿酒的专业作坊"糟坊"。宜宾的"温德丰"和"德盛福"，在当时是有名的糟坊。明万历年间（1573—1619年）建成的泸州老窖，奠定了"三百年老窖"名酒的基础。

明代四川城市商业同整个四川经济发展的步伐大体一致，从凋零走向稳定。随着经济的逐渐恢复，商业也从复苏到日益发展，一些城市如成都、重庆、泸州等，成为全国范围内商品流通量较大的城市。农村商业也形成相当基础，农村市场随着经济的恢复和发展而兴起，州县的场集纷纷出现。如洪雅县，全县有6个乡，另有场集11处。州县官员把兴立市场纳入地方议事日程，并通过行政手段加强了管理，这对农村商品市场的进一步繁荣起到了积极作用。

明初，由于元代战乱，四川的学校大多毁坏，经过一段时间的恢复重建，逐渐复兴。成都府学以及成都、华阳、双流县学，都在洪武时期得到重建。不少学校继而纷纷恢复起来，其后又经过扩建。除正式的官办教育机构外，私家讲学之风亦盛行，多数府、州都有私家教育机构——书院。此外，还有大量私塾、义学，遍及城乡。学校的学习内容以"四书""五经"为主，教育的直接目的是面对科举考试，这是明代教育制度的基本特征。

明代四川知名的哲学家有邹智、杨慎、赵贞吉、来知德、熊过、任瀚等人，明末清初的哲学家以费密、唐甄最为著名。杨慎是明代四川最著名的文学家、哲学家，他的思想与当时盛行的理学截然不同，具有明显的唯物主义倾向，反对理学空谈心性。到了明末清初，哲学界掀起反对宋明理学的思潮，四川学者表现相当积极，费密和唐甄被誉为"急先锋"，他们的思想对后世影响很大。

明代四川涌现出不少知名的文学家。在诗歌方面，高启、杨基、张羽、徐贲号称明初"吴中四杰"，其中杨基原籍为四川，徐贲祖上也是蜀人，估计都是蒙元军队与南宋交战时流寓吴中的。明代四川诗人成就最大的是杨慎，一生诗作丰富，约有2300首。杨慎的夫人黄峨也是富于才华的诗人。杨慎的词、曲同样享有很高的声誉，著名的《临江仙》"滚滚长江东逝水，浪花淘尽英雄……"气势恢弘，酣畅淋漓，被修订本《三国演义》选为全书的开篇，广泛流传。

明代四川艺术，以书法尤佳，有杨基、王燧、苏致中、张嘉谟、黄辉等知名书法家。黄辉的诗书，与董其昌齐名。而绘画，以明初杨基、徐贲、王汝玉等人为有名。画作多以山水竹石为题材，属于文人画。明代四川戏剧的最大成就，就是川剧的出现，虽然只是雏形，但为清代川剧的最终形成打下了基础。

史学方面，明代四川史学仍然是热衷编写地方史志，涌现出丰富的地方史志著作。据《中国地方志联合目录》统计，明代四川府州县方志有22种（此为不完整统计）。

宗教上，明代中叶以后，道教由盛转衰。清代重佛抑道，道教更形衰落。道教这个起源于四川（起源地之一）、土生土长的中国宗教，衰落下去了。与之形成鲜明对照的是，明代四川佛教大盛，新建、扩建的佛教寺院很多，著名的佛院有昭觉寺、金像寺、净居寺、净因寺、金沙寺等。明清之际，藏传佛教中的格鲁派（黄教）在川西高原盛极一时，力辟噶举派（白教）和本教（黑教）。黄教发展很快，僧侣众多，在康区占据绝对优势。

到了明代中后期，统治集团上层矛盾日益尖锐，宦官擅权，党派纷争，以私利为重，无视国家，致使朝廷上下各级机构纲纪松弛，官员欺下瞒上，贪污腐化，搜刮百姓。遇到天灾时节，官府不进行救灾，百姓无法生活，全国多地爆发农民起义，四川也爆发了农民起义，其中有三次规模较大。

1462年八月，四川爆发了农民起义。最先揭竿而起的是一位僧人，法名悟昇。起初，起义军主要活动在汉州及夹江、蒲江、安岳一带。明廷调派军队镇压，起义军就向川东转移，至广安岳池，与当地的杨瓒领导的农民起义军会合，再转战至泸州、荣昌、遂宁及铜川等地。次年十月，德阳人赵铎也发动农民起义，自称赵王，起义军拥有数千人。农民起义军攻陷官府，烧府库，放囚犯，声势浩大。明朝急调大军镇压，悟昇、杨瓒在安岳遭杀害。1465年五月，赵铎在与明军作战中牺牲，起义失败。然而农民起义军余部仍继续转战于川西、川东各地，坚持了将近一年的时间。

1508年冬天起，四川多地再次爆发农民起义。起初，多支起义军在川东（今巫溪、巫山、宣汉、通江等地）先后起义，领导人有张瑞、王虎、鄢本恕、廖惠、蓝廷瑞等。起义军转战夔州、保宁、重庆等地区，甚至流动作战至陕西、湖北、贵州等地。后来，川北、川南爆发了更多的农民起义，较大规模的有保宁地区刘烈领导的农民起义，仁寿曹甫、方四领导的农民起义。各地的农民起义军分头行动，又相互支持。由于起义发生于明朝正德年间，因此，此次大规模起义又被称作"正德川中农民起义"。农民起义军转战川东、川北、川西及周边省份，声势浩大，持续了6年之久才最终失败，对四川乃至周边各省都有很大的影响。

明朝中后期,秘密宗教组织白莲教发动的武装起义遍布全国,四川是白莲教传布的重要地区,不仅在汉区广泛传布,而且深入少数民族地区。从1566年开始,有大足人蔡伯贯领导的起义。之后白莲教起义此起彼伏,一直未绝。到1621年,四川白莲教活动发展到高潮,武装暴动遍及全川,还出现了"白莲灯党",提出要别立世界,改换乾坤。明廷只有不断派遣军队进行镇压。

到明朝末期,爆发了全国性的农民大起义,其中张献忠领导的农民起义军,对四川影响最大。

1630年,张献忠领导的农民军武装起义,转战陕西、四川等省,曾经先后四次进入四川,在川东、川北、川西、川南都进行过战斗,所经之地包括成都、夔州、大宁、大昌、巫山、龙安(今四川平武)、剑阁、绵州、安岳等地。1644年,张献忠的农民军攻克成都,在成都建立了政权,国号大西,设置了完整的行政机构,并且采取了一系列的政策措施,内容包括政治、经济和文化等方面,力图巩固政权,发展经济。然而,1644年,清军入关,随即挥师南下,两年后兵临四川。张献忠率领军队赴川北抗击清军,战败牺牲,但其余部会同其他起义军,拥明永历皇帝,在川、滇一带继续抗清达十几年。

明代中期以后的农民起义风起云涌,官兵镇压不断,而且以大肆屠杀为主要手段,不仅加剧了社会动乱,使得人口锐减,经济衰退,而且导致阶级矛盾更加尖锐。战乱的形势到明末清初发展到顶峰,对四川社会、经济造成极为严重的摧残。

## 第二节 元明时期的四川政治

元明时期是中国封建社会后期,在这一时期,一方面,大一统的封建王朝统治得以建立,中央集权统治着辽阔的疆域,采取多种政治措施以巩固统治,稳定社会;另一方面,社会阶级矛盾尖锐,起义、动乱频发,尤其是元末、明末都爆发了长时间、大规模的农民起义,并且最终都直接推翻政权。

一、建立行省制

将"行省"作为地方行政管理机构的最高级别，同时也是一级政区的名称，首创于元代，并被之后的明代和清代沿袭。

元朝分全国为11个行省，四川行省是其中之一。1286年，设置四川等处行中书省，治所成都。行省制之下，政区分别为路、府、州、县。四川等处行中书省设9路，另有属州36个、军1个、属县81个。

明王朝建立后，为在政治上强化中央集权体制，于洪武九年（1376年）六月废除元代和明初设置的地方最高行政机关——行中书省，改置承宣布政使司，只掌民事，又置都指挥使司以统率卫所，置提刑按察使司主管刑狱。对于地方行政机关的分权性结构，避免了因地方权力过于集中而形成的对中央集权的干扰，但同时也限制了地方行政机关对突发事件的处理能力。

明代四川省行政机构，有府（省以下的第二级行政机构）13个，直隶州（与府同级）6个，府辖州16个，县111个，宣抚司1个，安抚司1个，长官司16个。军事机构，都司以下，省卫7个，招讨司1个，宣慰司2个，安抚司5个，长官司22个。

二、土官、土司制度的兴衰

元朝建立后，在西北、中南和西南少数民族地区大量任用当地少数民族首领，让其担任本地行政长官，称之为"土官"，借土官的力量来管理、统治一方土地。土官由朝廷任命，是国家正式官员，官职包括宣慰使、安抚使、总管、长官、总把等，与流官一样被授予虎符等凭证。

四川境内设有四川行省南道宣慰司管辖的宣抚司、安抚司、招讨司、长官司等。在沿边少数民族地区，设置蛮夷宣慰司，下辖宣抚司，宣抚司下设长官司，下辖千户、百户等。元廷在四川的岷江上游羌族地区、川西北藏族地区、凉山彝族地区、川南诸"蛮夷"地区及川东"西南夷部"地区，都采用土官制度管理。

明代在元代土官制的基础上，进一步发展，形成土司制度。土司由朝廷任命，职位准许世袭，但必须遣送人质入朝。土司作为本地首领，有权力管理、处置本地的一切军政事宜，但必须向朝廷缴税纳贡，并在朝廷需要时按照征发令派兵出征，还要交纳赋税。明廷主要是在四川的藏族地区、彝族地区、羌族地区推行土司制度，力图以土官治土民。

土官、土司制度与唐宋王朝对少数民族部落实行的羁縻制度大不一样，土司制度与朝廷的联系更加紧密，朝廷对土司的领导和管理更加直接，将少数民族地区纳入郡县制的管理轨道，加强了内地与边地少数民族的联系。

土司制度自元朝开始，明朝继续，清代仍实行了一段时间。在实行土司制度初期，土司制度的优点迅速显现，加强了中央王朝对少数民族地区的统治，有利于维护国家统一，少数民族地区社会稳定，经济发展。

但是，随着土司制度的长期实行，其制度固有的弊端逐渐积累，在明朝中期以后就越发明显地表现出来，甚至越来越严重，达到积重难返的地步。土司制度的弊端，最突出的有三条：一是土司势力越来越大，割据一方，无视朝廷，甚至对抗朝廷，使得朝廷无法进行有效统治；二是诸多土司之间，为了各自的利益而常年征战，造成地方局部战乱不断；三是土司独霸一方，形成相对封闭的地域，在区域内生杀予夺，肆意妄为，并且阻止了外地人迁入，使得区域经济发展迟缓，长期处于落后状态。

越来越突出的弊端促使明廷加强对土司的管理，规范其行为，然而，收效不大。于是，明廷开始改土归流。到明朝中后期，全国的改土归流逐渐达到一定规模，不过，明廷在是否在全国都进行改土归流方面有分歧，一些官员，尤其是西南地区的官员认为土司制有必要存在，只是要将势力过大的土司改掉，要多分割土地，建立众多土司，使其势力不可能过大，即实行分而治之的策略。加之明末吏治腐败，农民起义席卷大半个中国，朝廷疲于应付，因此，明代的改土归流很有限。大规模的改土归流还是在清朝雍正朝前期完成的。

三、推行屯田制

宋末元初、元末明初，长期战乱造成大量土地荒芜，粮食供应严重不足。为解决军队的给养问题，元明两朝都积极推行屯田制度，就地发展生产，提供军需。

屯田制是国家强制士兵或农民耕种国有土地，国家征收一定数额的田租。政府为了推行屯田制，提高屯田的经济效益，常给予优惠政策和扶持措施。

屯田的主要形式包括军屯和民屯，还有少量商屯。军屯由驻军机构管理，军士耕种，官府提供耕牛和农具，头几年免缴租税，并且建有严格的考核制度，主要是为了解决军队粮饷供应之需。

民屯由政府行政机构管理，由政府组织农民，开垦"无主"土地、荒山，交纳田租，政府也常提供优惠政策和援助。

商屯是明朝的一种屯田形式，主要是承担将内地粮食运输到边疆驻军的任务。商屯由朝廷户部负责，起先是户部鼓励商人运送粮食到边疆驻军，允许这些商人贩卖一些盐以谋利（发盐引——贩盐凭证）。后来，有商人直接在边境开荒种地，设立屯田，就地交粮，省去运费。

元明两朝，中国处于大一统的时代，无论是元朝主张立定边疆并向外拓展，还是明朝采取"守在四夷"的方针，边疆都需要大量的驻军。因此，屯田制貌似为经济活动，其实有着明显而强烈的政治性，尤其是军屯和商屯。

在元朝，蒙元大军南下进占四川地区后，便开始推行屯田制度。自元中统三年（1262年）在利州军屯，随后在夔州、保宁、西川、潼川等地大规模推行屯田，当时主要集中在交通要道又有荒地沃土可以开荒耕种的地方。1270年设立了"置西蜀四川屯田经略司"，专门管理四川屯田之事。元朝平定四川以后，更加大力度推行屯田制。元朝政府为了鼓励军士积极屯田，常在资金、农具、税收等方面提供优厚的条件。如1284年，元廷发给西川蒙古军钞以及铠杖等农具，耕种遂宁沿江荒地，规定，开垦四顷以下的免缴地税，并且投入大量军人屯田。如1285年，调四川镇守军万人，在成都屯田。

**元代四川军民屯田情况表**

| 政区 | 户数（户） | 田数（亩） | 所在州县 |
|---|---|---|---|
| 成都路 | 7475 | 118717 | 崇庆、灌州、温江县 |
| 嘉定府路 | 12 |  | 龙游县 |
| 叙州路 | 4683 | 4183 | 长宁军、富顺州、宣化县 |
| 重庆路 | 4766 | 42000 | 泸州、忠县、巴县、江津县 |
| 绍庆路 | 91 |  | 彭水县 |
| 夔州路 | 5083 | 5600 | 奉节县 |
| 顺庆路 | 5790 | 13545 | 长安府、南充县、岳池县 |
| 潼川府 | 4412 | 35000 | 遂宁州、郪县 |
| 广元路 | 1416 | 12787 | 保宁府、绵谷县 |
| 合计 | 33728 | 231632 |  |

元代，四川行省军民屯田户数在全国排名为民屯第三名，军屯占全国总屯田户数的38.1%，居第八名。

明代实行军卫制度，以卫所为单位开展军屯，明朝政府对屯田给予了很优越的条件，提供耕牛、农具等。在明朝军卫制度较为健全的时期，军屯建设得到很大发展，边远地区逐渐得到了开发。如在今凉山地区，卫军多达5800余名，兴建军屯后，建昌（今四川西昌）、会川（今四川会理）两卫能够自给，盐井（今四川盐源）、宁蕃（今四川冕宁）、越嶲三卫还需要朝廷调拨部分粮食。

### 四、明玉珍与大夏政权

元朝实行民族不平等的制度，民族压迫，阶级矛盾突出。1351年，安徽爆发了红巾军农民起义，起义军领导人为韩山童、刘福通、徐寿辉等，因起义军头裹红巾而得名。起义逐渐波及全国。

红巾军不是一支统一的军队，而是分为若干支系。东系由韩山童、刘福通领导，西系由徐寿辉、彭莹玉领导。1357年，红巾军首领徐寿辉的部将明玉珍奉命西征,从川东攻入四川,打败元军守将,进入重庆。明玉珍便被徐寿辉任命为陇蜀四川行省参政。其后,明玉珍率军再向川西进发,转战乐山、成都等地,屡败元兵。此时的元廷,矛盾重重,内外交困,根本无力维护统治。明玉珍军队所到之处,各州县望风而降,于是,明玉珍尽得四川之地。之后,又以武力扫除元朝残兵。

但是,红巾军内部矛盾也很尖锐,1360年春,徐寿辉的部下陈友谅杀害了徐寿辉,自称汉帝。并且,陈友谅下令明玉珍率兵出川,协助自己去攻打另一支由朱元璋领导的农民起义军。明玉珍拒不执行,还断绝了与陈友谅的联系。明玉珍说:"陈友谅都能称帝,我又有何不可?"在做好了准备后,1363年正月,明玉珍在重庆自立为帝,国号大夏。

大夏政权仿周朝的行政制度,设立六卿,任命百官,后又仿元朝的行政制度,将四川分为八道,下设府、州、县。设置翰林院,以科举取进士。宗教上放弃佛教和道教,专奉弥勒。财政赋税较低,十取其一,免除农家劳役之征,得到了四川百姓的拥护。

1366年,明玉珍病死,他的儿子明昇继位,年仅10岁,由皇太后彭氏垂帘听政,功臣宿将争权夺利,甚至相互厮杀,统治集团陷入混乱和分裂。

1368年,朱元璋在南京登基,开创了明朝。次年,朱元璋派遣使臣招谕明昇,明昇不从。不久,朱元璋又提出借道四川攻取云南,又遭到明昇的拒绝。1371年,朱元璋派遣大军进攻四川,兵分两路:一路率舟船,由瞿塘峡进攻重庆;一路为步骑兵,从川北向成都平原进攻。起初,明昇还坐据重庆,试图抵抗。大夏军队在瞿塘峡据险而守,以铁索横断峡口,架设飞桥连接两岸,安置炮石以攻打明军。但大夏军队的抵抗很快就瓦解了,明朝从北路进攻的军队,轻取大夏军,从甘肃东南进入绵州,一路长驱直入,直抵汉州(今四川广汉)、成都;从东路瞿塘峡进攻的明军,也在受到一段时间的阻击之后,攻下大夏军把守的瞿塘峡,取夔州,逼重庆。在大势已去的情况下,明昇奉表投降,存在了9年的割据政权大夏灭亡。

大夏政权虽然是被明朝灭亡的,但实际上,大夏统治集团内部的混乱和争斗，早已敲响了灭亡的丧钟。少帝无能，大臣专权，争权夺利，将士离心，内部分裂，灭亡是不可避免的。

五、张献忠与大西政权

明朝后期社会矛盾突出。皇帝昏庸，宦官专权；官僚机构庞大，朝廷官员从上至下，大肆贪污腐化，买官卖官之风盛行；内有农民起义，外有清军进攻，军费激增；土地高度集中，百姓赋税繁重。加上连年灾荒，灾民得不到救济，导致大量流民，社会极不安定。

1627年，陕西爆发了农民大起义，多支起义部队呈现出星火燎原之势。高迎祥领导的起义军最有实力，在高牺牲后李自成成为统帅。起先，这支起义军转战于陕西、甘肃、四川北部一带，后来向东发展，进入中原，最后于1644年，李自成率领部队攻入北京，灭了明朝。

另有一支起义军以张献忠为首领，这支起义军对四川的影响最大。

1630年，张献忠在陕西米脂县起义，转战陕西、四川等省，曾经先后四次进入四川，在川东、川北、川西、川南都进行过战斗，影响范围包括成都、夔州、大宁、大昌、巫山、龙安、剑阁、绵州、安岳等地。

1634年，张献忠率部攻入四川，在川东活动，攻克夔州等地，又向东发展。次年，张献忠的农民军再次进入川东，攻克大宁、大昌、巫山、夔州等数十州县。1637年，张献忠兵进入川北，兵分两路，分别攻克龙安、剑阁、绵州、安岳等州县，进入成都平原，直至成都。农民军包围成都20余日，战斗中杀了明朝总兵侯良柱等将领。1639年，这是张献忠第四次入川，部队席卷川西、川北、川南，攻克数十州县。在张献忠进入四川作战期间，四川本地的民变、农民起义也风起云涌，令官府难以招架。较大规模的有摇黄农民军。这支农民武装的首领为摇天动、黄龙，原本是张献忠的部下，1634年随张献忠进入四川，后奉命留在四川，活动于川北、川东一带。摇黄农民军坚持在四川武装斗争，配合、支持了张献忠大军多次入川。

1644年，张献忠的农民军攻克成都，并在成都建立了政权，国号大西，以成都为西京，自称西王，以原蜀王府为帝宫。

大西政权设置了完整的行政机构，并且采取了一系列的政策措施，内容涵盖政治、经济和文化等方面，力图巩固政权，发展经济。

政治方面的措施主要包括：镇压明朝朱氏宗藩；镇压反对大西政权的人，包括宗教人士；对原来明朝的官员，愿意服务大西的，降级使用；开科举，选用人才等。

经济文化方面的措施主要有：救济灾民、贫民，免去贫苦者三年的赋税；设立铸局，铸造钱币"大顺通宝"，以利于商品流通，促进经济的发展；公开支持刻印书籍，如刻印了《华岳全集》13卷等，有利于文化建设。

少数民族政策主要包括：免除三年租赋，愿意降大西政权的各地土司，降级使用，但仍然担任原职。除黎州土司司马谅、石柱土司秦良玉外，大多数土司都降附了大西政权，接受大西政权的官职。

此外，大西政权还制定了对待国外传教士的政策，等等。

起初，四川官僚、大地主还是采取服从、配合大西政权的态度，但1644年五月，在南京的明朝福王朱由崧建立弘光政权后，他们马上改变了态度，组织武装，四处发动叛乱。对于这些威胁到大西政权的行为，张献忠进行了严厉的镇压。但是，在李自成战败，清兵逼近西南地区的形势下，这些反对张献忠的武装势力又猖獗起来，暗中联络清军，做清军的内应。

1646年，清军兵临四川。张献忠率领军队赴川北抗击清军，四川的官僚、大地主武装更加嚣张，企图南北夹击张献忠的部队。十二月，张献忠作战时牺牲，大西政权灭亡。但张献忠余部会同其他农民起义军，拥明永历皇帝，在川、滇一带继续抗清达19年，最终失败。

## 第三节 元明时期的四川经济

元代和明代的四川经济，都经历了一个由恢复到逐步发展的过程。宋元

之际，长达40余年的宋蒙（元）战争给四川经济带来严重破坏，昔日繁华的都市变成一片瓦砾，稻谷千里的农田变成荒地，白骨成丘，满目疮痍。经过较长时期的恢复，四川的农业、手工业和商业都有所振兴。但明末清初的长期战乱，又给四川经济造成更为严重的摧残，战乱所及的各府、州、县，数百里无人烟，满城庐舍，尽成焦土。

## 一、农业

战乱之后，恢复和发展农业生产，是朝廷维护统治、保障社会安定最重要的大事。元朝忽必烈刚一即位便诏告各级行政机构大力发展农业。国以民为本，民以食为本，衣食以农桑为本。

元明时期，在恢复和发展农业生产方面，政府采取的措施首先是招回因战乱外逃的民众，并且大量从湖广移民四川，使得发展农业生产有人力保障。其次推行屯田制，开垦荒地。明初还在地广人稀的地方，让被发配的犯人连同家室一起落籍为民，垦荒种地。明初四川进行了超过50年的长时间垦殖活动，取得了一定成效。在1393年，四川耕地总数为112032顷，到1578年，增长为134827顷。

元明两朝政府都重视水利建设。元朝早期和中期，四川地方官也组织开展了一些水利建设，如1328年前后，在彭山县修通济渠，灌溉彭山、眉山等处300余里的农田。

都江堰是四川最大的水利工程，自1275年起，官府组织岁修，几十年间共修整都江堰堤防133处，但效果不佳。1334年，四川廉访使吉当普调查发现32处为害最大的流灌区，经试验后进行彻底整治，取得了很好的效果，都江堰所灌溉的6州12县都有所受益。

明朝建立不久，明太祖朱元璋便于1394年诏令天下郡县修治水利，凡是可储蓄水以备旱灾，以防止森林火灾的沟渠塘湖堰等，都要因其地势修治之。

都江堰水利工程历来为政府所重视，明政府建立维修制度。先是由灌区以内各地供应工料，郫、灌两县派遣科差，专事力役。后来又改进制度，由受益区派人轮班维修。1490年，为加强统一管理，特添设四川按察司合事一员，总管堰务。在明朝弘治、嘉靖、万历年间，都江堰分别进行了大修，使得"堰固安流"，保证了灌区农业水利的发展。其他水利工程，如通济堰、陂塘堰、姚济堰、官渠堰、熊火堰等，也得到维修或建成，对各州县的农业生产起到了积极作用。

元代，一些新的农作物被引入四川。引进农作物新品种最突出的事例是将棉花种植引种到四川，在长江沿岸推广种植。

四川是全国水稻的主产区之一，在元代，水稻品种得到了显著的改良，种类也有很大的增加，如峨眉县就有25个水稻品种。

## 二、工矿业

元明时期四川的手工业还是以纺织业为主，此外，较重要的还有酿酒、制盐、制糖、茶叶、烟草，等等。矿山开采主要有金、银、铜、铁、铅、锡、水银，等等。

### （一）纺织业

元明时期，四川纺织业主要生产丝绸、布匹以及棉麻织品。

蜀锦自古为四川纺织业的重头戏和拳头产品。宋元之际，四川纺织业遭到战争摧残而严重破坏，元代又受到官营工匠制度的束缚，未能恢复到宋代的水平。不过，蜀锦的生产仍然具有规模，蜀锦仍是贡品，是元朝皇宫内的华丽装饰品，也是元朝送与外国的珍贵礼品。

明朝初年，朝廷在成都设立染织局，织造宫廷所用的各种织物。在明代分封的藩王蜀王府中，也设有织锦坊，但规模不大，产量低，价格高，市场上轻易不可得，反映出明初四川经济恢复时期织锦业的萧条。然而，随着经济的逐步复苏，四川织锦业也逐渐发展，以至史书都称赞成都俗不愁多苦工巧，绫锦刁镂之物遍天下。

明代四川丝织业，以川北保宁府为发达，与浙江湖州并驾齐驱。阆中生产的水丝，丝细光润，运销全国。保宁府所属巴州、通江、剑州、南江、阆中等地，蚕桑事业相当发达，丝绸绫绢大量运销外省，山西的潞绸、吴越的绫绢、福建的倭缎，其蚕丝原料均有来自保宁府各州县的。

但是，明末战乱，四川丝织业再次受到严重摧残，锦坊尽毁，花样无存，蜀锦织造工艺绝大多数失传，仅存天孙锦一种。织工非死即散，或遭掳掠，曾经有五百织户被掳至云南，留川者已不多。

四川棉花种植始于元代，明代时各地已普遍种植，并发展起棉纺织加工业。在明初，明王朝多次赏赐四川等都司所属士卒棉布，以及在四川收购棉布去西藏买马，等等。如1383年，明王朝赏与四川等都司所属士卒棉布961400匹、棉花367300余斤。1395年，又赏与盐井、会川、宁番、越巂、建昌卫军士棉布26080匹、棉花13040斤。明王朝还在四川购棉布往西番买马，一次就用布99000匹，足见四川棉花种植、棉布生产之盛。

（二）盐业和茶业

元代四川有盐场12处，分布在成都、夔州、重庆、叙南（今四川宜宾）、嘉定、顺庆、广元、潼川、绍庆（今重庆彭水一带）等路的山区，均为深井盐，有95眼盐井。

元朝实行国家垄断的盐业政策，产销均由政府直接控制管理，不允许民间经营。从事盐业生产的人称为盐户或灶户。违反这一政策者要受到非常严厉的处罚，实际上阻碍了盐业生产的发展。

元代中后期，四川盐业一度非常兴盛。1328年，四川发生地震，邛州一些老旧废井突然涌出盐水，民众自发开采煮盐，政府不得已予以承认。这是元廷在四川，也是在全国开放盐禁的起始。之后，元廷放开了盐业管制，允许私营，于是四川盐业迅速发展。民间私开盐井，获利颇丰，还吸引了周边陕西、湖广、淮西等省饥民大量涌入，参与盐业生产。然而，好景不长，后来元廷又恢复了盐禁政策，于是，流民散去，盐井废弃。

明朝初期，朝廷设立四川盐课提举司，总管全川盐政。四川盐井之数，洪武五年（1372年）有1456眼，已开煎者380眼，停煎者1076眼，于是填塞停煎的盐井。嘉靖年间（16世纪前期和中期）四川产盐地区已分布全省57州县。盐产量，明初洪武时（1368—1398年）为1012.7万斤，弘治时（1488—1505年）为2017.6万斤，万历时（1573—1620年）为986.1万斤。四川各盐场的生产能力，以大宁为最上。而内江、富顺之交有自流井，原非人工所开凿，有卤水自然流出，人们发现汲取这些卤水可以煎盐，于是有实力的人家开始开采制盐，获利很大。

由于明廷对于盐业的管理思路是以需求定生产，控制规模，因此，明代四川盐业虽然有所发展，但并没有达到完全自由发展的程度。

制茶是四川的传统手工业。宋元战争以后，四川的茶叶种植和制茶都大大衰落。元朝政府规定茶叶销售由官府掌握，"官买蜀茶"，私自卖茶属于重罪。这不利于调动茶农生产的积极性，很大程度上制约了四川制茶业的发展。

明初，茶叶成为明政府以茶易马的战略物资，政府多鼓励生产。于是，川茶生产得以逐渐恢复。明代四川茶叶的新品种，有剑南的蒙顶石花、邛州的火井思安，其中，以石花最为上乘。但明末战乱又使川茶衰落，人民逃散，茶园尽数荒废。

（三）酿酒业和制糖业

四川酿酒业素来发达。元朝普遍实行禁酒，却对四川网开一面，允许四川民众酿酒贩酒，官府收税。元代四川酒课（酒税）7590锭20两，占全国第五位。当时川酒中的名酒有郫筒酒、鹅儿黄酒、云安酒等，均为传统名酒。尤其郫筒酒，源远流长，自汉代就声名鹊起，直到元代仍享有盛誉，成为经受了时代考验的名酒。

明代，川酒发展更加成熟，诞生了一批享誉全国的名酒。川酒酿造工艺不断提高，出现了酿酒的专业作坊"糟坊"，宜宾的"温德丰"和"德盛福"，在当时是非常有名的糟坊。泸州老窖的建成时间也在明万历年间（1573—1620年），从此奠定下"三百年老窖"名酒的基础。

蔗糖生产在宋代时是四川的传统手工业，但元代处于衰落状态。明代有所恢复。遂宁是四川糖霜的主产地之一，曾有诗描写了遂宁糖霜生产盛况："绝壁云生鹤鸣洞，平沙烟锁蔗霜畦。"然而，至明末清初，又遭战乱破坏，几乎荡然无存。

### （四）矿业

元代，采矿主要有金、银、铜、铁、锡、铅和水银等，其产量超过历代。四川采矿达到一定规模，官府征收冶炼课税的主要有成都、乐山、西昌等地的金矿，思州（乌江流域）的朱砂、水银，会理的铜及碧石，等等。

明朝对矿山开采管理非常严格，明廷对待矿山开采及冶炼的政策是：官矿由政府任命官员全面管理矿山开采与冶炼；民间百姓的矿称之为民矿，民矿的开采必须得到官府的批准，交纳各类课税。明朝严格控制矿业的政策，有防止民众聚众闹事的考虑，但终究还是制约了矿业的发展。

明代四川矿产主要为银、铁和铜。四川开采的银矿，主要在今凉山州一带，规模不小，只是明廷政策多变，有时允许开采，有时禁止。于是，采矿和加工也随明廷政策的变化，时断时续。铁矿在四川主要有蒲江、龙州（今川北平武、青川、江油一带）两处，是官办的铁矿。此外，射洪、盐亭等地也有民矿。铜矿主要集中在中江、洪雅、梁山以及今川滇黔交界之地。开采出来的铜，一部分用于铸币，另一部分用于民间制作生产、生活用具。四川铜矿在明代万历年间（1573—1620年）及以后的一段时期得到了较大、较快的发展。

## 三、商业

元朝四川商业，总的说来水平较低，远未恢复到宋代的水平。但成都城南二江之间的市场，逐步恢复繁荣，商贾工匠店铺林立，桥上设有官府征税之所，每日税收不下精金千贯。成都平原的屯田、征商，与盐、茗、木、竹、山泽等特产贸易，逐渐得到恢复和发展。

明代四川城市商业从元末明初的凋零逐步恢复，并日益发展，一些城市成为全国范围内商品流通量较大的城市。1429年，明王朝对全国33个商业繁荣的城市增加税额，四川的成都、重庆、泸州三座城市就被列为增税城市。一些地方还拥有了自己的特色产品，享有声誉，市场销售量很大。如阆中的蚕茧"阆茧",质量上乘,大量销往山西潞州、福建漳州和泉州,阆中也成为川北蚕丝的主要集散地。再如苍溪罗方,也是蚕丝和丝织物等商品的一个重要集散地。

明代四川农村商业已有相当基础,农村市场随着经济的恢复和发展而兴起,州县的场集纷纷出现。如洪雅,全县6乡,有场集11处,这些集市各有特色:洪川以销售木器为特色;安宁制造的舟船质量上佳,能操之以历三峡之险;义和主要销售蔬菜;保安的薪炭有名;中保的木材好。各州县的地方官也积极促成民间商业贸易,如在汉州开堰治河,发展水陆交通,以兴商贾。剑州(今剑阁、梓潼及江油东部一带)官府将城北空地改为市场,招商开集市,一月集市贸易九次,立法以禁止奸商欺诈。为了方便通商,还修建可以走马车的道路。州县官员把兴立市场纳入地方议事日程,并通过行政手段加强了管理,这对农村商品市场的进一步繁荣起到了积极作用。

## 第四节 元明时期的四川文化

元明时期,四川文化深受社会经济的动荡、思想界的反传统思潮以及明初大量移民等若干方面的重大影响,日益发生流变。新旧文化的碰撞和融合,产生和形成了若干新的文化因素,成为近世巴蜀文化的直接先驱。

### 一、教育

元代,地方官员以恢复和发展为要务,于是四川各地的学校和书院迅速恢复。四川平章政事赵世延亲自定章程,树令于学,以明经治行为业。四川儒学提举谢晋贤,奏请恢复文翁石室为书院,得到了四川廉访使王守诚的支持。

元初,元军攻占成都,其将领纽璘坐镇成都时期,就将成都文翁石室、扬雄墨池、杜甫草堂等列为学宫,还在草堂修建了三个书院,捐出自己的私产在东南各地收购图书30万卷,这是四川恢复书院之初始。到了元代中期,四川各地兴建了数量颇多的学校、书院及庙学（开办于孔庙内的学校）。

四川的学校、书院及庙学，一般都有自己的学田，以提供办学资金。庙学的殿庭庑门，都有一定的修建规定和制式。

不仅是在汉区，就连一些边远的少数民族地区也兴办教育，修建学校。如1294年，马湖土官在文庙开建了马湖路儒学。西昌等地也建设了文庙、文昌宫。元代四川科举考试及第的，据《四川通志》记载，有622人，表明元代四川的教育还是比较兴旺的。

明初，由于元代战乱，四川的学校大多毁坏，经过一段时间的恢复重建，逐渐复兴。地方一级，各府、州、县，都要办学校，作为国家的教育机关。府学要有教授1人、训导4人。州学设学正1人、训导3人。县学设教谕2人、训导2人。各郡县都必须要有学校、文庙。

成都府学以及成都、华阳、双流县学，都在明初朱元璋时期就得到了重建。不少学校继而纷纷恢复，其后又经过扩建。如双流县学，曾经分别在永乐、正统、天启三个时期，进行了三次扩建；汉州儒学，在正统、天顺、成化、嘉靖、天启时，也经过多次扩建和修葺。此外，在龙安、雅州、马边、雷波等少数民族地区，儒学也兴建起来。

明代学校的学习内容以"四书""五经"为主，学校教育的直接目的是面对科举考试，为科举而兴学，这是明代教育制度的基本特征。科举考试成绩也是考量地方教育成果的主要指标。

明代学校经费来源基本上依靠各地自筹，主要途径是地方官捐俸、当地士绅赞助、罪囚缴纳的赎金，其中以士绅赞助最为重要。如成都府学于1500年扩建后，70多年一直无力维修，到1578年，知府耿定力主持维修，经费大半自耿的俸钱，成都父老子弟被耿的行为所感动，出钱出力。再如嘉靖时（1522—1566年），扩建新都县学，经费来源于罪囚缴纳的赎金。

除正式的官办教育机构外，私家讲学之风亦盛行，多数府、州都有私家教育机构书院。书院多建于有贤德之名的名人遗址，蜀地就有北岩、紫岩、青莲、金华等数座书院，皆为名人遗址。在文翁石室故址建立了成都锦江书院。书院较之官学，学术风气比较自由，有些书院还允许学生聚议。

除官学、书院外，明代四川还有大量私塾，遍及城乡。又有由当地乡绅和地方官员捐资兴办的义学，为数众多，非常普遍。

二、哲学

四川的理学、经学在五代、两宋时期有很大的影响。至元代，四川著名经学家有邛州王申子、绵竹任士林、潼川赵采、成都刘渊、嘉定秦辅之、成都纥石烈希元、成都范大性等人，而尤以流寓蜀中的黄泽研究的《易》最为有名。

黄泽，字楚望，祖籍长安，其先辈在唐末到四川资州内江任职，死于内江，子孙便留在内江生活。后来，黄泽的伯父到九江任官，黄泽父亲也跟随去了九江。在蜀中战乱难以归家的形势下，就在九江安家了。黄泽天资聪颖，饱读经书，哲学研究以易学方面成就最高。在1297—1307年间，黄泽担任江州景星书院和洪州东湖书院的山长，闭门授徒、著述。黄泽的哲学代表作有《易学滥觞》《春秋三传义例考》等。他阐明"六经"中有疑义的千余条，以示天下学者，于是《易》《春秋》传注之失、《诗》《书》未决之疑、《周礼》非圣人书之谤，凡数十年苦思而未通者，皆涣然冰释，各有条理。黄泽被元代南方理学大师吴澄称赞为"当世经学第一人"。

此外，还有王申子，邛州人，寓居利州天门山30年，任南阳书院山长。著有《大易辑说》10卷。绵竹人任士林，曾任安定书院山长，作《中易》。潼川人赵采，著有《周易程朱传义折衷》33卷。成都人刘渊，任永州路学正，著有《易学须知》《读易记》等书。嘉定州人秦辅之，著《易注》。成都纥石烈希元，著《周易集传》20卷。成都人范大性，著有《大易辑略》。

明代四川哲学家受王阳明哲学思想的影响较深，研究心学，只有杨慎坚持反对理学。知名的哲学家有邹智、杨慎、赵贞吉、来知德、熊过、任瀚等人。

邹智（1466—1491年），字汝愚，合州（今重庆合川）人。他的哲学思想属于主静的白沙学派，认为："万物以静为起始和循环，所谓静者，何处得来？当以涵养本源为先。"

杨慎（1488—1559年），字用修，号升庵，四川新都人，其父杨廷和为大学士并官至首辅。杨慎24岁中状元，任职翰林院修撰。嘉靖三年（1524年），因议大礼，受廷杖，谪戍云南永昌卫（今云南保山），72岁卒于戍所。杨慎天资聪颖，勤奋好学，一生笃于著述，各种著述达400种以上，留存至今的有150多种，是明代著作最多的一位学者。

在哲学思想上，杨慎具有明显的唯物主义倾向，反对理学空谈心性。他主张多闻博见，增加自己的知识，批驳理学"不出户知天下"的观点，强调实践经验的重要作用。他还主张用发展变化的观点去认识事物，认为历史发展的动力不在人意，而在"势"，"势"的实现，只有通过变革才有可能完成。这反映了他对于主观能动性的作用的认识。

赵贞吉（1508—1577年），字孟静，号大洲，四川内江人。隆庆时，官至礼部尚书，入阁预机要，因与首辅高拱不和，后辞官。赵贞吉才学颇高，但心高气傲。学术上深研王阳明哲学，深得其意旨，被认为是王阳明的三传弟子，是明代性命之学的创始人。他主张天地万物，本为一体，可以凭借"灵觉"来体会到其中的奥妙，这反映了入禅甚深的学术思想。

来知德，字矣鲜，生卒年不详，梁山（今重庆梁平）人。万历年（1573—1620年）中期，皇帝授予他翰林待诏职位，来知德坚辞不就，在万县山中隐居30年，著有《周易集注》16卷，以研究象数的变化为主。

熊过，字叔仁，又字南沙，富顺人。嘉靖八年（1529年）进士，曾任礼部祠祭司郎中，后被贬为庶民，著有《周易象旨》《春秋明志录》。《四库全书总目提要》说他研究《易》很有成就，是明代学者研究《易》中的翘楚。他对《春秋》也很有研究。

任瀚，字少海，南充人。嘉靖八年（1529年）进士，历任吏部主事、郎中、左春坊左司直兼翰林院检讨等职，后因上疏忤明世宗，革职贬为庶民。任瀚与熊过、唐顺之、王慎中等人被合称为"嘉靖八才子"。著有《椿坊集》《钓台集》《任文逸稿》等。但他的著述，在明末蜀乱后多亡佚，但从钱谦益《列朝诗集小传》丁集的记载来看，任瀚潜心于研究《易》，大概是主张《易》学与道家合流的。

三、文学

在元朝文坛上，以川籍文学家虞集成就最高，典册、诗词均负盛名。

虞集（1272—1348年），字伯生，世称邵庵先生，祖籍四川隆州（今四川仁寿），为宋丞相虞允文的五世孙。虞集曾在元朝京城大都任儒学教授、国学助教、国子司业、秘书少监、奎章阁侍书学士等职。

虞集擅长于典册之作，曾受命担任《经世大典》的编修总裁。其代表作有《道园学古录》50卷、《道园类稿》50卷、《道园遗稿》6卷。虞集的诗作见称一时，在元代诗词界地位很高，为元诗五大家之首。也擅长于词，词作有30余首，辑有《道园乐府》1卷，有人评价其词作风格为："豪婉兼苏秦，高旷若陶谢。"

元代四川文学家还有眉山蒲道源、王学文，西昌刘应雄、刘天迪、周字先、曾先元，天全高夫人等。虽然是英才济济，不过较之两宋，已是强弩之末，难以比肩。

元曲在中国文学史上占有重要地位。四川元曲作家中，较有名的是青城人杨朝英，编有《乐府新编阳春白雪》10卷、《朝野新声太平乐府》9卷曲作，被誉为"如碧海珊瑚"。

明代，四川涌现出不少知名的文学家。在诗歌方面，杨基、徐贲名列明初"吴中四杰"，杨慎的诗更是独树一帜，杨慎的夫人黄峨也是富于才华的诗人。

杨慎是明代四川诗人成就最大者。杨慎的诗风有一个变化过程，青少年时，他的诗深受古代六朝诗风的影响，靡丽奇艳。36岁时遭到朝廷贬谪后，诗风一变，渐入老苍，有杜甫、李白的格调，也带有苏轼、魏了翁的风格。杨慎诗作的一个重要特征是具有浓郁饱满的思想感情，不落空谈的俗套，他还注重从民间文艺中吸取诗歌创作的养料，曾辑有《古今风谣》《古今谚》

《风雅逸篇》。他的诗作还带有强烈的政治性,具有鲜明的时代特征。如《南寗始发京》一诗,就揭露了朝廷的腐败和黑暗。杨慎一生诗作丰富,约有2300多首。

黄峨(1498—1569年),字秀眉,四川遂宁人。她博通经史,诗作不多。黄峨22岁时与杨慎结婚,其诗风接近杨慎,感情真挚饱满,而较之杨慎又更纵恣。杨慎远戍云南后,她与杨慎常有诗词往来,其中一首《七律·寄外》,表达了她对杨慎的深切思念:"雁飞曾不度衡阳,锦字何由寄永昌。三春花柳妾薄命,六诏风烟君断肠。曰归曰归愁岁暮,其雨其雨怨朝阳。相闻空有刀银约,何日金鸡下夜郎?"

杨基(1326—1378年),字孟载,号眉庵。原籍嘉州。其父在江左任职时,举家迁往吴中(今江苏苏州)。杨基是元末明初诗人,为"吴中四杰"之一,还擅长书法、绘画。明初任荥阳县知县,逐渐升迁,曾任山西按察使,后被谗夺官,被罚服劳役而死。

杨基的诗清秀俊俏,境界开阔,尤其擅长做五言律诗,代表诗作有《岳阳楼》等,著作有《眉庵集》12卷,补遗1卷,按照古体、歌行、律诗、绝句、长短句及词曲分卷。

徐贲(1335—1380年),字幼文,原籍四川,明初"吴中四杰"之一,明初十才子之一。明初任职朝中,历任御史、刑部主事、广西参议、河南左布政使等职。1378年,明军征讨洮岷过境,因犒劳失时而下狱,两年后以"犒师不周"被处死。

徐贲善作诗,著有《北郭集》6卷。也擅长作画,尤其是山水画,有《蜀山图》《秋林草亭图》等,《秋林草亭图》现藏于上海博物馆。徐贲的书法也上佳,尤其是小楷。徐贲的书法作品《题濯清轩》,现藏于故宫博物院。

## 四、史学

四川学术界历来重视史学,元代四川史学也有所发展,主要是编纂地方志之风大行,著名的有费著、虞应龙、郭应木、冯福京等人。

虞应龙，四川仁寿人，南宋末在雷州任职，元朝寓居湖广行省。虞应龙对方志学、地理学都很有研究，他将史书传记等文献记载的天下地理建置、郡县沿革、事迹、源泉、山川、人物以及圣贤作品等，分类编述，编成地志书《统同志》，上献朝廷，得到官府和学术界的肯定。于是，朝廷征召虞应龙参与编修元朝《大一统志》，此书历时10余年，于1303年撰成，全书共600册，1300卷。此书比前代地志书更加详备而完善，流传后世，学术价值极高。

费著，四川广都（今四川双流）人，进士。授国子助教，历任太史院都事、翰林学士。费著博学，在元代学术界很有影响。费著撰有《岁华纪丽谱》《笺纸谱》《蜀锦谱》《氏族谱》《楮币谱》《钱币谱》《蜀名画记》《器物谱》《成都周公礼殿圣贤图考》等多部著作，详细记述了蜀中风俗土产，是研究四川历史文化的重要资料。

一些在省外任职者也编修了地方志。郭应木，四川资州人，1311年在宝安（今广东东莞）做官时，主持纂修《宝安志》。冯福京，四川潼川人，1295年在昌国州（今浙江定海）任判官，3年后编成《昌国州图志》7卷。这些都是元代地方志中的佳品。

还有杨学可，四川新都人，在元末明玉珍据蜀建立大夏政权期间，敏感地认识到记录此事件的重要性，撰写了《明氏实录》，记录了明玉珍家庭、起兵、入川、大夏政权的兴亡等，对研究明玉珍及大夏政权具有很高的史学价值。

明代，四川史学仍然以编写地方史志为主，涌现出许多地方史志著作。据《中国地方志联合目录》统计，明代四川府州县方志有22种（此为不完整统计），足见修志之风的盛行。

明代四川史志中，四川全省的志书前后修过四次，即：正德十三年（1518年）熊相纂的正德《四川志》37卷，嘉靖十六年（1537年）刘大谟纂的《四川总志》16卷，万历七年（1579年）虞怀忠纂的《四川总志》34卷，万历四十七年（1619年）杜应芳纂的《四川总志》27卷。这四部四川志都传到了当代。

专门史方面的研究，较知名的有陈讲，四川遂宁人，进士，作《马政志》4卷，记载中央王朝与西藏进行的茶马、盐马等贸易，厘清了明代茶马制度。

五、艺术

元明时期，四川艺术在绘画、书法、戏剧方面有所发展，尤其是明代戏剧，开川剧形式之先声，为后世川剧的形成打下了基础。

（一）绘画与书法

元代，江南绘画与书法在全国处于顶尖地位，四川的绘画及书法地位远远不及。四川书画大家只有以文学和文人山水画，以及鉴赏、理论著称的虞集、邓文原、宇文公谅等人，能在全国有一定声誉。

元代四川画坛上的佼佼者有10多人，以高逴、王庶、陈可立等人最为著名。高逴，擅长画马以及草书。王庶，善画山水。陈可立，虞集的表侄，诗书画俱佳，尤其擅长写真。祖籍四川成都的宇文公谅，有《山水画轴》收藏于故宫博物院。还有赵天泽，善画梅竹，他画的卷子和条幅扇面作品也收藏于故宫博物院。

书法则有绵州人邓文原，工于笔札，与大书法家赵孟頫齐名。著名文学家虞集也是当时的大书法家，他用于书简题跋的行草书，尤其神妙，为历代书家所推崇。

明代四川绘画，以明初杨基、徐贲、王汝玉等人最为有名。他们的画作，多以山水竹石为题材，属于文人画。此外，还有张一魁、苏致中、吕潜等人也较有名。张一魁擅长画山水人物，他的画，神情俱妙。苏致中长于山水画，行笔如流而清雅高出，略不经意，天趣自然，人不可及。明清之际，四川画师以吕潜善花草画，用笔放纵，而不越规矩，清朗可爱。

明代四川壁画较完整保存至今的作品很少，但留存作品艺术价值很高，如成都新津县观音寺毗卢殿左右两壁和后壁的彩绘壁画。该壁画完成于1468年。毗卢殿左右两壁彩绘六铺壁面，画分三层，上层绘飞天和天宫景物，中层绘十二圆觉菩萨和二十四尊天，下层绘供养人物。殿后壁画绘制了80多个仙、佛、鬼怪和世俗人物，辅以楼台亭阁、山水花草等。壁画采用工笔重彩，描金生漆勾勒。画中人物、花草、山水景观等，生动形象。还有蓬溪县宝梵寺大殿壁画《西方境界》，现存10幅，其中9幅都是明代1466年的作品，艺术价值很高。

明代四川书法家中，知名的有杨基、王燧、苏致中、张嘉谟、黄辉等人。杨基的行草尤佳。王燧善书，也善画。苏致中书法被时人赞誉有"天然之趣"。苏致中的四代孙苏雨也是字画双绝。张嘉谟在隶篆行草上都有声誉，各得其妙。黄辉的诗书，与董其昌齐名，尤其擅长于楷书，而精于行书和草书。

（二）戏剧

"川戏"这个词最早出现在明代戏曲牌上，出自明代散曲家陈铎的《嘲天子·川戏》和《北耍孩儿·嘲川戏》等曲子中，后称川剧。当时的川剧，从声腔上看，还只是一种单声腔的高腔剧，"一声蛮了一声呔，一句高了一句低"。演唱的剧目，既不是南戏，也不是杂剧，而是改动了的南戏和北杂剧，人称"不南不北乔杂剧"。川剧上演的内容，多是丑角戏、玩笑戏一类喜剧，富于生活气息。唱腔上形成了后台高八度帮腔的特点，以及以散语而不是韵语作为道白，重表演动作而少唱腔唱段、多道白散语等特点。

明代川剧已经从院坝戏进入室内，走上戏台。戏台、戏楼、乐楼广布城乡，表明川剧的兴盛，雅俗共赏，逐步走向成熟。明代状元、川人杨慎也对川剧大有兴趣，他创作的《洞天元记》《太和记》等杂剧和《陶情乐府》等曲，流行全国，都具有"川调"色彩，反映出川剧对杨慎的影响。

六、宗教

元明时期的四川宗教，仍是以佛教和道教为主，还传入了天主教等新的宗教文化思想。同时，藏传佛教也在四川西部少数民族地区广为传播。

### (一)道教

元初,忽必烈对道教相当优待,将其作为巩固统治的工具。因此,道教较为昌盛。

元代四川道教名人为数不少。省内有法师刘浩然、张全、汪集虚等人。省外以孙德彧最为著名,影响最大。

眉山人全真道士孙德彧,11岁当道士,逐渐发展成为秦蜀道教首领、真人,元仁宗时(1312—1320年)被授予"神仙演道大宗师、玄间掌教辅道体仁文粹开玄真人",管领诸路道教所,知集院道教事,是全国道教的首领。

道士汪集虚,1294年作白庵于青城山居住,1337年赐号真人,为青城诸山正一宗主,四川的道教祖师。

进入明代以后,道教由盛转衰。清代重佛抑道,道教更形衰落。如峨眉山,道教势力在清代几乎已完全退出峨眉山。不过。民间的信道之人仍然很多,道教仍相当活跃,尤其一些杂各种宗教为一体的民间秘密宗教组织兴起,有的就同道教具有思想上和组织上的关系。

元明时期,四川有名的道观有成都青羊宫、青城山上清宫、中江县清虚观等。元代四川著名的道观有成都青羊、玉局诸宫,受到朝廷保护,免其赋税,禁止侵占。有《成都蒙文圣旨碑》,刻于1342年,以八思巴文刻书,圣旨内容为保护青羊宫宫观,现藏于四川博物院。在明代,青羊宫还得官府出资重修。

### (二)佛教

元明时期,四川佛教继续发展,重大变化是藏传佛教大为盛行。

#### 1. 藏传佛教

由于元朝统治者信奉藏传佛教,尊吐蕃僧人八思巴为国师、帝师,因此,元代佛教各派以藏传佛教地位最高。

四川甘孜邓柯、石渠在元代初期和中期盛行藏传佛教萨迦派(花教)。元代后期,噶举派(白教)取代萨迦派,在康区势力很大,此派黑帽系第二世活佛噶玛拔希出生在康区哲垅地方的哉波务家族,活佛转世制度就是从他开始的。其后,攘迥多吉森继为第三世活佛,元顺帝封其为国师,他的康区弟子增桑布受封为司徒。于是,康区许多寺院及属民又改奉噶举派,德格土司的几个家寺都改奉噶举派,成为噶举派在康区的重要寺庙。

其后,四川藏区又流行了一段时间的宁玛派(红教)。明初,宗喀巴创立格鲁派(黄教)并很快传入四川藏区,1580年第三世达赖喇嘛索南嘉措在理塘新建了四川第一座黄教寺院——长青春科尔寺。明末清初,黄教势力日益增强,其他教派均遭到打击,黄教在川西高原盛极一时,占据了统治地位,建有著名的霍尔十三大寺院。至此,藏传佛教各派,包括红教、黄教、白教、黑教及花教等,广泛分布于四川藏区,但唯有黄教势力最大,逐渐占据绝对优势,其寺院及僧侣数量之多,远在其他各派之上。

2. 汉传佛教

元代内地的汉传佛教主要有禅宗、华严宗和律宗三大类,四川主要流行禅宗。

金堂云顶寺(古名天宫寺,唐代改名慈云寺,宋代更名祥符院),是川西著名寺庙,也是禅宗寺院。元初,云顶寺僧元一被元世祖赐为护国寺主讲,云顶寺也受到朝廷的庇护。

在元军队初入四川时,破坏严重,许多寺庙被毁,僧人四散,也传播了佛教文化。如成都大慈寺主、华严宗僧人秀朗就去了东南各地传华严宗,门人遍及东南各地。

在今凉山州西昌一带,因唐、宋时期长期被割据云南的南诏国、大理国控制,受其佛教文化的影响,在元代仍然以密宗为主。

明代的帝王多信奉佛教,因此全国各地佛教大盛,四川仍然以禅宗为主,新建、扩建、重修了很多佛教寺院,尤其是成都平原,佛院禅寺,殿宇廊庑,华丽高敞,香火不断。著名的佛院有昭觉寺、金像寺、净居寺、净因寺、金沙寺等。

这一时期四川著名的佛教人物不少,其中以破山海明和弘忍潭吉最有代表性。

破山（1597—1666年），四川大竹人，俗姓蹇，师事浙江金粟寺禅宗大师圆悟。崇祯九年（1636年）始在重庆华岩寺、梁山双桂堂等处弘扬佛法，有弟子百余人，遍布西南三省，清初双桂堂发展成为西南大寺。破山对明清之际的四川佛教有很大影响，成都昭觉寺、文殊院等，均奉双桂堂为"老祖庭"。破山著有《破山语录》21卷和《破山禅师年谱》1部。

弘忍（1599—1638年），四川资阳人，是高僧法藏的弟子。明朝末期，佛教界有一场论争，由于法藏撰《五宗原》，受到圆悟驳难，于是弘忍撰《五宗救》，为其师辩护，引起圆悟《辟妄救略说》的问世，对二人进行再驳难。弘忍与其同门诸公力撑，保住了法藏一支在佛教界的生存空间，人称弘忍为豪杰之士。

### （三）伊斯兰教

元明时期，有大量回民迁居四川，随之而来的是伊斯兰教在四川的传播。其中，以成都、绵阳、凉山及阿坝地区回族穆斯林人数最多，聚集在清真寺周围居住。

### （四）天主教

明代末期，天主教开始传入四川。崇祯十五年（1642年），意大利人利类思、葡萄牙人安文思先后入川，传播天主教教义，介绍西方天文、地理、文学、历史及西医、西药知识。他们的传教得到了地方官的支持，于是影响迅速扩大。四川的保宁、重庆及其所属州、县也纷纷设立教堂。明末张献忠农民起义军建立大西政权后，曾优抚天主教，赐利类思、安文思二教士"天学国师"的称号，并命其制造天球仪、地球仪及日晷。

# 第六章 清代的四川

## 第一节 导言

明末清初的大规模战争，导致四川社会秩序的崩溃与人口的迅速消亡，社会经济遭受了毁灭性的破坏，成都平原及其周边成为野兽出没的榛莽之域。战乱之后，清朝政府长期实行并鼓励移民政策，湖广、江西、陕西、广东等地的移民进入四川，重新拓殖荒芜的土地。清代四川社会的总体格局较为安定，虽偶有川陕白莲教武装起义，但并未波及整个四川，四川社会经济得以休养生息，逐渐发展。伴随着对土地的重新开发，清代中期以来，以农业为基础的四川经济逐渐恢复并开始繁荣，产生了众多聚族而居的世家。原产于海外的红薯、玉米等高产耐旱农作物的广泛种植，使得四川山区土地得到开垦，也为四川人口的增长做出了贡献。在此基础之上，盐业、茶业、金融、商贸等领域也得到进一步发展，沿着腹地河网各处形成了众多商业性的集镇。

大规模移民伴随着社会经济逐渐恢复的同时，也促成了各地移民文化的交流融合，近代四川方言、川剧等文化在大融合中逐渐形成。到清代晚期，近代四川方言、川剧、川菜等最具有地方特色的文化元素最终定型，这意味着自清初大规模移民以来，经过长期交融，最终产生了具有共同文化心理结构与身份认同的群体，也意味着近代四川文化进入成熟阶段。

清代统治者对四川土司的政策，一方面，继承了明代以来的基本制度，主要以安抚利用为主，授予土司文官、武职的印信、封号，实行"因俗而治"，即由少数民族土司根据其本民族习俗传统进行自治。另一方面，清政府对土司又实行防范、分化的政策，最终通过改土归流消灭了土司制度。清政府利用土司之间的矛盾使其互相牵制，并进一步分封新的土司，将原有土司领地分割为多个小土司，削弱其力量。对敢于反抗清朝的土司，则实行严厉镇压，如平定甘孜州瞻对以及大小金川战役。从雍正初期以来，清政府对四川土司进行了三次规模较大的改土归流，雍正时期在西昌、天全、酉阳等地设置州县，乾隆时期在石柱、大小金川改土归流，晚清赵尔丰则在巴塘、理塘、德格等地大力推行改土归流，为日后西康省的建立提供了条件。四川的土司制度，在清代发生了巨大变革，改土归流的实施，有利于民族的融合与社会经济的发展。

清代四川的文化发展较为低迷，但仍然涌现出不少著名的思想家和学者，其中包括反理学的费密、反君主专制的唐甄、研究经学并作《槐轩全书》的刘沅，以及清末今文经学大师廖平等。随着经济发展，四川至近代也产生了新式学校。府州县学、书院的开办，为岁考、乡试的参加者提供了教育平台，使其可通过获取功名跻身低级士绅的行列，并获取赴京会试考取进士的资格。府州县学、书院等多有学田，大多靠士绅捐赠。此外，清代在乡村设有专职的乡学义塾，面向农村提供教育，并向府州县学输送生童。除官办乡学之外，四川民间还有各类私塾，或为家族专门为子弟建立的私塾，或面向一般平民的类型，著名的双流刘沅就曾开设私塾，共教育学子达上千人。乾隆以后，四川经济文化呈现恢复趋势，出现了一些科举家族，如丹棱彭家、通江李家各出了3名进士，而罗江李家则出了4名进士。尽管如此，整个清代四川进士人数所占全国比重仍不到全国总数的百分之三，极大地低于吴越、齐鲁、闽粤等地。到了晚清同治时期，张之洞兴办尊经书院，以王闿运担任山长，讲授今文经学，传播新式思想，给封闭保守的四川文化界注入了新的生命力，也培育了大批人才。清末光绪、宣统时期，四川开始出现新式的小学、中学、大学，四川的学术文化开始向近现代迈进。

## 第二节　清代四川的政治

### 一、明清之际战争对四川社会的破坏

清初四川曾遭受巨大的战争破坏。1644年清兵入关，同年张献忠进入四川，与南明势力之间发生激烈冲突，建立"大西"政权。1646年张献忠顺岷江南下转移财物，遭明朝参将杨展伏击，战败船沉，大量财物沉于江底。2017年，四川省文物考古研究院对彭山江口张献忠沉银遗址进行了发掘，出土了大元帅金印、金册、银锭、戒指、耳环、发簪等上万件文物。戒指、耳环、发簪等民用私人物品的发现，显示了张献忠对民间的掠夺。张献忠撤离成都之前，怀疑自己被四川人出卖，丧失理智，对士绅和民众进行了屠杀。虽然清代大量史料、文献将四川人口大减全部归罪给张献忠，有失公允，但张献忠参与过屠杀、劫掠，并因此丧失人心，也是事实。1646年，清朝任命肃亲王豪格率兵进入四川进攻张献忠，并将其射杀。大西残余势力孙可望、李定国等退守云南，最后联合南明，继续与清朝作战。

清初清朝势力退守保宁（今四川阆中），南明的巡抚则驻扎在川南彝区边缘的洪雅县一处叫"天生城"的山寨，南北双方互相攻打。1652年南明刘文秀军甚至包围了保宁，但被击败。交战双方多次路过成都，但都不驻守，因为当时成都在战乱之中，已经变成一片虎豹出没的巨大灌木森林，临近

各府县也都成为无人区,野兽出没,南明在天生城刻的石碑上,也提到当时"殷富之区,鞠为茂草"。清朝军队在四川同样劫掠屠杀,如1647年清朝将领梁一训撤出成都,就驱赶残留的几千名平民北上,在绵州对他们进行了屠杀。伴随着战乱和屠杀的是瘟疫和饥荒,1646—1647年之间,四川长寿、达州、巴县、盐亭、潼川等地发生大饥荒,甚至导致了人吃人的悲剧;1648年内江一带暴发瘟疫,有文献记载说,雅安一带遍地是尸体和白骨。

直到顺治末期,清朝巡抚佟凤彩才回到成都进行重建。康熙初期,清朝消灭了四川最后的抗清力量"夔东十三家",开始从湖广等地移民入川。但这一阶段的移民,规模不大,而且死亡率极高。南充知县黄梦卜报告清朝说,本来招募了新移民506人,但是其中228人被老虎吃掉了,又病死了55人,现存223人。后面又新招募移民74人,其中42人被老虎吃掉,现存32人。当时四川虎豹成灾,瘟疫横行,还无法实现有效的大规模移民。

1673年,爆发了吴三桂、耿精忠反叛清政府的三藩战争,给疮口未平的四川又增加了新的破坏。1674年,吴三桂的军队从云南攻入四川,占领四川全境,并占据陕西汉中、安康。1678年,吴三桂匆忙称帝,国号为"周",但在五个月后暴死。他的孙子吴世璠继任皇帝,但在军事上已经逐渐失利,清朝开始反攻。1679年,清军攻入川西北,第二年攻占成都,并设置川陕总督,统一管理川陕两省。1681年,清朝占领全川,进入云南,吴世璠自杀,三藩战争平定。八年的三藩战争,波及全川,进一步给四川的社会经济造成巨大破坏。在战争中,吴军到处抢劫,而清军同样也对四川进行劫掠屠杀,如川南富顺一带一二百里之内,官兵奸淫烧杀,遍地疮痍。多年来的战乱,导致四川原住民的大量死亡,有一定财力的士绅富民,则选择出逃避难,逃到湖广、云贵、江浙等地。如学者费密就逃到陕西,又陪同父亲逃到江苏泰州,《蜀都行》的作者余榀明就逃亡到浙江宁波,老死在当地。人口大量消失,导致四川一片荒凉。

四川人口的大量消亡,使得四川城市、农田化为森林,虎豹成群。例如张懋尝率领八个人到荣昌县去上任,进城以后居然看不到人的踪迹。到了黄昏，一群老虎突然窜出，其中的五个人当即命丧虎口。营山县人口锐减，老虎增加，能够在大庭广众之下吃人。富顺县断绝人烟，虎豹众多，不分白天黑夜在城外、村庄游荡，见到人就扑上去吃掉。老虎在大白天进入残破的城市，城中只剩下几十家残余人口，每天都有人被老虎吞噬，经过几天之后，整个县城的人全部消亡。天灾伴随着人祸，使得清初四川的社会几乎完全崩溃。

在平定三藩之后，清朝从1690年开始又鼓励外省移民来川，并放宽土地税收的年限。康熙、雍正、乾隆、嘉庆之间，来自湖广、陕西、广东、福建等地的大批移民分别沿水路、旱路进入四川，重新开垦因多年战乱而荒芜的土地，开辟山林荒地，并兴建水利工程，四川的社会经济迅速恢复并发展起来。根据一些地方县志的记载，这一时期的四川社会粮食丰产，家畜兴旺，赋税轻薄，人口增长。随着人口增长和土地开垦，四川出现了一批强宗大族，在此基础之上文化融合也日渐深入。

二、从土司制度到改土归流

清朝继承了明代的土司制度，号称对各少数民族"一视同仁"，尊重他们的本土习俗。雍正就曾说自己对各地土司一视同仁，要求地方官员尽量不要滋扰少数民族。少数民族土司实行世袭制，继承顺序是土司的嫡长子拥有第一继承权，没有嫡长子就让庶子继承，没有庶子就让庶孙继承，没有庶孙就让弟弟或其他家族成员继承。如果土司的妻子或女婿德高望重，也可以获得继承权。但无论是谁继承，都要上报给清朝政府，再颁发印信和号纸，号纸上标注有土司的官职、世系、继位时间等，土司死后其号纸必须上交。

土司相当于一方诸侯小国，有土司官寨，设有监狱、官员、军队等，并统治各级村寨。土司制度的好处，是各族群依据自身习俗、习惯法进行自治，降低了中央王朝的统治成本，也可以缓解王朝政府与当地原住民之间因为习俗不同而导致的直接摩擦。但土司制度的弊病也很明显，一些土司可以借助自己的特权，对手下的民众进行严酷治理；更严重的是，一些土司势力较为雄厚的话，可能会倾向于割据称霸，各土司之间易爆发激烈战乱，影响社会稳定。基于这些理由，清朝政府既尊重并继承土司制度，维护民族地区的稳定，另一方面为了避免土司制度的弊端，在必要情况下实行改土归流。

改土归流的意思是，废除民族地区世袭土司的"小王国"，将这个"小王国"变为内地一样的府州县，由中央任命当地官员，并将土司的民众变为给国家交粮纳税的普通平民。改土归流最早出现于明朝，清朝也继承了这个制度，并进行了三次大规模的改土归流。第一次是雍正时期，从1726年到1729年，陆续有西昌、酉阳等地的土司被改土归流。第二次是乾隆时期，先是对理县、石柱等地土司进行改土归流，大小金川战争后对当地改土归流。第三次是晚清，由赵尔丰主持，对巴塘、理塘、德格等地进行大规模改土归流，为日后西康省的建立奠定了基础。

康熙晚期以来，汉军镶黄旗人年羹尧担任四川巡抚，平定过西昌、越西等地土司的叛乱，并安抚理塘、巴塘等地的土司，对安定西藏、青海等地的秩序做出了贡献，因此获得了川陕总督的职位。雍正时期，年羹尧多有战功，权势日盛，在有关重要官员的任免和人事安排上，雍正则多与年羹尧交换意见，并给予他很大的权力。在年羹尧管辖的四川、陕西区域内，大小文武官员一律听从他的意见来任免。年羹尧的幕僚汪景祺写信提醒，要注意搞好君臣关系，以免像其他一些功臣一样招来杀身之祸，但年羹尧目空一切，置之不理，更加骄横。回到京城，五大臣到郊外迎接，他完全不回礼。在边疆，蒙古王爷们居然对他行跪拜礼。这些行为最终激怒了雍正。1725年，雍正撤销了年羹尧的川陕总督职务，改为杭州将军，并在年底将其逮捕，令其自杀，以诗文吹捧年羹尧的幕僚汪景祺也被处死。

继任川陕总督的官员是岳钟琪，他曾长期担任四川武将职务，驻扎在四川康定，平定了理塘、巴塘、昌都等地的叛乱，并在西藏击败过准格尔侵扰，还有平定四川边地土司动乱等功劳，因而在1725年升任川陕总督。岳钟琪在任期间，对四川乌蒙、镇雄、西昌、凉山等地的土司叛乱进行了镇压，并进行改土归流。镇压土司叛乱后，清廷在建昌建府，下辖三个县，即西昌、冕宁、盐源，又在岷州将两个土司地区改为流官。1729年在里塘、巴塘等土司地区，建立宣抚、安抚司，以流官的方式进行管理。雷波（四川雷波县）的土司发动叛乱，岳钟琪派兵进行了镇压，在四川边地一带建立了较多功劳。与此同时，湖南人曾静由于受到思想家吕留良的影响，派自己学生张熙给岳钟琪写信，叫他起兵反清，为宋朝和明朝报仇。岳钟琪收到信后，诱骗张熙交待了所有计划和参与人，并将情况迅速报告雍正，逮捕曾静等人送到京城审讯，牵连出反清思想家吕留良。雍正下令将吕留良开棺戮尸，惩处其儿孙、学生。乾隆时期，岳钟琪还参加了在四川攻打大金川的战役。

乾隆时期，四川西北部发生了大小金川土司的叛乱。第一次大小金川叛乱是在1746年，当地土司莎罗奔发动叛乱，乾隆先后派出纳亲、傅恒出战，采用岳钟琪的战略，攻打金川土司的碉楼，逼迫莎罗奔投降。1749年，第一次大小金川战役结束。1766年，莎罗奔的侄儿郎卡担任土司，继续叛乱。1771年，郎卡的儿子索诺木掌权，乾隆派阿桂率兵镇压，使用火器攻打碉楼，先攻占了小金川，并最终在1776年攻占大金川，索诺木率领部众两千人投降。两次大小金川战争，被乾隆归入自己的"十全武功"。战后，清朝在大小金川废除土司制度，将其归入四川省管理。

嘉庆、道光时期继续实行改土归流政策，一直延续到晚清，迎来第三次大规模改革。赵尔丰在四川边地大力推行改土归流，在巴塘设立府县，又设立康安道，在打箭炉设置康定府。1908年清政府平定了德格土司两个儿子争夺君位的内战之后，在当地新设立府州县。在1910年划定以工布江作为四川和西藏的分界线，并筹划建立西康省。1911年，赵尔丰和傅嵩炑在甘孜收缴众多土司的官印，继续改土归流，设立甘孜、炉霍、九龙、巴底、巴旺、丹巴、泸定等县。到该年八月，赵尔丰本来计划奏请建立西康省，但因为保路运动和辛亥革命爆发，计划中断。赵尔丰在设立新府州县的同时，也委任新的知府、通判、知州、知县等流官，并且进一步打击当地贵族势力。在此基础之上，他还颁布鼓励农业、开矿、经商、办学、练兵等措施，起到了推动川边地区发展的效果。

### 三、清末四川的新政

鸦片战争以后,四川的鸦片种植逐渐泛滥,与此同时,西方教会势力也进入四川。1890年的《重庆通商条约》规定,四川的重庆被作为通商口岸,英国派霍伯森到重庆担任海关税务司。1895年《马关条约》签订后,重庆开埠,日本也可以沿长江进行商业经营,并在王家沱设立租界。英、法、日、美、德则相继在重庆设立领事馆,各国商船、兵船都可以沿长江航行到重庆,这是对中国主权的侵犯。

从19世纪60年代到90年代,清朝政府为抵御外辱发起洋务运动,也称"同光新政",提出自强和求富的主张,奕訢、曾国藩、左宗棠、李鸿章、张之洞等都参与了此次运动,其内容有建造新式的枪炮弹药、舰船,修造铁路和架设电报线路,建设现代化军队,对外通商,开办新式学校并翻译西方著作,派遣留学生等。这场运动的前沿是北京、天津、上海以及东部沿海地区,相比之下,四川的进度较为迟缓。1877年四川总督丁宝桢设立四川机器局,造洋枪洋炮。1886年,架设了从汉口到万县、重庆、泸州以及成都的电报线。1891年,四川商人卢干臣在重庆创办森昌泰、森昌正火柴厂,工人达到1200名,四川出现了早期的近代化军用、民用工业。

同光新政的内容,主要是从器物层面学习西方技术,在社会组织结构方面仍延续旧制。甲午战争失败后,维新人士提出要在制度方面进行改良。戊戌变法期间,有71名四川举人参与维新派发起的公车上书。戊戌变法失败后,四川绵竹人杨锐、富顺人刘光第被杀害。1896—1898年之间,被誉为"四川睁眼看世界第一人"的宋育仁在四川担任川省商务局监督,负责四川商务发展的规划。他奖励士绅商人开办近代工业,创办了四川最早的近代报纸《渝报》《蜀学报》,介绍西方议会制度、法律等知识,印制严复翻译的西学著作,是最早在四川地区传播近代知识的人。此外,四川总督在成都还设立有中西学堂,教授外语、数学,地方上也陆续出现了一些新式学堂。

1901年1月,慈禧太后颁发上谕,命令推行新政,建立宪法,废除科举,改革官制等。3月，清廷设立"督办政务处"，统筹全国新政事宜，由庆亲王奕劻和大学士李鸿章等为督办大臣。1905年清朝宣布预备立宪。

1901年，川督奎俊奉旨在川推行新政，次年川督岑春煊继续推行新政。1903—1907年锡良任川督，其后赵尔丰继任川督，均推行新政。1907年四川设立成都自治局，尝试实行地方自治，在乡镇一级实行乡绅和富民的共同治理，由地方官监督办理。自治的内容包括经营地方上的教育、图书馆、慈善机构、公共卫生、医院、工厂、商业、水利、自来水、救火等领域。清朝规定，城乡居民年满二十五岁，居住本乡三年以上，每年交税或者为地方公益捐助两元以上的可以担任选民。晚清的地方自治，为民国时期的地方自治打下了基础。

四川总督赵尔丰在1909年成立咨议局，属于四川省的舆论机构，而非地方议会，但在此背景下，形成了四川立宪派的主体。咨议局的成员为富商、士绅、有功名的知识分子等精英，占四川总人口的百分之零点三九。1909年10月14日，四川省咨议局第一次会议召开，围绕着咨议局的权力边界问题，与四川总督赵尔丰之间斗争激烈。赵尔丰认为咨议局只是舆论机构，不是议会实体，并不能凌驾于实权官员之上。尽管如此，咨议局对赵尔丰的压力，还是部分限制了其权力。晚清四川出现了以咨议局为中心的立宪派群体，同时，四川还出现了革命派和同盟会的组织，并在广安、嘉定（乐山）、彭水等地发动反清暴动。

晚清新政还包括了建立新军、警察、废除科举、发展商业等内容。四川到1910年已经训练了8194名配备了现代化装备的新军士兵，有炮兵、步兵、工兵、马兵、辎重部队，军官大多有国外留学或省外军事学堂受教育的背景。1903年，成都开始设立现代警察，在1907年推行到更多的厅州县，训练了5000名巡警。警察既维护社会治安，同时也负责消防，并对娼妓进行监督管理。1905年废除科举之后，四川兴建了大量现代学校，四川省城高等学堂开设有日语、英语、数学、物理、化学、法学、经济学等现代学科，培养了大量现代化人才。此外，四川还推广普通教育、职业教育。工商业方面，四川设立有矿物调查局发展矿业，又设立纺丝厂、玻璃厂，发展轮船公司，选送川内产品到国内、海外参展。现代金融机构也是在这一时期诞生，1907年成都、重庆成立了大清银行分行，还出现了民间集资创办的民营商业银行"信立钱业有限公司"。此外，四川清末新政还包括了移风易俗、改良川剧、严禁官场赌博、转变街道卫生习惯、建立模范监狱、发展体育运动等内容。

四、保路运动与辛亥革命

在晚清新政的背景下，四川总督锡良提出要修建川汉铁路，铁路公司大权由官府操纵，士绅和民众出钱出力，不得干预公司管理。铁路完全由中国政府督建，计划杜绝外资，自行筹款。对此，英、法、美、德等国纷纷照会清政府，希望能对中国提供贷款，入股铁路。对于列强的要求，四川总督明确表示川汉铁路既不借外债，也不会有外国股权，承认中国人的资金和股份。

1904年四川成立川汉铁路总公司，整条铁路造价预算为五千万两以上，属于巨额资金。四川总督的方案是，可以收取私人股金，国库投资入股，又在盐、茶、鸦片商里面收取租股，在各地建立"租股局"，收取粮食作为入股资金。这一方案带有强制性，被视为是一种捐税，大量四川农户因此被卷入兴建铁路的事业中。铁路领导权由士绅和商人主导，很多士绅主张将铁路作为民办，但锡良提出铁路属于官府和士绅的合办，大权掌握在总督和他任命的官员手上。1909年，四川省咨议局成立，要求铁路公司成立董事局，掌管铁路领导权。

由于财政危机，清朝政府需要向列强借贷，便将路权作为抵押，以获取列强贷款，因此打算先以"国有"名义侵吞铁路权，再将其出卖给列强。1911年5月9日，清朝的皇族内阁宣布将铁路收归国有，与此同时，清朝邮传部在奏片中谈道，英、德、法、美四个国家与清朝的谈判草稿已经达成，如果将民办铁路取消，就可以签订借款合同。5月20日，清朝与英、法、德、美四个国家的银行团签订了借款合同，规定四川铁路停止收取民间的租股，这意味着彻底否定了民间商人经营铁路的方案。清朝皇族内阁的行为，引起四川士绅、商人的愤怒，他们组建了保路同志会，发表《保路同志会宣言书》，号召全四川各地联合保卫铁路不被收归国有，卖给列强。全四川一共有76个州县建立了保路同志会的分支机构，由地方上有名望的士绅牵头，他们认为铁路国有没有经过咨议局、股东会议的通过，不具有合法性。

四川立宪派绅商联合平民，希望用和平手段解决问题，他们罢课罢市，希望能够实现铁路商办。到后期，他们甚至做出不纳粮的决定，而清朝的态度则是起用有"屠户"绰号的赵尔丰用强力解决。四川的立宪派和革命派之间的矛盾不像外省那么大，因此保路运动期间，同盟会借矛盾激化的机会动员哥老会等民间组织，乘机建立武装，大量哥老会成员加入保路同志会。

1911年9月16日，四川总督赵尔丰诱骗逮捕了保路同志会的众多首脑，并向请愿释放保路会成员的民众开枪，杀死32人。第二天，清军继续进行屠杀，甚至有12岁的儿童被杀害，并对成都进行戒严。这一血案引发了四川各地同志军的暴动。同盟会成员龙鸣剑等人逃出城，制作了几百片木板，上面写有赵尔丰进行屠杀，号召各地同志会成员迅速自保的文字内容，投入锦江，沿着秋天的大水将信息传播到下游各地，号称"水电报"。大量同志会成员开始武装，在十几天以内发展到十几万人，同志会武装在成都附近与清军交火，并在很短时间之内包围了成都。

同时，同志会的武装开始散布到全省各地，占领了仁寿、资阳、内江、宜宾、富顺、自贡等十多个州县。同盟会以保路运动为掩护，进行反清运动。1911年9月25日，川南的荣县宣布独立，公开与清朝决裂，这是辛亥革命前夜，为一个月后的辛亥革命做了铺垫。11月22日重庆独立，建立蜀军政府，这个政府属于典型的反清革命派。11月27日，被赵尔丰释放的立宪派蒲殿俊担任大汉四川军政府都督。此时的大汉四川军政府是由立宪派主导的傀儡政府，无法维持秩序，甚至发生了兵变，后来经过平叛，将幕后的赵尔丰处死。由于赵尔丰已死，重庆的蜀军政府认为不必再抵制成都政权，于是双方进行谈判合并。1912年3月11日，全川统一，成立中华民国四川都督府以及参议院，都督府在成都，重庆则为重镇。

四川的保路风潮，实际上是辛亥革命的导火线，朱德曾评价四川保路运动"引起中华革命先",对于整个辛亥革命具有重要意义。

## 第三节 经济的曲折发展

### 一、清廷的四川移民政策

清代初期四川经济的首要目标是恢复30多年来屡经战乱而崩溃的社会和经济。清廷采取的第一项举措便是招徕外省移民开垦遍地的荆棘丛林。清朝四川大规模移民始于康熙中期,一直延绵到嘉庆时期,其间有两个高潮,一个是康熙中后期,一个是乾隆嘉庆时期。清朝早期的移民并不顺利,主要原因是大规模的战乱,经常是一波未平,一波又起,移民或死于瘟疫,或者命丧虎豹之口。清朝还要求四川籍的士绅回归家乡,一旦查出外省帮助窝藏的都要惩罚。但这一政策的执行并不太彻底,如费密、唐甄等川籍士绅都死于外省,并未回到四川。

康熙二十年(1681年)三藩之乱平定后,四川获得了较为安定和平的环境,从康熙中期开始,进入了大规模移民的第一次高潮,重点的移民区域是川东和川中地区。例如在大竹县,主要移入湖广的移民,户口迅速增加;在蓬溪县,招募了湖广很多没有土地的游民前往开垦,还因此产生了大量土地纠纷;在蒲江县,官府为新招募的移民提供食品,又借给他们耕牛和种子,因此收到了很好的经济效益。根据清代的文献资料,当时这些移民中也混杂有相当数量的犯罪之人,借移民的幌子逃避到四川。清政府认为,陕西移民到四川的人品德良好,没有作奸犯科的行为,但来自湖广地区的移民中则存在大量狡猾的游民。因为清朝规定移民前5年耕作不交税,所以部分湖广移民在四川耕种满了5年后又逃回湖广,或者是和其他移民争夺土地。于是,1712年,康熙下令对湖广移民要作较为严格的限制,而对陕西移民比较放任,因此一些地方出现了陕西移民超过湖广移民的现象。到了雍正时期,清朝对南方移民还是持有限制态度,例如川陕总督岳钟琪就曾给皇帝报告,说有大量来自湖广、江西、广东、广西的移民，逃荒进入四川的至少有几万家，请求可否给他们提供耕牛和种子，在四川垦荒。雍正则认为，湖广、广东、广西、江西并没有发生大灾荒，这些人并非灾民，而是有大量游民和无赖，他们反而会骚扰四川的良民，要尽量杜绝这类移民的进入。

尽管如此，到乾隆时代，仍然有数量庞大的外省移民持续涌入四川，以至于地方官感到了压力。乾隆认为，对于移民中的反清会党成员应该严厉打击，但对于真正的贫民，则不必太过严格，这实际上是对此前限制移民政策的部分修正。1760年，有官员请求限制向四川移民，乾隆则反驳了这一观点，认为外省人口增加，而外省土地有限，通过让外省贫民迁徙四川，可以更有效地养活人口，因此不必禁止。从这一年开始，乾隆宣布四川对各省完全开放，移民可以随意进入，由此迎来了移民的新高潮。

外省向四川移民的路线分为东、南、北三条，东路主要是从恩施、宜昌等地进入重庆，再从达州进入南充和四川中部。南路是从贵州进入重庆酉阳、涪陵等地，路线难行，但因为雍正和乾隆初的移民政策较严，因此一些贫苦人家只能抄这条小路进入。从北面进入四川的重要集结点是陕南的汉中，陕西移民南下翻过大巴山，从达州万源、渠县进入重庆，或者翻过秦岭进入广元、绵阳、德阳到成都。这些移民路线沿线形成了较为重要的商业、交通枢纽，经济较为发达。一般来说，早期的移民多分布在这些较为重要的路线之上，或沿江周边，而晚来的移民只能继续深迁，分布于丘陵或山地，距离沿江、沿路较远。

广东、福建的客家人也多有移民四川的，但和湖广、江西、陕西相比时间较晚。客家人往往自诩"中原士大夫"南迁的后裔，有文化优越感，因此将广东、福建的原住民视为低级土著，拒绝和原住民通婚或居住，因此宁愿住在山上，也不住在平原，并为了争夺土地资源和原住民发生大规模械斗。客家人的土楼，是一种以宗族为纽带形成的武装堡垒。由于土地资源有限，加上在广东、福建的各类压力，一些客家人选择了移民四川。如广东龙川县的张氏家族，就是为了在四川发财，从川东迁徙到川西的德阳。福建上杭县的蓝氏、魏氏家族，也是为了谋取长远利益，迁徙到四川隆昌和内江的。客家移民四川，迅速和各类移民融合到了一起，显示了清代以来四川文化的包容性。

二、移民与经济的多样化发展

大量移民迁入四川，对全省的经济发展起到了重要推动作用。康熙、雍正时期，四川已经出现一些大家族，例如德阳的刘氏家族就是康熙早期从湖南迁徙来的移民，经过三代人的努力，拥有了上百顷的土地，成为当地的大族。又如都江堰的官氏家族，祖先在康熙时期从江西进入湖广，再迁徙到四川，在温江、郫县、崇州、都江堰都置办有土地和产业，十分富有，还有大量家仆。1709年从广东移民到成都龙泉驿的刘家，在第二代期间就考取了举人，成为当地士绅和望族，拥有大量田产，并修建了巨大的宗祠。四川作家流沙河回忆说，他的祖先是康熙初期从苏北的江苏泰州迁移到四川，在金堂县开垦荒地，到第三代的时候已经有一千亩田了，加上参加科举，成为富户士绅家族。江油青莲的李氏家族，1745年从湖南衡阳迁入，后来在当地拥有大片土地，并且以监生身份入仕，成为当地大族。再如从湖北大冶迁入云阳县的彭氏家族，刚开始做小生意，后来逐渐积累家产购买土地，田产分布在周边几个县，每年生产粮食上万石。富裕大家族的发展，产生了聚族而居的地方精英共同体，李家沟、万家片、黄家湾之类以当地望族姓氏命名的小地名层出不穷，也出现了大量聚族而葬的家族墓地，并修订家谱和宗庙。

雅安名山县的清代宗族墓地

随着土地、水利的开垦兴建，农业大幅度发展，雍正、乾隆时期四川的商品粮已经销售到江南地区，是全国稻米生产的三大中心之一。此外，来自海外的高产抗旱作物玉米、红薯、土豆的传入，为山地开发提供了条件，进一步丰富了四川的农产结构，保障了贫寒移民的生存和发展。闽南和广东的移民还带来了烟草、苎麻等经济作物，使四川的农业和商品化生产相结合。农业的发达，为工商业诸多领域的持续发展和繁荣提供了重要基础。

移民涌入，经济发展，四川的制糖业和制盐业得到了恢复，并逐渐超过了明代的水平。很多居民从事制糖、制盐事业，沱江流域广泛种植甘蔗制糖，多有专门的蔗农。制糖业恢复，甘蔗种植面积大增，蔗糖品质提高，同时工艺也在发展，产生了糖清、红糖、白糖、结糖、冰糖、漏水糖六大类，初步形成流水作业的工艺流程。一些蔗糖厂雇用大量工人流水作业，不但发家致富，而且产量大增。巨大的市场，使得制糖业日渐兴盛，一直发展到晚清，种甘蔗造糖的区域不断扩大。自贡等地的盐业产业链也极其发达，一共形成了五大产区，覆盖了射洪、蓬溪、南部、阆中、嘉定、犍为、富顺、荣县、云阳等州县。清朝实行"听民穿井，永不加课"的放任政策，意思是允许民间自由开发盐井，并不多征收盐课，为民营盐业的发展提供了良好的保障。到了嘉庆时期，四川的民营盐井数量已经是国营盐井的几倍，产量庞大，川盐远销湖南、湖北、云南、贵州等地。川盐品质良好，竞争能力极强，在长江中游击败了东部的淮盐占据主要市场。虽然清朝政府多次打击长江中游的川盐，扶持淮盐，但川盐的强势竞争力一直未能被动摇。

除了制糖、制盐以外，四川的采矿、纺织、酿酒、制茶、造纸等多种经济领域都得到一定的发展。采矿方面，川西、川东都有繁荣的煤矿开采和市场。在川西的江油、川东的巴山地区则主要开采铁矿，清朝政府允许民营经营，规模很大。一些大型炼铁厂，工人可以达到两三千人之多，中小铁厂也有上千或几百人。清政府从铁矿冶炼中收税，用于养兵。纺织方面，四川农村妇女多从事棉花纺织，使用从湖北传入的小型纺棉机，有熟练的技巧，当时四川流行着"喂猪纺棉，坐地赚钱"的民间谚语。清代四川还是丝绸、蜀锦的生产重地，是苏州、杭州之外另一丝绸生产的中心。酿酒方面，康熙至乾隆时期实行禁酒，但禁令较为松弛，随着四川农业的恢复和发展，有充足的粮食用于制酒。清代四川的制酒主要是烧锅白酒，宜宾五粮液、绵竹大曲、绵阳丰谷、全兴大曲、泸州大曲、郎酒等著名好酒都产于四川，川酒闻名天下，远销全国各地，清政府也从中征收酒税。四川茶业也极发达，康熙时期粮食不足，茶的产量还偏低，到乾隆时期，农业崛起，茶业也随之繁盛，各地多有茶农、茶商，并形成了茶农的行会组织。川茶除了销售到内地省份外，主要是销售到少数民族地区，从雅安运往康定，或从川西北运往阿坝，深受少数民族的喜爱。清代四川的造纸业也比较发达，造纸中心盛产各类上好竹子，是造纸的上好原料。夹江出产夹宣，绵竹盛产绵竹纸，也被用于年画印刷；此外，还有巴山地区，纸厂的造纸工人可以多达数十人。

清代四川农业、工商业的兴起给文化融合提供了条件，出现了大量场镇，到乾隆、嘉庆时期，四川的场镇数量达到了四千个以上，到清代中晚期数量还在高速地增长。场镇是各类农业、手工业商品销售流通的场所，是货物的集散地。商贩们在场镇"赶场"，一些商人甚至终日赶场，利用各场镇赶场的时间差，贩卖各地的不同产品，有效促进了四川各地移民之间的物质、文化的交流，充分整合了多样化的资源。在文化方面，各类移民多在场镇兴建原籍的会馆，实施互助，并与其他省份移民的会馆之间交流融合，最终形成了独特的现代四川地方文化。

### 三、晚清工业的初步发展

清代四川经济以小农经营为主体，辅之以手工业的冶炼、纺织、造纸等，与同时期工业革命的西方国家相比，其经济规模和产能偏于低下。随着洋务运动的开展，中国逐渐融入国际化市场，同治、光绪时期，国内各地开始出现各类近代工业，这其中也包括四川。

晚清四川出现的第一家近代企业是洋务派官员丁宝桢兴办的四川机器局。丁宝桢认为清朝要想生存，就必须有近代化的武器，而向西方国家进口武器价格昂贵，因此需要建立机器局，自行制造近代枪炮。1877年，丁宝桢在成都东南郊建立机器局，购买国外机器设备，建有大小机房188间，自行制造各类机器，尤其是前膛枪、后膛枪。1881年，又在成都设立火药厂，制造枪炮所需要的火药。到1886年，一共生产了10983杆洋枪，以及大批弹药和机器。

1886年，由李鸿章筹划的四川第一条电报线路竣工。这条电报线从湖广电报总局自汉口开工架线，经过沙市、荆门、宜昌、夔州、万县、重庆、泸州架抵成都，于当年底全线竣工。清朝在沿线先后设立了夔州、万县、重庆、泸州、资州、成都等地的电报局，沟通了四川与国内重要都市之间的电讯联系，加强了封闭的四川与外界的联系。

10年之间，四川的新式武器生产、电报线的架设等都取得了一定成效，但局限也非常明显，洋务运动仅为四川带来了传递官用信息的电报以及生产武器的工厂，与整个四川的社会经济之间缺乏联系，当时四川的社会生活仍然处于现代工业化之前的状态。

四川最早的民用新式工业是火柴厂。1891年，重庆绅商卢干臣分别在王家沱、大溪沟两地开设了森昌泰、森昌正两家火柴厂，两厂资本一共为8万两白银，每年可以生产火柴12万箱以上，是四川第一家近代化的民营工厂。当地政府给予了25年的专利权，体现了对民办工业的保护态度，火柴厂得以顺利发展，每年营业额都能够达到20万两的巨款。19世纪80年代，四川火柴主要是从瑞典、德国、日本进口，直到卢干臣兴办森昌泰火柴厂以后，才有了中国自己的火柴，但在技术上受到日本的影响很大。到了20世纪初期，四川又陆续出现了聚昌火柴厂、丰裕火柴厂、立德火柴厂、官办惠昌火柴厂等一共9家火柴厂，有6家都在重庆；其中有3家是外国资本兴办，6家是中国企业，包括民营和官办。晚清四川的火柴工业发展良好，在与外国企业的激烈商战中取得了成功，和上海、天津等沿海火柴工业中心之间形成了三足鼎立的格局。

1906年，四川总督锡良在成都的四川银圆局内开办了四川最早的电厂，专门给总督府发电，提供照明。1908年，成都商人集资在劝业场成立了四川第一家公用电灯公司，即劝业场发灯部。到1911年，先后建成劝业场发灯部、成都启明电灯公司和重庆烛川公司。成都启明电灯公司经过清朝政府的批准，可以专营25年，在此期间不允许出现同类的电灯公司来竞争，带有垄断特权的色彩。四川省劝业道总办周善培也组建了新的企业——成都劝业场发电部，属于商业股份性质，一共募集了两万两白银，购买蒸汽机引擎电机用于发电。此外，锡良还在成都创办了最早的自来水厂。

晚清工业的初创还涵盖了纺织、矿冶、玻璃化工等领域。四川的近代新式纺织工厂包括了吉厚祥布厂、裕源布厂、富川布厂、复原布厂、竞存公司、昌华毛葛巾公司、裕华染织布厂等，使用织布机生产，一些工厂的工人达到了数百人的规模。矿冶方面，四川兴办的新式采矿企业有官商合办的冕宁金矿和彭县大宝山铜矿，以及民营商办的合江煤矿。晚清的化工领域主要有1906年何鹿嵩在重庆创办的鹿嵩玻璃厂，设备是从日本引进，1907年正式生产，制造各类瓶、罐、茶杯之类，销量喜人。在1911年其产品被选送巴拿马赛会，获得一等奖，受到国际国内一致好评。此外，四川各地开办的化工类企业还涉及碱、肥皂、酸等产品制作，如1908年兴办的官办裕德肥皂厂、官商合办彭山同益制碱厂等。

## 第四节　清代四川的文化

一、教育

（一）府州县学

清代的府州县学继承了明代制度，属于官办性质，但同时也鼓励民间办学。在清朝末年，四川的府州县学达到了167所。府学设有1名教授，4名训导；州学设有1名学正，3名训导；县学设有1名教谕，3名训导。教授、学正、教谕负责掌管对学生的教育工作，训导则负责辅佐教学和管理。经过本省各级考试进入府州县学的秀才，其中考取一等前列的，可以取得"廪膳生"的身份，获得政府发放的伙食补贴，类似于现代的奖学金。后来学生的数额扩充，又产生了增广生、附学生的编制，但他们的地位低于领取奖学金的廪膳生。增广生的数目与廪膳生相同，附学生数额不定。清朝对府州县学的学生名额有规定，一般在文化发达的州县名额较多，文化或经济较差的地区名额较少。比如乾隆时期成都府、重庆府、保宁府就各有40名廪膳生、40名增广生，而边远的犍为县的名额就较少，廪膳生只有20名、增广生只有20名。

要进入府州县学，就必须参加考试。参考的考生称为文童或童生，经过12次考试合格后，由一名廪膳生作为保证人，才能取得秀才资格，进入府州县学。初入学的都是附学生，考试合格以后上升为增广生、廪膳生。府州县学的学习内容和国子监教学的内容相似，但程度偏浅显一些。政府对地方生员的管束很严，禁例中对生员的行为举止、学习内容都有具体规定，不遵守的以违制论。每年会进行考试，按照岁考成绩将学生分为六等：一、二等的可以上升为廪膳生、增广生，或者参加科举的乡试，三等为正常水平，第四等的要受到责处，第五等的廪膳生、增广生就要被降低一个等级，第六等的就会被黜革。学习时间久的廪膳生可进入国子监深造，只要通过了吏部的考试，就可以担任小县县官、县教谕等职务。但是这种机会太少，所以一般的秀才都倾向于去参加科举考试。

四川府州县学的秀才，每三年可以参加一次乡试，通过考试的即获得举人身份，可以全家不缴纳租税，并获取担任中下级官员的资格。清朝初期与南明不断战乱，因此四川的乡试地点设在川北的保宁府，一共举行了四次以后才转回到成都府，在原明朝蜀王宫修建了四川乡试的贡院，以后四川选拔举人的考试就在这里举行。四川的府州县学，为乡试考试提供了重要的教育平台。

清代府州县的学校，一般都设在孔庙里面，并配套有学田和房产，学田的收入用以维持学校的运转，不足的部分由政府发放。如果当地没有孔庙，则另设学校，即"学宫"。

（二）社学、私塾和书院

除了官办的府州县学以外，清代四川还有社学、私塾和书院提供教育。

由于府州县学都设置在县级及以上，而乡村中缺少教育资源，因此清朝规定在乡村设立社学。一些社学是由当地士绅捐资开办的，使用地方上的公费运行。选择通晓文化的老实人担任社学老师，免除他的差役，并且给予伙食补贴每年二十两银子，让他在基层从事教育工作。社学老师分为成人老师和儿童老师两种，如果社学老师能培养出优秀的学生，则可以获得奖励。顺治、雍正都曾强调过在基层建立社学的重要性。清朝规定，书院以外的乡村教育是社学和义学，总称为社学，是提供基础教育的平台，培养12岁到20岁之间的乡村童生，童生可以去参加考试，通过者即成为秀才，进入府州县学。如果府州县学中的秀才考试成绩太差，就会被遣返回乡下的社学。清代四川进行过较大规模的改土归流，清朝政府希望通过文化同化少数民族，因此也常在民族地区建立社学，招收少数民族子弟接受教育，通过学制上与府州县学的连接，实现"德化"和"驭夷"。

社学的教学内容是读经和练习写字，对各项课程都有严格的规定，社学老师必须每个月检查学生情况，针对他们的优点和缺点进行教学，如果一个社学长期不能培养出优秀学生，那么社学老师就会被其他人取代。各地社学都有相关的校规，例如四川大足县的县令深潜，就对县内的社学列出了十四条校规，要求学生要努力学习，讲究礼貌，注意言行，懂得是非，节制贪欲，谨慎交友，懂得谦虚，自我反省等。

私塾也是清代城乡基层常见的启蒙学校，一般分为专门服务于某家族或面向全社会招生两种类型。前者称为"专馆"，是为本家族子弟设立的，或者是几个家庭联合起来共同聘请一位老师，教学地点多设在家族祠堂。专馆具有专门、固定的特点，收取学费较高，但学生不多。后者称为"散馆"或者"门馆"，是私塾先生在自己家开的。这种私塾招生来者不拒，收费不高，因此有很多贫困学生。但总体来说，能够入学的家庭还是很少，清代四川的文盲率较高。

清代四川私塾所使用的教材，一般是所谓"蒙学"读物，即《三字经》《百家姓》《增广贤文》《千字文》《幼学琼林》《唐诗三百首》之类，在学习了蒙学基础之上，再学习"四书五经"，学做八股文。双流刘沅开办的私塾，曾经招收并教育过1000多名学生，其中很多后来取得了举人甚至进士的资格。应该说，私塾为清代四川的地方教育做出了很大贡献。1906年4月，清政府颁布《私塾改良会章程》，推行教育新政，四川很多私塾改为初等小学，但实际上到民国时代，四川仍有私塾的存在。

清代四川还有书院，著名的有成都锦江书院、尊经书院，重庆东川书院、嘉陵书院，绵州涪江书院，宜宾翠屏书院，夔州少陵书院，绵竹紫岩书院，射洪金华书院，江油青莲书院等，一般设在名人、贤人的祠堂故居。如成都潜溪书院是明代开国大臣宋濂归葬的地方，绵竹紫岩是宋代抗金名将张浚读书的地点，射洪金华是唐代诗人陈子昂的家乡，江油青莲书院是大诗人李白的祠堂所在。与明代书院讲学议政的风气不同，清代书院主要针对科举考试。官办书院的经费由学田、学产支付，不足的部分由地方财政补充，一些书院的学田较多，如成都潜溪书院就有八百多亩学田。书院的负责人是山长，由地方官聘请进士、举人之类有声望的人担任，主要负责教学。山长下面设有正斋长和副斋长，他们主要负责行政工作；另外设有看司，负责书院的后勤伙食。到清代晚期，产生了尊经书院这样的著名学府，大儒张之洞亲自为书院制定了十八条学规，为学生开列阅读书目，用自己的钱购买经史子集等各类典籍1000多卷，并为书院筹款。著名的晚清经学家王闿运还担任尊经书院的山长，培养了一大批近代四川的精英人物，包括廖平、杨锐、宋育仁、吴玉章、张澜、刘咸荣等，清代四川唯一的状元骆成骧也是尊经书院培养出来的。

（三）近代新式学校

晚清政府推行新政，教育改革也是其中的重要部分，1904年清政府颁布了"癸卯学制"，学制主系列划分为三段七级，共25或26年。第一阶段为初等教育，包括蒙养院4年、初等小学堂5年和高等小学堂4年。第二阶段是中等教育，以中等学堂5年为主。第三阶段为高等教育，设立各类高等学堂。其中蒙养是3到7岁的幼儿教育，建立蒙养院，类似现代的幼儿园。通过教育改革，以新的近代教育取代传统的私塾、社学、书院之类。

小学教育方面，清朝《小学堂章程》规定儿童7岁入学，学制5年，目标是培育学生的伦理和爱国思想，开设课程包括修身、读经讲经、中国文字、算术、历史、地理、格致、体操等。到1910年，四川全省已经建立4年制小学1284所，3年制小学1664所，加上高等小学、女子小学等，全省公立、私立小学达到了12627所，小学数量之多，在全国排名第一。

中等教育方面，规定每个府必须至少设立一个中学堂，要求地方政府和士绅通力合作，迅速建立中学，兼有升学和就业两重任务。课程有修身、读经讲经、中国文学、外国语（日语、英语、德语、法语、俄语）、历史、地理、算学、博物、物理及化学、法制及理财、图画、体操。到1908年，全省官办和私立的中学已经达到51所，但自然科学和外语的师资力量较为薄弱。另外，西方教会在四川也兴办了一些中学，如绵阳南山中学，就是由英国基督教会所创办。

高等教育方面，晚清根据大学堂分科的需要，分为三类：第一类为升入大学经学科、政法科、文学科、商科做准备；第二类为升入大学格致、工科、农科做准备；第三类为升入大学医科做准备。1902年，四川中西学堂、尊经书院、锦江书院合并，建立省城高等学堂。1905年以后，又陆续兴办了四川法政学堂、通省农政学堂、四川工业学堂、甲种藏文学堂、四川存古学堂。英美基督教会还在成都建立了华西协合大学。

二、哲学思想和经学

（一）思想家费密

费密（1623—1699年），字此度，号燕峰，四川新繁人。1644年张献忠兵举成都后，逃亡西域，后流寓江苏泰州或扬州，晚年谒苏门孙钟元称弟子，研治心性之学。著有《毛诗广义》《弘道书》《圣门旧章》《荒书》等32种122卷。

费密的主要学术思想是尊重汉唐传统经学，反对宋代以来的程朱理学。

他认为宋代理学家的"道统说"不成立,宋儒想象了一个从孔子到孟子到程颢、程颐再到朱熹的所谓"道统",但实际上唐宋以来有很多不同的道统学说,理学家的说法只是其中一种而已。费密认为拥有"统"的是实际治理者,而不是坐而清谈的学者。先秦时期的君主、卿士是实际的治理者,学问的道统和治理的政统没有像后世那样分开,而是合一的,所以君主和老师的身份也是合一的。秦朝以后,政治仍然可以配合道统,一直延续到明代。但是,秦以后的道统质量不高,统治者是君主,却丧失了老师的品德和知识,所以费密提出"道脉",指代继承了古代老师负责传承教化知识的人。

费密反对宋明理学家全面抹杀汉代、南北朝和隋唐经学儒生一切成果的观点,他认为汉代到唐朝的经学时代,儒生整理并保存了先秦时代的古老经书,有非常大的贡献,否则,先秦的古老经书以及关于道脉的知识就不可能传承下来。他认为宋代、明代理学家的讲学和古代经书不同,古代经书衡量是非曲直,全部可以用书本中的内容和记载来判断,核心是古老的经书。然而理学家讲学,虽然重视道德品行,但是容易流于空谈,不去落实到实践中。费密认为,要摆脱宋代理学家流于空谈的毛病,就必须回到务实的学问中。在他看来,宋明理学是虚的,像佛教和尚或道家隐士一样,只会静坐空谈,而不会具体做事。但是先秦古老传统不是这样,就算是做饭、驾马车这样比较低级的工作,正人君子也是乐于参与的,所以要践行道统,就必须做事。做事的态度,就是谨慎的言行,太过于高深的学理就不要去探讨,太过于奇怪的行为就不要去做,一切要踏踏实实,具体落实到房子、衣服、饮食、礼器等实物上去,从事士农工商的工作来实现家庭和睦、君臣和谐、工商繁荣、四海和平。

在政治方面,费密主张君臣共治,认为良臣是君主治理的重要帮手。如果君王是名山大川,那么良臣就是山上的巨树和鸟兽,如果君王是大海湖泊,那么良臣就是浪涛中的鱼和龙。优秀的儒生能帮助君主治理天下,这是一种技艺,就像是工人能巧妙地加工木材一样。他认为,从君王到文武百官,都像是工匠一样,处理好自己分内之事,那么天下就可以太平。

## （二）唐甄与《潜书》

唐甄（1630—1704年），字铸万，号圃亭，四川达州人，清代早期著名的四川思想家，是清初激烈批判君主专制的健将，与顾炎武、黄宗羲、王夫之并称为"明末清初四大思想家"。顺治十四年（1657年）唐甄参加科举成为举人，次年被派往山西候补官职，在经历了多年的等待后，被任命为长子县的县官，晚年流寓江南，历30年著成《潜书》97篇。

唐甄在哲学上具有鲜明的唯物主义思想特征，强调"万物皆有精，无精不生"，事物的变化，就是"精""气"变化的结果。他认为世间万物均在变化，"日月星辰""山川百物""君长上下"都在变化，所以"皂人""丐人""蛮人"都可能成为"圣人"。这完全是大胆反传统的思想认识。

唐甄的政治思想具有鲜明的激进性和战斗性，无情揭露和批判君主专制。他通过对"君日益尊，臣日益卑"的分析，指出君主专制造成极大恶果，一方面使"人君之贱视其臣民，如犬马虫蚁之不类于我"，另一方面又形成"自尊则无臣，无臣则无民，无民则为独夫"的局面。而专制君主之为独夫，实则民贼，"杀一人而取其匹布斗粟，犹谓之贼；杀天下之人而尽有其布粟之富，而反不谓之贼乎？"他公开宣称："自秦以来，凡为帝王者，皆贼也！"对这些独夫民贼，"虽百其身不足以抵其杀一人一罪"，因而，"若上帝使我治杀人之狱，我则有以处之矣！"

唐甄在经济上主张"富民"，主张农商并重，认为："立国之道无他，惟在于富，自古未有国贫而可以为国者。"反对专制君主"重农抑商"的经济政策。在货币政策方面，他在《更币》《存言》等文中，提出废银用钱，白银缺少导致货币量不足，通货紧缩，影响经济发展。而恢复用钱，还应该大量铸币，以满足市场发展的需求。

唐甄思想犀利，言辞激烈，大胆反传统，激烈反专制，因而其《潜书》一出，"四方争购之"，不仅流传一时，还对近代思想界产生了很大影响。梁启超读过《潜书》后给予极高评价，认为此书对专制的批判"皆惊心动魄之言"，由此可见唐甄"品格高峻，心胸广阔"。

在学术观点上，唐甄与费密有相似之处，他们都反对宋明理学空谈心性和静坐，主张要努力实践以图改变社会。唐甄指出，儒生的宝贵之处是他们立志安定国家、消灭强暴，让民众安居乐业，而这些都只有通过具体的建功立业才能实现，袖手空谈是做不到的。如果只是重视个体修身，却无意于改变社会，这个人和普通人之间实际上就没有什么区别了。

（三）刘沅与《槐轩全书》

刘沅（1767—1855年），字止唐，一字讷如，道号清阳居士、碧霞居士，四川双流人，是清朝中后期的四川思想家，祖上是从湖北麻城迁来的移民。刘沅不仅是一个学者，也是"刘门教"的教主，他把儒家对道德的追求和道教内丹术融为一体，形成了一个独特的民间宗教学派，又称"槐轩道"。刘沅的学术和思想，具有鲜明的个人特色，对晚清以来四川文化的影响非常深远，刘咸荣、刘咸炘等人都出自该学派。

刘沅在1793年乡试中了举人，时年25岁，但后来连续三次参加会试都落榜了，因此便在家乡开办私塾教学。1796年，刘沅和哥哥刘芳皋一起进京参加会试，经过湖北当阳，一起游历道教"三十六洞天"之一的紫盖山，受启发后开始研究道书。后来在1799年刘沅遇到野云老人，学习了道家静功和内丹术，并结合对《周易》的研究，汇通儒家、道家的学问。1813年，刘沅全家搬迁到成都南门纯化街，院子里有一棵老槐树，于是自称"槐轩"，此后几十年，他就在此讲学。到1826年，吏部选拔刘沅为湖北天门县知县，刘沅以老母亲身体不好为理由推辞了，后来又推辞了国子监典簿之职，所以刘沅一生其实并未当官，只是教学和做学问。1855年，88岁的刘沅去世，留下了近200卷著作。但是由于他是四川本土学者，和外界很少交流，因此不太为人所知。到清末民国时期，他的后人及门人将他的主要著述结集刊行，命名为《槐轩全书》，这才引起了学界的关注。

刘沅的《槐轩全书》中主体部分是对《尚书》《诗经》《周礼》《周易》《礼记》《春秋》《仪礼》、"四书"、《大学古本》《孝经》这些儒家经书进行注解和研究，另外还有《史存》《正讹》《子问》《又问》等篇目。刘沅的经学思想是反对宋明理学,认为古儒的经其实涵盖了更为广泛的范围,可以与道家、佛家相互印证,比如在《子问》篇里面,他提出了道家用坎卦去填补离卦的思想,其实就是儒家的克己复礼,二者殊途同归。他又认为,佛家讲的明心见性,老子讲的存神养性,其实都是和孟子思想相通的。正因如此,所以他并不排斥佛家的诵经、咒语,也不反对道家的画符,只是要坚持中庸的立场,将这些作为工具,但根本的关键是人自身的努力修为,发奋向上。

刘沅对待儒家经学内部的古文经、今文经之间的纷争,也是尽量持中立态度,调和二者的关系。当时有今文经学者认为《周礼》是汉朝刘歆为了帮助王莽篡汉而伪造的,但刘沅认为《周礼》的文字中包含了古代圣人立法的含义,都是儒家经典,不应该厚此薄彼。在《春秋》经的问题上,他主张对古文的《左传》,今文的《公羊传》《穀梁传》都做出考证和解释,不必夸大三者之间的分歧,关键是对这三家传的所有注疏加以辨正即可。在《诗经》方面,刘沅也不限于古文毛诗和今文的三家诗之间争议,而是在肯定历代注释家给各家注解功劳的前提下,主张要整合各家的观点,以"折中"的态度进行调和。

刘沅一生几十年从事研究、著述和教学,留下了丰厚的文化遗产,从儒释道到教育和医学,都留下了自己的成果。刘沅教过的学生,前后达到上千人的规模,其中有上百人成为进士,出类拔萃者非常多,可以说他是自汉代文翁化蜀以来,四川最为重要的教育家,他创建的槐轩学派对晚清到现代的四川文化产生了很大的影响,被称为"川西夫子"。清光绪三十一年(1905年),由四川总督锡良上奏,清廷批准在清国史馆为刘沅立传。

(四)经学家廖平

廖平(1852—1932年),字季平,四川井研人,是中国近代最著名的经学大师。他1874年参加院试,录为秀才,1876年再应科试,以优等食廪饩,调尊经书院深造,并从王闿运研习经学。1889年会试中进士,不愿为官,以教授职回川教学、研经。

廖平治《春秋公羊传》,不拘泥于今文经,敢于离经叛道,随时局变化而标新立异,而以"经学六变"闻名于世。1882年至1886年间,他撰成《穀梁集解纠谬》《公羊何氏解诂十论》及其三续、《今古学考》等书,认为今古文经学相与为敌的根源在于礼制不同。"今礼异于古礼,皆孔子所改",是孔子晚年"哀道不行,不得不假手自行其意,以挽弊纠偏"。廖平此说,不啻为经学史上最新、最大胆的研究成果,被时人称为廖平经学思想的第一变,即所谓"平分今古学",即今古经可以"同治中国说"。

廖平

1887年至1897年,廖平著《续今古考》《知圣篇》《辟刘篇》,又改变了"平分今古学"的思想,《辟刘篇》和《知圣篇》的主旨是托古改制。他认为,古文经均为刘歆伪作,今文经则为孔子受命改制而作,其中的微言大义,可以垂范千古,经世致用,应予尊奉。这两篇的托古改制思想,为康有为吸取而作《新学伪经考》《孔子改制考》,以此作为维新变法的理论基础。张之洞称康有为是廖平的嫡传弟子,梁启超是再传弟子;章太炎、梁启超也认为康有为受到廖平经学二变的影响;近世古史辨派大师顾颉刚、钱玄同等也受到廖平经学二变全盘否定古文经的深刻影响。

1898年至1904年,廖平著《地球新义》《古今学考》《周礼大统义证》《皇帝疆域图》等,再次改变尊今抑古主张,倡导"古大今小",即古文经为"大统",今文经为"小统"。

1902年,廖平著《知圣续篇》,又倡"天人之学",随后又著《天人学考》《经学四变记》《尊孔篇》(1906年)、《孔经哲学发微》(1913年),把尊孔提到迷信的程度,这是他的经学第四变。1912年,廖平著《五变记》,倡导"人天小大学"。1919年以后,又倡"五运六气学",这是他的经学第六变。

廖平的经学六变,前三变远优于后三变。前三变以"公羊三世说"的变易思想为中心,并吸收西方的进化论思想,形成了独特的变易哲学和进化历史观，认为历代不同制，应随时变通，因世改制。后三变则不论哲学思想还是学术价值，均不能同前三变相提并论。

## 三、活动家、思想家、革命家

在变法维新运动中，四川涌现出一批名闻全国的活动家、宣传家、思想家，其中最著名的是杨锐、刘光第、宋育仁。戊戌变法失败后，在救亡图存形势下，四川巴县人邹容毅然走上革命道路，成为著名的革命家。

### （一）杨锐

杨锐（1857—1898年），字退之，后改叔峤，四川绵竹人，1874年考中秀才，1875年入尊经书院肄业，1885年中举人，1889年授内阁中书，参与修纂《大清会典》，书成，升内阁候补侍读。甲午战后，在京积极参加公车上书活动，同康有为等组织强学会，鼓吹开发民智，讲求经济之学，学习西方科技等自强之道。1898年3月，杨锐与刘光第等人在京成立蜀学会，创办蜀学堂，招收川籍在京人士，兼习中西学业，并参加保国会，受到光绪皇帝召见，赐四品卿衔，在军机章京上行走，参与新政，时人称之为"大手笔"，誉为"才学淹通，志性端谨，切究当世之务，绝无浮夸之习"，为光绪皇帝起草诏书，深受信任。1898年9月14日，光绪皇帝觉察到慈禧太后即将对变法维新进行反扑，即召"治毅，可属大事"的杨锐入宫，交与密诏，要求杨锐与刘光第、谭嗣同、林旭等"详悉筹议"，"使新政及时举行，又不致少拂圣意"。杨锐复奏大纲三条："一言皇太后亲挈天下以授之皇上，应宜遇事将顺，行不去处，不宜固执己意；二言变法宜有次第；三言进退大臣不宜太骤。"9月21日，慈禧太后突然发动政变，光绪皇帝被囚于瀛台，戊戌变法失败。9月24日，杨锐被捕。9月28日，杨锐与刘光第、谭嗣同、林旭、杨深秀、康广仁同时遇难，史称"戊戌六君子"。杨锐一生著作甚丰，尤长诗文，有《杨叔峤文集》《杨叔峤诗集》等行世。

### （二）刘光第

刘光第（1859—1898年），字德星，号裴村，四川富顺人，1882年中举人，1883年中进士，授刑部广西司主事。1894年甲午战争爆发，于是年冬上《甲午条陈》（《论战守与愿皇上专政权以图变法》），文章痛陈时弊，指出："兹外洋逼我，门庭堂奥，无处不通"，"今倭已形猖獗，恐俄亦隐然思逞"，面对这种形势，皇上应"勃然发愤，内断于心，披览史册，鉴古今之成败，周知海内，酌中外之利害，然后用开创之规模，为继述之事业"，因而提出"当时之所行、将来当变通者"的四条建议即变法主张：一是光绪帝大权独断，二是去蒙蔽、取直言，三是严责罚、操胜算，四是修武备、振积弱。《甲午条陈》并未送达光绪皇帝之手，但在京城内外广为流传。刘光第在主张变法的同时，还主张学习西方的参用民权议院等主张。1898年3月，刘光第与杨锐等人在京成立蜀学会，4月组建保国会。9月，受光绪帝召见，赞其能"力陈时事艰危，与中外积弊，非力矫冗滥，无以图治"，授四品卿衔，与杨锐、谭嗣同、林旭并为军机四卿，在军机章京上行走，参与新政。9月24日，与杨锐等同时遇难，为"戊戌六君子"之一。刘光第的哲学思想深受廖平影响，主张变通因革。他长于诗文，"时辈罕与抗手，诗尤独造，可以名家"，其诗文原刊有《衷圣斋文集》《衷圣斋诗集》，1986年汇为《刘光第集》出版，收录文56篇、诗688首、书信65封。

（三）宋育仁

宋育仁（1857—1931年），字芸子，又字芸岩，号道复，别号向琴阁主，四川富顺人，1875年考取秀才，入尊经书院学习，1882年中举人，1886年中进士，授翰林院庶吉士，1887年写成《时务论》初稿，1889年改任翰林院检讨。1894年出任驻英、法、意、比四国公使参赞，留心考察西方政治、经济、文化，写成《采风记》4卷，以英国议会制君主立宪为标本，提出实行"君民共治"的政治主张。1895年解职回国，参加强学会，负责主讲"中国自强之学"，被推为"都讲"。所著《时务论》和《采风记》出版后，风行一时，被称为"新学巨子"。1896年，宋育仁主持四川矿务并担任商务总局监督，大力兴办民族资本主义工商业，参与创办《渝报》《蜀学报》，组织蜀学会，积极宣传推行变法维新主张。在哲学思想上，宋育仁主张复古改制，尊今抑古，著《周礼十种》和《周官图谱》，以西学解释中学的典章制度，力图阐明西方国家制度符合中国古代圣人之道和先王之制。宋育仁提出中国古代圣人之道，认为"其始务在富强，其术在六经，而《周官》尤备"，指出"取证于外国富强之实效，而正告天下以复古之美名，名正言顺事成，而天下悦从，而四海无不服，舍此而再思其次，则无策以自救，因此则拨乱而反治，转败而为功"。他的这些变法主张，对四川乃至全国思想界产生了较大影响，被称为"四川睁眼看世界"第一人。

（四）邹容

戊戌变法失败后，有识之士总结经验教训，认识到救亡图存必须革命，不能再走改良主义老路。在孙中山领导下，不少志士投身革命，加入民族民主革命的队伍当中。邹容就是在这种形势下走上革命道路，成为著名的革命家。

邹容（1885—1905年），原名绍陶、桂文，字威丹、蔚丹，四川巴县人。幼年受康、梁维新思想影响，1902年春夏之交东渡日本，进入东京同文馆学习。留学日本期间，他认真研读西方资产阶级革命时期的著作，积极参加爱国学生运动，并开始写作《革命军》一书。1903年春，因反对清政府迫害学生，邹容带头剪除留日学监姚文甫的发辫，受清廷和日政府迫害，被迫辍学回国，在上海结识章太炎等革命志士，参加上海爱国学社和拒俄义勇队运动，并发起组织中国学生同盟会。在此期间，他奋笔疾书，完成了《革命军》一书，署名为"革命军中马前卒邹容记"。此书由章太炎作序，柳亚子等人筹集经费，于当年5月出版。

《革命军》从哲学高度论证了革命是"天演之公理""世界之公理"，献身革命是每个中国人的天职。在这部书中，邹容响亮地提出建立"中华共和国"的主张，提出中华共和国采用议会制度，大总统由选举出来的议员投票公举。在《革命军》末尾，邹容发出了令世人振聋发聩的喊声："中华共和国万岁！""中华共和国四万万同胞的自由万岁！"《革命军》是中国第一部系统宣传资产阶级民主革命和资产阶级共和国思想的著作，产生了极重大而深远的影响，一经出版，便风靡全国，辛亥革命前就已重印20余次，发行110万册。1903年7月初，清廷勾结英巡捕房，制造"《苏报》案"构陷，邹容被判刑两年，1905年4月3日死于狱中。1912年2月，南京临时政府追赠邹容为大将军。

## 四、文学与艺术

清代四川涌现出不少知名的文学家，最有名的是李调元、张问陶等人。在散文方面，彭端淑、彭肇洙、彭遵泗，号称"丹棱三彭"，享誉蜀中。

### （一）李调元

李调元（1734—1803年），字羹堂，号雨村，四川罗江县人，被称为清代蜀中奇才，在学问、散文、对联、诗词、赋文、戏曲等方面都有很深的造诣。1760年李调元中举人，1763年中进士，授翰林院编修，历任吏部文选司主事、考工司主事、奇工司员外郎等，后因结怨权贵，流放新疆。乾隆五十年（1785年）回乡，积平生心力，编刻《函海》丛书，收录有关巴蜀著作150种以上。他"好读书，博学多闻，才气豪放不羁，诗文亦如其人"，尤其在他回川后，"啸傲山水，以著述自娱"，完成《童山文集》20卷、《诗集》42卷（包括李调元之父李化楠的诗作）。李调元的诗"才豪力猛，雄健挺拔"，多具战斗性，揭露朝廷的腐败。李调元还是有名的文学批评家，著有《蜀雅》20卷、《赋话》《诗话》《曲话》《剧话》各2卷。他的著作十分丰富，达50种以上。

李调元的文采不仅得到了江南文人的欣赏，还东传到朝鲜半岛受到赞誉。1778年朝鲜士大夫李德懋出使清朝，就请求李调元为自己的著作写序，认为得到他的序，自己的书就可以"不朽"。李调元在《雨村诗话》里面选入朝鲜文人柳琴的诗，柳琴的侄儿在给叔父的墓志铭上就写道，李调元的《雨村诗话》收入了叔父柳琴的几首诗，这个荣耀已经传播到整个天下了。

### （二）张问陶

张问陶（1764—1814年），字仲冶，号船山，四川遂宁人，27岁中进士，曾任翰林院检讨和山东莱州府知府。张问陶是清代全国各大诗派中，继

袁枚而起的性灵派的代表人物，袁枚称他为"蜀中诗人之冠"。他15岁开始作诗，一生诗作十分丰富，留下4000首诗，有《船山诗草》20卷、《船山诗草补遗》6卷行世。张问陶的诗，注重真情实感，他的《论诗十二绝句》道出其创作态度："写出此身真阅历，强于钉饾古人书"，"诗中无我不如删，万卷堆床亦等闲"。他的诗长于描摹景物，亦融入自己的思想情感，如"浑河九曲终千里，大鸟三年始一鸣"，借景物来抒发自己的思想感情。又如"凌云西岸古嘉州，江水潺潺抱郭流。彩影一堆漂不去，推船三面见乌尤"（《嘉定舟中》），情景交融，生趣盎然。他的诗还反映了人民的痛苦生活，体现出他接近人民、同情人民的思想。

（三）丹棱三彭

彭端淑（1699—1779年），字乐斋，号仪一，四川丹棱人，雍正十一年（1733年）中进士，晚年辞官回川。他主讲成都锦江书院20年，著有《白鹤堂诗文集》。他的散文，文风清畅，平易近人，深入浅出。其散文名篇《为学一首示子侄》写道："天下事有难易乎？为之，则难者亦易矣；不为，则易者亦难矣。人之为学有难易乎？学之，则难者亦易矣；不学，则易者亦难矣。"指出了学者治学的方向和道路，富有深刻的哲理。其弟彭肇洙、彭遵泗，亦均有名气，彭遵泗著有《蜀碧》4卷、《蜀故》27卷，对研究巴蜀风土人情有一定参考价值。

（四）词作

清代四川词作亦多，川籍词人有词作传世的达100人以上，其中最有名的有费密、先著、李调元等人。费密有《诗余》2卷行世。先著，字渭求，号蠋斋，泸州人，有《劝影堂渤》《词说》行世，李调元称其"亦词坛中飞将也"。李调元有《雨村词话》《蠢翁词》传世，"惟《浣溪沙》《谒金门》为集中之最"。

（五）曲艺

在曲艺方面，清代四川流行民歌体裁的竹枝词，早期流行于湖北西部和四川东部的三峡地区，在清朝的时候扩向了整个四川，获得了文人墨客和普通百姓的共同喜爱。根据现存文献来看，清代四川的竹枝词在100首篇幅以上的有六种，如冯家吉《锦城竹枝词百咏》、杨燮《锦城竹枝词》等。目前收录的成都竹枝词至少有1600首，王士祯有《汉嘉竹枝词》《汉阳竹枝词》，张乃孚有《巴渝竹枝词》，吴好山有《成都竹枝词》《灌县竹枝词》，徐文驹有《巴蜀竹枝词》，钱召棠有《巴塘竹枝词》等。清代四川的竹枝词不再只是歌唱三峡地区的民歌，而是涉及更大范围的丰富内容，并且有很多文人参与竹枝词的创作，如大文豪李调元就有《钓鱼竹枝词》等。

竹枝词以外，清代四川还有评书、扬琴、皮影戏、花鼓、背担戏等，《成都通览》对清代四川各类曲艺有很多记载和描述。评书是以四川方言讲《三国演义》或《水浒传》等故事，讲评书的人坐在椅子上，手持折扇，拍打醒堂木，以过人的口才和故事烘托的能力，抓住观众的注意力。评书一般设在茶馆，观众可以一边喝茶一边听评书。又如皮影戏，最初是伴随着陕西移民带入四川的，并被迅速四川化，演员使用四川方言表演，配合川剧唱腔。李调元描述皮影戏表演的情景，指其使用纱布制造一个屏幕，用绳子提着人偶，灵活生动，深受民间喜爱。

（六）绘画与书法

清代四川的绘画，以人物山水画家龚有融、龚有晖兄弟为有名，二龚为巴县人。龚有融擅泼墨画，所画怪石林立，绿蕉映天，妙如神品。龚有晖的绘画，间于著色，有石田格韵。其他知名画家，还有华阳人卓秉恬、泸州人先著、三台人黄存之、中江人夏仁等。据薛志泽《益州书画录》正、续、补、附统计，清代四川书画家有1224人，蜀籍书画家805人。

清代四川绵竹年画的生产达到高峰，成为全国四大年画中心之一，每年销售达1200多万幅，行销省内和全国，还远销日本、越南、印度等国家。

清代四川书法家亦多，据统计，清初至道光朝，四川书法家有400多位。其中著名者不少，如费密，"书法古劲，人得片纸皆珍之"；又如张宗法，工于草书，"人得尺幅珍之"；再如吴昂，兼精书画，"众皆称羡"；再如戚祥光，世称"惟方外之大手笔也"。

## 五、新闻报刊的产生与发展

### （一）宋育仁与《渝报》和《蜀学报》

甲午战争以后，北京、上海、天津等大城市首先出现了报纸，四川第一份近代报纸是1897年宋育仁在重庆创办的《渝报》。《渝报》是一份每月出3期的旬刊册报，每册约30余页，登载的稿件以宣传维新变法、救亡图存为主。1898年春宋育仁出任尊经书院山长，《渝报》出刊至第16期停办。1898年5月，宋育仁在成都创办《蜀学报》，初为半月刊，第4期后改为旬刊，共出了13期，为蜀

《渝报》

学会的机关报。《蜀学报》是近代成都地区出版、发行的最早一份报纸，由尊经书局在成都出版，宋育仁担任报纸总理，杨道南担任协理，吴之英担任主笔，廖平担任总纂。《蜀学报》刊登了大量主张维新变法的文章，对四川的变法维新思想起到了推广宣传的作用。随着戊戌变法的失败，该报在同年九月被清廷查禁。

### （二）傅崇矩与成都报业

晚清四川报业的发展，《成都通览》的作者傅崇矩也做出了很大贡献，他曾创办了多种报纸。1900年他创办了《算学报》，是四川最早的理科报纸。1901年，他创办了成都第一份民办白话文报纸《启蒙通俗报》，每天出一张，是真正的日报。由于当时四川识字的人很少，文化水平偏低，所以除了刊登新闻以外，一般也刊登文艺小品、灯谜一类的内容，便于引起文化偏低人群的兴趣。他在1909年创办了《通俗画报》，是四川最早的画报，通过用大量图片代替文字吸引了许多不识字和识字不多的读者，起到了传播文化和观念的作用。此外，他还设置了成都第一家公益性的公众阅览室即"阅报公所"，提供多达82种全国各地，甚至海外的报纸给市民免费阅读，其中日

本的报纸就有两种,即《日本日华新报》《日本图书月报》。公众报纸阅览室的设立,给四川提供了现代信息传播的重要公共空间。

(三)四川报刊业的发展

从1897年到1911年,四川的报刊共有20多种,除《渝报》和《蜀学报》外,重要报刊还有杨庶堪与朱必谦等于1903年4月创办的《广益丛报》,1904年9月卞鼐创办的《重庆日报》,1904年创办的《四川官报》和同年创办的《成都日报》,1906年由四川留日学生在日本东京创刊的《鹃声》杂志,1908年1月在东京出版的《四川》杂志(主持人为吴玉章)等。

《广益丛报》每个月出版两册到三册,读者对象主要是乡村士绅、工商业精英、官员、青年教师、学生。该报既宣传西方现代科学,也传播维新派、革命派的观点,转载各类文章,内容结构类似今天的文摘杂志。内容十分丰富,有谕旨、奏牍、章疏、国政、国魂、哲闻、史髓、地学、女学、学案、生理、图表、杂录、短品、来信、小说、译文等。在早期阶段,该报主张变法维新,主张废除科举,兴建新式学校,兴办女学,创办白话刊物,主张兴建铁路、马路、制造轮船、电灯,并增加进出口贸易,希望能唤起沉睡的雄狮,抵抗外国列强的瓜分,建立君主立宪的"开明专制"。1906年以后,该报开始偏向革命派观点,反对君主专制,宣扬欧美革命。

《重庆日报》是重庆同盟会宣传的重要阵地,刊登的大多数文章是攻击清朝腐败、贪污的。1905年,由于该报刊登了侮辱慈禧为"老妓"的文章,清朝秘密逮捕了卞鼐,将其虐杀于监狱之中,该报也被查封。

《鹃声》由四川同盟会员创办,取名的用意是像杜鹃啼血一样为整个中国悲鸣,一共出了三期,封面上宣扬"拥护人权",并且刊登了革命者邹容的画像。该刊认为,现在中国面临亡国的危境,会被欧美列强所瓜分,希望国人拼死去守卫国家。此外,刊物也宣传"文明国"的"自由权",要求保障思想自由、出版自由、言论自由,引起了清朝的恐慌,因此被取缔。1907年下半年,在日本留学的四川同盟会学生,邀请原《鹃声》的编辑和主要撰稿人参加新办的《四川》杂志。《四川》的基本立场是主张对清朝进行革命,揭露清朝的卖国行为，坚决反对列强瓜分中国。《四川》设立有图画、论著、译丛、时评、演说、来稿、小说、文苑等栏目板块，刊登的主题包括警告全四川、讨论政党和国家的关系、中国和全世界之间的经济问题、川汉铁路、警察的权限等诸多方面，受到读者热烈欢迎，发行量达到5000份，但后来被日本政府取缔。

晚清时期四川的报刊，基本上起到了新闻传递、政治宣传和娱乐消遣等三方面的作用。这些报刊传播了近代的思潮，提供了近代化的信息流通渠道，对四川社会发生了重大影响。

### 六、科技与史志

#### （一）科技

清代四川的科技发展，主要体现在盐业、农业、医学等方面，到晚清则引入了近代的西方科技，用于发展工矿企业等方面。

在农业方面，清代四川有四部总结农业生产技术的著作。雍正时成都知县张文梵的《农书》，对选种、育种、播种、疏耙、锄耘、粪壤、水利、牧牛等生产技术分门别类加以总结、介绍，尤其是教民贮冬水、筑田埂保留冬水田的做法，在四川农田改良技术上是一个很大进步。乾隆时大足知县沈潜的《蚕桑说》，对蚕、桑事业的诸方面进行总结，至今仍有参考价值。乾隆时德阳知县阚昌言的《农事说》，从天时地利到改良技术和管理方法进行论述说明，具有重要的科学价值。乾隆时什邡人张宗法的《三农纪》，对天时地利、治田育秧、稻田管理、畜牧兽医、农产品加工、备荒救荒等诸多方面进行详尽论述，内容十分丰富，全书达33万言，具有指导农事生产的作用。

手工业方面，盐井的钻井、治井技术均有改进提高。钻井方面，总结出"相其地脉"，选择"两河夹岸，山形险急，得沙势处"的科学开采方法；钻井工具出现了多种形制钻头和在钻头前后两面开凹形泥槽以及钻头加钢刃等技术，还出现了"泥孩儿""财神锉"等打捞井下落物的工具。治井技术方面，用"漕针以冲击其脂凝"，用"拽子以和解其胶密"，用"刮筒"以吸

自贡的燊海井

其泥沙,解决了井筒剥落、土石堙塞等井下故障。在采卤技术方面,采取升高天车的方法,以解决吸卤筒加长的问题。钻井技术的改进和提高,使清代盐井深度大大提高,道光十五年(1835年)钻出1001.42米深的燊海井,是当时世界上第一口超千米的深井。与同时期的西方相比,燊海井的技术走在了世界前列。燊海井开凿成功11年以后,俄国的谢苗诺夫才在1846年钻成了一口浅井,采集到少量的井油。又过了13年以后,美国人狄拉克才在1859年钻出了一口不到22米的井,采集到1.8吨的井油。

在医学技术方面,最出名的是彭县人唐宗海,他是中国最早把中医和现代西医进行汇通的医学家。他在1884年写成了《血证论》,第二年中举后在江南一带游历,和上海等地的医生交流。他高超的医术在上海受到了广泛的赞誉,很多疑难杂症到了他的手里,都能得到化解,人们对此感到非常神奇。1889年他中了进士,担任礼部主事,医学的高超水平也为众人所周知。以后他前往上海,当时正是洋务运动的高潮时期,西方的现代医学也传播到中国。在上海这一国际化城市,他认识到现代西医的长处,同时认为传统中医也有长处,因此医学的进展需要将二者加以汇通与融合。他以中国古代医学理论为基础,吸取西医解剖学、生理学知识,撰成了《中西汇通医经精义》两卷，在1892年刊印出版，成为中国医学"中西汇通"先驱者，享誉各地。

(二) 史志

清代四川没有重大的史学成果问世，其原因一方面是文字狱压力，另一方面也与明末清初战乱后四川文化遭受巨大破坏有关。清代四川没有专门的私人修史，一般是以私人回忆录的形式承载史料，代表作有张烺的《烬余录》、费密《荒书》、欧阳直《纪乱》、杨鸿基《蜀难纪实》、彭遵泗《蜀碧》等。遂宁县人张烺的《烬余录》，是他晚年晋见康熙皇帝后，康熙希望他将年轻时亲身经历的战乱记录下来，于是写了这一回忆录，一共1万多字，描写明末清初战乱对四川的巨大破坏，因此有很高的史料价值。

反理学的思想家费密也将他亲身经历的明末清初战乱写成了回忆录《荒书》，内容以亲身经历为主，以亲人口述的回忆以及向老兵询问的经历为辅。由于害怕得罪清朝，他一直不敢将书稿刊布，直到康熙要修《明史》，到处征集史料，号称虽然写了得罪清廷的内容也不会加罪，在这个背景下，费密才重新整理了旧稿，删掉了南明各个政权的相关记载，修改了使用南明政权年号的文字。该书较为详细地记载了明末清初四川天翻地覆的惨烈战乱，有着重要的史料价值。

乾隆时期进士彭遵泗的《蜀碧》，收集了大量史料文献，基本囊括了当时能见到关于张献忠屠杀的全部资料，包括《明史》《明史纲目》《明史纪事本末》等25种，详细记载了张献忠在四川大肆杀伐的细节。虽然《蜀碧》将所有的杀伐行为都归于张献忠，有失公允，但仍不失为四川清初的重要史料。

方志方面，清代四川纂修省志凡三次，即：康熙十二年（1673年）修成刊行的《四川总志》36卷，雍正时纂修、乾隆元年（1736年）刊行的《四川通志》47卷，嘉庆二十一年（1816年）修成刊行的《四川通志》226卷。这三部省志中，以嘉庆《四川通志》规模最大，内容也最为丰富，共有204卷，接近500万字。其资料极其丰富，涵盖了沿革、疆域、地形、城池、河流、堤堰、官署、关隘、渡口、寺庙、墓葬、风俗、器物、古迹等众多方面，还记载了大小金川战役、少数民族区域等相关内容。此外，清代四川还修有成都、顺庆、叙州、夔州、龙安、潼川、雅州等府志，以及州县志200多种。

清代四川的方志分为官修和私修两种，优秀的方志主要是由学问大家修成，如段玉裁修的乾隆时期《富顺县志》，李调元修的乾隆时期《罗江县志》，彭遵泗等修的乾隆时期《丹棱县志》之类。段玉裁是乾嘉学派的重要学者，他在担任富顺知县的时候，发现旧县志非常混乱，无法提供关于治理的有效信息，所以他亲自拟定了《富顺县志》的篇目，共设建置、疆域、城池、治署、山川上、山川下、古迹、田赋、户口、盐政、里镇、风俗、防汛、坊表、坟墓、学校、坛庙、官师、宦迹、科第、乡贤上、乡贤下、考义、文苑、列女、祥异、外记等27门。李调元修《罗江县志》，用了3年时间，直至1802年完成，记载了罗江县的沿革、城池、县署、名宦、机构建制、祠庙寺观、风景名胜、东南西北各乡的情况，以及节孝、技术、土产等，并附载了古代碑文和各类礼仪的相关内容、细节，对一些器物绘有图形。彭遵泗的《丹棱县志》一共有12卷，是丹棱县的知县黄云邀请彭遵泗编修的，在彭遵泗临死前一年完成了该书，却未能来得及印刷出版。到1761年，由新知县李光泗从彭遵泗的儿子那里得到书稿，才将其出版，这也是丹棱县现存最早的县志。

### 七、宗教

清朝的宗教政策继承了以前的做法，只要宗教服从国家的权威和管理，则承认其合法性。传统的宗教主要是佛教和道教，清朝统治者信仰萨满教、喇嘛教，也将佛、道视为和儒家有共同源流的"三教合一"，雍正做过"三教语录"，认为儒释道的精神是并行不悖的。因此，清朝对佛教、道教都给予合法性的承认与保护，在四川的成都以及其他一些地方还修建有"三教寺"，祭拜儒家的圣贤、佛教的佛和菩萨，以及道教的天尊和神仙。但总体来看，四川的佛教兴盛程度远在道教之上。

#### （一）佛教

清代四川的佛教包括了汉传佛教、藏传佛教两种。清朝对佛教的政策是严格管理，信仰自由，对于寺庙与和尚的数量、规模都有严格的限制，其用意有三：一是防范民间反叛势力利用宗教作乱；二是要将宗教活动尽量控制在国家所能掌控的范围内，以符合基本教化；三是限制其规模，以免影响社会的经济和税收。清代四川著名的佛教寺中心有峨眉山、昭觉寺、大慈寺、文殊院、草堂寺等。

峨眉山自宋以来即为佛教圣地，明清之际有著名的报国寺、伏虎寺、清音阁、洪椿坪、仙峰寺、洗象池、金顶华藏寺、万年寺八大寺庙。尼姑修行的寺院有伏虎寺、雷音寺、善觉寺、纯阳殿、神水阁。寺庙中的佛教造像，有泥塑、木雕、玉刻、铜铁铸、瓷制、脱纱等各种材质工艺，制作精美，具有重要的历史文化价值。

成都的昭觉寺也是清代著名的佛教中心，该寺在明末清初的战乱中被毁，清朝初年由四川高僧破山禅师重建，并在周边开荒种田，修建石堰。破山禅师是临济宗、曹洞宗的重要高僧，曾经在修炼时从山下跌落，左脚受伤而顿悟，从此号称破山海明。康熙二年（1663年），丈雪法师筹款重建昭觉寺，先后修建了大雄宝殿、圆觉殿、天王殿、金刚殿、说法堂、藏经楼、八角亭等殿宇，重塑佛像，迎请佛经。而后住持佛冤法师曾受清朝派遣，深入阿坝、松潘等藏族地区交流传播佛教，受到藏人的欢迎，藏人送给他一些礼物，被带回昭觉寺悬挂在大雄宝殿。康熙四十一年（1702年）他还派弟子去松潘迎请藏族僧人格西竹峰来掌管昭觉寺，成为昭觉寺重建后的第三任方丈。竹峰在寺内建立藏地密宗的法坛，供藏族、蒙古族的喇嘛僧人修炼密法。昭觉寺融合了汉传佛教和藏传佛教，是清代四川佛教承载了民族友好、文化交融的象征。

成都著名的佛教寺院还有文殊院，它曾于明末清初毁于战火。1681年慈笃禅师发愿重建文殊院，在废墟之间秉持禅修，修建了茅草房居住。老百姓认为他是文殊菩萨的现身，对他崇拜仰慕。慈笃禅师逐渐得到了官府和士绅的支持和捐助，重建了寺庙，并为了纪念文殊菩萨将其称为文殊院。

（二）道教

清代四川的道教主要是全真龙门派，以成都青羊宫、二仙庵、青城山等为重要中心。明代青羊宫在明末清初战乱中被毁，到康熙时期四川巡抚张德地召集民众捐献资金，用了5年重建了青羊宫。全真龙门派的弟子不断进入四川，有的进入青城山重建天师洞，有的进入青羊宫修炼，逐渐置办了宫观的田产，香火越来越旺，招收的信徒日渐众多。

清朝初年最出名的全真龙门道士是陈清觉，他曾经得到过康熙的接见，并上贡青城山的茶叶，获得了康熙封的"碧洞真人"头衔，以及康熙书写的牌匾、珊瑚、金杯等。陈清觉死后，他的弟子继续传授，逐渐形成一个支派，尊陈清觉为开派祖师，以其碧洞真人号之"碧洞"二字名宗，称碧洞宗。

成都另一处道教中心是二仙庵，建于康熙时期。陈清觉将这里作为一个弘扬碧洞宗的中心，他主持二仙庵的时候，为了修建道观，节衣缩食，储蓄了几十两白银，买下了枣子巷田业两大股，奠定了经济基础。此后一直到乾隆时代，二仙庵不断扩大，陆续修建了来鹤亭，在里面摆放吕洞宾、韩湘子骑白鹤的神仙塑像；还修建了吕祖殿，祭祀神仙吕洞宾；修建了斗姥殿，以祭祀神仙斗姥；在来鹤亭的西面修建了御书坊，用来供奉康熙皇帝御书的《赤龙黑虎诗》石碑，表示对皇权的尊重，从此奠定了整个二仙庵的总体格局。到1892年，二仙庵的阎永和方丈发起重新刊刻《道藏辑要》经版的活动，根据成都著名藏书家严雁峰家藏的蒋元庭本《道藏辑要》重新编纂，并增补了17种道书和23种道经目，命名为《重刊道藏辑要》。从1892到1901年，一共用了9年时间，才最终完成《重刊道藏辑要》的编纂。

## 第五节　清代大移民与巴蜀文化的流变

清代初期大规模的移民入川引起了巴蜀文化多方面的流变，诸如语言、风俗时尚、建筑风格、行为方式、衣物饮食、歌舞戏剧、婚丧嫁娶、祭祀礼仪等，都发生了很大程度的变化。雍正《四川通志》卷首《序》说："其民则鲜土著，率多湖广、陕西、江西、广东等处外居之人，以及四方之商贸，俗尚不同，情性亦异。"移民来自各方，"五方杂处，俗尚各从其乡"，各方移民往往以原籍为群体聚会而居，使其原籍的乡土文化长时期保存下来，代相传承，所以他们入四川籍后，"立家庙，修会馆，冠婚丧祭、衣服、饮食、语言、日用，皆循原籍之旧，虽十数世不迁也"。

与此同时，尽管四川籍土著为数甚少，但巴蜀文化经数千年发展而凝聚起来的文化底蕴仍在四川各地顽强地保存和流传着，而且还不断地影响着从外省迁来的移民的原籍文化。因此，在巴蜀文化与各省移民文化较长时期的大碰撞、大交融中，又混合熔铸出杂五方之俗的新的文化面貌。大约到了清中叶，许多移民的文化已发生了很大变化，从俗尚完全不同变化成为"习尚半从其籍"，另一半则与巴蜀文化不辨彼此了。再往后，随着新的四川方言的形成和新一代四川人的成长及其文化传习，各方俗尚的差异越来越小。而在巴蜀文化区内，则逐渐形成一些地方性亚文化，在这些亚文化中，一些外省移民的"本俗"，"尚可得而辨焉"。不过从总体上说，越往后发展，各方"本俗"越不容易辨识，基本上已从属于经流变而重新聚合熔铸而成的巴蜀文化之中。

清代巴蜀文化的流变，比较明显可辨的是语言、建筑风格、戏剧，以及部分时尚习俗等。

## 一、四川方言的形成

元末明初和清代前期的移民入川，对今天四川方言的形成起了决定性作用。

根据对重庆、合川、南溪、广安的58份族谱的研究[①]，清以前入川的118户中，湖广籍占85户，其中又有65户为麻城籍。清代前期大规模移民入川高潮中，湖广籍人多，称为"湖广填四川"。这样，以湖北话为基础，融合了原来的四川话以及其他入川移民尤其是陕西等地的原籍方言，逐步形成了今

---

① 胡昭曦：《"张献忠屠蜀"与"湖广填四川"考辨》，《中国农民战争史研究集刊》第1辑。

天的四川方言。四川方言以成都话为标准,即所谓四川官话。在四川方言区内,又包括许多大体近似又有所差异的地点方言,这些地点方言,均与入川移民的原籍方言有着千丝万缕的联系。由于入川移民既多,又常同籍而居,且"五方杂处",所以造成四川方言区内极为复杂的地点方言即所谓土音的交错分布。今四川"县县有土音",甚至一个乡镇内部都有不同的土音,追根溯源,便与移民入川"五方杂处"有关。

四川官话大约在明代即开始形成,经过长期发展演变,到清代基本定型。所以清前期入川的移民,一般学操四川官话以便不同籍别人之间的交谈,家乡人之间则操其原籍方言。民国《大足县志》卷3记载说:"清初移民实川,来者各从其俗。本县语言旧极复杂,凡一般人率能操两种语言,平时家人聚谈或同籍交谈,曰打乡谈,与外人交谈则用普通话,远近无殊。"随着世代的变易和新一代四川人的形成,四川官话流行愈广,而"打乡谈"则日益演变成为四川各地的地点方言。

除四川方言外,由于一些入川移民世代同籍而居,或同族而居,其原籍方言变化甚小,基本上被完整地保留下来,从而在四川方言区内形成了所谓方言岛,如客家方言、湘方言等,便是如此。

二、建筑风格的流变

建筑风格的变化体现在多方面,主要有会馆建筑的兴起和民居风格的流变。

大批外省移民入川后,置身于完全陌生的自然、社会和文化环境中,为了应对陌生的环境,便以原籍的地域关系为纽带,纷纷组成民间的地方性互助性组织,这就是会馆。清前期四川各地形成了大批会馆,有湖广会馆、陕西会馆、广东会馆、福建会馆、江西会馆、贵州会馆等,遍布川境,有的县内会馆甚至达百座以上。犍为县境内就有139座会馆,其中湖广籍移民所建会馆禹王宫有20座,广东籍移民所建会馆南华宫20座,江西籍移民所建会馆万寿宫18座、二元宫4座。会馆建筑在风格上,多不同于巴蜀传统建筑,其特征是南北荟萃，融宫廷建筑与民间建筑为一体。清代四川会馆建筑洋洋大观，它们的兴起成为巴蜀文化的一大景观和特色。

会馆建筑中，以始建于乾隆元年（1736年）的自贡西秦会馆最为有名。这座会馆由陕西籍盐商集资兴建，耗银5万多两，历时16年竣工。主供关羽，又称关帝庙，或称陕西庙。全馆总面积3200平方米，依地势高低，由低到高，沿南北中轴线纵深布局，形成以三重主体建筑列为三重院落的格局，左右则配以万堂，建筑之间均以廊楼阁轩相连接。整个建筑群结构繁复，宏伟雄奇，而独具一格的复合大屋顶更增添了它的奇特壮观，显示出它不同于传统的新鲜风格。馆内木雕饰品更是丰富多彩，全馆建筑中的中殿斗拱、雀替、挂落、献技楼、贲鼓阁、金镛阁等，均饰以木雕艺术品，仅献技楼、贲鼓阁、金镛阁楼沿上，就雕刻有350个人物及大量相配的屋宇道具、奇禽异兽、花卉景物，内容多富以中国传统文化习俗和历史故事，所有人物均饰以贴金，使整个建筑群金碧辉煌，华丽高雅。

其他较有名气的会馆建筑，还有自贡籍商人出资修建的运商会馆王爷庙，自贡屠沽行"募众醵金"修建的会馆桓侯宫（张飞庙），成都金堂县土桥镇湖广籍移民集资修建的禹王宫，金堂县土桥镇广东籍移民修建的南华宫，广汉城内的广东会馆南华宫，成都市龙泉区洛带镇的广东会馆、湖广会馆，成都市陕西街（原芙蓉街）的陕西会馆，叙永县城关由西帮（陕西、山西二省盐商组织）出资修建的会馆春秋祠（祭祀关羽）等。

民居建筑的风格，也由于明清的大移民而日益流变，主要表现在以下几个方面。

第一，民居的建筑材料。明以前多用竹木和泥，即传统的木（竹）骨泥墙，房顶用瓦的不多，主要用茅草，以所谓"三重茅"为佳。明中叶以后，民居大量采用砖瓦结构，使单体宅院、宅群以至集镇建设日益成熟。

第二，四合院平面日益成熟。汉代四川流行庭院式住宅，唐宋时期流行宅园式住宅，明清时则多四合院。四川明清四合院兼采南北民宅风格，又根据本地的气候环境特点而建成。川西北地区称四面用房围合的住宅为"四合头"，三面围合的为"三合头"；川东、川南地区习惯以"天井"为四合院代称，天井的多少成为衡量民居规模的一个量词。长江岸边的城市，由于气候炎热，潮湿多雨，常将天井加盖，天井的屋盖比四周房屋的屋檐高，既采光又通风，称为"亭子天井"。

第三，住宅入口处理因地制宜，丰富多彩。四川由于地理位置的原因，房屋建筑需坐北朝南才较合理。但城镇居民受街坊走向的制约，不可避免地有坐西向东、坐东面西或坐南朝北。明清时期，建筑匠师经反复实践，创造了前、后、左、右等多种入口方式，保证了住宅主体厅堂具有坐北朝南的良好朝向和安静的环境。

第四，沿街联排民居基本定型。宋代四川商业发达，成都尤为之冠，成都民居街坊已突破了以前的封闭型，变为开放型的沿街设店，前店后坊的住宅形式也开始出现。清代，由于大规模移民入川，四川人口稠密，逐步形成了沿街联排式民居的几种基本形式。从明代始建的犍为罗城和清代建成至今保存较好的资中"清风一条街"，可以看到单纯供居住的沿街住宅，供小商贩居住的前店后宅，前店后坊楼居的临街民居等几种形式的沿街民居。尤其是为扩大楼层空间，将楼层排出，或作平座供眺，或扩大居室面积，从而形成了城市联排民居二次出挑的典型风格。

### 三、川剧的发展

清代，随着大批外省移民的入川，各地戏剧艺术也相继涌入四川，江苏的昆曲、陕西的秦腔、安徽的徽调等与川剧和四川灯戏由并存发展而逐渐混一，最终在晚清时形成"昆、高、胡、弹、灯"多声腔的近代川剧。

昆曲于康熙二年（1663年）进入四川。据胡诠《蜀伶杂志》记载，江苏昆曲于康熙二年首次来蜀，寓成都江南馆合和殿内。当时四川总督为江苏人，提倡昆曲，"知音见招甚多，学者略有其人"。雍正年间，署名曰"来云班"，但未登台，仅坐唱而已。乾隆初，在蜀经商的苏人，"唤苏伶数人来蜀，始登场演戏，正其名曰'舒颐班'，颇极一时之盛，学者亦多"。道光十八年（1839年），川剧福班的著名大面周浩然"插足"舒颐班学戏，成为川昆巨擘。周浩然又传其子甫臣，甫臣70多岁时还唱昆曲，而此时已进入民国时期。这样，昆曲与川剧相结合，便成了川昆。

秦腔的入川年代已不可考，戏剧史家普遍认为早于昆曲。秦腔最初在陕西会馆演出，"秦腔梆子响高低"。后来秦腔走出陕西会馆，到四川一些州县演出。康熙末年绵竹知县陆箕永已见到山村的社戏，是"一派秦声浑不断，有时低去说吹腔"，既有秦腔，又有吹腔（川梆子）。乾隆时，秦腔班子在川既演出又传艺，绵州赵三寿等人即是川剧中的秦腔名伶。到这时，弹戏即所谓川梆子已经形成。

徽调入蜀也是清前期的事。徽调的器乐是胡琴，用胡琴伴奏演唱西皮调，称之为"淫声"。乾隆年间，杨对山的《锦城竹枝词》有唱胡琴戏的记载，定晋岩樵叟的《成都竹枝词》有"胡琴拉得是淦声"的记载，表明乾隆年间二黄腔已在四川流行，后来发展成为川剧的胡琴戏。

四川土灯戏在明代已有，深受百姓喜爱。清初，四川土灯戏进入城市，遍及各地，不但有民间灯班，还有官府的"官班"，雅俗共赏，日益繁荣。

至此，昆、高、胡、弹、灯各腔均已具备，为晚清多声腔的近代川剧的诞生，奠定了基础。清代川剧的流行剧目分为六类：高腔四大本、江湖十八年、五袍四柱、弹戏四大本、目连戏、灯戏。今存的川剧传统剧目，绝大多数是清代川剧的文化遗产。

除川剧外，四川皮影戏的发展也同清前期的移民有关。四川本有皮影戏，是一种借灯取影在影幕上表演戏剧故事的民间戏曲艺术。约在清乾、嘉之间，陕西商人入川带来原籍皮影戏，与四川皮影戏交流融合，逐步形成新型的皮影戏。这种新型皮影戏，声腔音乐采用川剧腔调，昆、高、胡、弹、灯五腔俱全。皮影造型受四川木版年画的影响，皮影加工制作吸取蜀锦等工艺品中的花、鸟、虫、鱼、云纹等艺术特点，皮影戏的内容则多为百姓喜闻乐见的民间故事，演出时间多在节庆，且演出方便，成为广大人民群众喜爱的一种民间艺术。

## 四、风俗时尚的流变

清前期的移民入川引起了巴蜀文化中一些风俗时尚的流变。成百万外省移民涌入四川各地,"客籍迁徙,五方杂处","风俗不同,情性各异",各省入川的移民长期保持着其原籍的风俗时尚,因而使四川文化一时出现异彩纷呈的景象。经过各省移民与四川土著之间长期的文化交流,一些风俗时尚消失了,而另一些风俗时尚则在各自发展变化的进程中演为多元一体,由是形成巴蜀文化的多样化结构。正是这一多样化发展演变的结构,对近代巴蜀文化产生了直接的决定性影响。

在风俗方面,民国《泸县志》卷3记载:"自外省移实者,十之六七为湖广籍,广东、江西、福建次之",经过若干代的文化传承和演变,直到民国时期"其习性俗尚虽熔铸混合,其本俗固保存不废,尚可得而辨焉。大抵属湖广者习故常信巫觋,以楚俗尚鬼也;属广东者趋利益好争夺,以粤俗喜斗也;属江西、福建者乐转徙善懋迁,以赣、闽滨江临海利交通也",而这几种风俗对巴蜀习性均有一定影响。

历史上成都平原的民风民俗多尚游乐,《宋史》记载的"蜀俗奢侈,好游荡,民无赢余,悉市酒肉为声技乐",其实汉、唐、宋代均是如此。到了清代依然如此。清人彭懋琪写道:"驷马桥边旁客地,碧鸡坊外斗鸡地。"清人陈禅裔写道:"邻姑昨夜嫁儿家,会宴今朝斗丽华,哑酒醉归忘路远,布裙牛背夕阳斜。"这都是古老川西民风的传承。

巴渝地区与西蜀有异,风俗时尚发生了较大的变化。巴渝地区历来民风朴实,"俗素朴,无造次辨丽之气","姿态敦重","其人性质直",此俗自先秦而然,至宋代亦大体不变。到清代,由于外省大移民,使得重庆的经济结构呈多样化发展,尤其商业发展极为迅速,大大影响并改变了巴渝文化的民风。据道光《重庆府志》卷1记述,"乾隆初,(重庆)上庶家不轻衣帛,后商家以奢侈相尚,人皆效尤",表明在商业引导下,重庆土庶在住宅、器具、服饰等方面追求富丽豪华。乾隆《巴县志》卷10说:"即如屋舍，耻鬃垩，必磨砖缋彩；盘盂，厌油漆，务嵌玉镂金；织造，薄布帛，尚倭缎刻丝；匠石之精，始犹自远云集，继则转相传授，熟极巧生，几与苏杭粤东相伯仲。"此风始自重庆，州县争先效尤，例如忠州，据道光《忠州县志》卷1记载，到乾隆中叶时，"或袜尚通海，鞋尚镶边，烟袋则饰以牙骨，熬糖煮酒，皆效法重庆"。这些，都是巴渝地区文化流变的显著例子。但是巴渝文化中的质直习性，仍然作为川东民风的显著特征传承下来，直至近世。

在节庆方面，随着外省移民的大批涌入，巴蜀的一些传统节庆消失了，一些新的节庆却兴起了。如宋代成都人每逢正月初一，必持小彩幡游安福寺塔，此节庆之俗到清代已不再见诸记载。成都正月的上元节灯会，从宋代至清代也有较多内容上的变化，如以前昭觉寺灯火最盛，清代则演变为"子弟巧扮女妆，携灯唱采茶，或童稚作傀儡，扮各色故事"的闹元宵。而二月成都花会则在清时兴起。其他诸多节庆，在形式、内容上亦多有传承流变，一般说来，规模都更大，内容都更为繁复。

清代巴蜀风俗时尚的流变是多种多样的，然而在许多方面巴蜀风俗仍然具有古老巴蜀文化的遗风。例如在祭祀信仰方面，从古时传承下来的灌水神、二郎神、马头娘、金马碧鸡神等，均继续代相传承而不改。蜀人修建祠庙的文化传统也还是没有改变，反而继承发展，各县皆然。这是传统巴蜀文化对于外省移民尤其移民后代累世浸润熏陶、潜移默化的结果，因而使移民后代不但在籍别上而且在文化上成为新一代四川人。

第七章

# 民国时期的四川

## 第一节　导言

民国时期的四川，经历了二次革命、护国战争、护法战争，并在熊克武主政四川时期前后形成了"防区制"，由此演化出川军、滇军、黔军等军阀团体以及刘湘、刘文辉之间的战争。刘湘主政四川时期，取消了防区制，统一四川，并在四川进行了一定的建设。在此期间，红军长征经过四川，建立了著名的川陕根据地，并在川康地区发生了很多重大历史事件。

抗战爆发后，国民政府迁都重庆，使四川成为抗战时期最重要的政治、经济、文化中心。在艰难的抗战岁月中，四川军民为保卫祖国、抵御日寇入侵做出了巨大贡献，书写了川军抗战的传奇。而日寇对重庆及四川各地的轰炸，导致了众多伤亡的悲剧，但也坚定了川人抗战的决心。长江三角洲发达地区大量工厂企业的内迁，为四川经济的发展提供了力量，使得四川成为复兴基地的经济、财政、金融中心，但长期战争导致的通货膨胀也对四川经济造成了损害。此外，卢作孚经营的民生公司，也在四川抗战时期的航运和经济史上做出了可歌可泣的贡献。民国时期的四川还曾设置西康省，为川边的进一步开发奠定了基础。

在抗战期间，中共在重庆设置了办事处，以周恩来为书记的中共中央南方局在此工作，直接领导四川、云南、贵州、湖北、湖南、广东、广西、江苏、江西、福建以及香港、澳门地区的党组织。南方局高举抗日民族统一战线的旗帜，贯彻党中央"坚持抗战，反对投降；坚持团结，反对分裂；坚持进步，反对倒退"的三大政治口号，实行国共合作，坚持抗战。在重庆发行的《新华日报》，宣传抗日民族统一战线、持久战的重要性等，是中共舆论宣传的重要平台。

民国时期的四川文化内容十分丰富，涌现了众多大家，如激进反传统文化的吴虞，从经学走向史学的历史学家蒙文通，天才历史学家刘咸炘，在多个学科有所建树的学者郭沫若等。抗战爆发后，众多学者迁徙到四川，如国学大师钱穆就在成都华西协合大学、四川大学任教，儒学大师马一浮在乐山创办复性书院，弘扬中华优秀传统文化，保留文脉。钱穆曾谈道："若非我民族传统文化蕴蓄深厚，我们更用何种力量团结此四万万五千万民众，对此强寇作殊死的抵抗？"国难深重，但只要中华民族的强大文化生生不息，则可以团结起全国军民，对日寇进行殊死抗争。

内迁的同济大学、中央博物院筹备处、中央研究院、中央营造学社等文教机构，都迁移至四川宜宾的李庄，梁思成、林徽因、傅斯年、童第周、董作宾等数十位著名学者在这里生活和科研，《中国建筑史》《殷历谱》等著作，"生物胚胎发育极性现象"等具有世界性影响力的学术成果也在李庄诞生。抗战时期的李庄，给民国的四川文化添上了浓墨重彩的一笔。

民国时期，卫聚贤提出了著名的"巴蜀文化"，指史前到先秦青铜文化时期之间存在于蜀地和巴地的地方文化。他在《巴蜀文化》一文中利用岷江上游出土的石器与陶器、成都古董商店中所见有巴蜀符号的青铜兵器、成都出土各类具有独特地方色彩的铜器等实物，指出古代蜀地不是落后的蛮荒之地，而是具有发达青铜文化的文明地区。卫聚贤"巴蜀文化"概念的提出，为后来四川早期历史、巴蜀青铜文化的深入研究开辟了道路。

## 第二节 民国时期四川的政治

### 一、民国初期四川的政局

辛亥革命后，英国乘乱唆使其西藏代理人在藏区和川边叛变，袭击当地驻军。四川都督尹昌衡发动西征，于1912年7月兵分南北两路，迅速平定了巴塘、理塘、昌都等地，在康定设置了川边镇抚府，逐渐稳定了当地的局势，并在第二年建立了川康特别行政区。尹昌衡的西征，打击了英国及其代理人的势力，为维护国家统一和民族团结做出了贡献。

尹昌衡之后，由胡景伊担任四川都督，但他和袁世凯的关系紧密，在袁世凯的支持下手握重权，并在成都镇压反对袁世凯的国民党，引起了国民党的愤怒。1913年8月，熊克武及其支持者在重庆宣布独立，掀起了四川的二次革命。但随着全国范围内二次革命相继失败，四川战局逐渐恶化，熊克武的军队战败，流亡到上海。胡景伊虽然帮袁世凯镇压政敌，但并非北洋系出身，因此不受信任。1915年陈宦率领北洋军进入四川，并担任四川都督，胡景伊被调派到北京。

袁世凯的称帝导致了国人的普遍反对。1915年12月蔡锷、李烈钧等人组建护国军，讨伐袁世凯，进入四川。四川各地如宜宾、金堂、涪陵、南充、广安、酉阳、大竹等也相继出现了自己的护国军，攻击各地驻扎的北洋军。随着北洋军的失败，袁世凯宣布取消帝制，并在众叛亲离中死去。北洋系的陈宦也离开了四川，蔡锷担任四川督军、省长，任命熊克武为重庆镇守使。在护国战争时期，入川的滇军、黔军占据了川南的宜宾、自贡、重庆等富裕地区，北洋政府在1916年还任命了滇军罗佩金担任四川督军，黔军司令戴戡担任四川省长。

1917年9月，孙中山成立护法军政府，号召各省讨伐北洋政府，任命黄复生为四川国民军总司令，进攻北洋政府任命的四川督军。12月，重庆的熊克武召集川军、滇军、黔军将领开会，支持孙中山的护法战争。1918年1月，唐继尧担任三省联军的总司令，熊克武担任四川军的总司令，讨伐被北洋政府任命为四川督军的刘存厚。刘存厚被击败后，撤退到陕南的汉中，仍然自称四川督军，但四川的军政、民政实际上由熊克武控制，杨庶堪担任省长，四川的护法战争结束。

二、军阀之战与四川统一

护法战争前后，四川形成了军事防区制，进入军阀之战的时代。据统计，从民国建立到1935年中央军入川以前，四川各地一共发生了大小战斗400次以上，规模较大的战争有29次。1917年四川颁布过政府公文，允许各军队在驻防区域内收取税金，此后逐渐形成了杨森、邓锡侯、田颂尧、刘湘、刘文辉、刘成勋、赖心辉、刘存厚等几个军阀巨头，将四川的土地分为大大小小的地盘，以县为单位，占有县数的多少代表占有防区的多少。每一个防区的驻军长官可以直接任命地方的行政长官，一般是由自己军队的军官担任。他们可以在自己防区内征税，并且招募士兵。

防区制公文出现后，当年就爆发了刘存厚对滇军罗佩金、黔军戴戡的战争。罗佩金担任四川督军的时候，与刘存厚的矛盾激化，双方在成都发生战斗，死伤士兵数百人。与此同时，川军钟体道帮助刘存厚打击外地的滇军，导致成都的罗佩金陷入孤立无援状态，只好撤退。在滇军撤走后，刘存厚和黔军戴戡的矛盾又开始激化，双方爆发了激战，黔军被击溃逃走，戴戡自杀。但在护法战争中，滇军的罗佩金等人试图卷土重来，均被刘厚存击败，刘又被唐继尧、熊克武等人驱赶到汉中。

在取胜之后，唐继尧等决定将重庆、宜宾、内江、泸州等比较富庶的区域划为外省武力滇军、黔军的防区,并控制四川的盐税、关税、烟酒税等,引起了身为四川人的熊克武的愤怒。熊克武在1919年提出川军要统一,四川要由四川人来自主,这引来了唐继尧的报复,后者组建滇黔联军发动了战争。1920年,熊克武战败,他与败退到汉中的川人刘存厚联合,在川军刘湘的帮助下,在龙泉驿击败了进入四川的滇军。熊克武在重庆担任四川督军,刘湘担任川军总司令、四川省长,但其后熊克武和刘湘之间又发生了冲突。

到1923年,直系军阀吴佩孚试图控制四川,支持投靠他的川军将领杨森入川,联合黔军,攻击熊克武等,先后占领了重庆和成都,将熊克武等逼退到川南。1924年杨森主政四川,修建马路、体育场,反对妇女缠足,对四川的建设有一定积极意义。

刘湘军装照

1925年北洋政府免去杨森主政四川的职务,让刘湘取代,引起了双方矛盾。杨森号称要统一全川,攻占了12个县,但被刘湘击败,逃往汉口继续投靠吴佩孚。1926年,杨森卷土重来,刘湘被迫向杨森求和,双方联合起来一起攻击黔军,占领了重庆,将黔军驱赶回了贵州。从此以后,骚扰了四川10年之久的滇军、黔军势力终于被赶出四川。

1926年国民革命军发动北伐时,四川的武力派系有刘湘、刘文辉、杨森、刘存厚、邓锡侯、田颂尧、李家钰、罗泽洲。其中,刘湘的势力改名为国民革命军,杨森则继续奉吴佩孚的旗号。杨森在下川东之战被刘湘击败,只剩下5个县和1万多兵力,无法再争夺四川统治权。此时,已进入了四川军阀之战的最后阶段。刘文辉和刘湘两叔侄之间存在矛盾,刘湘支持蒋介石,刘文辉反对蒋介石,又因为利益之争,在1932年至1933年之间爆发了"二刘之战",各派都被卷入,波及全川,结果刘文辉被赶到雅安,刘湘基本统一了全川。

1934年，由于川陕革命根据地的红军第四方面军多次粉碎了四川军阀的围剿，打击了四川军阀的反动统治，刘湘于当年11月到南京向蒋介石求援。1935年春，南京国民政府派出参谋团、别动队入驻重庆，派上官云相等率中央军入川，督导川军围剿红军，又任命刘湘为四川省政府主席，废除防区制，改编川军，统一四川的货币和财政，建立中央银行分行。至此，四川军阀防区制时代结束，军政统一，重新被纳入南京中央政府的掌握下。

### 三、五四运动及中共四川党组织的建立

1919年5月4日五四运动爆发当晚，《川报》驻京特约通讯员王光祈就把这一消息发回了成都。5月7日，《川报》以简要新闻的形式将其刊登。到17日，《川报》刊登了详细的报道，李劼人还写了长篇的按语，在四川引起极大反响。成都高师的学生在看了《川报》后，群情激奋，通过拍电报声援北京学生，呼吁全国各界一起拒绝在巴黎和会上签字。当天上午，30多所学校几千名学生上街示威，喊出"誓雪国耻"的口号。成都高师、川东师范、联中、巴县中学等都举行了活动。到25日，成都6000多学生和参加的市民、军人等在少城公园集会，由法政学校校长熊晓岩主持，宣布抵制日货。

四川督军熊克武、省长杨庶堪也都发表通电，反对在巴黎和会上签字。6月8日，成都工商、军民、学生等各界2万多人在少城公园召开国民大会，影响巨大。包括四川的士绅、工商界、军民、学生在内的广泛力量，都支持五四爱国运动。正是由于包括了全四川各界人士在内的国人的广泛抗议，北洋政府拒绝在合约上签字。与此同时，四川各界抵制日货，使得此后很长时间内全省都几乎见不到日货，日货被相应的国货取代，对四川的民族工业起到了保护作用。

在五四运动中，马克思主义开始传入中国。四川江油人王右木留学日本，最早将马克思主义传入四川，吴玉章、恽代英、杨闇公等人将其传播到四川各地，成都、重庆、泸州、万县等地出现了各类马克思主义研究会，为

中国共产党在四川的建立奠定了基础。五四运动以后，到法国勤工俭学也在四川形成一股热潮，多达492人赴法，占全国留学法国人数的三分之一。邓小平、陈毅、聂荣臻、赵世炎、刘伯坚等人都在这一时期赴法留学。

1921年，社会主义青年团陆续在成都、重庆、泸县、万县、内江、涪陵等地成立。1923年5月，王右木给中共中央写信，请求批准在四川建立党组织。8月，他前往上海，再赴广州向中共中央汇报，被党中央直接吸收为中共党员，并被委派回四川发展中共党组织。1923年10月，中国共产党成都独立小组成立，王右木任书记，直属中共中央领导，随后党团组织在四川各地不断发展。由于不知道王右木已经在四川建立了中共的秘密党组织，1924年1月，吴玉章和杨闇公等20多人在成都组建了中国青年共产党，并发行报纸《赤心评论》，与社会主义青年团之间多有互动。1925年，吴玉章在北京加入中国共产党，四川的中国青年共产党解散，一些成员加入中共。1924年，王右木在贵州土城遇害，中共成都独立小组解散，中共在四川的活动中心转移到重庆。1926年2月，中共重庆地方执行委员会正式成立，杨闇公担任书记，杨闇公、吴玉章、冉钧担任委员，另有候补委员两名，设组织部、宣传部、工人运动委员会、妇女运动委员会、学习委员会、军事委员会。军事委员会的书记为杨闇公，委员为杨闇公、刘伯承、朱德。该委员会直属中共中央领导，并受中共中央委托领导四川全省党组织，相当于最初的中共四川省委，这是中共在四川建立的第一个省级党组织。

### 四、西康建省

早在清末，赵尔丰在巴塘、理县等地改土归流，建立了30余个县，为西康省的建立打下了基础。1911年，代理川滇边务大臣傅嵩秋上奏清政府建立西康省，但保路运动和辛亥革命爆发，藏军乘机占领了金沙江以东的多个县，建省计划未能成功。辛亥革命后，英国怂恿一些西藏上层分裂分子，试图侵占甘孜、康定。经过尹昌衡的西征平乱，剿抚川边，但仍然丧失了11个县，川边能控制的县只有19个。

1925年，北洋政府命令四川边道蜀地改为西康省特别行政区，任命刘成勋担任西康屯垦使兼民政事宜。刘成勋驻扎在雅安，筹划要经营川康地区。但到了1927年6月，刘文辉突然率领军队袭击了刘成勋的防地，占领了蒲江、名山、邛崃、双流、温江等地。蒋介石任命刘文辉兼任川康边防军总指挥，由于刘文辉已经是四川省主席，因此对西康并不重视，只是在西康设置了西康政务委员会进行简单的管理。1932年至1933年之间二刘之战爆发，刘湘联合邓锡侯等人击败了刘文辉。刘湘在1935年被蒋介石任命为四川省主席，下令刘文辉交出自己的防区，即西昌和雅安。西康各地非常落后，资源稀少，所以在交出西昌和雅安后，刘文辉的处境非常穷困，这才积极推动西康建省。蒋介石也不希望刘湘独大，而希望用刘文辉牵制刘湘，因此也支持西康建省。

1934年12月，国民政府在任命刘湘为四川省主席的同时，也任命刘文辉为西康建省委员会委员长。但是刘文辉所属的19个西康县，人口只有30万，税收很少，无法支撑西康建省的运作费用。因此刘文辉要求将四川的雅安、西昌划归西康省，但遭到刘湘的拒绝。直到1938年刘湘去世，刘文辉才和刘湘的部下、新任四川省主席王缵绪达成协议，将雅安和西昌划归西康，并由国民政府、四川省政府提供西康建省的资金，修建川康公路。同年9月1日，四川的雅安、西昌正式并入西康省。

在西康建省问题上，国民政府认为，抗战进入紧要阶段，大片国土沦丧，大后方只有四川、云南、贵州三省，而西康省的建立一方面可以促进边民的同化，开发西康，发展经济，巩固国防，稳定人心，安定大后方，增强抗战的力量，具有十分重要的作用；另一方面，也有利于维系中央和西藏地方政府的关系，改善长期以来康藏地区的边界纠纷，是国家经营西藏的纽带，对于国家抗战，好处甚多。于是1938年11月28日，国民政府行政院致电刘文辉，正式批准西康建省，省主席为刘文辉，省会定在康定，全省下辖33个县和3个设治局，其中西昌地区8个县，康区19个县，雅安地区6个县，全省人口150万。西康省的设立，为抗战国防、开发藏区、发展经济做出了积极的贡献。

五、川陕革命根据地的建立

1932年冬，红四方面军乘二刘之战的机会，从陕南翻越大巴山进入川北，占领了巴中、通江、南江等地。12月29日，红军在通江成立了川陕省临时革命委员会。1933年2月7日，成立了中共川陕省委员会，2月中旬成立了川陕省工农民主政府（即省苏维埃），开辟了川陕革命根据地，领导川陕苏区人民开展打土豪、分田地的斗争，建立各级苏维埃政权。

1933年6月，红四方面军粉碎了田颂尧所率6万兵力的三路围攻。8月中旬到10月下旬，红四方面军先后发动了三次进攻战役，开拓了大片新区，川陕革命根据地的范围发展到东起城口，西抵嘉陵江，南达营山、渠县，北至陕南镇巴、西乡、宁强的广大地区，面积约4.2万平方公里，人口约600万，建立了23个县和1个市的苏维埃政权。红四方面军也扩大到5个军，8万余人。

1933年10月，刘湘就任"四川省剿匪总司令"，统领各路军阀军队20余万人，分六路进攻川陕苏区。到1934年9月底，红军彻底粉碎了刘湘的六路围攻，总计毙敌6万余人，俘敌2万余人，缴获大量枪支和火炮。

1934年10月，中央红军第五次反"围剿"失败后，开始长征，于12月到达贵州。1935年1月22日，中共中央电令红四方面军，集中主力于最近时间实行向嘉陵江以西进攻。为策应红一方面军北进入川的作战战略，红四方面军发动了一系列战役。1935年3月28日，红四方面军成功强渡嘉陵江，接着攻占了阆中、南部、昭化、剑阁、平武、梓潼、彰明、北川等地。正当红四方面军取得节节胜利并向陇南碧口挺进时，作为中华苏维埃共和国西北革命军事委员会主席的张国焘却率领川陕根据地的党政机关和后勤部队从通江向西撤退，自动放弃了川陕根据地。红四方面军总指挥徐向前所率在前线作战的红军主力，由于没有根据地依托和后方支援，被迫停止作战，转而与张国焘所率过江队伍会合，于4月下旬向茂县、懋功方向进发，开始长征，以策应和迎接红一方面军。

## 六、红军长征过四川

1935年1月中共遵义会议后,中央红军由遵义北进,准备在泸州、宜宾之间渡过长江,在川西与红四方面军会合。在四渡赤水战役中,中央红军曾两次渡过赤水到达川南的古蔺、叙永地区。由于川军和中央军的严密封锁,中央红军第四次渡过赤水,转战贵州、云南边境。5月,毛泽东、朱德、周恩来指挥中央红军从川滇边境皎平渡渡过金沙江,进入四川会理。5月12日,在会理铁厂召开了政治局扩大会议,决定继续北上。5月24日,红军先头部队占领安顺场。25日晨,刘伯承、聂荣臻亲临指挥,挑选先遣队17名勇士突击强渡大渡河,迅速控制渡口,红军顺利渡河。中央红军进入冕宁彝族聚居区,红军先遣队负责人刘伯承在冕宁彝海与彝族沽基家支首领小叶丹歃血为盟,得到了彝族同胞的沿途保护和帮助,中央红军迅速经过了会东、德昌、宁南、普格、西昌、冕宁、喜德、越嶲、甘洛。"彝海结盟"是中国共产党民族政策的重大胜利,提出了"解放弱小民族"和"一切夷汉平民,都是兄弟骨肉"的口号。6月2日到7日,红一方面军全部渡过了大渡河,翻越夹金山,6月14日在达维镇与红四方面军会师。

1935年6月26日,中共中央在懋功(今四川小金)两河口召开政治局会议,作出了《关于一、四方面军会合后战略方针的决定》,否定了张国焘向西退却的主张,决定红军主力向北进攻,建立川陕甘根据地。会议的召开是为了统一北上建立川陕甘根据地的战略方针,强调坚持北上建立陕甘革命根据地,推动全国抗日运动。会后,红一方面军继续北上,到达松潘毛儿盖地区。8月6日,中央召开毛儿盖会议,通过了《关于一、四方面军会合后的政治形势与任务的决议》,进一步地统一了战略思想,随即将红一、四方面军交叉编制成右路军和左路军北上。

但当中共中央随右路军到达班右、巴西后,张国焘却改变北上方针,并要挟中央和右路军南下。9月9日,中共中央在巴西召开紧急会议,电告张国焘,北上方针决不应改变。9月12日,中央在川甘边境的俄界(今甘肃迭部境内）召开政治局扩大会议，作出《关于张国焘同志错误的决定》。但张国焘一意孤行，率领红四方面军和属于左路军的部分中央红军从包座南下川康边境，发起绥崇丹懋战役，攻占了绥靖、崇化、丹巴、懋功和雅安的天全、宝兴、庐山等地，实现了对川康一带的占领。10月5日，张国焘在松岗卓木碉（今四川马尔康脚木足）另立"中央"，自任"主席"。

红军在川陕发行的钱币

尽管红四方面军南下川康后在一系列战斗当中取得不少战果，歼灭了大量敌军，先后攻占了许多县城，建立了一批党的地方组织和工农民主政府，还建立了中共大金省委（金川省委）和四川省委，但在11月的雅安百丈关战役中失利，被迫撤出百丈关地区，向西康转进，张国焘的南下方针遭到破产。

1936年6月6日，张国焘被迫宣布取消"第二中央"。7月2日，红四方面军与红二方面军在甘孜会师。7月上旬，红四方面军分成左、中、右三个纵队北上，红二方面军加入左纵队。7月底8月初，红二、四方面军通过雪山草地，经包座、班右进入甘南。10月，红一、二、四方面军在甘肃会宁、静宁地区胜利大会师。

四川是红军三大主力长征途中经历最长的一段，从1935年1月到1936年8月，其间发生了许多重大事件，写下了可歌可泣的英勇篇章。

## 七、抗战大后方

### （一）国民政府迁都重庆

1937年7月7日，卢沟桥事变爆发，日本侵占北平和天津，中华民族进入全面抗战时期。同年8月，四川省主席刘湘表示，四川是国家的重要后方，四川会尽最大努力将所有人力、财力、物力贡献给国家。11月16日，南京国民政府决定迁都西南的重庆，以纵深的广阔国土与日寇进行持久战。11月26

日，国民政府主席林森率国民政府主要办事机构人员到达重庆。12月1日，国民政府正式在重庆办公。到1938年10月武汉失守前后，国民政府留在武汉的机构和蒋介石才迁至重庆。1940年9月6日，国民政府下令将重庆定为陪都。

1938年1月20日，率领川军出川抗战的四川省主席刘湘在汉口病逝，蒋介石任命王缵绪为四川省主席。1939年9月，蒋介石亲自兼任四川省主席，直到1940年10月，四川省主席一职才交由成都行辕主任张群兼任。

重庆国民政府以西南数省为大后方，大量华东、华中的工厂、企业、技术人员、工人内迁到四川。到1940年底，落户四川的工厂有254家。后来，迁往湖南、广西的众多企业又随着湘桂大溃退，绝大部分迁入四川，90%的迁川企业分布在陪都重庆，包括了钢铁、化学、冶金、电力、机械、武器制造等众多领域。随着工业企业的飙增，四川经济飞速发展，中央银行、中国银行、交通银行、中国农民银行等重要金融机构也都迁到重庆，逐渐在四川形成了遍布各地城市的金融网络。金融、保险、商贸、房地产、交通等各类领域都在四川发展起来。同时国民政府也进行了财政改革，四川财政为抗战做出了巨大贡献。

从1937年11月至抗战胜利，国民政府在陪都重庆驻扎了8年。作为中国战时首都，重庆成为世界闻名的城市。它在支撑、领导全民族抗战，在促进大后方的经济、文化、科学、教育、卫生等领域发展方面，起到了巨大的作用。

面对中国人民的顽强抵抗，日寇对四川进行了大规模的轰炸，试图摧毁中国人民的抵抗意志。从1938年到1944年，日本军机不断轰炸重庆。1939年"五三""五四"两次大轰炸，屠杀了大量中国军民。1940年对重庆轰炸80次，炸死炸伤上万人。1941年空袭81次，"六五"轰炸造成了大隧道惨案，死亡上万人。日机也对成都进行了轰炸，死伤数千军民。除此之外，万县、奉节、忠县、南川、遂宁、宜宾、自贡、富顺、乐山、南充、广安、达县、德阳、阆中、剑阁、梓潼、开县等诸多四川城市也都遭受了日机的轰炸。日寇对四川的狂轰滥炸，更加激起了四川军民的义愤，也更加坚定了军民抗战的决心。

（二）川军出川抗战

全面抗战爆发后，在中国共产党主张的抗日民族统一战线的旗帜下，全国人民掀起抗日救亡的热潮。四川人民要求川军出川抗战的呼声高涨，川军将领刘湘、邓锡侯、刘文辉、潘文华、李家钰等受其感染，纷纷通电全国，请缨出川，参加抗战。1937年8月，国民政府军事委员会决定川军编为第二路预备军，任命刘湘为司令长官，邓锡侯为副司令长官，下辖两个纵队。9月，两纵队分别从川北大道和川东水路出川。同年10月，国民政府军事委员会改任刘湘为第七战区司令长官，指挥川军作战。1938年1月刘湘病逝后，第七战区撤销，川军各部配属各战区作战。至1938年6月，出川抗战的川军经过整编，共有6个集团军、2个军和1个独立旅，共约40万人。

据何应钦在《八年抗战之经过》中统计，四川出川官兵伤亡人数约为全国的20%，共计64万余人。抗战期间，川军参加了淞沪会战、徐州会战、南昌会战、滇缅会战等大小会战28次，牺牲、受伤、失踪共60余万人，饶国华、王铭章、李家钰等众多川军将领血染沙场，为国尽忠。川军为国家和民族的独立付出了巨大牺牲，立下了卓越功勋。

抗战时期，四川是中国大后方最重要的兵源、财源、粮食和物资的基地。整个川康前后一共提供过300万人的兵力，抗战期间，四川总人口不超过5000万人，每15个四川人里面就有1个参军抗日。在财源方面，四川负担起了全国三分之一的财力，共四4400亿元法币。除了税收之外，全川民众从士绅、商人、职员，到工人、教师、农民、学生、小贩甚至乞丐都尽力捐献资金支持抗战，总量达7亿元法币，用于购买飞机、坦克、各类武器和抗战物资。四川是产粮大省，从1941年到1945年提供的粮食总额占全国粮食总额的31%以上。除粮食之外，四川提供了军需的布匹、副食、盐巴和大量的运送人力。作为抗战大后方，四川为战争的胜利做出了巨大贡献。

（三）四川的抗日救亡运动

全面抗战爆发后，国人的民族意识、爱国热情空前高涨。在中国共产党主张的抗日民族统一战线的旗帜下，四川的民众抗日救亡团体纷纷建立起来，显示出四川人民强烈的爱国抗日热情。各个抗日救亡团体积极开展各种活动，宣传共产党主张的抗日民族统一战线的政策和方针，掀起了抗日救亡运动的高潮。然而，1938年以后，国民政府却开始压制人民的抗日救亡运动，国民党四川省党部通令禁止民众组织任何抗日救亡团体，并查封进步报刊，压制舆论。四川的民众抗日救亡运动日见冷落。武汉失陷后，国民政府各部门迁到重庆，中共领导的中华全国文艺界抗敌协会、中国青年新闻记者协会等也迁到重庆。以周恩来为书记的中共中央南方局加强领导，加上周恩来又担任了国民政府军事委员会政治部副部长，郭沫若担任了政治部第三厅厅长、文化工作委员会主任，积极开展抗战宣传活动，再掀四川救亡运动新高潮。但国民党五届五中全会确定了"反共"方针，在国民党的压制下，四川抗日救亡运动逐渐进入低潮，以后转入了反对国民党顽固派消极抗日、积极反共政策的抗日民主运动。

### 八、中共中央南方局和八路军重庆办事处

1938年中共中央六届六中全会召开期间，为了加强中共在国统区的工作，巩固抗日统一战线，撤销了中共中央长江局，在重庆成立了中共中央南方局，领导四川、云南、贵州、湖北、湖南、广东、广西、江苏、江西、福建、香港、澳门和海外地下党的工作。原驻武汉的中共中央长江局、八路军武汉办事处、新华日报社、群众周刊社等中共机构的大部分人员，在当年秋天随国民政府迁往四川重庆。1939年1月5日，中共中央书记处通过了以周恩来为书记的中共中央南方局委员名单，有周恩来、博古、叶剑英、廖承志、邓颖超、董必武等13人。他们以中共代表的身份，与国民党谈判，和各界人士交往，贯彻中共中央的路线，维护国共合作、抗日统一战线的大局，坚持团结抗战原则。与此同时，中共中央在重庆成立了八路军驻重庆办事处，负责八路军、新四军与国民政府的军事联络，也办理八路军、新四军的后勤事务，动员大后方的抗战工作。

中共南方局通过八路军驻重庆办事处，为维护国共合作抗战大局做了大

重庆红岩村的八路军办事处旧址

量工作。如中共中央确定百团大战等作战方案时，即电告南方局，再由八路军驻重庆办事处呈报国民政府批准或备案。有时国共双方要联手打击日军，或国民政府军委会要求中共军队配合国军作战，都会以书面形式呈交八路军办事处，或由周恩来、叶剑英转达。此外，办事处也负责向国民政府军委会呈交中共军队打击日军、伪军的战报，将作战时间、地点、部队、经过、战绩、损失、敌情等信息呈报统帅部。

中共南方局和八路军办事处还与国民政府之间分享对敌情报，实现两党、两军之间的情报中转，保持对日、伪军方面的情报交流。中共中央会将搜集到的敌、伪情报电告南方局，由南方局、八路军办事处呈报国民政府。国民政府也会把《敌伪广播》《敌情通报》等信息送发给八路军办事处，再转呈中共中央。双方的情报交换，是国共两党合作抗战的重要内容之一。

中共南方局和八路军办事处的建立，加强了对四川共产党组织的领导，推动了四川的国共合作、抗日统一战线的巩固和抗日救亡运动的深入开展，对抗战做出了重要贡献。

## 九、抗战胜利后的四川

### （一）国共重庆谈判

1945年8月15日，日本宣布无条件投降，中国人民抗日民族解放战争取得彻底胜利。抗战结束后，国内时局出现了有利于国共合作，成立联合政府，和平建设新中国的大好时机。但是，蒋介石却继续执行反共政策，企图在美国支持下发动内战。由于蒋介石尚未做好内战准备和部署，便玩弄和平花招。1945年8月14、20、23日，蒋介石接连3次电邀中共中央主席毛泽东到重庆进行和平谈判。为避免内战，尽可能通过"和谈"方式实现全国人民和平、民主的愿望，中共中央于8月25日发表《对于目前时局的宣言》，提出"和平、民主、团结"的口号，提出国民党承认各党派的合法地位、成立全国一致的民主联合政府等六项要求，并决定派毛泽东、周恩来、王若飞赴渝，与蒋介石共商团结建国方针。8月28日，毛泽东率中共代表团飞抵重庆。

国共谈判从8月29日开始，到9月3日，毛泽东与蒋介石单独会谈了3次。9月10日后，周恩来、王若飞继续与国民党代表王世杰、张群、张治中、邵力子进行谈判。

国共双方围绕和平建国基本方针、政治民主化、党派合法化、军队国家化等12个问题进行了谈判，双方对其中的大多数问题达成了协议，但在政权和军队这两个最关键的问题上未能达成协议。在政权方面，中共提出由共产党人担任山西、山东等五个省的主席，国民党则认为共产党应该参加政府，各地官员要经政府认可才能留任。在军队方面，中共主张中共方面应保留48个师，而国民党最多只允许中共保留16个师。10月10日，国共双方共同签订了《政府与中共代表会谈纪要》（简称《双十协定》），协定共12条。双方认为，政治民主化、军队国家化、党派合法化等问题的解决，为达到和平建国必由之途径。双方在召开政治协商会议、保证人民自由、承认党派合法等问题上达成一致，对解放区政权和共产党军队两个问题则留待继续商谈。

1946年1月，政治协商会议在重庆召开。国共双方在会议上展开了激烈争论，国民党要求中共交出军队，中共则要求必须先实行政治民主化，先改组政府。国共双方在关键问题上一直未能达成一致。经过协商，政治协商会议通过了改组国民政府、施政纲领、军队问题、国民大会和宪法草案等五项协议。

但是，协议遭到国民党顽固派的激烈反对。在3月召开的国民党六届二中全会上，国民党顽固派公开决议推翻政协关于宪法草案的各项民主原则。4月1日，蒋介石在国民参政会上发表演讲，实际上推翻了政治协商会议形成的协议。6月中旬，蒋介石在黄埔军校和国民政府连续发表演讲，声称日本既已投降，共产党再无存在之理，鼓吹对共产党要实行军事解决。6月22日，国民党军队22万人向中原解放区大举进攻，内战全面爆发。

（二）抗战胜利后国民党对四川的统治

1946年4月30日，国民政府还都南京，在重庆设立"军事委员会委员长行营"，以加强对四川的统治。蒋介石采取了一系列措施，分化、瓦解四川地方实力派的势力，并大力扩充在重庆的军警、宪兵和特务编制，同时还制定了一系列镇压人民的法令，强化对四川人民的镇压。

与此同时，国民党加紧了迫害共产党的步伐。1947年2月28日，国民党军警包围了中共四川省委和《新华日报》报馆，软禁了249名在重庆的中共人员。中共人员被迫从重庆撤离，迁至延安，中共四川省委工作中断，致使中共地下党失去了与上级的联系。

（三）"反饥饿、反内战、反迫害"运动

经过抗战的消耗，四川的经济走向破败和恶化，大量工厂、企业倒闭，钢铁产量、煤炭产量、发电量都大幅下降，农业也日趋式微，法币通货膨胀，物价上涨，人民生活非常困难。强烈的通货膨胀对经济摧残严重，1937年的一百元法币可以买到两头牛，但是在1947年只能买到一个煤球，或是三分之一盒的火柴。

1947年2月，周恩来为中共中央起草了《在白区对国民党的对策》，提出"反饥饿、反内战、反迫害"的口号。随着内战的继续，重庆、成都大中学校的中共地下党组织，组建了"反内战、反饥饿委员会"，提出了反对内战、实现民主、改善师生待遇等要求。1946年底，成都、重庆发生了反驻华美军的学生运动，四川大学的学生发动游行，参加者有500多人。到1947年初，重庆大学、女子师范学院等31所学校举行反美联合会议。重庆民生机器厂的工人也支持学生的运动，参加了游行。在当年2月的一次大规模游行中，示威者与国民政府警察发生了暴力冲突，导致了重伤10余人的惨剧。到当年5月，成都学生数千人举行罢课和请愿，向四川省政府示威。重庆大学、女子师范学院、西南学院等院校学生在中共川东特委的组织下，成立"反内战反饥饿学生联合会"，举行大规模的罢课，并鼓动工人罢工。1948年的成都，也发生了反饥饿、争温饱的请愿静坐运动。中共地下党领导下的重庆、成都教师反饥饿、争温饱的运动，结合学生运动，动摇了国民政府在四川的统治。

与此同时，中共地下党也在四川的工厂、矿山、农村组织活动，提出"要温饱、要生存、要活命"等口号，组织兵工厂的工人怠工，减少了国民党的武器生产。1947年中共重庆市委拟定《川东农村工作提纲》，提出发展农村武装力量和城市工作相结合的方案。在川东的农村，组织起大量的游击武装，统一为华蓥山游击队，袭击国民政府的军队、警察和各地的保安队，有力地配合了人民解放战争。

（四）人民解放军解放四川

中国共产党领导的人民解放战争，不断取得胜利，三大战役以后，国民政府已面临崩溃。蒋介石在1949年6月提出，东部要以舟山群岛、海南岛、台湾等作为沿海基地，西部以四川、西康、云南、贵州为基地进行"反攻"。国民党中央委员会在10月8日决定将国民政府从广州迁到重庆。

1949年10月1日，中华人民共和国成立，毛泽东主席发出向全国进军的命令。11月1日，人民解放军开始了解放四川的战役。按照中共中央的部署，贺龙率华北第十八兵团及第一野战军一部由陕南、甘南入川，刘伯承、邓小平率第二野战军主力及第四野战军一部由湘西、鄂西、黔北入川，第二野战军一部由桂西经云南包抄，彻底解放四川及大西南。11月上旬，蒋介石急忙从台湾飞到重庆指挥顽抗。11月27日，国民政府行政院迁往成都。11月下旬人民解放军逼近重庆。11月30日，蒋介石逃离重庆到成都。当天，重庆解放。

人民解放军兵分数路向川西挺进。12月7日，国民党中央常务委员会决定将国民政府迁往台湾。12月9日，国民党西康省主席、第二十四军军长刘文辉，西南军政长官公署副长官、第九十五军军长邓锡侯，西南军政长官公署副长官潘文华联名通电起义。12月10日，蒋介石离开成都，乘飞机逃往台湾。12月中旬，人民解放军各部向成都前进，分别解放成都周围地区。与此同时，由陕西入川的人民解放军迅速南下，将残余的数十万国民党军队包围。12月27日，南北两路解放军胜利会师。12月30日，成都解放。

重庆、成都解放后，四川全省陆续解放。1950年2月1日，解放军进驻已经和平解放的西康省重镇雅安。1950年3月12日，解放军开始分路向盘踞在大陆的国民党最后一个据点西昌进攻，迅速歼灭了国民党胡宗南军队。3月27日，各路解放军会师西昌，西昌成为四川最后一个得到解放的城市，四川人民开始了当家做主的新时代。

## 第三节 民国时期四川的经济

一、农业

民国时代四川农业主要还是传统农业和家庭手工业结合，手工纺织土布，结合养殖猪、家禽、鱼类，配合各类副业，但也出现了商品化的进程，并通过密布各地的场镇进行销售。四川的粮食作物主要是水稻、小麦、高粱、玉米、红薯、土豆、杂粮等，产量较高，是著名的产粮大省。

在副业方面，养猪可以产生猪鬃，养殖牛羊可以生产牛皮、羊皮、牛油，种植桑树可以养蚕、制作生丝。其他的经济作物还包括了甘蔗、烟草、茶叶、桐油、竹木、棉布、花生、菜油、麻布，以及当归、麦冬、黄连、附子等药材，比如温江著名的副业就是种烟草、种麻。这些副业产品，一般可以通过场镇经济的销售行为转化为商品。农村集镇上通过"赶场"、举行庙会等活动进行市场交易。除了将副业转化为商品以外，四川的农民也会推鸡公车兼营一些小商品。另外，在四川统一禁烟之前，也有一些农民以种植鸦片作为副业，鸦片对四川造成较大危害。

在抗战时期，四川省水利局重视农业水利工程建设，通过银行系统贷款，在遂宁、三台、峨眉、雅安、绵阳、洪雅、青神等地进行了大量水利工程建设，灌溉众多农田，促进农业生产，为全国抗战提供了重要的物质保障。抗战后，四川继续在梓潼、乐山、彰明、内江、犍为、邛崃等地兴建水利工程。从1947年到1949年，四川继续修建大型水利工程，著名的八项灌溉工程一共可以灌溉十万亩以上的农田，对四川农业的发展有一定的促进作用。

抗战期间，四川省政府设立有四川省农业改进所，以督促农业技术的改良，还举办劝农大会，并试验水稻改良、病虫害防治、棉花培育、甘蔗改良、家畜的保育等。该机构在遂宁、灌县、绵阳、简阳、江津、合川等地都设置有各类农作物改良的试验基地，总结研究提升农业技术的知识，将其推广到全省，对推动四川农业发展起到了积极的效果。

四川最主要的农业土地经营模式是租佃，而不是雇人耕种，在四川很少有真正意义上的雇佣农业工人，更多是农忙之时以多种方式请人帮忙。一般是亲戚、邻里、主佃之间相互帮忙，也有的是"换工"，即今天我帮你干活，明天你帮我干活，所以有的给工资，有的不给工资。一些人拥有土地，但又租佃别人的土地；有的是自己耕种一部分，将一部分租佃出去；有的类似于现代的二房东，租佃了土地再转租给别人，相当于业主和佃户之间的中介；还有的佃户租佃几个地主的土地，或者是把自己的土地出租，再租借其他人的土地来自己耕种。单纯的收租地主，在民国时期呈现出日渐衰败的趋势。为了躲避赋税，更多的人选择出售部分土地，成为各类形式的佃农。总而言之，四川尤其是成都平原的农业租佃经济比同时期全国大多数地区更加灵活，形式也十分多元化。

二、工业

晚清以来四川出现了现代工业，在北洋时代的四川工业发展较为缓慢，一方面是因为四川现代工业先天不足，不能和长江三角洲地区相比，另一方面也和动荡的局势有关。从民国初期到抗战爆发前，四川的工矿类企业有715家，其中一些是军政界实力派人物主办的，也有一些属于民营企业。

其中，刘湘曾经创办过蜀华实业股份有限公司，主要是从事建筑工程，杨森、邓锡侯等人也在其中有股份。该公司修建过重庆大渡口钢厂的厂房，四川大学的校舍，成渝铁路、成昆铁路的部分桥梁和路段以及其他一些基建工程项目。另外，刘湘经营的重庆电力厂，是西南地区最大的发电厂。刘湘、杨森、刘文辉、刘存厚等人还经营有制造武器的兵工厂。如刘湘在重庆开办有武器修理所，有300多台车床，后来将成都拱背桥兵工厂、东门外兵工厂的重要机器、车床都运到重庆，形成了3000人规模的大型军工企业。该厂引入了当时国外的先进技术，很多技术超过了中央政府主办的军工厂的水平，能够生产各类枪械、迫击炮、子弹、炮弹和炸弹，为统一全川提供了充足的武器。此外，杨森也主持过成都兵工厂，该厂分为两个局，是有2000人规模的大厂，最高水平可以达到每个月生产100万枚子弹、上千条步枪以及各类枪械、火炮。杨森战败后，该厂又相继被刘湘、刘文辉等占领。

除了这些实力派人物兴建的工业之外，四川也有民营企业，主要是经营纺丝、棉纺、日用化工、造盐、印刷等领域，有面粉厂、玻璃厂、制革厂、火柴厂、制药厂、肥皂厂、电池厂、制瓷厂、制糖厂等。棉纺工厂有117家，也有一些织染厂。自贡的制盐工艺，也在由传统向现代过渡，使用了蒸汽机抽取卤水。比较著名的企业有四川水泥厂、华西公司、自贡盐业大商场、复兴面粉厂、嘉乐造纸厂、天府煤矿等。其中的嘉乐造纸厂是四川著名文学家李劼人兴办的，是1927年在乐山创办的四川首家机制纸厂，结束了四川长期以来依赖沿海与国外进口纸的历史。抗战爆发以后，作为大后方的四川纸张需求量激增，嘉乐造纸厂向省政府经济部申请立案，成立嘉乐制纸厂股份有限公司，李劼人任董事长，后又兼任总经理。公司聘请曾留学德国的造纸专业工程师陈晓岚为厂长，马寅初为经济顾问，下设重庆、成都、乐山分公司，保证了大后方的用纸，为抗战做出了贡献。

李劼人主持的乐山嘉乐纸厂大门

抗战时期是四川工业发展较快的阶段，大量东部、中部的工厂内迁到四川，如作为工业中心的上海，就有60多家工厂迁移到四川。在战前重庆只有十几家水平一般的机器业工厂，到抗战时猛增到83家；重庆的机器棉纺厂，从战前的1家飙升为13家，纺织工人多达1万多人。迁入的企业中，有中国最大的纺织厂美亚丝织厂，全国搪瓷制造水平最高的益丰搪瓷厂，还有华声电器厂、天原化工厂、新亚制药厂、中国炼气公司、新民机器厂等。随着工厂迁来的还有机械、矿业、电器、冶金、纺织、化工等方面的技术专家和熟练工人。他们在四川改进了工业技术，将煤、天然气、各类金属的开采水平提升，产量大涨，基本能满足抗战的需要。在化工方面，则在四川生产了橡胶、水泥、化肥、甲醇、酸、碱、颜料、丙醇等急需的产品，为抗战提供了保障。

但在抗战后，大量内迁工厂搬回了原地，内战又加剧了通货膨胀，导致资金链断裂，给企业增加了巨额债务，加上缺乏有效融资渠道，结果导致大批工厂企业减产、停产、负债累累，甚至破产倒闭，四川的工业迅速衰落。

三、交通运输

民国早期，四川还没有公路，传统的道路都是石板路，直到1925年才修建了从成都到都江堰的公路。刘湘修建了成渝公路，经简阳、资阳、资中、内江、隆昌、荣昌进入重庆。此外，还修建了渝简公路，连通了重庆和简阳。该公路全长三百七十多公里，耗资九百万元，工程进度曾因二刘之战而滞缓。重庆的成渝路政总局改为"四川公路总局"，以规范对全省公路的管理。1934年，四川省政府提出了四川公路建设规划，认为成都是四川西部的中心和省会，重庆是川东南的中心和水陆交通的总枢，是全川军事、政治、经济、文化的集中点，所以全体陆上交通应以成渝两市作为总枢纽。根据这一认识，提出了四川建设八条公路干线的计划，即成渝、渝陕、渝鄂、渝黔、成陕、成万、成滇、成康。在整个30年代，四川一共修建了两千多公里的公路，沟通了成都到乐山、绵阳，新津到邛崃，绵阳到三台，自贡到富顺，南充到遂宁，绵阳到江油，重庆到南充、达县、嘉定等地的公路。

水路运输是四川的传统交通路线，晚清民初主要还是用传统木帆船运输，到二三十年代，随着川江轮船运输的兴起，木帆船运输逐渐萎缩，到抗战前夕，长江上从事运输的木船数量降至六千余艘。英国船长溥蓝田担任长江上游巡江工司时，兴办了大量信号站，设置有标志船以及各种形式的指向标、水位标尺，制定了《川江行轮免碰章程》，兴办引水教练学校，并撰写了《船长指南》，给四川现代航运培养了人才。但20年代的川江运输主要是被英美外商轮船公司控制，如英国的"隆茂"轮船、美国的"大来裕"轮船等，设备先进且运量大，当时四川进出口货物主要就是靠外国轮船。针对此种现状，卢作孚倡议兴办中国的航运业，以达到实业救国的目的。到1925年，他集资了五万元，在上海订购了一艘小客轮，第二年在重庆创办了民生公司。民生公司首先开辟了重庆到合川的短途航线，然后再逐渐联合了川江其他的中国民营轮船公司，与英美航运公司进行竞争，挤垮并收买了一些外国公司，如意大利的"光华"轮船、美国捷江公司的五条轮船等，将外国旗换成了中国旗。到1931年，又将刘湘、杨森、刘文辉、李家钰等人经营的轮船也并入民生公司，其拥有轮船达到了19艘，职工有上千名，成为长江上游航运的支柱力量。

到1936年，在重庆的川江轮船公司共有16家，其中中国10家，外国6家；一共有77艘轮船，其中的中国船58艘，仅民生公司一家即有48艘轮船。

九一八事变后，卢作孚召开了收回内河航权大会，主张中国人不坐外国船，中国船不装外国货物，在自己企业的重要轮船上也不用外国雇员，将轮船提货单和航行簿都用中文书写。1937年抗战爆发后，民生公司积极参与抗战物资、人员的抢运，将几十万吨的军工机器、大批人员从宜昌抢运到重庆，又将几十万四川将士运送到前线。为此，民生公司损失了大量员工和船只，为抗战做出了巨大贡献。

另外，民国时期四川出现了航空交通。留学法国的工程师吴蜀奇给刘湘介绍了大量航空知识，引起了刘湘的兴趣，决定兴办四川的航空。1928年刘湘派人在巴黎订购了六架飞机，派学生到法国学习航空技术，并在重庆广阳坝修建了飞机场。第二年，这批学生和六架飞机都回到四川。1930年开始试飞，是四川最早试飞的飞机。刘湘的军队里面后来有二十多架飞机。1931年，国民政府开通了上海到重庆的民用航空线路。在抗战时期开通了八条国际、国内航线，最著名的是驼峰航线，这些航线主要用于抗战的军事行动。在重庆、成都、宜宾、万县、泸州、乐山、西昌等地也都修建了比较简陋的机场。

### 四、商业和金融

成都和重庆是民国时期四川的两个商业中心，商业伴随着城市和经济的发展，规模不断增长。成都最有名的商业街是民国时代兴建的春熙路，至今仍然是繁荣的商业中心。春熙路最早是由杨森主持修建的。1924年杨森主政四川，下令把清朝的旧衙门全部拆除，在此修建了一条南北向的街道，其后又修建了东西两条街，名叫春熙路东段、西段、南段和北段。"春熙"二字出自《老子》"众人熙熙，如享太牢，如春登台"的句子，命名为春熙路，以描述这里人来人往、商业繁华的景象。除了春熙路以外，他还拓宽了盐市口、东大街的街道，形成了新式的商业区，东大街、春熙路、总府路、提督街、盐市口共同构成了成都现代式商业中心的基本结构。在这些商业黄金路段上，分布有百货行业、仿制品行业、照相、图书、茶楼、糖果、理发、钟表、报业、鞋帽、卷烟、茶叶、西药、中药、运输、金融等众多行业。由于商

民国时期的春熙路

业的发展，春熙路周边地段的商业用地非常昂贵。

自晚清以来，重庆城市和商业发展较快，各类洋货、国货通过长江水运出川、入川。刘湘主政重庆时期，社会较为稳定，设立有重庆商务督办公署，负责当地工商业的管理，包括公司、商号的注册登记，以及市场监管等项目。到了抗战时期，重庆作为陪都成为整个国家的政治经济中心，促进了商业的发展。抗战前重庆的商业企业只有一千多家，在抗战期间猛增到二万五千多家，包括了百货、金融、服装、绸布、烟酒、食品、印刷、制革、五金等众多领域。重庆现代的商业中心解放碑，抗战时期原名督邮街，在1939年经过拓宽改造，成为繁华的商业中心。在督邮街分布有国货公司、元宝公司、冠生园、西大公司、《新华日报》营业部、国泰大戏院、皇后舞厅等商贸、娱乐和社交中心，被称为黄金的十字街头。

四川的金融，在战争环境下较为混乱。北洋时期中国银行在成都、重庆都设立有支行，设立有准备金，发行兑换券。但由于护国战争的爆发，北洋军强行从银行提取作为准备金的银圆，导致兑换券大规模贬值，很多人蒙受损失。此外，各路军队也纷纷发行军用票，但是不预设准备金，伴随着军队所到处推行，带有强制军费性质，很多时候军用票几乎等同于废纸，实际上也是战争对金融的破坏。此外，熊克武等人也发行过纸币，但随着杨森在战场上的胜利，熊克武发行的纸币又被废除。真正较为稳定的货币是含银量较高的银圆，但杨森执政时期，将银圆的含银量从九成降到七点二成，刘文辉、邓锡侯等人也铸造过含银量较低的银圆，其实是对财富的一种掠夺行为。

1935年国民政府发行法币，不再使用银圆，将全国发行货币的权力收归中央政府。法币产生初期，币值稳定，受到了四川人的欢迎。抗战爆发以后，国民政府建立了中央银行、中国银行、交通银行、中国农民银行四行联合的办事处，维持战争期间四川的金融秩序，管制物价。抗战期间四川金融较为稳定，四大国营银行在四川各地建立了一百多个分支机构，成都和重庆继续作为四川的两大金融中心，国营、民营金融机构对工商业多有贷款融资。但长期的战争以及接踵而至的内战，使得国民政府的财政支出巨大，法币的发行量猛增，导致了严重的通货膨胀，以至于购买日常用品也要用大捆的纸币去购买。国民政府尝试发行关金券、金圆券、银圆券进行金融改革，但最终都走向了失败。

## 第四节　民国时期四川的文化

### 一、教育

民国时期四川的教育，虽然还有少量传统私塾，但主要是继承了晚清以来的教育改革，推行现代的初等、中等、高等教育。初等教育方面，主要教育公民国语、算术、自然、历史、地理、卫生等，规定小学教师必须是师范毕业。但民国前期的四川小学较为缺乏合格的师资，即使是相对富裕的灌县、温江等地，合格的师资也较为缺乏。这一方面是因为师范类教育比较滞后，没有足够的资源，另一方面教师的聘用制度比较混乱，导致师资队伍不够稳定。此外，小学教员的工资微薄，如20世纪30年代，多数教员的工资只有法币十几元甚至最低只有两三元，无法吸引到优质的师资。

到了抗战时期，四川省教育厅提出"战时教育"，要达到每个乡镇有中心学校，每个保有国民学校，让全省百分之九十的学龄儿童入学，大力推行教育。1937年全省各类初等教育学生只有23万人，而到了抗战晚期的1944年则达到了120多万人。除了初等教育之外，四川还推行民众补习教育，实行扫盲教育，仅陪都重庆一地就有5万人接受了扫盲教育，降低了文盲率。此外，在川边各地的少数民族地区兴办现代学校，传播文化知识，构筑现代民族国家观念。

与此同时，四川的中等教育也快速发展。1937年，四川的中学学生人数是6.3万人，到1945年抗战结束，四川的中学生数量达到了20万人以上。在新设立的西康省，也建立了24所中学，有5000多名学生。除了政府积极推广公立教育外，民间也兴办了商业化的私立学校，如成都的树德中学、重庆的南开中学、自贡的蜀光中学等。此外，四川还大力发展职业教育，培养各类技术人才。1945年，四川的职业学校共有69所，其中重庆作为直辖市有24所，西康省有7所。

民国时期，四川的高等教育也有所发展。1924年建立的成都大学，设有中文、英文、历史、经济、政治、数学、物理、化学等多个专业，是西南地区著名的一流高校。到1927年，晚清兴办的四川五大专门学堂，即四川通省法政学堂、四川通省农政学堂、四川藏文学堂、四川通省工业学堂、四川存古学堂改组为公立的四川大学。1931年，成都大学、成都师范大学和四川大学合并，成立了国立四川大学，下设文学、法学、理学、农学等11个系。此外，四川还有重庆大学以及教会兴办的华西协合大学。到抗战时期，分布在北平、天津、上海等地的著名高等学府纷纷内迁，主要迁徙到成都、重庆、昆明和贵阳等地。迁到成都的有金陵大学、齐鲁大学、燕京大学、清华大学航空研究所等，同济大学迁到宜宾的李庄，武汉大学迁到乐山，东北大学迁到三台。中央大学、交通大学、复旦大学、东吴大学法学院、上海医学院等迁移到重庆。抗战期间四川的高等学校共有56所，是全国的文化和教育中心。大量高等教育机构的迁入，为四川培养了众多人才，整个抗战期间全国的高等教育毕业生共有8.6万人，其中四川学生几乎接近一半。

民国时期的四川还涌现出两位著名的教育家。一位是四川人晏阳初，他在法国工作时就曾在海外华工中开办农民劳工识字班，得到了法国政府的表彰，他也因此坚定了为平民教育奋斗的理念。晏阳初认为，中国的民众贫困、愚昧、懦弱、自私，这是四种病态，需要首先针对底层农民，先识字扫盲，再增加其生存技能、公民意识、卫生观念等。1935年，蒋介石、刘湘邀请晏阳初在四川进行平民教育和乡村改造，晏阳初提议建立了四川省政府设计委员会，以新都县为实验区，帮助农民设立讲习班，学习识字和农业科技方面的知识。抗战期间，晏阳初在重庆建立乡村建设学院，推广平民教育，把教学和实验相结合，学院的目标是"开发民力，建设乡村，除尽文盲，作新民"。另一位著名教育家是安徽人陶行知，他曾经留学美国，为了兴办平民教育，放弃了教育行政官员的待遇，深入基层，创办乡村学校，并在重庆北碚开办育才学校和社会大学，1945年兴办的社会大学宗旨是"人民创造大社会，社会变成大学堂"，"大学之道，在明民德，在亲民，在止于人民之幸福"，将教育用于广大的社会，推行民众教育。

二、新闻事业

（一）川政统一前的新闻事业

晚清四川出现了现代意义上的新闻报纸，辛亥革命以后，舆论更为自由，各类团体纷纷兴办自己的报纸，出现了《西顾报》《蜀醒报》《蜀江报》《蜀风报》《天民报》《四川独立新报》等众多报纸。但在二次革命以后，由于北洋政府对舆论的控制加强，四川的新闻业变得相对沉寂。这一时期，四川比较著名的报纸是《公论日报》，吴虞、谢无量等人都常在上面发表文章。这份报纸还从英国路透社购买新闻，传播国际上的最新新闻。在这份报纸上，四川作家李宗吾还在上面连载自己的《厚黑学》系列文章，大胆"揭穿"中国历史上"英雄豪杰"成功的秘密，语言讽刺辛辣，观点惊世骇俗，读者哗然，轰动四川乃至全国。

除了《公论日报》以外，四川人也喜爱《四川公报》，尤其是该报纸的副刊《娱闲录》。这份副刊里面经常用各类幽默的文笔嘲讽当下新闻，并且有比较强烈的民族、国家观念。例如在川东发生饥荒的时候，就有一篇文章《代川东饥民饿死鬼上玉皇大帝表》，模拟饿死饥民的口吻，向玉皇大帝发誓，说下辈子要是得到一官半职，就绝不会素餐尸位，坐看饥民饿死。又如说当时军队乱发军票，就有篇《消纳军票策》说军票可以改良为冥币，可以烧成钱灰去制止钱瘾的发作等。又如听闻政府要和日本签署"二十一条"，就有人写《拟国民庆祝会公启》，虚构了"二十一条"签订后"普天同庆"的景象进行讽刺。该副刊在1915年改为《四川群报》，著名作家李劼人担任主笔，针砭时弊，宣传新思想。1918年该报被封。

《四川群报》被封禁以后，李劼人又创办了《川报》，筹集专项经费，请自己的几位同学担任驻外特聘记者，曾琦驻在日本东京，王光祈驻在北京，周太玄驻在上海，这样就能最迅速地获取国内外各地发生的新闻。《川报》的立场是拥护新文化运动，在文化偏保守的四川属于比较独特的立场。驻扎在北京的王光祈，参加了五四运动的游行且目睹了火烧赵家楼的情景，当天下午就通过电报局向成都发回了消息，《川报》便以最大字号将该消息发表在显著版面上。此后《川报》多次报道五四运动的新消息，五四运动开始在成都的舆论中发酵。

四川的各路军政实力派也都曾兴办过报纸，如刘湘兴办过《济川日报》《万州日报》《革命周报》《革命画报》等。除了纸质媒体的新闻以外，刘湘还在重庆创办有广播电台，1934年建成后开始播音，传播新闻、歌曲和川戏。另外，刘文辉也创办有《四川日报》《新川报》《新四川月刊》《军人周刊》《川康日报》等。其中比较著名的《四川日报》，是1922年夏秋之季在成都创办的，后成为刘文辉二十四军系统的机关报。该报的立场是反对列强对中国的政策，反对内战并大量报道国民革命军的相关军事、政治新闻。此外，王隆基办过《大中华日报》，鲜英、罗仪三办过《新蜀报》，邓锡侯、田颂尧等人也设立过自己的新闻机构。

## （二）川政统一后和抗战时期的新闻事业

川政统一之后，刘湘继续兴办报纸，其中最著名的是《四川省政府公报》，该报从1935年创办一直到1949年，一共出版了838期，时间长且影响力很大。该报纸主要传播四川省政府的文件、电报、法令、公牍、布告、批示、最新的会议记录等新闻信息。刘湘亲自撰写了该报的发刊词，认为川政统一后，四川要隶属于中央政府，需要将普遍性的政府信息迅速传播到各地基层。该报刊登有《刘湘主席的就职宣言》《四川省政府成立纪实》《蒋委员长出席总理逝世十周年纪念大会训词》等最新的政治类新闻、纪实。

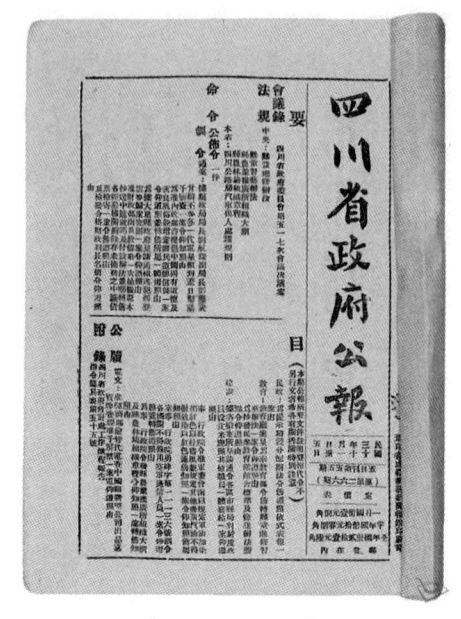

《四川省政府公报》

抗战时期，重庆作为陪都是全国新闻和舆论的中心，大量新闻媒体、通讯社和刊物云集于重庆。重庆比较出名的是《商务日报》，该报纸属于商业报，主张扩张商务，利国利民，不偏向于某一派的中立立场，强调本地工商业的利益，主张在商言商，重视工商业方面的信息和动态。此外，该报也介绍现代科学知识和新文化，有爱国立场并主张川政统一，号召抗日救亡。另外，重庆还有《新蜀报》，在1935年被国民政府收编，一直发行到1949年。该报在抗战时期，以笔作刀枪，及时传递战况，分析时局，为爱国抗日呐喊，宣传抗战文化，为抗战大后方新闻事业的发展做出了贡献。此外，该报也常向国民政府建言献策。

在成都的报纸有邓锡侯创办的《成都快报》《新新新闻》，后者的经理人是成都著名的媒体人陈斯孝。由于经营得当，该报的发行量非常大，盈利丰厚，因此在繁华的商业中心春熙路修建起了当时成都最高的大楼——新闻大厦。

抗战时期，沦陷区的大量报纸媒体来到四川，著名的有《中央日报》《新民报》《时事新报》《南京晚报》等。抗战时期倾向于国民党观点的新闻报纸有《中央周刊》《民意》《妇女运动》《成都快报》《兴中日报》《党军日报》《成都中央日报》《复兴日报》《新闻夜报》，以及中国青年党创办并从武汉迁入的《新中国日报》。倾向于共产党观点的报纸有《华西日报》《大声周刊》《四川日报》《国难三日刊》《星芒报》《捷报》《民声报》《华西晚报》《时事新刊》，以及中共南方局机关刊物《群众》。持中立立场的刊物有《大同日报》《新新新闻》《成都新民报》《轰报》《飞报》《南京早报晚刊》《新民报晚刊》《成都晚报》《新世周报》。

陪都重庆最主要的通讯社有国民党的中央社。中央社高价购买了英国路透社、美国合众社、法国哈瓦斯社、德国海通社等世界性通讯社在中国的发稿权，国际新闻的稿源十分充足。成都《新民报晚刊》自设有电台收稿，苏联宣布对日开战的消息，就是该报自行收稿，并最早在大后方发布消息的。另外，不少外国通讯社也在重庆派驻了新闻机构和记者。除了上述通讯社外，还有美国的《纽约时报》《时代周刊》，英国的《泰晤士报》，苏联的塔斯社、《消息报》，法国的《巴黎日报》等。

由于消息来源较为广泛，因此抗战时期的四川新闻对当时国际上的介绍和分析视野都更广。如《新民报》设有"半周增刊"，专门从国际方面的格局入手，分为国际时事和敌国信息两个部分进行介绍，报道分析国际上最新的局势，以及敌国日本国内政治、经济、军事方面的动态。例如，该刊登载了从日文刊物中翻译的日军陆军少佐的自白，撰文《敌军的畏战心理》，使读者了解到中国军队的英勇抗战已经令貌似强大的日军有了软弱和畏惧的一面，以鼓舞我方民心士气。又如捷克被迫向德国割让领土后，《时事新刊》就发表文章，认为英法以为向德国示弱，牺牲小国利益就能换取和平，是一种软弱和妥协的行为。屈辱求和是不可能获得和平的，反而会刺激对方更大的野心，欧洲大战必然爆发。事后证明，该刊对局势的分析是正确的。这也表明，当时四川新闻媒体对国际局势具有较高的认识水平。

抗战期间，四川还设有新闻广播电台。1938年中央广播电台迁徙到重庆，从英国采购的三十五千瓦短波发射机部件，分批从香港、广州、武汉、宜昌等地通过江运运抵重庆。1939年3月，中央广播电台在重庆复播。对内面向全国军民宣传抗战，鼓舞士气；对外以"中国国际广播电台"的名义宣传中国抗战，争取国际上的支持。该电台开办有英、俄、日、法、马来、缅甸、荷兰、法、西班牙、越南语等十种外语节目，还开办了国语、广州话、客家话、潮州话、海南话、上海话、藏语、瑶语、蒙语等节目。除了新闻之外，还有一周大事、评论、教育、音乐、儿童、家庭等栏目。除了重庆的中央广播电台之外，成都还有广播电台和国际电台的成都支台，在西昌设有西康广播电台。另外，四川也还有一些私营的广播电台。

三、文学艺术

（一）抗战前的文学艺术

民国时期四川涌现了众多文学家，著名的有郭沫若、巴金、李劼人、沙汀、艾芜、阳翰笙、罗淑、周文、陈翔鹤、李宗吾、赵熙等。

赵熙（1867—1948年），字尧生，号香宋，四川荣县人，善于传统古典诗词的写作，晚清光绪时期的进士，担任过翰林院编修和御史，在民国时代多从事传统诗词、文章、戏曲方面的写作和研究，一生作有3000首诗。赵熙在民国时代，自我定位是清朝遗民，写的《竹林》诗："天一山前重许源，花前能辟此君轩。凌霜不改清虚节，使我苍然忆故园"，表达自己对胜朝的忠诚节义。赵熙对于国家命运也有强烈的感情和关注，1916年袁世凯复辟失败死去，赵熙写道："焚灰化水，怎医遍金创？虫沙万队，蛇子蛇孙，祖龙新秽史"，表达了对袁世凯复辟的讽刺。面对四川乃至全国各地战乱的状况，他忧心忡忡地写出了大量诗歌，如"此生见否谁能说，忍泪花前去住身"，充满了悲哀，渴望"手挽中华望霸才"，能够挽救国家。在东北沦陷后,他写了《山城杂诗》感叹"独有哀声听不得,四更悬命到屠门","天下正多无法事",表达了对局势和国家命运的关注。

四川著名历史学家刘咸炘(1896—1932年)在诗歌方面也有很深的造诣,他的诗歌创作思想是坚持传统的儒家诗学,说自己读诗词、戏曲、小说的方法是继承了章学诚的观点。他的诗歌创作,情感真挚,用语古雅,如《题亡妻像》"可惜非男子,何须咏《硕人》。寿征虚鸟爪,玉立爱长身。屡影终难惬,微颦觉较真。六年方识熟,一纸伴孤呻",表达了对亡妻真挚的感情。在新文化运动的大环境中,作者坚守传统文化,被视为迂腐的儒者,于是作者在另外的诗中写下了"佟口迂儒无剑气,秃头道士有丹方。生涯说与秋风听,故纸堆中是乐乡",表达自己毫不介意,只有秋风能理解自己的人生,自己在故纸堆中快乐即可的思想感情。在诗歌创作思想上,他的《诗初学》中主张诗歌要深隐内涵,用词即使浅显,也要深藏深厚的意思。诗要远离浅薄鄙俗,但也要避免浮华的辞藻,要坚持有深度的风雅。

四川传统古典诗歌向现代诗歌过渡的代表人物吴芳吉(1896—1932年),字碧柳,号白屋,重庆江津人。他的创作时代是五四运动时期,当时新派文学主张彻底打倒传统古典诗歌,而传统派则抱残守缺,拒绝新形式的尝试。吴芳吉则主张中西融合,古今汇合,借助于西洋的诗歌思想,但在形式上不抛弃传统诗歌,进行融合和创新。他的作品如《曹锟烧丰都行》:"曹锟烧丰都,难为女儿及笄初。何处阿娘去,荒田闻鹧鸪;阿爷死流弹,未葬血模糊;阿哥随贼马,伏枥到边隅",描写了北洋军和护国军交战,战乱对民众造成的痛苦。《赴成都纪行》:"父老向我言,停午战方休。群盗喧城市,破狱出徒囚。官兵前捕剿,良莠并行搜。君看城边路,累累挂人头",以生动通俗的笔调书写了四川战乱的悲剧。吴芳吉的诗歌写作,多用文白夹杂,通俗易懂,调和新旧,具有独特的色彩。

民国早期四川著名的散文要数李宗吾(1879—1943年)的《厚黑学》,他自称"厚黑教主",其《厚黑学》讽刺了秦以来很多帝王的权术,认为脸皮厚、心眼黑的野心家往往会成事。所谓先"厚如城墙,黑如煤炭",然后再"厚而硬，黑而亮"，最终达到"厚而无形，黑而无色"，进入"无声无臭，无形无色"的境界。此后就能攻无不克、战无不胜、锐不可当、所向披靡，如《三国》中曹操心眼黑，刘备脸皮厚等，辛辣讽刺了秦以来政治生态的恶劣部分。

新文学方面，四川新诗创作的著名人物是郭沫若（1892—1978年），他创作了诗集《女神》，其主要诗歌的精神是强烈的激进反传统意识，如《天狗》一诗："我飞奔，我狂叫，我燃烧。我如烈火一样地燃烧！我如大海一样地狂叫！我如电气一样地飞跑！我飞跑，我飞跑，我飞跑，我剥我的皮，我食我的肉，我嚼我的血，我啮我的心肝，我在我神经上飞跑，我在我脊髓上飞跑"，表达自己摧毁旧传统的强烈冲动和渴望。他的自传体小说《我的童年》《反正前后》，描写远离家乡、跨出国门的人生，也描述了传主于四川辛亥革命时期的经历与见闻。

著名的作家李劼人（1891—1962年），他以四川方言写作小说，具有浓郁的四川文化特色。他写作的《死水微澜》《暴风雨前》《大波》三部长篇小说，以甲午战争到辛亥革命的四川为背景，以史诗的宏大叙事描写晚清四川的社会，在四川方言写作方面取得了高度的成就，文中多次出现东大街、盐市口、春熙路、骡马市、总府街、督院街、新南门、武侯祠、青羊宫、文殊院等有代表性的成都地名，充满了浓郁的四川特色。另外，四川新文学的代表人物还有巴金（1904—2005年），他先后写作了"爱情三部曲"《雾》《雨》《电》，以及"激流三部曲"《家》《春》《秋》，猛烈地攻击中国传统文化，攻击小共同体的传统宗法，描写四世同堂大家族的衰败，鼓励年轻人和家庭决裂。

（二）抗战时期的文学艺术

抗战时期，全国各地文化界人士齐聚陪都重庆，在文学、艺术方面涌现出了众多的成果，配合抗战正面战场的军事斗争。林语堂、田汉、胡风、叶以群、张恨水、茅盾、郭沫若、艾青、臧克家、姚雪垠、罗家伦、端木蕻西等人齐聚四川，他们用笔作为刀枪，在国际、国内的舆论界和文学领域宣传抗战，弘扬爱国主义精神，繁荣爱国文艺，为战争胜利做出了贡献。

1937年8月，林语堂（1895—1976年）在《泰晤士报》发表了文章《日本征服不了中国》，分析了九一八事变以来日本侵略中国的过程，强调高度士气和团结一致的国家，绝不会被侵略者所征服，并得出"最后的胜利一定是中国"的预言。他还用英文写了很多文章，向世界宣传中国的抗战，争取国际的支持，在美国产生了积极的影响。他在自己的英文小说《京华烟云》中，描写了日寇入侵对中国造成的巨大苦难。1939年底该书在美国出版后的短短半年内，即销售五万多册，在国际社会引起了广泛关注。他在该书的献词上写道："全书写罢泪涔涔，献予歼倭抗日人。不是英雄流热血，神州谁是自由民"，并指出"作为一个作家，最有效的武器是作品"。

老舍（1899—1966年）在抗战期间，曾创作著名话剧《张自忠》，歌颂抗日名将张自忠将军。该剧选取了临沂之战、徐州之战、随枣之役和最后的殉国几个片段，集中表现抗日爱国将领张自忠身先士卒、严明军纪、体察下情、嫉恶如仇、自奉简朴、深得民心，特别突出了他身上英勇无畏、与侵略者血战到底、战死疆场的爱国精神，宣传并激励抗战中的中国军民。抗战期间，老舍还先后去过万县、成都、青城山、灌县、昆明等地，了解各地抗战文艺宣传工作的情况，并发表了热情的演讲。

著名作家张恨水（1895—1967年），在九一八事变后就写作了小说《太平花》，是目前国内已知最早的抗战小说。次年又完成短篇小说、诗词、剧本的合集《弯弓集》，作者在《跋》中表明"弯弓"对应"射日"，以笔作剑、抗击日寇。抗战期间，张恨水在重庆漏雨的简陋住宅中，写出了八百万字的文学作品，如《巴山夜雨》写抗战时期民众的流离失所，生活的悲哀和苦难。他将自己的简陋书斋命名为"北望斋"，意为北望中原，体现了他盼望早日收复北方沦陷的山河，恢复大好河山的爱国精神。

田汉（1898—1968年）创作了京剧《岳飞》，描述了岳飞鄂州练兵、朱仙镇大捷、大破金兀术的拐子马、收复江山、祭祀巩陵等历史片段，以岳飞为代表的民族英雄象征抵御外辱的精神，激励抗战的士气。在全剧结尾，岳飞高呼"众将官，乘此直捣黄龙，消灭民族敌人去者！"向观众传达同仇敌忾的精神，使人热血沸腾，鼓舞人们与日寇进行斗争。他还创作了京剧《江汉渔歌》，用金军入侵影射日本侵略者，描写汉阳城的曹太守充分发动军民，连普通渔翁也参与了抵抗，宣扬了全民抗战才有胜利希望的思想。

除京剧以外，川剧也是抗战时期戏剧的重要表达形式。1940年，郭沫若领导的文工会多次组织川剧、京剧和各地方戏剧艺术家之间进行交流，以采取更好的方式宣传抗日。重庆的川剧艺术家张德成、刘承基、魏香庭、杨友鹤等都积极参与，投身于救亡戏剧的演出，在1942年组建了川剧演员会，演出《滕县殉国记》，再现了滕县保卫战的壮烈；而《扬州恨》影射了日寇对中国的残酷侵略与征服；《弦高犒师》则歌颂了春秋时代郑国商人弦高的爱国行为，鼓励现实生活中的工商业人士学习先贤，积极参与救亡。此外，还有《卢沟桥头姐妹花》《台儿庄大捷》《八百孤军》等剧目，也广受好评。这些川剧陆续被四川各地剧团学习、上演，收到了良好的社会效益与经济效益。

除了文学、戏剧，四川抗战时期的绘画艺术家也投身爱国事业。著名川人画家张善子（1882—1940年）在重庆以画老虎出名。当时日本飞机对重庆狂轰滥炸，张善子画了一幅《猛虎扑日》表达对日寇的愤怒。图上二十八只猛虎，正扑向落日。老虎象征了中国二十八省，生龙活虎；落日代表奄奄一息的日本，走向灭亡。此外，他还创作了《飞虎图》赠美国空军上校陈纳德，感谢国际友人对中国抗战的支持。陈纳德便将美国飞行志愿队改名为"飞虎队"，并按《飞虎图》画面制作了旗帜和徽章分发部下。

四、思想与文化

民国初创时期，伴随着共和制度的建立，一些清朝遗老和文化保守主义者在文化上主张尊孔复古，四川思想界也不例外。

1913年夏，四川军政府都督尹昌衡致电袁世凯，请求下令全国学校尊孔读经，被袁世凯所称许。曾经是改良派代表人物的宋育仁也主张清帝复辟，在北京宣讲尊孔复古并上书袁世凯,暗示请袁世凯辅佐溥仪。袁世凯认为宋育仁的上书对其不恭,下令将宋育仁押解回川。后来,宋育仁便在廖平主持的四川国学专门学校主持教学,发起四川国学会,兴办《国学月刊》杂志,整理国故。他认为中华文化有自身的本位和主体性,不能简单地以"科学客观"态度抹杀或忽略研究对象的精神世界和价值关怀;他也认为夏商周三代封建与民国的共和制度之间是一脉相通的,二者根本不构成矛盾关系。

新文化运动中,四川最激烈反传统的代表人物是吴虞。吴虞(1872—1949年),四川新繁人,1905年留学日本,1907年回国,在成都县学、府学和四川政法学堂担任教习。1910年,吴虞的母亲因为长期和父亲争斗而抑郁去世,他父亲将其驱赶到乡下老家依靠几亩薄田维生,他对父亲的仇恨极深,在日记中几十处将自己父亲称为"老魔"。后来他对父亲提起诉讼,并写了《家庭苦趣》四处传发,将家庭矛盾转化为公共事件,被民国初期的四川文化界、教育界称为"士林败类"。吴虞受此刺激,加上他原已接受了近代西方平等民主的观念,因而更加痛恨传统礼教,坚定彻底地反对儒学。

吴虞对中国传统礼教持一种绝对否定的激烈态度。他在《新青年》上发表了《家族制度为专制主义之根据论》,将批判矛头指向儒教的等级制度,把封建的宗法制度、家族制度和专制制度视为一个整体加以批判,认为我国不能脱离宗法社会,"推原其故,实家族制度为之梗也",而"家族制度为专制主义之根据"。他对儒家思想的核心内容进行猛烈抨击,认为"孝"是为了防止作乱,而清朝的法律就等于是儒家学说,教忠教孝的结果是"把中国弄成一个'制造顺民的大工厂'",所以要反孔非儒,才能实现军国社会。他还发表了《道家法家均反对旧道德说》《吃人与礼教》《说孝》《儒家大同主义本于老子说》《儒家主张阶级制度之害》《消极革命之老庄》《礼论》等文。他认为孔子的学说导致"非杀人吃人不成功,真是残酷极了",他赞赏鲁迅关于礼教"吃人"的观点,引用大量历史事实证明"吃人的就是讲礼教的,讲礼教的就是吃人的"这一结论,认为传统礼教祸国殃民,而且效率是洪水猛兽的上百倍。他认为六经导致中国人跪拜在圣贤、帝王的威势下，成为"奴隶之生活"。他坚持认为孔教不合于时代潮流及共和原则，必须对它进行猛烈批判。五四时期，吴虞异常激烈地反传统，当时就被公认为与陈独秀齐名的反孔"健将"，被胡适称为"中国思想界之清道夫""四川省只手打孔家店的老英雄"。

民国时期四川还有一位著名的思想家是成都人马一浮，他抗战期间在乐山创办的复性书院，坚持弘扬中华优秀传统文化，培养了很多人才。马一浮在晚清曾留学美国、德国、西班牙、日本，在留学期间阅读了亚里士多德、斯宾塞、黑格尔、赫胥黎、达尔文、孔德、但

马一浮和复性书院教师

丁、拜伦、莎士比亚等重要的欧洲思想家、文学家的作品，还翻译了《日耳曼之社会主义史》《露西亚之虚无主义史》《法国革命史》和《欧洲文学四史》等著作，奠定了深厚的西学功底。在美国留学期间，他看到美国人将中国视为"野蛮国"，中国人则被歧视，他感到莫大地羞辱，也激发了强烈的文化使命感。此后他的学问致力于中国历史文化的保存、研究和发扬。他以中国儒家文化为根据，汇通古今中西的一切学术，认为中国文化的六艺是世界文化最终的发展方向。

马一浮没有像同时代的梁漱溟或者熊十力那样去构建自己的思想体系，而是主要在继承、研究、阐释的维度来发扬传统的文化精神。他反复强调中国文化的根本精神即在于"发明自心之义理"，而为了通往义理，需要继承宋明以来的传统方法。他很好地融会程朱、陆王两派的思想、方法，认为研究义理的学问最忌讳讲究宗派门户。过去古代思想家对不同学者有不同的褒贬，都只是有针对性地给病人提供药方，但不可机械地将其视为客观标准。二程、朱熹、陆九渊、王阳明他们的方法虽然不同，但最后都可以走上发明义理的道路，因此面对百世之师，后世学者不应该厚此薄彼。但是在具体教

学之中，需要根据学生不同的禀赋，加以引导和介绍。另外，他也借助佛教禅宗的义理、方法，汇通儒学和佛学，最终落实到体用一源。

抗战爆发后，蒋介石认为大量汉奸的出现，是人心不古、文化逐渐败坏的结果，希望重建书院弘扬传统学问和道德良知，请马一浮出山主持。马一浮提出，主办书院必须由自己自由办学，政府不得干预，获得了同意。于是，国民政府拨开办费三万元，而后每个月拨款三千元，马一浮便在乐山创建了复性书院，"复性"的意思就是通过传统学问，重建人心之性。马一浮主要讲解"群经大义"，包括《论语大义》《孝经大义》《诗教绪论》《礼教绪论》《观象卮言》《洪范约义》等，为延续中华文脉写下了传奇的一笔。

## 五、史学和考古学

民国时期四川的史学界，既有偏向传统方法治史的刘咸炘、蒙文通，也有接受新方法的郭沫若、徐中舒、任乃强等学者。同期的四川考古学界也开始运用田野考察的方法，比较著名的是考古学家冯汉骥对岷江上游的石棺葬的考古发掘活动。1946年出版的郑德坤所著《四川古代文化史》中，就引用了很多民国时期最新的考古发现资料，用于书写四川的历史，可以说，四川的考古和历史学关系非常密切。

（一）张森楷与《二十四史校勘记》

张森楷（1858—1928年），四川合川（今重庆合川）人，青年时曾就读于锦江书院，1893年中举人，1901年创办四川省蚕桑公社，辛亥革命后曾一度为川汉铁路公司成都局总理。身为实业家的张森楷同时又是著名的历史学家，涉足经学、小学，而尤长于史学。他一生著述十分丰富，总计达27种、1100多卷，其中包括《二十四史校勘记》337卷、《通史人表》296卷、《史记新校注》133卷、《历代舆地沿革表》《历代职官沿革表》等，并主修《合川县志》。其史著中最有名的是《通史人表》和《二十四史校勘记》，后者被中华书局《二十四史》点校本采纳多条。

## （二）刘咸炘与《推十书》

刘咸炘（1896—1932年），四川双流人，对史学有着独到精深的见解。刘咸炘所涉学术领域极为广博，几乎遍及哲学、史学、诸子学、文献学、文艺学、文化学、方志学、校雠目录学、书学等领域。所著《推十书》，乃其平生论著的总集，共231种、475卷、600余万言，鸿篇巨制，时所罕见。他的史学纲宗是"读史须明大势，不局于褒贬，还须明了作史圆神之法，才能有真史实"，认为治史贵在明史体，究史义。刘咸炘要求史书必明史体，史体明，方能得真史书；史书得，才可明史法；史法明，可究真史学。

刘咸炘治史学，最重史旨。他认为读史最重要的是得史旨，在史实的基础上注重阐发"史意"。在史学观上，刘咸炘继承了章学诚"六经皆史"的观念，并从义理上进行了充分发挥。他在理论上的独特贡献，乃在于把"史学"扩大为"论世""观变"的"人事学"，提出"人事学"研究的内容包括群学和史学，且两者密不可分。由此足见其所谓"人事学"，实际上接近于现在的人文学。刘咸炘"人事之学"的大史学观以传统国学为根基，又融合西方学科分类的方法，从而发展出具有现代性的人文学或人本思想，是他史学思想中具有时代精神的人文内涵。刘咸炘强调历史是一种"察势观风"之学，认为"好观盛衰之际、风俗之变，即史学也"，"史本纪事，而其要尤在察势观风"。他认为人世间的一切，"皆在风中"。事实与风气，一表一里，互为影响。刘咸炘的"风"论既有对宏观中国历史进程的考察和审视，又有源于实践和高于实践的理论提炼和概括。

在治史方法论上，刘咸炘强调以道家方法治史，即以"执两""御变"之法研究历史发展进程，"疏通知远"，"藏往知来"，"通古今之变"。具体到史实，"则特重以'贯通之识''察势观风'，即以天人一贯、道器不二、体用相涵的观点，通观一时代或一地区之'风势'（时风、土俗、民情、政势等），纵观'时风'，横观'土风'，势有大小，风有主从，互相促动，互为因果。纵横两观，既能洞察大势，以大包小，又能因小见大，不遗细微"。在此基础上，刘咸炘进一步提出"明统知类"的治史方法，通过考察古今著述的源流演变,其目的就是要"辨章学术,考镜源流",最后推十合一,重建中国传统文化的学术体系。

刘咸炘还在方志学中体现出"经世致用"的事功观。他认为地方志与国史不同,应该自有其精神与体例,"一代有一代之时风,一方有一方之土俗,一纵一横,各具面目,史志之作,所以明此也",认为修志应该像修史一样,秉笔直书,善恶无漏,只有做到这一点,地方志才能更好地补充国史。

为了践行重视地方志的观点,刘咸炘专门写了一部《蜀学论》,全文两千多言,以答客问形式,提纲挈领地概述了蜀学的内容和特征。他认为,自周秦以来,源远流长的蜀学主要表现在易学、史学、文学三个方面,蜀学的学术特征则可用以文史见长和崇实而不虚两点来概括,进而认为蜀学的文化特征与地理环境之间有着密切关系。这是近代蜀学"复兴"以来从宏观角度探讨"蜀学史"的论著,是"蜀学史"研究中最富代表性的篇章,表现出了20世纪前期中国新史学的特征。

(三)蒙文通与"古史多元论"

蒙文通(1894—1968年),四川盐亭人,著名历史学家,是晚清民国间四川著名经学怪才廖平的学生。他在先秦两汉史学、诸子学、六朝史学、两宋史学、道家和道教学、宋明理学、古地理学、古代民族史、古代社会经济史等众多领域都取得了重要成果。其成名作是《古史甄微》。该书在史学思路上受到老师廖平的影响,重视分辨古代人物、人群的历史地域背景。他以古代西方历史为例,指出罗马、希腊等古代文明在地理、民族、文

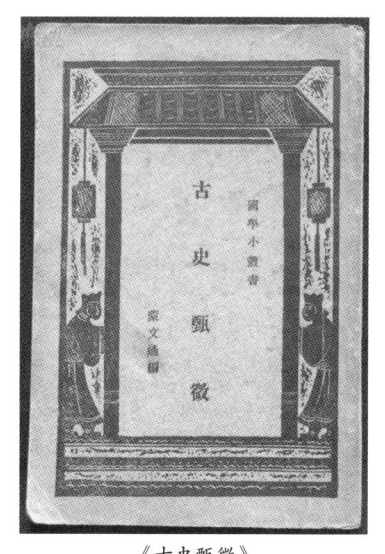

《古史甄微》

化方面均有所不同,所以中国各地、各族的源流必然有差异。在书中,他提出种族、地理、文化三元的概念,将中国上古民族分为海岱的泰族、河洛的

黄族、江汉的炎族三个部分，认为东部沿海的泰族最早，而整个中国文明是这三个族共同融合创造的。上古时代的三皇五帝，其实就是这些不同族之间此消彼长的互相竞争、取代为王，直到夏朝才定于一尊。蒙文通这一"古史多元论"的学术观点非常独特，既不同于过去传统的三皇五帝一元继承的旧说，又不同于当时流行的古史辨否认尧舜禹存在的观点。面对当时流行的古史辨思潮，他处处批评古史辨派动辄轻率怀疑古代文献的行为。他认为很多所谓的"伪书"，其所据以作伪的材料不必尽伪。所以他大量使用了《晏子春秋》《孔子家语》等被高度怀疑为伪造的文献，表现出与古史辨派截然不同的态度，是一种自成一体的新颖学说。

在后来的《古史甄微》中，他又认为中国最早的古族偏向东北方位，所以泰山被视为天下的中心。后来又转移到中原的嵩山系统，最后周朝又转移到华山系统，所以整个过程是从东向西转移。将中国文化的最早起源定在东部，而不是西部，这是有意识的专门针对晚清以来流行的"中国文化西来说"。根据该说，黄帝是伊拉克人，彩陶之类都是从西亚传入。显然，这种学说贬低了中国文化的地位，而自东向西传播的观点，则强调了中华文明独立起源的特质。另外，作者在书中认为周人灭商，是联合了西部的戎狄集团，批评周人东征对殷人过狠，此外也不同意周人的贵族世卿制度。虽然蒙文通尊爱儒学，但显然并不是无条件地赞颂，而是有一种现代史学的眼光。

（四）郭沫若与马克思主义史学

郭沫若（1892—1978年），四川乐山人，是中国著名的马克思主义历史学家、考古学家，在先秦史、甲骨文、金文的研究方面取得了丰硕成果。在《中国古代社会研究》一书中，郭沫若运用历史唯物主义原理和方法，利用《周易》《诗经》《尚书》等古代文献，结合当时能见到的最新甲骨文、金文资料，对夏商周三代社会进行分析研究，认为"生产力"最终决定"上层建筑"。以史学的方法，勾勒出《周易》时代的社会生活，通过对甲骨卜辞研究认为商代是"母系社会"，后来又改为"奴隶社会"。考察周代的铁器，认为周代是"奴隶社会"，后来又改为"青铜时代"，并研究了井田制,认为这是一种"奴隶制"。

在考古方面,郭沫若的著作《卜辞通纂》中选录甲骨129片,正编"选辑传世卜辞之菁粹者"800片,按干支、数字、世系、天象、食货、征伐、田游、杂纂等八项加以排比并考释,每一项后又做有小结,使读者全面系统地认识每一类甲骨文的内容,还可以从每项卜辞的内容里了解殷代社会各方面的情况。郭沫若另一部重要的甲骨文著作是1937年出版的《殷契粹编》。这部书与《卜辞通纂》选辑传世各家"卜辞之菁粹者"略有不同,而是仅从上海大收藏家刘体智所藏的28000多片甲骨中,选出1955片精品编纂而成。《殷契粹编》一书在内容的分类上,大致与《卜辞通纂》相同,也对书中每一片甲骨做了考释。此外,他的《两周金文辞大系图录考释》一书,以周代金文中出现的人名、地名和历史事实为主要线索,再参证铭文的体裁、风格以及青铜器的纹饰,将它们综合起来,作为进行两周青铜器分期和断代的主要依据,从此开创了一个科学地研究两周青铜器的先河。此书自出版后立刻引起了国内外学术界的重视和震惊,半个多世纪以来好评如潮,已经成为国内外研究中国古代史的必备经典著作。

(五)徐中舒与"古史多重证"

徐中舒(1898—1991年),安徽省怀宁县(今安徽安庆)人,著名史学大师。徐中舒1926年毕业于清华大学国学研究院,师从王国维、梁启超等。徐中舒先后在复旦大学、暨南大学、中央研究院历史语言研究所、北京大学任教授、研究员。1937年,应中英庚款董事会与四川大学的协聘,任教四川大学历史系,后终身执教于四川大学。

在漫长的治学过程中,徐中舒吸收了清末桐城学派及王国维、梁启超、陈寅恪、顾颉刚等人的治学精髓,形成自身独特的、完善的学术思想体系。

其一,无征不信、科学批判的思想。徐中舒在文献研究方面造诣精深,重视史料的收集且善于鉴别辨析,能够得心应手地驾驭和利用。早在20世纪30年代,他撰写《商周史料考订大纲》作为北京大学历史系授课的讲义,曾著文指出,"史之良窳率以史料为准,史家不能无史料而为史,犹巧妇不能无米而为炊"。徐中舒所作结论多以坚实可靠的史料为支撑，言之成理，持之有故，创新见解也往往破壁而出。

其二，古史多重证法。徐中舒在清华国学研究院读研究生期间，深受王国维影响，对王国维的二重证据法印象深刻。他后来研究古史不仅采用这种方法，而且将其发展为古史多重证据法。他在古史研究中经常使用相关学科的丰富资料及研究成果，其大量论著本身就是相关学科的研究成果。徐中舒对古史多重证据法的倡导和娴熟的运用，是古史研究方法论方面的重大突破。

其三，博涉与专精相结合的治学原则。徐中舒研究古史非常强调博学，他不仅在文学、文字学方面具有深厚修养，还能娴熟运用考古学、民族学、社会学、文献学、工艺学乃至古代自然科学等诸多学科领域的知识进行历史研究，故其古史研究的范围颇为广泛。其早期著作《木兰歌再考》《〈木兰歌再考〉补编》《古诗十九首考》等即采用以文证史的方法，提出一系列创新见解。

徐中舒学问深厚，成果丰硕，早年以《耒耜考》一文成名，该文以出土古文字材料与古代典籍及实物相互对照，解决了2000年来学者们一直莫衷一是的耒耜形制和功用问题，《耒耜考》遂成为中国现代学术史上的名篇。此后，他有关先秦史的一系列论著，如《殷周文化之蠡测》《殷人服象及象之南迁》《井田制度探源》《论东亚大陆牛耕的起源》《论周代田制及其社会性质》等，均因方法新颖、论据充实、创获颇多而在学术界引起重大反响。在古文字学方面，他的《金文嘏辞释例》一书也是治金文者的必读参考资料。

（六）任乃强与康藏研究

任乃强（1894—1989年），四川南充人，著名历史学家、民族学家，我国近代藏学研究的先驱之一，历任重庆大学、华西医科大学、四川大学教授。

任乃强于1928年出版《四川史地》（《乡土史讲义》），此为近代第一部系统阐述巴蜀历史、地理沿革的专著，当即被许多高校采为教材。1929年起，他多次深入西康考察，获得大量资料，相继撰成《西康诡异录》《西康十一县考察报告》等文。自1932年起任乃强陆续撰成并发表《西康图经》之

"境域篇""地文篇""民俗篇"三卷，撰成《西康通志纲要》《康藏史地大纲》等著作，全面系统地论述了康藏民族的历史及地理沿革、政治变迁和宗教流派等问题，校注了藏文史籍《西藏政教史鉴》，发表《吐蕃丛考》等数十篇论文和《泸定导游》《天芦宝札记》等三部长篇考察报告。1940年，任乃强写成《关于藏三国》一文，首次对格萨尔王提出历史考察，提出格萨尔即林葱土司先祖的考证，至今仍为国内外学术界依循。

任乃强的历史研究以地理为基础，以自己步测手绘所得，参以古今、中西、汉藏图籍，于1943年绘成百万分之一康藏标准全图和西康各县分图，此系当时国内外最精确的权威性康藏地图，填补了康藏研究中的一大空白。他还担任《康藏研究月刊》主编，发表了大量藏汉学者的研究成果和藏文典籍译作，开创了藏汉学者联合进行藏学研究的范例，对后来藏学研究的发展产生了积极影响。

（七）冯汉骥与考古学

冯汉骥（1899—1977年），湖北宜昌人，我国著名考古学家、人类学家，我国近代考古学的开拓者之一，四川大学考古学专业的奠基人。1923年毕业于武昌文华大学，1931年赴美国哈佛大学研究院人类学系深造，1933年转入宾夕法尼亚大学人类学系，1936年获人类学博士学位。在美国期间发表的《中国亲属制》等文章，利用人类学"叙述式亲属制"与"类分式亲属制"的原理，探索中国古代亲属称谓之由来，使若干千古聚讼的问题得到科学而合理的解释，在当时的国际学术界产生较大影响。1937年抗战爆发后，应四川大学聘请，任史学系教授。

1938年，冯汉骥与希洛克（J. K. Shryook）合著《彝族的历史起源》（《猓猓的历史起源》）一文发表于《哈佛亚洲研究杂志》第三卷第二期。该文对川滇黔三省彝族的历史作了简要论述，并对彝族文化特征进行了历史考察；对截至20世纪30年代中外学者有关彝族族源问题的各种说法进行了系统的介绍，并澄清了对彝族的许多错误认识。其基本观点不仅在当时是领先的，即便现在看来无疑也是正确的。这篇研究彝族历史及文化的论文，是当时关于彝族最具有代表性的精辟之作，在学术界影响甚大。

冯汉骥把注重田野调查和实地发掘的风气带入川大历史系。1938年暑期，他只身赴川西北松潘、理县、茂县和汶川等岷江上游藏族、羌族地区，进行民族学和考古学的实地考察，开创了川西高原考古发掘研究之先声。冯汉骥此行获得大量学术资料，并在汶川县雁门乡清理了一座石棺葬，随后撰《岷江上游的石棺葬文化》一文，首次科学报道此类墓葬，开创了川西北高原民族考古的先声。1939年，国民政府教育部组织川康科学考察团，考察康区的藏族聚居区。冯先生担任该团社会科学组组长，遍历康区，搜集民族学资料，着手康区民族的分类研究。

1942—1943年，冯汉骥主持了成都前蜀王建墓的发掘工作，这是中国首次大规模地下墓室的发掘，并在1962年写成《前蜀王建墓发掘报告》。同时，他还重译了摩尔根的《古代社会》一书，译文准确、畅达，被商务印书馆列入"汉译学术名著"。

民国时期的四川考古学也在起步，民国早期英国人陶然士就在川西北调查挖掘过石棺葬，采集了古代的陶器、石器和陶片。1938年，考古学家冯汉骥对岷江上游的石棺葬进行过调查，在松潘、理番、茂县、汶川等地进行考察发掘，挖掘出了铜器、海贝、半两钱、铜剑、珠料等古代器物，为古代巴蜀的历史文化重建提供了实证资料，也为后来川大考古学开创了重视田野调查的精神。1942年庄学本在西昌旅行的时候，也发现了大批大石墓，并对川康地区的大石墓进行了考察和研究。

## 六、地方志纂修

从清朝嘉庆时期修成了《四川通志》以后到民国，四川100多年没有修过省志，因此民国初期四川计划修省志，并成立了四川通志局。到1924年杨森主政四川的时候，还聘请了宋育仁担任总裁，并聘请了另外十几名四川的著名学者一起参加，其中最著名的是青年史学家刘咸炘。宋育仁的计划是从官政、食货、礼俗、学校、建置、舆图、艺文、人物等八个方面入手来写，强调要体现四川的地域特征。在省志的《修纂凡例》中提出,要弘扬传统学问,把集会讲学和修纂著述联结为一体,推进文化建设和社会改良。《四川通志》结构模仿《华阳国志》,体例模仿郑樵《通志》。从1926年写到1931年,其间由于杨森被击败,资金欠缺,因此宋育仁必须到处找各路实力派人物凑钱,断断续续才基本完成了《重修四川通志稿》,共有三百多册书稿。但是后来因为战乱和人事方面的变革,这批书稿损毁、遗失较多,一直没能正式出版。

民国时期四川79个县一共修了84部县志,数量较多,但是质量较为粗糙。这和当时的战乱频繁,人事变革较多,且经费不稳定都有关系。如完成于1920—1923年的《江津县志》就提到,该志是在金戈铁马的氛围里面完成的,非常艰难。有一些县志的编者资料并不丰富,工作积极性也不高,只是为了完成任务而已。尽管如此,民国四川还是涌现出了一些高水平的县志,如宋育仁编修的《富顺县志》、张森楷的《新修合川县志》、吴之英的《名山县志》、向楚的《巴县志》等。这些民国县志在体例、内容、关注点等方面都体现了新时代的特色,如向楚的《巴县志》就在继承了章学诚方志体例的基础之上,适应新时代的问题意识,新设了工业、商业、交通、军警、市政、自治、革命军志等项目,记载了重庆的教案、通商案、租界案等。此外,该县志还具有浓厚的新时代观念,体现了作者向楚对三民主义的认同,对辛亥蜀军革命的歌颂等。

除此以外,民国时期四川一些县志还有意识地吸收了现代科学技术的成果,在舆图中使用现代技术的绘图,并使用现代摄像技术。大量现代测绘技术的使用,使得县志中的地图、图形更加规范化。经过调查统计后的统计图表开始较多出现,如学龄内青少年在本县的入学比例之类,能更翔实、精确地反映本县的教育状况。随着新时代史学方法的变化,很多县志的关注点也从典章、人物、艺文之类转移向社会经济、民生、实业、教育、军事等方面。传统县志中的仙事、祥瑞等超自然力量逐渐被祛魅,代之以地质、金融、卫生等现代知识领域。

### 七、巴蜀文化研究

民国时期学术界对巴蜀文化的研究，主要从两个方面进行，即广汉真武宫玉石器坑的发现与发掘，成都白马寺坛君庙青铜器的发现与研究。

1929年（一说1931年）春，四川广汉县城西18里太平场附近真武宫南侧燕氏宅旁发现大批玉石器，其中不少种类在形制上与传世和其他地区出土的同类器型不同，引起有关方面注意。1930年，英籍牧师董宜笃（A.H.Donnithone）函约成都华西协合大学教授戴谦和（D.S.Dye）同往调查，获得一批玉器。戴据此撰《四川古代石器》（*Some Ancient Circles, Squares, Angles and Curves in Earth and in Stone in Szechwan*），备记其事，并对器物用途等略加探讨，发表于华西协合大学华西边疆研究学会主办的英文杂志《华西边疆研究学会会志》（*Journal of the West China Border Research Society*）第4卷（1934年）。1932年秋，成都金石名家龚熙台称从燕氏处购得玉器4件，撰《古玉考》一文，发表于《成都东方美术专科学校校刊》创刊号（1935年），认为燕宅旁发现的玉器坑为蜀望帝葬所。1933年（一说1934年），华西协合大学博物馆葛维汉（D.C.Graham）教授及该馆助理馆员林名均应广汉县政府之邀，在燕宅旁开展正式田野考古发掘，颇有收获，由此揭开日后三星堆文化发掘与研究的序幕。

1934年7月9日，旅居日本并潜心研究甲骨文的郭沫若在给林名均的回信中，表达了他对广汉发掘所取得成果的兴奋心情，并认为广汉出土玉器与华北、华中的发现相似，证明古代西蜀曾与华中、华北有过文化接触。他还进一步从商代甲骨文中的蜀，以及蜀曾参与周人克商等史料出发，认为广汉遗址的时代大约在西周初期。

1936年，葛维汉将广汉发掘及初步研究成果撰成《汉州发掘初步报告》（*A Preliminary Report of the Hanchou Excavation*），发表于《华西边疆研究学会会志》第6卷（1936年）。林名均亦撰成《广汉古代遗物之发现及其发掘》一文，发表于《说文月刊》第3卷第7期（1942年）。两文均认为出土玉石器的土坑为墓葬。至于年代，葛维汉认为其最晚年代为西周初年，约公元前1100年；林名均则将广汉文化分为两期，认为文化遗址的年代为新石器时代末期，在殷周以前，坑中所出玉石器则为周代遗物。

1946年7月，华西协合大学博物馆出版了郑德坤教授的《四川古代文化史》。在这部著作里，郑立专章对"广汉文化"进行讨论研究，他不同意葛维汉、林名均提出的墓葬之说，认为广汉出土玉石器的土坑应为晚周祭山埋玉遗址，其年代约为公元前700—前500年，广汉文化层为四川新石器时代末期遗址，在土坑时代之前，其年代约在公元前1200—前700年之间。广汉发掘尤其是"广汉文化"的提出，表明当时的学者对广汉文化与中原文化有异有同的现象开始寄予关注。不过，由于种种原因，"广汉文化"在当时并没有引起更多学者的特别重视。

20世纪20年代，成都西门北面白马寺坛君庙时有青铜器出土，以兵器为多，形制花纹与中原青铜器有异，流布各地以至海外，被人误为"夏器"。抗战爆发后，学者云集四川，遂对这些异形青铜器产生兴趣。卫聚贤搜集这批资料，写成考释论文，题为《巴蜀文化》，发表于《说文月刊》3卷4期（1941年）和3卷7期"巴蜀文化专号"（1942年）。他在文中将这批兵器分为直刺、横刺、钩击三类，并摹写出器体上的各种纹饰。他认为，春秋以前蜀

卫聚贤

人有自己的文字，春秋战国时仿中原文字。对于蜀国青铜器的年代，则推断在商末至战国。

卫文刊布后，在学术界掀起轩然大波。一些知名学者力驳卫说，认为卫文所举青铜器，不是中原兵器，便是伪器。金石甲骨学家商承祚、考古学家郑德坤，均否定卫聚贤的看法。在当时四川地区尚未大力开展科学的考古发掘的情况下，人们大多从古人言，认为巴蜀蛮荒、落后。但据此怀疑巴蜀文化的存在、全盘否定巴蜀青铜器，应是"中原中心论"长期占据学术统治地

位的结果。

在"巴蜀文化"命题提出的前后，学术界还从文献方面对巴蜀古史进行了研究，辑佚钩沉，试图重建巴蜀的古代史。在发表的论著中，所依据的材料主要是西汉扬雄的《蜀王本纪》、东晋常璩的《华阳国志》，以及先秦汉晋时期其他的一些历史文献。这些新著论文，大多限于微观研究，几乎未提出成体系的观点。

1941年，古史辨大师顾颉刚在四川发表重要论文《古代巴蜀与中原的关系说及其批判》，彻底否定几千年来人们信奉不二的"巴蜀出于黄帝说"，首次提出"巴蜀文化独立发展说"，认为巴蜀融合中原文化是战国以来的事。顾氏的看法，在当时产生了很大影响，堪称为中华人民共和国成立前巴蜀文化与历史研究领域内最具灼见、考论最精的一篇奠基之作，实际上已洞见并提出了中国文明多元起源的问题和巴蜀文化区系的问题。

考古学方面，冯汉骥等人调查了成都平原的"大石文化"遗迹，认为是新石器时代到周代，即秦灭巴蜀以前的遗迹，部分证实了文献有关记载的可靠性。吴金鼎、凌纯声、马长寿等著名学者也在四川各地进行考古调查，史前遗址屡有发现。郑德坤比较全面地搜集了当时可能看到的四川考古材料，详加排列整理，出版了专著《四川古代文化史》。尽管郑氏并不同意"巴蜀文化"的提法，但这部著作对于研究考古学上的巴蜀文化，却有重要意义，这是他始料不及的。

巴蜀文化的讨论激发了一大批学者的热情，人们纷纷著文参加讨论，各抒己见。董作宾著《殷代的羌与蜀》一文，断言蜀国在陕南一带，而非传统上所认为的成都。在董之前，唐兰也曾考释了甲骨文中的"巴方"和"蜀"，认为在今四川。陈梦家也承认甲骨文中有"蜀"，指为西南之国。郭沫若亦从此论，但认为甲骨文中的蜀"乃殷西北之敌"。胡厚宣承认甲骨文中有蜀，不过他认为此蜀并非四川的蜀国，而是山东的蜀。童书业则认为巴、蜀原本都是汉水上游之国，春秋战国时才南迁入川。徐中舒在《殷周之际史迹之检讨》中，认为巴、蜀均南土之国，殷末周文王经营南国，巴、蜀从此归附。

此外,在四川史前文化的调查方面也取得初步成果。1886年,英人巴贝(C.F.Babei)在重庆附近购得磨制石器2枚,西蜀有石器文化遂闻于世。1913年,美国哈佛大学叶长青(J.H.Edgar)在西康采集到打制石器材料。1925—1926年,美国中亚考察队格兰杰(Walter Granger)在万县盐井沟发现1件与更新世动物化石群同期的穿孔石盘。1930年,德国人阿诺尔德·海姆(Arnold Heim)在西康道孚发现2件刮削器。1931年,美国哈佛燕京学社派包戈登(Gordon Bowles)在道孚附近发现多处史前遗址,采集石器数十件。1935年,法国人德日进(Teilhard Decheadin)与中国生物学家杨钟健在万县西约10公里的长江第一阶地上采集到1件新石器时代以前的石器。还有一些学者对巴蜀的物质文化、古史传说、政治史,以及史前文化进行了探讨,对学术界也有较大影响。

民国时期的巴蜀文化研究有以下特点:第一,大多数研究是对古代文献材料的搜集、整理和辨伪,虽初步开展了考古调查和局部的发掘,并加以排列分类,但这仍然主要是材料的搜集整理工作。然而,以考古材料包括殷墟甲骨文来印证、补充或纠正文献材料,在研究方法上突破了传统考据学的框架,开创了以近代方法论研究巴蜀文化的新风,为后来的研究奠定了基石。第二,提出了巴蜀文化和历史研究的一些基本课题,包括巴蜀的地理位置,巴蜀与中原的关系,考古学上巴蜀遗物的真伪,以及巴蜀史料的纠谬释疑等等。从这些内容可看出,尽管在研究过程中运用了新方法,也提出了一些很有见地、很有水平的新观点,但从整个课题设计看,未能提出超越传统史学体系的新内容。且论者往往仅从微观角度立论,缺乏把握全局的宏观眼光,故常常浅尝辄止,不能深入而广泛地进行研究。第三,这一时期最重要的成果是提出了巴蜀文化的命题,从青铜器的角度与中原文化进行了初步比较,提出了巴蜀有文字的看法。同时,从文献研究的角度透视了巴蜀古史,首次将巴蜀作为无论其历史还是文化都是独立发展起来的古国来加以看待。这些成果,虽然由于资料的限制无法深入,却涉及了当代巴蜀文化研究的几个基本层面，而这几个层面正是今天学术界关于文化与文明史研究的基础所在。当时能够提出这些问题，是难能可贵的。

八、宗教

民国时期，四川佛教较为兴盛，四川佛教团体的数量就占全国总数的三分之一。民国早期，四川的"五老七贤"联合几大佛教团体成立了中华佛教总会的四川支部。1914年袁世凯取消中华佛教总会四川支部，引起了四川佛教界的抗议。从晚清张之洞《劝学篇》以来，主流舆论是要废除寺庙改建学校。四川内战期间，各路军队不尊重寺庙的财产和自治管理，而且也有废寺庙为学校的越界之举。1919年，中央军军长的司令部就强行设立在成都文殊院内；1922年杨森驻防成都期间，也曾有部队驻扎文殊院，并禁止僧侣在早上诵经、敲钟。邓锡侯、刘文辉、田颂尧等军阀混战期间，田颂尧驻守寺庙，而刘文辉则向寺庙开炮射击。有军队还以捕捉土匪为名，抢夺寺院所种植的柏树。田颂尧、刘湘、邓锡侯等还曾强行买卖各地寺庙财产，驱赶僧人。

四川省政府继承了晚清以来思路，多次改庙产为学校。针对这些越界的要求，四川省佛教会主张应该由寺庙自行办学，以佛教经律为主，兼辅历史、地理和数学等。1941年，四川省政府规定，各县办学不许破坏寺庙财产或捣毁佛像，自此毁庙兴学才告一段落。但与此同时，国民政府要求僧侣接受壮丁的军事训练，以参与抗战保家卫国。但是大量僧人感到两难，想要为国效力，就要接受杀生的军事训练。对此，太虚法师提出意见，认为僧人可以加入军队的救护队，而不必加入战斗部队，僧侣帮助军队救治伤兵，但仍然穿僧侣的短装。除了救护以外，四川佛教界还通过佛教宣传活动，呼吁抵抗日本侵略，保卫世界和平。太虚法师还组织了中国佛教国际访问团，联合东南亚各国佛教社团共同呼吁制裁日本侵略者。

民国时期的四川道教和佛教一样，在晚清以来毁庙兴学的大舆论背景下，大量道教宫观被改为他用，道士也大量减少，只有青羊宫、青城山等处道观保存较好。在各个军队防区，大量道教宫观的地产被变卖，充作军费或地方团防费,导致很多宫观的经济能力被严重削弱。北洋政府颁布的《管理寺庙条例》《修正管理寺庙条例》,国民政府颁布的《寺庙管理条例》都用强制手段规定寺庙、宫观必须兴办公共慈善事业。四川道教界也和佛教界一样,兴办慈善和学校。如青城山道士就曾兴办过青城山第一小学和第二小学,青羊宫也划出庙产兴办青羊宫小学,三台县云台观也兴办过小学。二仙庵还成立医院,给贫民提供医疗服务,救助抗战受伤战士,并向贫民施舍食物、医药、棺材;此外,还兴办了桑蚕传习所,为社会培养桑蚕技术方面的人才。云台观也建立了医疗所,给贫民提供治疗服务。大竹县的道士杨载阳,在大竹赡养孤老,施舍食物,修桥修路,死后受到了人们的纪念。

抗战爆发以后,四川道教人士积极响应抗战。一些宫观从每年收入中提取部分资金用于优待抗日战士的家属;或在青城山举行法事,祭祀超度抗日牺牲将士;青羊宫还将六十亩水田租给中央军校,作为马厩和工作场基地。此外,四川道教人士还积极参加军事训练,灌县就组织起道教徒的军事训练队一百余人;彭县道士徐光明等多人还直接削发入伍,出川参加抗战;合川县二仙观道长则掏出多年积蓄,购买了珍贵的楠木棺材,安葬抗日英雄杨瑞符将军。

民国时期四川的基督新教发展了爱国自立运动,如自贡教会组成自立教会,自聘牧师,实行自治、自传、自养。四川基督教还组建中华基督教改进会,该会反对外国人对中国信徒的干预和歧视,主张"中国人自办教会,不让外国人插手",教会权力归中国人。该会认为,要反对列强对中国的入侵,要求本国基督教信徒要具备爱国思想。在抗战之中,全国基督新教也积极投入爱国抗战的活动,组织起了救济委员会和妇女会等,宣传动员民众参加抗日救亡,募资捐款,组建红十字会、医疗队、医护队在战区服务。另外也兴办医院、诊所、孤儿院、养老院、幼儿园等,为抗战胜利做出了贡献。

四川的天主教也持中国化的立场,将天主教的教义与中华传统文化相融合,大量培养中国籍的神职人员,出现了很多中国人担任主教的情况。在抗战期间,天主教爱国人士积极响应,反对日本侵略中国,众多爱国教徒捐钱捐物。天主教神职人员在成都圣修医院和其他几个教堂组织了医疗救护队，帮助抢救伤员。1941年，四川爱国天主教人士还组建了四川天主教信徒战时服务团。

# 参考文献[①]

## |第一章|

《左传》，十三经注疏本，中华书局影印本，1980年。

《史记》，中华书局1959年版。

《汉书》，中华书局1975年版。

《后汉书》，中华书局1965年版。

《三国志》，中华书局1982年版。

《蜀王本纪》，严可均辑《全上古三代秦汉三国六朝文·全汉文》卷53，中华书局1958年版。

袁珂：《山海经校注》，上海古籍出版社1980年版。

刘琳：《华阳国志校注》，巴蜀书社1984年版。

《水经注》王国维校本，上海人民出版社1984年版。

邓少琴：《巴蜀史迹探索》，四川人民出版社1983年版。

段渝：《政治结构与文化模式——巴蜀古代文明研究》，学林出版社1999年版。

冯汉骥：《冯汉骥考古学论文集》，文物出版社1985年版。

方国瑜：《中国西南历史地理考释》，中华书局1987年版。

顾颉刚：《论巴蜀与中原的关系》，四川人民出版社1981年版。

李绍明：《巴蜀民族史论集》，四川人民出版社2004年版。

林向：《巴蜀考古论集》，四川人民出版社2004年版。

蒙文通：《巴蜀古史论述》，四川人民出版社1981年版。

童恩正：《古代的巴蜀》，四川人民出版社1979年版。

卫聚贤：《巴蜀文化》，《说文月刊》3卷4期，1941年；3卷7期，1942年。

徐中舒：《论巴蜀文化》，四川人民出版社1982年版。

李复华、王家祐：《关于"巴蜀图语"的几个问题》，《贵州民族研究》1984

---

[①] 参考文献未列考古简报、考古报告、考古文集等，请参考《考古》《文物》《考古学报》《四川文物》《成都考古发现》等考古期刊、专刊及各种考古专著、专辑等文献。谨对本书所引用之各种考古资料的作者和单位致谢！

年第4期。

李学勤：《论新都出土的蜀国青铜器》，《文物》1982年第1期。

李学勤：《〈帝系〉传说与蜀文化》，《四川文物》"三星堆古蜀文化研究专辑"，1992年。

李学勤：《禹生石纽说的历史背景》，《大禹与夏文化研究》，巴蜀书社1993年版。

李学勤：《巴史的几个问题》，《巴渝文化》第3辑，西南师范大学出版社1994年版。

李学勤：《略论巴蜀考古新发现及其学术地位》，《中华文化论坛》2002年第3期。

李学勤：《三星堆文化与西南丝绸之路》，《文明》2007年第7期。

## 第二章

《史记》，中华书局2009年版。

王先谦：《汉书补注》，上海古籍出版社2012年版。

《后汉书》，中华书局影印本1998年版。

《三国志》，中华书局2015年版。

《晋书》，中华书局1974年版。

王充著，黄晖校释：《论衡校释》，中华书局1990年版。

桓宽著，王利器校注：《盐铁论校注》，中华书局2006年版。

应劭著，王利器校注：《风俗通义校注》，中华书局2010年版。

常璩著，任乃强校补：《华阳国志校补图注》，上海古籍出版社2009年版。

郦道元著，陈桥驿校证：《水经注校证》，中华书局2007年版。

《通典》，中华书局1992年版。

《太平御览》，中华书局影印本，1995年。

段渝、谭洛非：《濯锦清江万里流：巴蜀文化的历程》，四川人民出版社2001年版。

罗开玉：《论古代巴、蜀王国的桥形铜币》，《考古与文物》1990年第3期。

谢凌：《〈东汉巴郡太守樊敏碑〉考》，《四川文物》2000年第1期。

李竞恒：《滇蜀地区出土早期佛教造像与西南传播路线》，《中华文化论坛》2012年第1期。

赵超、赵久湘：《成都新出汉碑两种释读》，《文物》2012年第9期。

马继兴：《双包山汉墓出土的针灸经脉漆木人形》，《文物》1996年第4期。

中国中医科学院中国医史文献研究所：《四川成都天回汉墓医简的命名与学术源流考》，《文物》2017年第12期。

| 第三章 |

《晋书》，中华书局1974年版。
《南齐书》，中华书局2017年版。
《隋书》，中华书局1973年版。
《旧唐书》，中华书局1975年版。
《新唐书》，中华书局1975年版
刘琳校注：《华阳国志》，巴蜀书社1984年版。
陈世松、贾大泉：《四川通史》，四川人民出版社2010年版。
段渝、谭洛非：《濯锦清江万里流：巴蜀文化的历程》，四川人民出版社2001年版。
程得中：《历史时期巴蜀地区水利社会刍议》，《重庆三峡学院学报》2015年第5期。
程东宇：《试论唐代巴蜀茶业经济》，《重庆三峡学院学报》2008年第1期。
吉成名：《魏晋南北朝时期的井盐生产》，《盐业史研究》1998年第3期。
卢华语：《四川唐代纺织产品初探》，《西南师范大学学报》1987年第4期。
李继高：《巴蜀四川史话》，《四川蚕业》1996年第3期。
李映涛：《唐代巴蜀城市商业发展特征浅析》，《西南民族大学学报》（人文社科版）2009年第6期。
潘林：《试论唐代巴蜀地区酒业》，《重庆工商大学学报》（社会科学版）2008年第2期。
蒲应秋：《唐宋时期四川地区的茶叶产量探析》，《贵州大学学报》（社会科学版）2017年第5期。
张铭：《先秦至魏晋南北朝时期巴蜀地区纺织业发展及其与周边地区的交流》，《临沧师范高等专科学校学报》2011年第9期。
张铭：《先秦至魏晋南北朝时期巴蜀地区矿产资源开发及其与周边地区的交流》，《三峡论坛》2012年第5期。

| 第四章 |

《宋史》。

范镇：《东斋记事》。

李焘：《续资治通鉴长编》。

李心传：《建炎以来朝野杂记》。

李悠：《宋朝事实》。

赵抃：《成都古今记》。

吴曾：《能改斋漫录》。

杨慎编：《全蜀艺文志》卷34吕大防《锦官楼记》，卷56费著《蜀锦谱》《笺纸谱》，卷17田况《成都邀乐诗》。

嘉庆《四川通志》。

吴任臣编：《十国春秋》。

徐松辑：《宋会要辑稿》。

叶德辉：《书林清话》。

傅增湘：《宋代蜀文辑存》。

陈先赋等：《四川医林人物》，四川人民出版社1981年版。

段渝：《濯锦清江万里流：巴蜀文化的历程》，四川人民出版社2001年版。

冯汉骥：《前蜀王建墓内石刻伎乐考》，《四川大学学报》1957年第1期。

贾大泉主编：《四川通史》第四册，四川大学出版社1993年版。

张天琚：《古代巴蜀瓷器的辉煌：唐宋时期四川地区瓷器》，《收藏家》2016年第10期。

《中国科学技术史》第1卷《总论》（中文版）。

| 第五章 |

《宋史》。

《元史》。

《明史》。

《明太祖实录》。

《明宣宗实录》。

《万历会典》。

何宇度：《益部谈资》。

正德《四川志》。

雍正《剑州志》。

雍正《四川通志》。

嘉庆《四川通志》。

民国《江津县志》。

《二十五史补编·补元史艺文志》。

陈世松主编：《四川通史》第五册，四川大学出版社1993年版。

邓运佳：《中国川剧通史》，四川大学出版社1993年版。

段渝：《濯锦清江万里流：巴蜀文化的历程》，四川人民出版社2001年版。

《泸州老窖史话》，巴蜀书社1987年版。

《五粮液史话》，巴蜀书社1987年版。

| 第六章 |

蔡春萍：《段玉裁富顺事迹考》，《天府新论》2008年S2期。

蔡方鹿：《刘沅对理学的批评》，《中国哲学史》2011年第4期。

陈然：《清康、雍、乾时期的四川井盐业》，《社会科学研究》1991年第2期。

黄开国：《廖平与经学的终结》，《哲学研究》1987年第10期。

霍有明等：《清人张问陶诗学理论及创作观照》，《复旦大学学报》（社会科学版）2008年第5期。

何一民：《辛亥革命时期的四川报刊》，《四川文物》1991年第4期。

季伟苹：《近代中西医汇通及其对当代中医学发展的影响》，《上海中医药杂志》2014年第11期。

蒋蓝：《自贡井盐：燊海井的历史经纬》，《中国盐业》2017年第12期。

蓝勇：《清初四川虎患与环境复原问题》，《中国历史地理论丛》1994年第3期。

李殿元：《论四川改土归流及其对民族地区开发的意义》，《天府新论》2001年第4期。

刘正刚：《清代广东移民在四川分布考》，《暨南学报》（哲学社会科学版）1996年第1期。

龙腾：《〈蜀王睿制天生城碑记〉探讨》，《四川文物》1992年第5期。

桑兵：《科举、学校到学堂与中西学之争》，《学术研究》2012年第3期。

王笛：《试论清末商会的设立与官商关系》，《史学月刊》1987年第3期。

王笛：《神秘的语言和沟通：19世纪四川袍哥的隐语、身份认同与政治文化》，《史林》2010年第2期。

王平：《四川历史上四次"水电报"及其作用》，《四川文物》2001年第3期。

唐君毅：《中国哲学原论·原教篇》，中国社会科学出版社，2005年。

田茂泉：《清代四川全真道发展略说》，《宗教学研究》2015年第1期。

席萍安：《清末四川商会与四川民族工商业》，《四川师范大学学报》1999年第1期。

萧源锦：《阆中的四川贡院》，《文史杂志》2007年第5期。

周邦君：《清代四川粮食亩产与农业劳动生产率研究》，《中国农史》2005年第3期。

郑家治：《李调元戏曲创作小考》，《四川戏剧》2013年第1期。

## |第七章|

陈全：《中共中央南方局历史功绩探析》，《党的文献》2003年第3期。

马宣伟：《熊克武与建国联军川军》，《社会科学研究》1986年第2期。

丁常春：《民国时期四川道教界的社会服务活动》，《中国道教》2016年第6期。

段渝：《"巴蜀文化"研究发轫》，《史学史研究》2007年第4期。

冯宪光：《重庆抗战时期的文学地理学问题》，《社会科学研究》2005年第6期。

高国芬：《五四运动在四川概述》，《四川文物》1989年第6期。

何景熙：《民国时期（1912—1949）四川的人口变动及其原因》，《四川大学学报》（哲学社会科学版）1992年第3期。

黄天华：《国家统一与地方政争：以四川"二刘大战"为考察中心》，《四川师范大学学报》（社会科学版）2008年第7期。

金铮、邓红：《论卢作孚对民生公司的有效管理》，《近代史研究》1990年第3期。

刘志英：《抗战大后方重庆金融中心的形成与作用》，《中国社会经济史研究》2013年第9期。

石世明：《20世纪巴蜀地域文化小说简论》，《中南民族学院学报》（人文社会科学版）2002年第5期。

王笛：《茶馆、戏园与通俗教育——晚清民国时期成都的娱乐与休闲政治》，《近代史研究》2009年第5期。

王川：《近代民族关系史上的西康建省及其历史意义》，《西藏大学学报》（社会科学版）2008年第1期。

王友平：《四川军阀割据中防区制的特点》，《天府新论》1999年第2期。

王东杰：《地方认同与学术自觉：清末民国的"蜀学"论》，《四川大学学报》（哲学社会科学版）2010年第6期。

隗瀛涛：《近代重庆城市史研究》，《近代史研究》1991年第4期。

肖阳：《王右木：蜀中建党第一人》，《四川统一战线》2011年第3期。

徐伯荣：《解放前的四川公路交通》，《中国公路》1995年第4期。

徐秀丽：《中华平民教育促进会扫盲运动的历史考察》，《近代史研究》2002年第6期。

贠贝贝：《民国时期成渝两地报业发展之比较——以〈新新新闻〉、〈新蜀报〉为例》。

元江：《四川在红军长征史上的特殊历史地位和作用》，《四川大学学报》（哲学社会科学版）1996年第12期。

张海燕：《1911年—1935年四川纸币简述》，《西南金融》1989年第12期。

张凯：《"述文化于史"：宋育仁与近代经史之学的省思》，《近代史研究》2017年第4期。

张莉红：《民国时期成都城市的兴衰》，《文史杂志》2006年第5期。

曾小敏：《李劼人在五四时期的报人生涯》，《文史杂志》2001年第5期。

周勇：《近代重庆经济中心的初步形成》，《社会科学研究》1989年第10期。

朱维铮：《马一浮在一九三九——叶圣陶所见复性书院创业史》，《书城》2009年第4期。

# 后记

关于四川历史的通史性专著，1993年和2010年分别出版过两个版本的《四川通史》，1986年出版过一本《四川简史》。两个版本的《四川通史》都是七卷本达数百万字，虽然学术含量很高，但却卷帙浩繁，不太适合大众阅读。而1986年版的《四川简史》，虽然平实易读，但却缺乏此后30余年来的最新资料和研究成果，而且出版既久，已不易查找。因此，编写一本适合各界阅读的新的四川简史，也就成为了必要。

这本《四川简史》，是在充分吸收有关四川历史的最新科研成果的基础上写成的，力求做到通俗易懂，文字流畅，适合社会各界人士阅读。

作为一种科普类史学读物的"简史"，并不是历史的简化或大事年表式的书写，也不是简单的资料罗列，而是有血有肉的通史简编，或者叫作简明通史。四川历史十分厚重深广而丰富多彩，具有自身的显著特点，在中国历史的发展中有着重要地位。为使读者了解四川历史的概貌，这部《四川简史》特别在绪言中对四川历史的特点以及四川在中国历史上的地位等做了总述。在内容编排上，本书按照四川历史发展的特点，分为先秦、秦汉三国、两晋南北朝隋唐、五代宋、元明、清、民国等七章，各章由政治、经济、文化三个主要板块构成，各章均有导言对本章内容加以概述。考虑到四川历史上政区建制的变化和民族关系的复杂性，而把与此相关的内容集中放在绪言当中加以简述，以方便读者阅读。本书由段渝主编。写作分工如下：绪言：段渝；第一章：段渝；第二章：颜信、李竞恒；第三章：颜信；第四章：邹一清；第五章：邹一清；第六章：李竞恒；第七章：李竞恒。段渝负责全书统稿，并对部分章节进行了调整、改写或重写。

由于水平所限，本书当有若干不足之处，敬请读者批评指正。